本成果获江西省"高水平学科""中国史"建设经费支持

商办到官办：

陈庆发◎著

萍乡煤矿研究

中国社会科学出版社

图书在版编目（CIP）数据

商办到官办：萍乡煤矿研究／陈庆发著 . —北京：中国社会科学出版社，2015. 11
（中国社会转型研究书系）
ISBN 978-7-5161-7075-5

Ⅰ.①商…　Ⅱ.①陈…　Ⅲ.①萍乡煤矿—工业史—1892～1939　Ⅳ.①F426.21

中国版本图书馆 CIP 数据核字（2015）第 268287 号

出 版 人	赵剑英	
责任编辑	喻　苗	
特约编辑	王福仓	
责任校对	胡新芳	
责任印制	王　超	

出　　版　中国社会科学出版社
社　　址　北京鼓楼西大街甲 158 号
邮　　编　100720
网　　址　http://www.csspw.cn
发 行 部　010-84083685
门 市 部　010-84029450
经　　销　新华书店及其他书店

印　　刷　北京君升印刷有限公司
装　　订　廊坊市广阳区广增装订厂
版　　次　2015 年 11 月第 1 版
印　　次　2015 年 11 月第 1 次印刷

开　　本　710×1000　1/16
印　　张　27.5
插　　页　2
字　　数　437 千字
定　　价　99.00 元

序　言

在 2007—2010 年期间，庆发在南京师范大学在职攻读专门史的博士学位，其选择近代江西萍乡煤矿研究作为博士学位论文选题。经过三年的不懈努力，庆发的博士学位论文获得外审专家和答辩委员会的一致肯定。近几年来，庆发在工作期间又对博士论文进行了补充和修订，现即将付梓出版，我有幸先睹为快，并向庆发表示热烈祝贺！

企业史研究一直是中国经济史研究中最为重要的组成部分，20 世纪五六十年代伴随着国家对资本主义工商业的社会主义改造运动，全国各地以研究厂史为主题的著作几乎占同时期经济史成果的 1/3 左右。改革开放之后，史学界迎来学术研究的春天，在洋务运动研究热的带动下，企业史研究重新成为研究重点，特别是 90 年代国家推动企业改制之后，企业史的研究再掀高潮。一批近代史上的著名企业如轮船招商局、汉冶萍公司、福州船政局、大生纱厂、荣家企业、民生公司、开滦煤矿等均有研究专著不断出现。但企业史的研究难度很大，不仅要求研究者具备经济学、管理学的理论素养，而且要求研究者有历史综合研究的能力，否则容易陷入企业政治属性的惯性思维，或者只是"见树不见林"的单纯厂史，而且由于企业资料的枯燥无味，研究者很难写出具有灵性的历史。庆发不惧挑战，选取近代学界很少涉猎的近代萍乡煤矿作为研究课题，以学理眼光，对近代萍乡煤矿进行了较为全面的审视与解读，提出了许多新的观点和独特的见解，具有较强的学术价值。我以为本书有如下较为显著的特点：

其一，研究思路清。长期以来，学术界基本上将汉冶萍公司作为近代中国第一个钢铁联合公司来进行研究，如全汉升的《汉冶萍公司史略》（香港中文大学出版社，1972 年）、林援森的《中国近代企业史：

汉冶萍个案分析》（香港中国经济史研究会书识会社有限公司，2003年）等，而很少有学者将萍乡煤矿作为一个单独企业进行研究。由于萍乡煤矿和汉冶萍之间的特殊关系（即在交通并不发达的清末和民初，远在江西的萍乡煤矿作为汉冶萍公司的子公司，虽然人事、财权和营销等权均为总公司掌握，但其生产又相对独立；1928年12月萍乡煤矿正式为江西省接管，从此脱离汉冶萍公司管理），萍乡煤矿作为独立的研究对象则又具有特别的价值。该书以萍乡煤矿的创建、发展为经，以煤矿经营、管理、生产与营销为纬，透析了近代萍乡煤矿由商办到官办的发展历程。作者突破了传统企业史研究的框架，将近代萍乡煤矿的发展置于时代大背景下，富有创意地探讨了萍乡周边小煤窑、资本运作、产业链以及近代动荡时局对萍乡煤矿发展的制约因素，全方位多视角地透析了近代萍乡煤矿的历史命运。

其二，问题意识强。近代中国企业从洋务运动开始，经历了官办、官督商办、商办以及再官办（国有化）的不同进程，在不断探索调适的进程中，面临了无数的难题。作者在全书中以问题意识设置了许多话题，然后条分缕析，详加论述。如在盛宣怀接管商办汉冶萍之初，随着汉阳铁厂资本收益日益恶化，以萍矿总矿师赖伦为首，主张在萍乡新建铁矿、铁厂，但是盛宣怀为什么没有赞成？作者经过认真分析得出：盛只注重"速战速决"的投资而不思考企业的长远发展。萍乡煤矿设立之时，虽有"北有开滦，南有萍乡"的美誉和期待，但作者根据1908—1923年大量统计数据分析，发现商办时期萍乡煤矿的企业运营情况与汉冶萍公司一样日益恶化。"在1908—1923年间，萍乡煤矿虽然是整个汉冶萍公司内部较为优质的资产，但除个别年份外，其资本收益是朝着恶化的方向'发展'的。"而其主要原因是："汉冶萍体制下的萍矿却没有这种独立的财权，它主要表现在萍矿产品的销售收入全部归总公司所有，而总公司则根据萍矿的资金需求，尤其是根据总公司资金的周转情况给予萍矿资金'下拨'，这种财务机制，完全剥夺了萍矿的利润，并经常性地严重影响到萍矿的正常经营甚至企业的生存。"全书充满了思考、分析和辩论，加上大量原始史料和大量图表的呈现，营造了与读者共同对话的氛围，使读者仿佛身临其境。企业史的研究在该书中也成了"活"的历史。

其三，创新观点多。围绕汉冶萍公司的性质，前人虽多有研究，但作者提出了"汉冶萍体制"的概念，并对汉冶萍公司的企业定位问题、汉冶萍三厂矿的财务问题进行了比较研究，得出了汉冶萍体制的本质是"商务化、集团化、国际化、买办化"体制的结论。在深入分析萍乡周边小煤矿发展状况后，作者估算出了近代萍乡小煤窑的数量和产量，通过大量数据分析，作者认为由于资本逐利的"天性"，萍乡煤矿周边小煤窑无法被人为消灭，不仅如此，在清末民初甚至在民国时期大型国有煤企的发展与小煤窑的发展事实上是相互促进的关系。又如本书作者通过查阅大量日文原始文献资料，发现盛宣怀早于汉冶萍煤铁厂矿有限公司成立（1908年）前的1897年就曾于萍乡短暂地成立过"煤"、"矿"、"钢"三合一的萍宜矿务利和有限公司。另外，作者从资本运作的角度，以汉阳铁厂1892年在萍乡设立汉阳铁厂驻萍乡煤务局为依据，把近代萍乡煤矿的创建时间由通识的1898年（萍乡煤矿机矿开始建设之年）提前至1892年。

该书搜集了海内外主要的相关文献，并征引了大量未公开发表的档案史料和民国时期出版的报刊与图书，特别值得一提的是作者利用自己的语言优势，搜集了大量日文资料，极大地丰富了本课题的研究。凡是涉及近代萍乡煤矿的相关文献，几乎均被作者查阅，资料工作十分扎实。书中所附的100余幅图表也给人留下极深的印象。作者行文流畅，将较枯燥乏味的企业经营研究叙述得如此清晰生动，体现出较高的研究素质。

近代企业的发展是中国近代化进程中十分重要的问题，其涉及的领域非常广泛，需要深入探讨的方面较多，庆发的《商办到官办：萍乡煤矿研究》运用现代经济学理论与方法，深入解剖萍乡煤矿发展症结，提出了许多有价值的见解，在近代企业史的研究中可谓独树一帜，希望该书出版后，能引起更多学者的关注，从而进一步推动中国近代企业史的深入研究。

张连红

2015年3月

目　录

图目录

表目录

第一章

绪　论

第一节　研究的意义

历史研究的关键在于弄清史实，而其目的则毫无疑问是为现实或未来服务。当今中国正处于一个社会转型、经济社会大发展的时期，无论是解决"三农"问题也好，实现城镇化也罢，都是中国建设经济社会进程中的初始化（格式化）任务甚至临时性的任务，建设以工矿业经济为核心（制造业、能源、资源型等产业的物质生产为其主要任务），农业经济、服务业经济为工矿业经济服务的经济社会，是近代以来到今天信息时代为止，整个世界建设经济社会最成功的样板。所以，在我们大力研究"三农"问题、金融问题、城镇化等主要由于主观上的制度因素导致的问题的同时，仍需充分意识到工矿业经济研究的重要性。制度的问题有时需要非常漫长的解决过程，而有时则很可能因一个政策的出台在"一夜"之间得到解决，无论是哪种情况，重视和展开对工矿业经济的研究既是今天中国现实和未来的需要，也是历史赋予有关各方的任务和使命。如果在解决"三农"、金融、城镇化等问题的过程中，中国出现工矿业经济的不可持续发展（如产业结构及其升级问题、能源产业问题、铁矿石供给问题、环境问题），如果"三农"等问题因新政策的出台，获得制度性的解决，中国再一次出现劳动力的极大解放（并必然伴随由于农村土地使用权的全面市场化出现农村资本市场的极大解放），进而出现中国工矿业经济不可持续发展的话，那显然存在对中国（当然也包括世界）工矿业经济研究战略缺失的情况。因此，在继续深入研究"农业经济"、"服务业经济"、"信息经济"、"互联网+"

的基础上，充分意识到"工矿业经济"研究的重要性，加强"工矿业经济"研究，就具有很高的学术价值和很强的现实意义。

工矿业经济史的研究包罗万象，经典工矿企业个案的研究往往具有特殊性和普遍性的双重重大价值，它既是工矿业经济史研究的基础工作，又是工矿业经济史研究最终得出范式性答案的关键所在。因此，如果一个企业既是制造业企业，又属于能源、资源型产业，而且，它在当时还是一个十分具有代表性的企业的话，那么，这个企业自然就应该成为我们进行工矿业经济史研究的首选。近代萍乡煤矿的研究，就是这样一个涉及制造业、能源产业、资源型产业的工矿业经济史研究的重要课题。

江西萍乡煤矿，因其主体工程在萍乡安源，又称安源煤矿。1890年，张之洞为"富国强兵"，开始筹建当时中国乃至亚洲第一个①大型钢铁企业和铁矿开采企业汉阳钢铁厂、大冶铁矿，为获得煤焦，张之洞于1892年开始运作萍乡的煤炭资源。1896年，盛宣怀接手汉、冶两厂矿并于1898年正式创办萍乡煤矿。1908年，萍乡煤矿全面建成，名列当时中国"十大厂矿"前三，获有"北有开平，南有萍乡"的美誉。同年，盛宣怀把汉阳铁厂、大冶铁矿、萍乡煤矿合并成立汉冶萍煤铁厂矿有限公司，汉冶萍是近代中国唯一的煤、矿、钢、路联营集团公司，也是当时中国最大的企业。

除此之外，萍乡煤矿自其创建，不仅与近代中国重工业的龙头钢铁产业"同呼吸，共命运"，而且始终"沐浴"着近代中国政治、社会运动和各种战争的"洗礼"。近代萍乡煤矿可以说是近代中国与时局联系得最为紧密的企业，应无出其右者。对近代中国历史产生过最重大影响的众多历史人物都与它发生过直接的关系（间接者更难以统计）：张之洞是近代萍乡煤矿的最早创始人；盛宣怀是大型萍乡煤矿（机矿②）的全程缔造者；辛亥革命爆发后，为平息革命，晚清政府宣布身为邮传部大臣的汉冶萍公司最高领导盛宣怀"即行革职，永不叙用"；辛亥革命

---

① 比汉阳铁厂更早一点创建的是贵州的青溪铁厂，因未能解决煤焦供给问题，未真正生产就倒闭。

② 所谓机矿，即以机械进行开采的矿山工程，它是当时与土井即人力挖掘的小煤窑相对应的称谓。

时期，盛宣怀作为"窃取"汉冶萍国产者被迫流亡日本；孙中山曾经要把汉冶萍中日合办，时任总统府顾问的章太炎为此公开斥责孙中山"冒天下之大不韪"，并要与孙中山割席断交，实业部长张謇也为此请辞；黎元洪、谭延闿、李烈钧曾为瓜分汉冶萍争得"你死我活"；黄兴曾威胁盛宣怀要没收其汉冶萍，后又亲临萍乡煤矿调解湘赣两省对萍乡煤矿的争夺；袁世凯与日本的"二十一条"也把中日合办汉冶萍作为最重要的条款之一；北伐时叶挺独立团三分之二的官兵是萍乡煤矿工人；北伐时蒋介石亲临萍乡煤矿"视察"；毛泽东去安源；刘少奇、李立三曾在萍乡煤矿领导工人运动多年，发动过著名的"安源路矿工人大罢工"；毛泽东、朱德、彭德怀均曾亲自率兵进驻过萍乡煤矿；萍乡煤矿工人成为秋收起义的主力之一；萍乡煤矿先后有数千人参加红军；1928 年，江西省政府正式"接管"（实为没收）萍乡煤矿；1939 年，日军侵赣，薛岳亲自安排萍乡煤矿的"拆迁"细节，萍乡煤矿自毁。多变的时局给近代萍乡煤矿带来的巨大影响，是近代中国其他任何一个企业都无法比拟的。

更重要的是，萍乡煤矿是近代中国唯一没有外国资本参股的纯粹的民族资本大型煤矿（虽有外资借款）。萍乡煤矿与开平（开滦）煤矿有"北有开平，南有萍乡"的美誉，虽然萍乡煤矿的产量和赢利水平均不如开平（开滦）煤矿，但由于开平（开滦）煤矿长期受英国、日本资本直接控股，所以，从产业可持续发展和国家可持续发展的角度来看，萍乡煤矿在工矿业经济史的研究上较包括开平（开滦）煤矿在内的其他煤矿企业更具研究价值，可以说，它是中国近代化进程中最为典型的企业之一。

深入研究近代萍乡煤矿的历史，对我们从工矿业经济史的角度去挖掘近代中国为什么没有迅速发展（崛起）的根源，具有十分重要的学术价值。历史的经验与教训可以为今天中国的企业经营和产业可持续发展、国家可持续发展提供许多历史经验和启示。研究近代萍乡煤矿的历史，具有很强的学术价值和现实借鉴意义。

然而，较之大家云集的对诸如开平（开滦）煤矿、轮船招商局、汉冶萍公司、大生纱厂等近代中国企业的大量深入研究，对近代萍乡煤矿的真正学术研究，可以说还是一块有待大力开发和大有可为之地，甚至，今天对这块历史的学术研究还有待从对它"瞄上一眼"起步。

第二节　研究的状况

新中国成立前，关于萍乡煤矿的介绍主要见诸有关汉冶萍公司的媒体报道、政府调查和个人记录，真正学术层面上的研究很少。其代表性作品有：

（1）上海东方杂志社《东方杂志》：《汉冶萍煤铁路矿厂概略》、《汉冶萍煤铁矿厂有限公司注册商办第一届说略》（1909年第8期），《中国煤矿记略》、《中国已设铁道记略》、《中国汉阳钢铁厂煤焦铁矿制钢记略》（1909年第9期），《汉冶萍煤铁厂矿记略》（1910年第7期），《述汉冶萍产生之历史》、《汉冶萍公司之内容》（1912年第3期），《中国之煤矿》、《中国产煤区域略》（1912年第4期），《全国煤炭出产之调查》（1917年第9期），《论我国煤矿与近来煤市之关系》（1918年第2期），《汉冶萍公司纪略》（1918年第4期），《萍乡煤矿》（照片八幅）（1934年第20期）等。

（2）江西省政府建设厅《江西建设月刊》：《呈省政府呈覆奉令审核萍乡乡矿生产合作社代表胡友贤呈报改组乡矿社团造具表册恳予备案一案与矿章不合碍难照准请鉴核由》、《批萍乡乡矿生产合作社代表胡友贤所请组织乡矿合作社着将章程及各项图表呈报再行核夺仰知照由》、《批萍乡乡矿生产合作社代表胡友贤等呈报改组乡矿社团造具清册恳予备案核与矿章不合碍难照准由》（1927年第2期），《汉冶萍公司萍矿调查报告书》（1927年第7期），《汉冶萍公司萍矿调查报告书》（1927年第8期），《汉冶萍公司萍矿部分开工预算表》、《萍乡煤矿及其整理计划》（1927年第9期），《日本驻沪总领事为汉冶萍公司事件觉书》（1928年第5期），《呈省政府准钧府秘书处函送第二十一团长萧希贤请奖组织萍乡保安储煤公司出力人员一案请候该县查复再呈核示由》（1928年第9期），《修改萍矿管理处暂行组织条例请提交会议敬候公决案》、《江西省政府萍矿管理处组织规程》、《电萍矿管理处奉铁道部电催该矿从速交清南浔路煤电仰查照合约办理具报由》、《电复铁道部遵即电令萍矿管理处查照合约办理由》、《训令萍矿管理处奉省政府令发公布萍矿管理处组织规程转令遵照由》（1930 年第 6 期）等。

（3）湖南交通司《湖南交通报》：《株萍铁路局事务分掌章程》、《株萍铁路局人员薪膳新旧比较表》、《湘路公司长株列车发着时刻表》（1911 年第 1 期）。

（4）湖南省国货陈列馆编查股《国货月刊》（又名《湖南省国货陈列馆月刊》）：《萍乡煤矿之今昔》（1933 年第 2 期）、《赣省积极整理萍矿》（1934 年第 19 期）、《萍乡煤矿之史略》（1935 年第 30 期）、《萍乡煤矿今昔观》（1935 年第 31 期）。

（5）财政经济杂志社《财政经济杂志》：《呜呼汉冶萍》（1914 年）。

（6）中华民国北京政府交通部：《株萍铁路管理局编制专章》（1917 年）。

（7）中国工人社《中国工人》：《二七失败后的安源工会》（1925 年第 4 期）。

（8）《帝国主义者的经济侵略与汉冶萍的危险》（载高尔松、高尔柏编《经济侵略与中国》，中国经济研究会，1926 年）。

（9）哈尔滨东省铁路经济调查局编辑部《东省经济月刊》：《中国之煤业》（1928 年第 3 期）、《中国煤铁矿之分布及煤铁矿业之概观》（1929 年第 5 期）。

（10）《国民政府交通部整理汉冶萍公司委员会暂行章程》（南京国民政府，1927 年）。

（11）《国民政府农矿部整理汉冶萍公司委员会暂行章程》（南京国民政府农矿部，1928 年）。

（12）山西省政府农矿厅《农矿季刊》：《农矿部派员接收汉冶萍》、《汉冶萍官债问题》（1929 年第 1 期）。

（13）刘洪辟修，李有均等纂：《昭萍志略》第 3 卷，成文出版社 1925 年版。

（14）江西省政府萍矿管理处：《萍矿》（1934 年）。

（15）陈维、彭黻：《萍乡安源煤矿调查报告》（1935 年）。

（16）朱洪祖：《江西萍乡煤矿》（1937 年），等等。

其中，江西省政府萍矿管理处编《萍矿》全部为政府法规政策命令公告、萍乡煤矿规章制度、会议记录、统计等；陈维、彭黻编《萍乡安源煤矿调查报告》则分历史、采煤、洗煤、炼焦、地面设备、运输、销售、财务状况、管理、结论、整理意见等章节，主要对1934年萍乡煤矿的情况做了比较全面的介绍或分析；朱洪祖的《江西萍乡煤矿》主要对1936年时萍乡煤矿的工程设备、经营情况、工人生活样态做了简要介绍，并提出了作者的整理主张。上述三份材料是笔者目前所见的最为系统的新中国成立前国内完全以萍乡煤矿为内容的文献资料，但它们均是为整理萍乡煤矿而做的以介绍、规范管理、统计为主要内容的即时性对策作品，不能看作学术研究。

　　除此之外，二战前日本的报纸杂志等虽然也有不少关于萍乡煤矿的报道或记载，但绝大部分也是在言及汉冶萍公司时略加提及萍乡煤矿而已。例如，福冈日日新聞：《萍郷炭鑛概況》（1917年2月27日）；大阪毎日新聞：《乱脈を極むる漢冶萍》（1926年4月20日）、《南京政府で我対支借款を確認 漢冶萍、南潯鉄路の権利を認む》（1928年3月21日）；支那新聞翻訳通信：《漢冶萍情況》（1915年4月23日）；台湾日日新報：《日本顧問から漢冶萍煤鉄公司の現在状態聴取 近く各省連合会議開催 債権確保の方法協議》（1928年9月15日）；大阪時事新報：《八百万円の融資も焼石に水であった 漢冶萍煤鉄公司が苦境に陥った理由二つ》（1926年4月25日）；時事新報：《注ぎ込んだ五千万円棄てるか活かすか漢冶萍問題の善後策 三相の議纏まらず》（1926年4月26日）；大阪毎日新聞：《漢冶萍への融資拒絶 大蔵省の態度》（1926年5月18日）；大阪朝日新聞：《漢冶萍の窮状》（1912年9月19日）；中外商業新報：《漢冶萍善後三つの方策 人及び制度の改発 監督機関の設置 日支合同の経営 消息通の大官語る》（1926年4月27日）、《漢冶萍問題交渉の顛末：支那側はよく誠意を示した：二十日三土蔵相発表》（1928年3月22日）；《漢冶萍公司の沿革及び現状》、《漢冶萍公司継続借款に関する書類》（日本アジア歴史資料センター）；等等。

　　南洋勧業会日本出品協会所編《南京博覧会各省出品調査書》（東亜同文会調査編纂部1912年版）和高野江基太郎的《日本炭砿誌》（増訂2版）（筑豊石炭鉱業組合事務所1911年版）是笔者所见最为详

细介绍当时萍乡煤矿情况的日文书籍，但也主要限于一般性的陈述，乏于数据性的资料。

上述日文材料显示，当时日本媒体、商界、政界对于汉冶萍的关注焦点主要放在如何确保日本在大冶铁矿的利权上，同时也十足地表现出日本对于德国势力控制萍乡煤矿工程技术上的无奈和痛恨。但是，总的来说，战前日本对中国煤炭资源的需求主要放在对我国东北煤矿的霸占上，对交通运输相对不太便利的萍乡煤矿并不十分感兴趣。

新中国成立后，国内对萍乡煤矿的研究可分两个阶段。第一阶段为改革开放前，这个阶段的萍乡煤矿研究基本上是对"安源煤矿"工人运动的研究，"毛主席去安源"就是其中最重大和最主要的研究成果。当然，这个时期的研究也出现过前后极为矛盾的成果，那就是关于刘少奇对于安源煤矿工人运动的贡献的结论，"工人运动的领袖"和"工贼"先后成了刘少奇独一无二的"标签"。这些研究成果在今天已经成为常识性的知识，在此不做更多的介绍和评价。第二阶段是改革开放后到现在。在这个阶段，从量的方面来说，萍乡煤矿的研究已大为减少，甚至可称得上是"门庭冷落鞍马稀"，而且，大凡有关萍乡煤矿的研究也是作为汉阳铁厂的陪衬，或在论述汉冶萍公司时不得不提上一笔才使萍乡煤矿露露面，真正从学术的角度研究萍乡煤矿者依然少之又少，这虽然不免让人感到遗憾，但却是事实。当然，这个阶段还是出了几份重要的成果，它们是（以出版时间为序）：江西省政协文史资料研究委员会、萍乡市政协文史资料研究委员会编：《萍乡煤炭发展史略》（1987年版）；江西省社会科学院历史研究所编：《江西近代工矿史资料选编》（江西人民出版社1989年版）；卢爱春：《晚清安源建矿时的一次学潮》（《当代矿工》1990年第1期）；罗晓主编：《萍乡市地方煤炭工业志》（江西人民出版社1992年版）；中国煤炭志江西卷编纂委员会编：《中国煤炭志·江西卷》（煤炭工业出版社1997年版）；萍乡矿务局志编纂委员会：《萍乡矿务局志》（1998年）；张金城等编：《百年征途：萍乡煤矿百年纪念册（1898—1998）》（1999年）；陈菲：《文廷式与萍矿》（江西省萍乡高等专科学校《文廷式研究专刊》2003年创刊号）；张燕、武乐堂：《萍乡煤矿总办张赞宸》（《河南理工大学学报（社科版）》2007年第1期）；肖育琼：《近代萍乡士绅与萍乡煤矿（1890—

1928）》（硕士学位论文，南昌大学，2006 年）；吴自林：《论萍乡煤矿在汉冶萍公司中的地位（1890—1928）》（硕士学位论文，南昌大学，2007 年）；闫文华：《汉冶萍公司萍矿煤焦运往汉厂的运输方式考察》（《中国矿业大学学报（社科版）》2009 年第 3 期）；贺亮才：《萍乡煤矿在中国近代工业史上的地位与作用探析》（《萍乡高等专科学校学报》2010 年第 1 期）；李超：《萍矿、萍民与绅商：萍乡煤矿创立初期的地方社会冲突》（《江汉大学学报（社科版）》2014 年第 4 期）等。

其中，江西省政协文史资料研究委员会、萍乡市政协文史资料研究委员会编的《萍乡煤炭发展史略》与罗晓主编的《萍乡市地方煤炭工业志》在结构安排与内容上均有较大相似之处，是了解萍乡煤矿历史的佳作。中国煤炭志江西卷编纂委员会编《中国煤炭志·江西卷》、萍乡矿务局志编纂委员会编《萍乡矿务局志》则对萍乡煤矿的历史做了系统的介绍。卢爱春的《晚清安源建矿时的一次学潮》、陈菲的《文廷式与萍矿》和肖育琼的《近代萍乡士绅与萍乡煤矿（1890—1928）》、李超的《萍矿、萍民与绅商：萍乡煤矿创立初期的地方社会冲突》，主要介绍或研究了代表萍乡小煤窑资本的萍乡地方势力与萍乡煤矿的合作与竞争关系，它们更多是属于社会史方面的作品，没有数据性的分析与研究。吴自林的《论萍乡煤矿在汉冶萍公司中的地位（1890—1928）》以论文的形式，第一次研究了萍乡煤矿与汉冶萍的关系，但也不属于经济史的研究。闫文华的《汉冶萍公司萍矿煤焦运往汉厂的运输方式考察》考察了萍乡煤矿对汉阳铁厂的煤焦运输情况，属于萍乡煤矿专题研究。

关于整个汉冶萍公司的研究，其成果则显然要比萍乡煤矿的研究多且沉甸，其中，专著主要有：

（1）全汉升：《汉冶萍公司史略》（文海出版社 1972 年版）；

（2）陈旭麓、顾廷龙、汪熙主编：《盛宣怀档案资料选辑之四·汉冶萍公司》（一）（二）（三）（上海人民出版社 1984、1986、2004 年版）；

（3）武汉大学经济学系：《旧中国汉冶萍公司与日本关系史料选辑》（上海人民出版社 1985 年版）；

（4）湖北省冶金志编纂委员会编：《汉冶萍公司志》（1990 年）；

（5）湖北省档案馆编：《汉冶萍公司档案史料选编》（上、下）（中国社会科学出版社 1992 年版）等等。

其中，全汉升著《汉冶萍公司史略》对汉冶萍公司在官办、官督商办、商办（至一战后）时期的历史做了较为详细的介绍，对其经营失败的原因以及在财务方面与日本资本的关系做了重点分析，除极个别附表外，仍缺少以萍乡煤矿为主旨的章节。

关于汉冶萍的学术论文近年来不断涌现，因其均非以萍乡煤矿为中心，且对萍乡煤矿的叙述无一例外地都是一笔带过，所以在此不做介绍。

总的来说，对于萍乡煤矿的学术研究尤其是基于社会经济史的研究是极其薄弱的，萍乡煤矿的学术研究还没有得到最起码的重视。

第三节　史料来源和研究方法

一　史料来源

本书研究所利用的最基本或最原始的资料主要来源于湖北省档案馆、萍乡煤矿（现名为萍乡矿业集团有限责任公司）档案馆、萍乡市档案馆、江西省档案馆、国家图书馆、日本アジア歴史資料センター（日本亚洲历史资料中心）、神戸大学附属図書館（神户大学附属图书馆）等处，它们主要是：江西省政府萍矿管理处编：《萍矿》（1934年）（国家图书馆藏）；陈维、彭黻：《萍乡安源煤矿调查报告》（1935年）（萍乡市档案馆藏）；朱洪祖编著：《江西萍乡煤矿》（1937年）（萍乡市档案馆藏）；全汉升：《汉冶萍公司史略》（文海出版社 1972 年版）；陈旭麓、顾廷龙、汪熙主编：《盛宣怀档案资料选辑之四·汉冶萍公司》（一）（二）（三）（上海人民出版社 1984、1986、2004 年版）；武汉大学经济学系编：《旧中国汉冶萍公司与日本关系史料选辑》（上海人民出版社 1985 年版）；湖北省档案馆编：《汉冶萍公司档案史料选编》（上、下）（中国社会科学出版社 1992 年版）；萍乡矿务局志编纂委员会：《萍乡矿务局志》（1998 年）；《汉冶萍公司帐略（1917—1923）》（湖北省档案馆藏）；［日］政务局：《支那各省砿山一覧表·支那工商部砿務司調査》（アジア歴史資料センター·外務省外交史料

館，1913）；《鉄鋼自給策の研究（一~十五）世界に於ける鉄鋼業の大
勢 我製鉄業の将来と其自給策［其十一］》（中外商業新報，1916 年 5
月 15—29 日）；《龍烟の鎔鑛爐》（《鐵と鋼》1924 年第 6 期）；服部
漸：《支那製鐵業に就て》（《鐵と鋼》1924 年第 6 期）；西澤公雄：
《大冶鐵山の沿革及現況》（《鐵と鋼》1915 年第 7 期）；《製鉄所を見
る（上・中・下）》（東京朝日新聞，1933 年 4 月 6—8 日）；《漢冶萍
公司に於ける原料費》（《鐵と鋼》1924 年第 6 期）；南洋勧業会日本
出品協会：《南京博覧会各省出品調査書》（東亜同文会調査編纂部，
1912 年）；東民生：《萍郷炭鉱概況》（福岡日日新聞，1917 年 2 月 27
日）；服部漸：《本邦製鐵鋼業の發達及び現状》（《鐵と鋼》1930 年第
1 期）；高野江基太郎：《日本炭砿誌》（増訂 2 版）（筑豊石炭鉱業組
合事務所 1911 年版）；西山栄久：《支那商人の本質（一~十）（七）》
（大阪時事新報，1925 年 1 月 16—29 日）；丁々生：《株式会社経営
（一~四）（三），支那人に適せざる事情》（中外商業新報，1920 年 5
月 19—22 日）；《漢冶萍の窮状》（大阪朝日新聞，1912 年 9 月 19 日）；
《支那の鉱物界(一~五)（三)》(中外商業新報，1912 年 8 月 28 日—9
月）；《製鋼業にまづ投資 南支鉄道網へ触手 暗躍の跡 排日の旋風》
（東京日日新聞，1936 年 6 月 12 日）；《支那地質調査局監督ヴィケー
チング報告 支那の炭田》（台湾日日新報，1916 年 8 月 15 日）；六灘
子：《漢冶萍の没収 財界六感》（大阪朝日新聞，1927 年 8 月 25 日）；
《漢冶萍公司の問題 わが権利の蹂躙》（大阪毎日新聞，1928 年 1 月 18
日）等。

二　研究方法

本书采用的研究方法主要为"历史学"方法和"经济学"方法，
具体为：

（1）统计分析法。主要用于各时期萍乡煤矿的财务数据分析、萍
乡小煤窑的各类数据分析、1936 年中国煤矿的各类数据分析。

（2）比较法。主要用于对不同时期萍乡煤矿的相关数据的比较分
析、萍乡煤矿与萍乡小煤窑的比较分析、1936 年中国煤矿的比较分析。

（3）个案研究法。主要用于对萍乡煤矿的特殊事件分析。

（4）定量分析和定性分析相结合的方法。普遍用于全书。

总的来说，以对财务数据的分析为主线进行实证研究是本书坚持的最基本的方法。

第四节　研究思路与创新

一　萍乡煤矿的名称界定与研究断限

近代萍乡煤矿在其主体工程安源机矿之外，还有位于安源附近的高坑煤矿及其他人力挖掘的土井，所以，当时和现在的"萍乡煤矿"都已经包括了除安源机矿之外的隶属于安源机矿的所有矿山、矿井及其他附属设施，即"萍乡煤矿"是一个以安源机矿为核心的煤矿群的统称。

自1892年起，张之洞就开始在萍乡设立汉阳铁厂驻萍乡煤务局，所以，虽然采用西方近代技术开采的萍乡煤矿1898年才正式开始创办，1908年才全部竣工，但从企业资本运作与资本收益的角度看，把1892年作为近代萍乡煤矿的开始更接近历史事实，更符合客观实际。另外，在时间上，因1939年3月日军占领南昌，安源机矿于该年4月拆迁自毁，萍乡煤矿名存实亡。但1945年抗战胜利后，国民政府又以萍乡煤矿所属高坑煤矿为基础，成立了仍以萍乡煤矿原有地权为核心的赣西煤矿。所以，从产权的角度上说，后来的赣西煤矿是之前萍乡煤矿的延续，而事实上，其后的各类论著也把赣西煤矿统称为萍乡煤矿。然而，由于本书最主要是从资本运作和资本收益的角度展开对近代萍乡煤矿的研究的，而1939年安源机矿的毁灭已经在资本的层面基本宣告了近代萍乡煤矿的消亡（家底的基本消亡）。抗战结束后，中国再次爆发内战，政局异常动荡，其时的赣西煤矿根本不可能，实际上也没有进行过大规模的正规经营，所以，本书对近代萍乡煤矿的终止时间就划定在1939年4月安源机矿自毁之时。

二　内容安排

第一章：绪论。

第二章：萍乡煤矿的创建（1892—1908）。以汉阳铁厂的成立为牵引，通过分析汉阳铁厂成立的时代背景、建厂历程，指出了张之洞成立汉阳铁厂政企不分且严重违背企业经营规律的错误，同时，着重分析了作为近代萍乡煤矿前身的汉阳铁厂驻萍乡煤务局与萍宜矿务利和有限公司"公司+农户"的资本运作模式，指出在汉阳铁厂建厂失败，铁厂被迫由官办转向官督商办且其产品没有销路的情况下，作为汉阳铁厂的接办者盛宣怀反而摒弃成功的、分散了资本风险的"公司+农户"煤焦供应和企业经营模式，"求大求全"地创办超大型萍乡煤矿，是近代萍乡煤矿一生负债经营的根源所在。通过研究，本章得出无论是张之洞还是盛宣怀都是把萍乡煤矿定位为汉阳铁厂"附属"企业的结论，并且通过对盛宣怀否定在完全具备铁矿资源的萍乡设立"萍乡煤矿"、"萍乡铁矿"、"萍乡铁厂"三合一的"三萍"煤铁厂矿公司战略的事实的分析，进一步论证了萍乡煤矿仅作为汉阳铁厂附属企业的企业定位的局限性和盛宣怀对于汉冶萍煤铁厂矿公司企业经营的投机性。这些，都是企业举办者给近代萍乡煤矿企业经营与历史命运埋下的病根。

第三章：商办萍乡煤矿（1908—1928）。本章分析并指出，盛宣怀成立汉冶萍公司的目的就是要把较为优质的萍乡煤矿（在某种意义上也包括大冶铁矿）资产捆绑于劣质的汉阳铁厂资产上，这种做法是优质资产向劣质资产的靠拢，其本身就违背了企业经营的原则。本章还指出，因汉冶萍公司在成立时就经晚清政府批准为完全的商办企业，所以，在成立汉冶萍集团公司后，盛宣怀即抛弃了原来张之洞把汉阳铁厂作为中国"富国强兵"国策性企业的企业定位，彻底把汉冶萍作为纯粹的"生意"来做。因此，汉冶萍公司的企业定位已变为"商务"企业。经过研究发现，在汉冶萍体制下，萍乡煤矿既没有"销售型"企业的特质，也没有"管理型"企业的特征，它成了为了维持生产而生产的"生产型"企业。因此，汉冶萍所形成的集团公司体制对于萍乡煤矿来说实际就是一个"计划经济"的"大锅饭"体制，这无疑极大地制约了萍乡煤矿内在活力的彰显和健康的发展，这也是近代萍乡煤矿悲剧性历史命运的重要原因所在。

第四章：官办萍乡煤矿（1928—1939）。本章立足20世纪二三十年代中国国共两党激烈斗争的大背景，主要通过对官办时期萍乡煤矿企业组织结构、人力资源配备、企业管理机制、工程与技术水平、企业资本效益等的分析，得出官办时期政府为防止萍乡煤矿工人运动与井冈山革命根据地相结合，确立了萍乡煤矿"管理型"企业的企业定位的结论，并进一步指出官办时期的萍乡煤矿不仅仍然不具有"销售型"企业的特质，还丧失了"生产型"企业的特质，纯粹是一个为了管理而管理的"管理型"企业的事实。把企业不当企业来做，是近代萍乡煤矿悲剧性历史命运的另一重要原因。

第五章：与地方小煤窑的竞争。与地方小煤窑的关系，始终是近代萍乡煤矿的重要对外关系之一。虽然在煤务局时期和萍乡煤矿完全竣工之前萍乡煤矿与当地小煤窑有过成功的合作，但是，萍乡煤矿与萍乡小煤窑的关系主要是竞争的关系（根据第二章的研究，实际上在"公司+农户"的时期，双方也有较为激烈的竞争）。由于小煤窑投资相对较小，经营灵活，而且民间煤窑资本具有"前赴后继"的天性，所以，在整个近代，萍乡小煤窑虽不断遭受政府与萍乡煤矿的"清剿"和"整顿"（尤其在萍乡煤矿正式建矿后），但除极个别的年份外，小煤窑的整体产量都极大地超过了萍乡煤矿。而且小煤窑还经常成为救济萍乡煤矿的重要力量和萍乡煤矿工人从事"第二职业"以谋生计的重要途径。所以，可以说，在与小煤窑的竞争中，萍乡煤矿是失败的，其最根本的原因就是第二、第三章所说的近代萍乡煤矿从来不具有"销售型"企业的特质。没有"销售型"企业特质的企业自然不可能获得可持续发展，这是企业举办者和经营者的人为因素给近代萍乡煤矿带来"苦命"一生的明证。

第六章：资本与产业链的制约。充足的资本和健全的上下游产业链，是企业可持续经营的必备条件。近代萍乡煤矿举办者自有资本少，主要靠在官利资本市场和外国在华银行贷款进行萍乡煤矿的创建活动，加上其直接服务对象汉阳铁厂始终不景气，更主要的是由于近代中国始终没有形成以钢铁产业为龙头的重工业（包括军事工业）产业链，所以，萍乡煤矿虽然始终是近代中国长江以南的重要大矿，却也始终严重缺乏资本市场的支持，其煤焦产品也严重缺乏销售的市场。而这些又显然不是一个企业通过努力就能解决的问题。所以可以说，近代中国缺少持续的产业可持续发展战略和国家可持续发展战略，给包括萍乡煤矿在内的近代中国企业带来了极其巨大的负面影响。

第七章：时局与应对。表面上，或从道理上，企业如何经营应完全是由企业举办者或经营者自己"说了算"的事，但是，很多以往的历史甚至当今的现实证明这在企业经营上是不现实的，时局对企业的影响往往是企业根本无法驾驭的。近代中国极其动荡的时局从外部"生态环境"上同样决定了近代萍乡煤矿悲剧的历史命运。

三　研究创新

（1）首次发现了日本典藏的大量系统的关于汉冶萍、近代萍乡煤矿的档案、著作、期刊文献资料，并部分利用于本书的研究中。笔者现搜集了日本典藏的有关汉冶萍公司的档案200多卷，其中与萍乡煤矿直接相关者近70卷。

（2）首次对近代萍乡煤矿进行了系统的社会经济史研究，扩展了近代萍乡煤矿的研究范畴，使近代萍乡煤矿的研究向真正的学术研究推进了一大步。

（3）突破以往主要对近代萍乡煤矿进行工人运动研究的框框，首次对近代萍乡煤矿进行了全面系统的研究，为以后其他有志进行近代萍乡煤矿研究者提供了丰富的数据材料。

（4）从资本运作的角度看，以汉阳铁厂1892年在萍乡设立汉阳铁厂驻萍乡煤务局为依据，把近代萍乡煤矿的创建时间由通识的1898年（萍乡煤矿机矿开始建设之年）提前至1892年。本书认为，这种断限是符合史实的。

（5）通过阅读日文文献资料，首次发现盛宣怀早于汉冶萍煤铁厂矿有限公司成立（1908年）的1897年，就曾于萍乡短暂地成立过"煤"、"矿"、"钢"三合一的萍宜矿务利和有限公司。

（6）以萍乡小煤窑为个案，首次研究了近代中国的小煤窑业状况，并首次估算出了近代萍乡小煤窑的数量和产量，这对当今中国在经济社会发展过程中正确处理好大型国有煤企与"小煤窑"（在某种意义上即为民营煤企）的关系提供了不可多得的历史借鉴。本书认为，由于资本逐利的天性，小煤窑无法被人为消灭，不仅如此，大型国有煤企的发展与小煤窑的发展是相互促进的关系。

（7）首次全面提出了"汉冶萍体制"的概念，对汉冶萍公司的企业定位问题，汉、冶、萍三厂矿的财务问题进行了首次研究和比较研究，得出了汉冶萍体制的本质是商务化、集团化、国际化、买办化"四化"体制和"大锅饭"体制的结论，是第一部对汉冶萍公司中的萍乡煤矿进行独立、全面研究的专著，拓展了汉冶萍公司研究的框架，丰富了汉冶萍公司研究的内容。本书指出，以销售初级能源、资源为主导的企业是很难可持续发展的。

（8）首次在工矿业经济史的研究中使用"权力营销"（含"性价比营销"、"情感营销"、"依存度营销"、"对手打击营销"）的概念，对近代中国工矿业企业的营销状况进行了深度的个案研究。

（9）首次从产业链的角度和企业可持续发展与国家可持续发展的关系角度对一个具体的企业进行了全面深入的研究，指出适度资本运作和拥有健全的上下游产业链是企业可持续发展的最根本战略安排，把投资的风险控制在可控范围内是企业永续经营的第一要务，而且，企业要获得可持续发展，企业举办者还必须把企业打造成集"销售型"、"管理型"、"生产型"三大特质于一身的"综合型"企业，不可偏颇。同时，本书强调安定的政治局面、稳定的社会环境、当权者良好的法治意识，是企业获得可持续发展和国家获得可持续发展的根基所在，两个可持续发展是互为依存的关系，无所谓孰轻孰重。本书还进一步定性地指出近代中国之所以没能崛起，其原因之一即在于企业经营者和执政者均没能正确地处理好这些关系。

四　说明

（1）档案、文献资料中缺失或无法识别的文字、数字用"□"表示，如是数字，在计算时一律折算为"5"，由此带来的误差忽略不计。

（2）在个别表格中，由于档案、文献资料中的原始统计数据即存在极为微小的误差，但其误差并不影响本书的定性分析，且为尊重史料，本书在录入时未做修正。

第二章

萍乡煤矿的创建 （1892—1908）

萍乡煤矿是洋务运动和汉阳铁厂的产物。

鸦片战争后，闭锁的大清王朝国门洞开，在积贫积弱中，有识之士无不对列强"富国强兵"的国策顶礼膜拜，纷纷开拓并汇聚于帝国"经济体制"改革之大道，"洋务运动"滚滚向前。未几，许多官僚大员认识到大炼钢铁之于国家经济发展和安全保障的极端重要性，汉阳铁厂等近代中国第一批钢铁企业由此诞生。

较之以前，近代钢铁产业对煤炭的要求更高，煤炭务必是能炼成优质焦炭者（电力炉除外）。从近代企业设立制度的角度看，钢铁产业资本必须在确保煤炭保障供给的前提下才能规划建厂（当然，铁矿石、市场、流动资金、技术、管理等都是必要条件）。但是，近代中国钢铁企业的创设，基本上是就铁不就煤，欲设铁厂者，一旦找到合适的铁矿，即行建厂。所以，近代中国钢铁企业在获得了铁矿石保障的同时，均出现过煤焦供给无保障的状况。为解决煤焦供给问题，有的钢铁企业在铁厂建成后自建煤矿，有的只在市场寻购，有的则因最终无法解决煤焦供给问题而破产倒闭。

汉阳铁厂是近代中国规模最大、存续时间最长的钢铁企业。汉阳铁厂自建铁矿和煤矿，是近代我国钢铁企业铁矿石煤焦供给保障战略的典型模式（当然，汉阳铁厂也曾短暂经历过自建煤矿同时又以市场机制解决煤焦供给的时期）。1890 年，张之洞开始筹办汉阳铁厂（也称湖北铁厂、湖北铁政局）。为保障铁矿石供给，1891 年，张之洞修建大冶铁路，开始建设大冶铁矿。可以说，大冶铁矿的建设，从开始就为汉阳铁厂提供了牢固的铁矿石战略保障。但是，在煤焦供给方面，铁厂费尽周章，一度严重影响到正常的生产经营，直至发现和开发萍乡煤焦，才从根本上解决了铁厂的煤焦供给保障问题。

第一节 萍乡煤矿的前身

人们一般认为近代萍乡煤矿起始于 1898 年，[①] 其实，萍乡煤矿的创建活动早在 1892 年汉阳铁厂[②]在萍乡设置煤务局时就已经开始。汉阳铁厂驻萍乡煤务局是萍乡煤矿的前身，因此，萍乡煤矿的历史应从 1892 年起算。为便于区分，本书把 1892—1898 年汉阳铁厂驻萍乡煤务局时期称为萍乡煤矿筹办期，1898—1908 年安源机矿建设时期称为萍乡煤矿正式创办期。

在汉阳铁厂建成前，洋务派为发展工业，曾不断大量进口钢铁，"各省制造军械、轮船等局，所需机器及钢铁各料，历年皆系购之外洋"[③]。据估计，中法战争后，"中国岁销洋铁值五百万金"[④]。"明治二十三年时"[⑤]，"醇亲王和张之洞极力主张大兴铁路并于广东设立铁厂，生产铁轨"[⑥]。于是，"在清国官宪中便出现了开创钢铁事业的计划"[⑦]。张之洞言"若再不自炼内地钢铁，此等关系海防边防之利器，事事仰

---

① 如江西省煤炭经济研究会胡尘白、汪少舟《萍乡煤矿历史上的两次公司制实验：纪念萍乡煤矿建矿 100 周年》，《江西煤炭科技》1998 年第 1 期。1998 年，萍乡矿务局也举办了萍乡煤矿成立 100 周年纪念大会，并出版《萍乡矿务局志》。

② 以下根据行文表述需要或简称"铁厂"。

③ 中国史学会主编：《洋务运动》（七），上海人民出版社 1961 年版，第 225 页。

④ 孙毓棠编：《中国近代工业史资料》第 1 辑下册，科学出版社 1957 年版，第 743 页。

⑤ 根据张之洞在 1889 年就已订购英国熔矿炉，计划在广州建铁厂的事实，此引文中"明治二十三年"（1890 年），应是 1889 年。其实，在 19 世纪 70 年代末，清廷中即已有自修铁路之议，至 90 年代中期已成定论。1895 年 12 月 6 日，光绪谕内阁："督办军务王大臣奏请简派大员督办铁路一折。铁路为通商惠工要务，朝廷定议，必欲举行。前谕王大臣等，令将近畿一带先拟办法。"《德宗实录》卷 378，第 7 页，转引自广西壮族自治区通志馆、广西壮族自治区图书馆《〈清实录〉广西资料辑录（六）》，广西人民出版社 1988 年版，第 38 页。

⑥ 服部漸：《支那製鐵業に就て》，《鐵と鋼》1924 年第 6 期，第 349 页。为简便起见以后所见所出同书均省略版本信息，只列书名、页码。

⑦ 西澤公雄：《大冶鐵山の沿革及現況》，《鐵と鋼》1915 年第 7 期，第 476 页。

给于人，远虑深思，尤为非计。"① 甚言："如不兴修铁路，中国将来的发达将无希望"，"因此，必须开创制铁业"②。于是，1889 年 9 月张之洞奏请筹设铁厂于广东。③

　　1890 年，张之洞由两广总督调任两湖总督，广东铁厂作罢，④ 紧接着开始创办汉阳铁厂，以"造轨为先，制械次之，大举采炼，杜绝漏卮"⑤。1891 年 9 月，汉阳铁厂动工，所有"创建工作全部由比利时的考克利尔公司负责，机械购自英国"，"由广东移来"⑥。1893 年 9 月，铁厂竣工，拥有生产生铁、熟铁、贝色麻钢、西门子钢、钢轨、铁货的六大厂和机器制造、铸铁、打铁、造鱼片钩钉四小厂，"全厂地面，东西三里余，南北大半里"⑦。此外，铁厂还拥有大冶铁矿、运矿铁路（大冶至黄石港）、汉阳水陆码头以及湖北马鞍山、王三石煤矿等配套设施与工程。铁厂"若生铁两炉全开，每日可出生铁一百余吨。其贝色麻钢厂、西门子钢厂、熟铁厂三厂并炼，每日可出精钢、熟铁共一百余吨。每年可出精钢、熟铁三万吨"⑧。汉阳铁厂规模宏大，为亚洲

---

① 张之洞：《铁厂计日告竣预筹开炼款项办法折》（光绪十九年二月二十五日），载陈宝箴著，汪叔子、张求会编《陈宝箴集》上，中华书局 2003 年版，第 792 页。

② 《支那製鐵業に就て》，第 349 页。

③ 《张之洞奏筹设炼铁厂折》（1889 年 9 月 20 日），载湖北省档案馆编《汉冶萍公司档案史料选编》（上），中国社会科学出版社 1992 年版，第 65 页。为简便起见以后所见所出同书均省略版本信息，只列书名、页码。

④ 1889 年，张之洞在两广任上便已订购英国熔矿炉，准备于广州城外珠江南岸的凤凰岗建铁厂，因旋即调任湖广总督，而继任者李瀚章（李鸿章之兄）无意接办，张遂把炉座全部转运汉阳。李瀚章拒绝接办的理由是——"大炉倾销铁砂甚巨，矿务稍延，即难源源供用。营建厂屋非数十万金不能，厂成后，厂用相需甚殷，粤省何能常为垫支。现在直隶、湖北创办铁路，如将炼铁厂量为移置，事半功倍。"顾廷龙、叶亚廉主编：《李鸿章全集（二）电稿二》，《醇邸等寄鄂督张》（光绪十五年十二月二十七日巳刻到），上海人民出版社 1986 年版，第 180 页。

⑤ 中国人民政治协商会议湖北省委员会文史资料委员会编：《汉冶萍与黄石史料专辑》，载《湖北文史资料》1992 年第 2 辑，总第 39 辑，第 28 页。

⑥ 《支那製鐵業に就て》，第 350 页。

⑦ 《张之洞奏炼铁全厂告成折》（1893 年 11 月 29 日），载《汉冶萍公司档案史料选编》（上），第 109 页。

⑧ 《张之洞奏查复煤铁枪炮各节通盘筹划折》（1895 年 10 月 16 日），载《汉冶萍公司档案史料选编》（上），第 116 页。

之冠。①

　　张之洞的汉阳铁厂是官办企业，因诸种原因，至 1895 年下半年，张之洞已无法把铁厂继续经营下去。张之洞具奏"铁厂另筹办法"，并主张"至经久之计，终以招商承领，官督商办为主，非此不能持久，非此不能节省、迅速旺出畅销"②。张最后看中的接班人是总办招商局直隶津海关道盛宣怀，③ 看好原因有二：一是盛"才猷宏达，综核精详，于中国商务工程制造各事宜均极熟习，经理商局④多年，卓有成效"⑤；二是"该道从前曾有承办铁厂原议"。到 1896 年 5 月，张急于出手铁厂之心境更跃然纸上。盛"适因请假在沪，现经电调来鄂面商"，要其"务速体察情形，筹划尽善，酌议章程，截清用款，限数日内禀候本部堂核定后，即行接办。该道仍俟接办后再行回沪"⑥。盛也

---

　　①　近代日本最大的钢铁厂八幡制铁所的创办与生产均晚汉阳铁厂六年。1895 年，张之洞称："盖地球东半面，亚洲之印度、南洋、东洋诸国，均无铁厂，止中国所创铁厂一处。"《张之洞奏查复煤铁枪炮各节通盘筹划折》（1895 年 10 月 16 日），载《汉冶萍公司档案史料选编》（上），第 117 页。

　　②　《张之洞致李鸿章函》（1892 年 12 月 3 日），载《汉冶萍公司档案史料选编》（上），第 93 页。

　　③　关于由何人接办汉阳铁厂一事，有一段插曲。张之洞曾言："铁厂仍以外洋厂包办为宜。"并"望速分电比国、德国各大厂，速派洋匠前来估价"［《张之洞致蔡锡勇电》（1895 年 12 月 12 日），载《汉冶萍公司档案史料选编》（上），第 124 页］。其原因是，"固以华商包办为宜，但中华绅商，类多巧滑，若无洋商多家争估比较，定必多方要挟，不肯出价"［《张之洞致蔡锡勇电》（1895 年 12 月 19 日），载《汉冶萍公司档案史料选编》（上），第 124 页］。但实际上，由于"外洋厂包办铁厂，上年白乃富函询比国郭厂，据复以路远不便照料推却。德、英大厂素无来往，电令派匠估包，徒滋骇异，无济于事"［《蔡锡勇致张之洞电》（1895 年 12 月 14 日），载《汉冶萍公司档案史料选编》（上），第 124 页］。张"只好"作罢，转而让与华商。对于张之洞优先考虑外商的真实想法是真是假，很难断定。正如陈宝箴对张所言："忽闻铁政将与洋商合办……我公此举原为铁路、枪炮及塞漏卮而设，诚中国第一大政，我公生平第一盛业。今需用正急，忽与外人共之，与公初意大不符合。……如公苦衷难可共白，箴虽人微言轻，当力陈之。"［《陈宝箴致张之洞电》（1896 年 1 月 30 日），载《汉冶萍公司档案史料选编》（上），第 125 页］张之洞不可能没有考虑到陈宝箴所能想到的一节，"以外洋厂包办为宜"只是张抵挡光绪帝和众多朝廷大员对于办厂无成效的责难和多招华商资本的一种策略而已，"欲盖"而又自我"弥彰"，恐怕这就是张之洞在此招商问题上的"难言之隐"。

　　④　指轮船招商局。

　　⑤　《张之洞委盛宣怀督办汉阳铁厂札》（1896 年 5 月 14 日），载《汉冶萍公司档案史料选编》（上），第 129 页。

　　⑥　同上。

"以冶铁炼钢亚东创举事体至重"，"事关中国大局，不敢不力任其难"①，经"亲往铁厂铁山运道等处详细查勘"② 后，"奉此"③ "招集商股，官督商办"④。

图2—1 近代汉阳铁厂全景

资料来源：武汉图书馆（http：//www.whlib.gov.cn/photo/view.asp? id=7714）。

位于汉口长江下游"六十五里"处，距长江岸边"约十五里"的大冶铁矿含铁量"为百分之六十"⑤，其在宋时炼铁堆积的"矿渣含铁量即有三成乃至四成"⑥，"是中国最好的铁矿"⑦ 之一。汉阳铁厂兴建时，大冶铁矿为盛宣怀名下资产。"明治八年"⑧，"为给招商局汽船公

---

① 江西省社会科学院历史研究所编：《江西近代工矿史资料选编》，江西人民出版社1989年版，第438页。

② 《张之洞委盛宣怀督办汉阳铁厂札》（1896年5月14日），载《汉冶萍公司档案史料选编》（上），第129页。

③ 《盛宣怀呈接办汉阳铁厂禀》（1986年5月23日），载《汉冶萍公司档案史料选编》（上），第129页。

④ 《张之洞委盛宣怀督办汉阳铁厂札》（1896年5月14日），载《汉冶萍公司档案史料选编》（上），第129页。

⑤ 《製鉄所を見る》（上·中·下），《東京朝日新聞》1933年4月6—8日。

⑥ 《漢冶萍公司に於ける原料費》，《鐵と鋼》1924年第6期，第393页。

⑦ 同上书，第394页。

⑧ 指1875年。

司寻找煤炭，盛宣怀聘请英国人在扬子江沿岸进行调查，次年，发现大冶铁矿”，并"买下了大冶铁矿"，听闻"醇亲王和张之洞的铁路政策和修建京汉铁路的计划后"，"盛宣怀便将大冶铁矿献给张之洞"①。

图 2—2　近代大冶铁矿开采现场

图片来源：武汉图书馆（http://www.whlib.gov.cn/photo/view.asp? id=7699）。

1894 年 5 月，汉阳铁厂正式投产，所需煤焦甚多，"不患无铁而患无煤"，所需焦炭，"初购自外洋（英国、日本），则价值极昂"②。对于汉阳铁厂，"运抵的焦价每吨不超过银十两，汉阳铁厂才不致亏本"③。为此，张之洞派员遍历长江邻近各省著名煤区，但经寻勘化验，均不合用。如湖南宝庆白煤，火力不足，即使掺用洋煤也"几致铁液熔结不流，炉座受损"；湖北所开王三石煤矿，以水势过大，辍于半途。马鞍山虽经见煤，购置洗煤机、洋炼焦炉，而煤质内含磺过重，炼

---

① 《支那製鐵業に就て》，第 350 页。

② 陈维、彭黻：《萍乡安源煤矿调查报告》，出版单位不详，1935 年版，第 14 页。

③ 江西省政协文史资料研究委员会、萍乡市政协文史资料研究委员会编：《萍乡煤炭发展史略》，出版单位不详，1987 年版，第 90 页。

出焦炭，"非挽用开平焦不能以炼贝铁"①。1896 年，盛宣怀接办汉阳
铁厂后，立即停用每吨价银"二十余两"② 的进口洋焦，改为国产最优
质的开平焦与前述武昌马鞍山煤所炼土焦掺和使用。但开平一号焦
"每吨正价连杂费、麻袋、装工、小脚，需银十六七两"③。结果，"汉
厂产品的价格，反而超过外洋进口货的价格"④。不仅如此，那时开平
是国内仅有的一处机器采煤的大矿，铁厂、铁路、轮船争购开平焦，开
平奇货可居，动辄掣肘，或碎炭充数，或交货故意展期，"价高而用仍
不给"⑤，以致每天所产钢轨"只够敷设一里路程"⑥，铁厂"恒以焦炭
缺乏，停炉以待；而化铁炉又苦不能多停，停则损坏"⑦，使铁厂受
到直接威胁。"煤炭不能及时供给，且价格不菲，已成为铁厂没有成
效的主要原因"⑧。最后，"张之洞特聘外国技师遍查湖北、湖南、江
西、安徽、江苏各省，结果，于光绪廿四年三月（明治三十一年）⑨ 发
现江西省萍乡县产出的煤炭，其矿脉旺实，煤质也适合矿炉，于是马
上开采"⑩。

一　萍乡的煤炭资源

在缺煤的江南九省区⑪中，江西的煤炭资源相对较多。⑫ 1202 年，

①　《萍乡煤矿创立的起源》，《张赞宸：奏报萍乡煤矿历年办法及矿内已成工程》（1905
年 1 月），载《汉冶萍公司档案史料选编》（上），第 206 页。
②　《张之洞奏查复煤铁枪炮各节通盘筹划折》（1895 年 10 月 16 日），载《汉冶萍公司
档案史料选编》（上），第 116 页。
③　《萍乡煤矿创立的起源》，载《汉冶萍公司档案史料选编》（上），第 206 页。
④　《汉冶萍与黄石史料专辑》，第 166 页。
⑤　《江西近代工矿史资料选编》，第 438 页。
⑥　《萍乡煤炭发展史略》，第 56 页。
⑦　《汉冶萍公司档案史料选编》（上），第 206 页。
⑧　南洋劝业会日本出品协会：《南京博览会各省出品调查书》，［日］東亜同文会调查编
纂部 1912 年版，第 1251 页。
⑨　即 1898 年。此件材料所指时间，应理解为萍乡煤矿正式开办的时间，而非张之洞、
盛宣怀开发萍乡煤炭的最早时间。
⑩　《南京博览会各省出品调查书》，第 1251 页。
⑪　指江西、湖南、湖北、广东、广西、福建、浙江、苏南、皖南。中国煤炭志江西卷
编纂委员会编：《中国煤炭志·江西卷》，煤炭工业出版社 1997 年版，第 3 页。
⑫　同上。

江西鄱阳人洪迈所著《夷坚志》载："江西庐山、袁州、丰城皆产石炭。"① 其中，萍乡即隶属于"袁州"（古代袁州为现江西宜春市，现萍乡市距宜春市约50公里）。萍乡煤炭资源得天独厚，在萍乡2764.93平方公里的土地上，含煤地层占41%，且矿种齐全，既有工业用烟煤，又有生活用无烟煤，工业储量1.92亿吨。② 萍乡，是我国长江以南重要的产煤区。

《天工开物》，为宋应星（江西奉新③人）任江西分宜县④教谕时所撰，书中除有"煤炭"专节外，其他各处也多提到煤炭，是中国最早较全面论述煤炭开发和利用的科技文献，其中，记载萍乡煤炭尤详。近代，萍乡煤田地质调查则较晚，始于萍乡煤矿正式建矿前的1896年受盛宣怀委派的德国人赖伦等的勘测活动。1931—1937年，江西地质调查所周作恭、雷宣、夏湘蓉及高平等，在萍乡进行过多次煤田地质调查工作。⑤ 1936年，实业部地质调查所黄汲清、徐克勤将萍乡一带煤系划分为紫家冲、天子山、三家冲及三丘田四个岩段，定为侏罗纪沉积，⑥并将安源含煤岩系定名为"安源群"。⑦ 1937—1938年，为解决抗战军工生产和铁路运输燃料之需，国民党军事委员会资源委员会委托江西省地质调查所，对安源煤田地质、储量、煤质、交通、工程等进行了一次较为全面的调查，结果认为安源煤田仍富开采价值⑧（后于1938年1月，在安源成立资源委员会萍乡煤矿整理局，与江西省政府一起合办萍乡煤矿）。1938年，江西地质调查所高平对江西全省煤田做出综合性论述，认为全省煤田分布可划分为三带一区，即乐平—萍乡带、广丰—吉安带、修水流域带和赣南区。⑨ 1940年，徐克勤将安源群改称安源煤系

① 《中国煤炭志·江西卷》，第11页。
② 罗晓主编：《萍乡市地方煤炭工业志》，江西人民出版社1992年版，第32页。
③ 距萍乡约200公里。
④ 距萍乡约80公里。
⑤ 《萍乡市地方煤炭工业志》，第38页。
⑥ 常世英主编：《江西省科学技术志》，中国科学技术出版社1994年版，第618页。
⑦ 《萍乡煤炭发展史略》，第234页。
⑧ 同上书，第36页。
⑨ 《江西省科学技术志》，第652页。

别吟诗描写萍乡使用煤炭的情况。戴复古《萍乡客舍》诗："草罢惜春赋，持杯亦鲜欢。檐楹双燕语，风雨百花残。小阁无聊坐，征衣不耐寒。地炉燃石炭，强把故书看。"乐雷发《萍乡和王尧章韵》诗云："征衲无人补旧绵，萧条客枕楚萍边。拨残石炭西窗冷，却忆山家榾柮烟。"① 诗中"石炭"即为煤炭。清乾隆四十九年（1784 年）胥绳武修《萍乡县志》卷 1 第 18 页《乃拥煤炉》也记载了萍乡民间使用煤炭的情形："村家捣煤碎之，微和泥曝干，堆炉中烧之，凿以孔红黑相映，火光不散。"② 自宋以来，煤炭已成为萍乡民居生活的必需品。

萍乡"安源附近诸山，煤层浅露，易于所取"③。萍乡煤炭的规模性开采始于唐，兴于宋，盛于明清。《天工开物》详细记述了江西煤炭的开采技术：直井开拓，到煤再沿煤层掘巷道开采，④ 以木制辘轳手摇提升，竹筒排放瓦斯，并已能综合利用煤伴生矿物。⑤ 在煤炭深加工方面，萍乡炼焦的历史同样悠久。清康熙年间，安源便已采用"堆烧法"⑥，用土炉炼焦，成为"华南最早的炼焦地"⑦。至民国，小煤窑仍是手工挖煤，人力挑拖，竹筒抽水，辘轳提升，木质风车通风，油灯照明。⑧ 在近代，萍乡小煤窑的开采技术与程序古风依旧，没有太大改变。

清初，萍乡小煤窑规模扩大。清乾隆年间，全国出现较稳定的局面，萍乡煤业发展较快，土窑小井遍布。东南安源、紫家冲、王家源、双风冲、南坑、天子山一带为主要产煤区，城北大平山、鸡冠山、金山、桐木，城西金鱼石、胡家坊、马岭山等地均有零星小井。当时，萍乡诗人何宫桂曾描述安源开挖煤炭的情景："安源岭上搭棚所，曾有村夫非似我；日午满山炭烧烟，夜深通垅照渔火；短衣裁剪刚齐腰，尺布

① 转引自《萍乡市地方煤炭工业志》，第 46 页。
② 同上书，第 47 页。
③ 《萍乡安源煤矿调查报告》，第 224 页。
④ 转引自《江西省科学技术志》，第 483 页。
⑤ 同上书，第 475 页。
⑥ 《中国煤炭志·江西卷》，第 12 页。
⑦ 《萍乡市地方煤炭工业志》，第 47 页。
⑧ 《江西省科学技术志》，第 475 页。

染兰抱脑裹；男妇肩挑枯块来，相摩相谑不相左。"① 其"枯块"即焦炭。清嘉庆年间，在小坑一带办矿的有李少白的福大、福来煤井，甘成清的合顺煤井，宋志寿的福多煤井，等等。清末，洋务运动兴起，萍乡煤业迅速发展。光绪年间，仅安源一带就"土井林立，密如蜂房"②，"触目皆是"③，据清光绪二十一年（1895 年）调查，仅安源一带的土窿商井即达 265 口。④

图 2—3 当时小煤窑采煤情景

资料来源：（明）宋应星著，管巧灵、谭属春整理注释：《天工开物》，岳麓书社 2002 年版，第 272 页。

---

① 萍乡后街《何氏族谱》艺文篇《安源山村吟》，转引自《中国煤炭志·江西卷》，第 550 页。

② 《中国煤炭志·江西卷》，第 550 页。

③ 《萍乡安源煤矿调查报告》，第 224 页。

④ 《萍乡市地方煤炭工业志》，第 47 页。

到宋，商品经济发展，朝廷把矿税视为财政收入的主要来源之一，积极倡导开发矿业，允许民户佃山开采，煤业大兴，与盐铁并重，煤炭成为冶炼和民用的主要燃料，萍乡煤业也初获发展，"萍乡煤炭市场逐渐形成"①。至明，已有人将萍乡煤炭批量远销长沙、武汉等地。②

萍乡煤矿成立前，萍乡煤炭"完全自由开挖"③，有的乡绅圈山开采，萍乡煤炭资源实际基本已被士绅和山主占有。土窿商井大多数由商人向山主付纳租金，租山开业，打井挖窿，但也有山主自行开挖煤井者。在境内主要的产煤区，较大的山主有安源贾姓，紫家冲文姓，王家源张姓、钟姓、黄姓，高坑欧阳姓，双凤冲甘姓，天子山彭姓，锡坑周姓，城北太平山许姓，城西大屏川邓姓，胡家坊胡姓、甘姓等。④

小商小井大多依附于几家巨绅，仰仗他们的庇护。清末，萍乡境内出现了众多的私人煤炭公司和煤庄，为方便对外营业，各商井均有牌号。许多商井往往还联合成一较大商号，这些商号，资金较雄厚，有的专办矿井，有的还兼收各小窑煤炭，或转手倒卖，或加工炼焦外运外销。此时，萍乡小煤窑已相当发达，并产生了巨大的资本效益。例如，清光绪年间，安源一带的和茂福商号不仅在紫家冲和小坑分别开办了珏盛、玉和煤井，还在长沙、湘潭、醴陵等处开设字号售煤。又如湖南湘潭商人彭世毫在萍乡荷尧一带开办"大兴公司"，收购小窑商井煤炭，运销湖南马家河等地，赫赫有名。再如萍乡张梦予，原为一穷秀才，靠当私塾教师谋生，后来看到主人做煤炭生意发了大财，弃教经商，先给主人管账，后单独开业，几年便买下良田千亩。⑤

可以说，至清末，从采掘，到加工、运输、销售，萍乡煤业蓬勃发展，自身已形成一条完整的、有利可图的近代能源经济产业链。

三　汉阳铁厂驻萍乡煤务局

"公司+农户"的经营模式，非为现代经济社会所特有。近代，中

---

① 《萍乡市地方煤炭工业志》，第97页。
② 同上书，第47页。
③ 《萍乡安源煤矿调查报告》，第224页。
④ 《萍乡市地方煤炭工业志》，第46—47页。
⑤ 同上。

国纺织业中的来料加工家庭手工业经济模式，其本质即是"公司+农户"的经营模式。"以合适的代价获得优质的焦炭，是钢铁企业实际经营中应该考虑的重要问题。"[①] 汉阳铁厂的市场需求与萍乡小煤窑的供给能力相结合，为两者以类似"公司+农户"的模式进行合作（前后连续三次[②]）提供了前提条件。

第一次合作出现在 1892 年 10 月至 1896 年 5 月，为张之洞的汉阳铁厂时期。"采办萍煤，始于光绪十八年九月"[③]，"张文襄（即张之洞）委候补知县邑人欧阳柄荣来萍"[④] 设局，"收买商厂油煤运济汉阳铁厂"[⑤]。1894 年前，汉阳铁厂主要只是烧用萍煤，至于炼铁焦炭还是使用外货。1895 年，汉阳铁厂建西式焦炉，收购萍煤炼焦。[⑥] 1893—1896 年，铁厂"收买萍邑煤炭已不下数百万担"[⑦]。首次合作历时近四年。但是，因"船户掺杂过重"（指承运船户，于运输途中掺杂柴煤），"所炼之焦，殊不合用"[⑧]，萍乡煤焦"迨运汉以后，只有充锅炉烧煤之用"[⑨]。这样一来，直接后果有二，一是萍乡煤焦未能真正成为汉阳铁厂冶钢炼铁核心的、过硬的燃料；二是说明由汉阳铁厂直接出面在萍乡设立煤炭收购机构的"公司+农户"模式的非可行性。

第二次为盛宣怀接办汉阳铁厂之后（1896 年 5—11 月）。1896 年 5 月，盛宣怀接办汉阳铁厂。恰逢此时，1896 年 3 月，萍乡县人、翰林院侍读学士文廷式[⑩]因组织"强学会"，支持光绪变法，触犯慈禧太后被革职。回籍途中，文会见了张之洞。可以说，文、张的会面，宣告了

---

① 《龍烟の鎔鑛爐》，第 387 页。

② 在时间上虽前后相继，但因具体操作手段不同，所以是三次，而非三个阶段。

③ 《萍乡煤矿节略——萍矿总办张赞宸原稿》，载《萍乡煤炭发展史略》，第 123 页。

④ 刘洪辟修，李有均等纂：《昭萍志略》第 3 卷，成文出版社有限公司 1925 年版，第893 页。

⑤ 《萍乡煤矿节略——萍矿总办张赞宸原稿》，载《萍乡煤炭发展史略》，第 123 页。

⑥ 《江西省科学技术志》，第 493 页。

⑦ 《萍乡市地方煤炭工业志》，第 98 页。

⑧ 《萍乡安源煤矿调查报告》，第 14 页。

⑨ 《萍乡煤炭发展史略》，第 56 页。

⑩ 文廷式，江西萍乡人。清咸丰六年（1856 年）出生，光绪十六年（1890 年）进士，光绪二十年（1904 年）去世。

第一次"公司+农户"合作的结束。盛宣怀接手铁厂后，即派江苏候补巡检文廷钧、候补县丞许寅辉来萍，督商采运煤炭。1896年5月，盛"改由广泰福商号承办"汉阳铁厂用煤（由文廷式族兄文天一出面负责组织），其实质是改变原有的汉阳铁厂直接出面的"公司+农户"合作模式，这标志着第一次合作的结束和第二次合作的到来。为防止掺杂使假，汉阳铁厂"令就萍设炉试炼焦炭"①。广泰福与汉阳铁厂签订每月供应焦炭2000吨②的合同，合同详细规定了焦炭的成分、价格、运量、日期等。③ 为对煤焦进行化验，铁厂在萍建化学房。④ 广泰福则自开煤井，设厂炼焦，购置火轮，进行煤炭开采、炼焦、运销的综合经营，成为萍乡最大的煤炭商号。9月，文廷式回萍，亲自协助广泰福。但由于广泰福实际是由文、张、钟、彭几家控制的众多商井临时拼凑起来的，虽由文家出面承办，但文家对其余各家并无约束力。广泰福有些煤井，将自产煤炭炼焦后销售给其他商号，导致广泰福"所包焦炭未能按月解厂，欠焦甚多"⑤，汉阳铁厂派员前来催煤，也无济于事。而且，广泰福就地土法试炼的焦炭，"多属生熟参半。质地泡松，仍不能完全合用"⑥。结果，第二次历时仅半年，纯民间商业性质的"公司+农户"合作即行终止（此次合作虽然没有出现"煤务局"，但其"影子"机构实际是存在的）。

　　第三次是以"官商"分办的形式进行的（1896年11月—1898年3月）。在文廷式主办广泰福的同时，1896年9月，张之洞、盛宣怀派德籍矿师赖伦等来萍勘探煤源，⑦ 遭萍乡士绅反对，文廷式亦受攻击，后

---

①　《萍乡煤炭发展史略》，第56、123页。

②　《中国煤炭志·江西卷》，第13页。

③　《萍乡煤炭发展史略》，第59页。

④　《江西省科学技术志》，第493页。

⑤　《萍乡市地方煤炭工业志》，第48页。

⑥　《江西近代工矿史资料选编》，第446页。

⑦　此时的汉阳铁厂还属官督商办的性质，张之洞还拥有对汉阳铁厂的督导权。张之洞指示："熟悉矿务洋矿师亲诣履勘，妥为筹计，审察煤层片段，何处可用旧窿？何处立开新井？……将萍邑产煤地方详细履勘。按照札饬事理，妥为筹议，禀复核夺，毋稍率忽，是为至要。"《张之洞札恽积勋查勘萍乡煤矿文》（1896年6月28日），载《汉冶萍公司档案史料选编》（上），第177页。

经县令顾家相为其开脱，事态才予平息，德籍矿师进入萍乡。[1] 赖伦等发现萍煤灰少磷磺俱轻，"所看数处，据云煤质甚佳"[2]，于炼焦化铁最为相宜。于是，1896 年 11 月，铁厂便在萍重设煤务局，并与广泰福议立合同，规定萍煤官商分办。合同规定：萍乡煤炭上栗市（萍乡一地名）归汉阳铁厂经营（直接经营者仍为煤务局），萍乡（指高坑、安源等地）出煤，彼此各半收买，以了结官商萍煤经营之争。

铁厂驻萍煤务局与广泰福汉号议立合同

立合同议据，铁厂驻萍煤务局、承办广泰福号，今议萍乡分办、上栗市铁厂独办章程四则。

——议公定煤价，彼此不能私增。

——议焦炉除已造就者，不得毗连再添。

——议煤船水脚订定议单后，彼此不能加价，必须挨号分装，如逼乏煤之时，只能让有煤者先运。

——议照银数所定之煤，彼此不能争购。

查萍乡向章，本由窿户售与厂户，由厂户转售买主，凡遇已定之煤照付出银数满额外，彼此皆照不增价例，分后收买。益虽是两局，实为一家，均不能垄断独登，亦不能利权独揽。如若不照推诚布公办理，事事垄断，即将以上所议四款，随时注销，作为废纸。倘四款内有应更改之处，必须公同商议。如有阳奉阴违，察出从重议罚。再有煤务局于八月间在湘潭，由厂户愿包每年萍乡煤、炭各一万吨，此系价钱订明在先，不在四款之内，如广泰福号在此约未立之前，有包定煤、炭亦然。

以上四款，系指萍乡分办章程，惟上栗市归铁厂独办，因与他人毫无交涉，故未列入四款之内。总之，萍乡一镇出煤，彼此各半收买，以照公允。恐口无凭，立此合同议据两纸，各执一纸，永远存照。

---

① 《萍乡市地方煤炭工业志》，第 2 页。

② 《许寅辉致盛宣怀函》（1896 年 11 月 3 日），载《汉冶萍公司档案史料选编》（上），第183 页。

　　　　再，有银儿钱价、洋作钱价等事，统俟在萍公议（又批）。
　　立合同：铁厂驻萍煤务局　　会办莫吟舫
　　　　　　　　　　　　　　　员董卢洪昶
　　　　广泰福汉号经手　　　　王振夫
　　　　　　　　　　　　光绪二十二年十月十九日立 ①

　　由此可知，第三次合作实际上是一种非常松散的合作，一是萍乡当
地资本势力抵制外来资本的"入侵"，二是汉阳铁厂（煤务局）走向对
萍乡煤炭资源的独立开采。对此，盛宣怀在致郑观应的信函中做了坦
白："在萍乡自买矿山包工，自是持久正办。但须俟矿师说帖到后详细
商度，再行举办，深恐缓不济急。况值官商分办之初，只得姑照鸿昌所
上条陈，先行试办。"②

　　萍煤经营改纯粹商办为官商分办后，萍乡煤务局设于文氏祖祠，并
全面加强了对小煤窑的督察与控制，以革除弊病：局方拟定采运措施，
对委派采运、收煤的人员进行整顿，通知船户人等，对运往汉阳铁厂煤
炭不准掺和夹杂，违者送官究办，"凡有不妥之船户，永不准伊装
运"③；金鱼石码头为船户掺和杂煤最易之处，煤务局派专人驻守，凡
各船户经过，都需挂号"验讫"，从萍乡至株洲，沿途均有专人押送。
煤务局还先后在高坑、安源、紫家冲等地，收购和开办了煤质较好的亨
顺、兴顺、同顺和元顺等八座煤井，同时紧缩上梁、高坑出煤不旺、壁
石太多的五福、祥兴等井。1897 年 7 月，盛宣怀根据汉阳铁厂总办郑
观应的建议，派铁厂提调张赞宸和赖伦再到安源考察，赖伦估计萍乡煤
炭储量为 5 亿吨。④ 张赞宸则"饬各煤商及自开土井一律炼焦，一面收
各商井焦炭，供汉厂急需"，并深入安源等地逐个考察土窿商井，创平

---

　　① 《铁厂驻萍煤务局与广泰福号议立合同》（1896 年 11 月 23 日），载《汉冶萍公司档
案史料选编》（上），第 185 页。
　　② 《盛宣怀致郑观应函》（1896 年 11 月 3 日），载《汉冶萍公司档案史料选编》（上），
第 184 页。
　　③ 《萍乡市地方煤炭工业志》，第 48 页。
　　④ 《江西省对外经济贸易志》编纂委员会编：《江西省对外经济贸易志》，黄山书社
1997 年版，第 185 页。

底炉法，并亲督官商各井悉心试炼，萍煤"渐次改良，甚合炼钢"①。此时，郑观应主张在萍就地大举炼焦，以节省运费，结果，除加强采运以外，在紫家冲、王家源、安源、高坑和上栗市等地设厂炼焦，官商小煤窑月产焦达 2000 吨，从质量和产量上看，第三次"公司+农户"合作模式已经基本可确保汉阳铁厂的全部煤焦供应。② 至此，"焦炭为（汉阳铁厂）养命之源，萍乡为必由之路"③。

　　然而，就在"公司+农户"模式大获成功的时候，盛宣怀却"从长计议"，决定投下巨资自办萍乡煤矿。恰好此时，广泰福（文姓）以"商力匮乏，土法浅鲜，运道迂滞，难以为继"④为由，请求给予优惠价格，自愿将所经营的一切业务全部转让给汉阳铁厂。1897 年冬，汉阳铁厂"将广泰福（文姓）煤井焦厂轮驳一切生财归并官局，如是井厂尽归官局，自行采运，着着筹备，创开机矿"⑤。1898 年 3 月，"萍乡等处煤矿总局"（所谓"等处"即含指以后的机矿和已经收购的小煤窑）成立。萍乡等处煤矿总局的成立，标志第三次合作的结束，也标志着汉阳铁厂煤务局与萍乡煤业"公司+农户"模式的终结。后来，萍乡煤矿于 1899—1902 年帮助矿界外的小煤窑成立"保合公庄"，收购其所产焦炭，但已是萍乡煤矿成立以后的事，虽有较多的获取焦炭的因素，但萍乡煤矿的根本目的在于"规范"萍乡煤业秩序，不属于萍乡煤矿正式成立前战略意义上的"公司+农户"的合作。

　　盛宣怀摒弃"公司+农户"模式，于 1898 年起投下巨资自办超大

---

　　① 《萍乡安源煤矿调查报告》，第 15 页。

　　② "卑职查问萍乡炼焦煤炉，寥寥如晨星，广泰福以月收之效不敷运鄂，故不惜巨费助地造炉，大小共八座：一名五家源，一名紫家冲，一名锡坑，一名安源，一名天紫山，一名竹窝里，一名高坑，一名龙家冲。统计本年陆续均可告成。刻下唯紫家冲已经完工，每月出焦炭四百吨。五家源本月亦可告竣，约出焦炭五百余吨以上，六处成后，今冬同时举炼，每月可共出焦炭两千余吨。一俟春水生时，源源运鄂，可以接济，无虞缺乏。文委员尚恐不敷铁厂供用，又向乡间大厂户包定焦炭。果能此后再加畅收，更有神益。"《恽积勋致郑观应函》（1896 年 10 月），载《汉冶萍公司档案史料选编》（上），第 182 页。

　　③ 《萍乡市地方煤炭工业志》，第 49 页。此前，盛宣怀仍担心"萍煤若难接济，势必定购洋煤"。《盛宣怀致郑观应函》（1896 年 11 月 3 日），载《汉冶萍公司档案史料选编》（上），第 184 页。

　　④ 《萍乡市地方煤炭工业志》，第 49 页。

　　⑤ 《萍乡安源煤矿调查报告》，第 15 页。

型萍乡煤矿，同时又于1899年4月7日与日本签订有效期长达15年的合同，委托日本代汉阳铁厂购买煤焦，合同规定"汉阳铁厂及盛大臣兼辖之轮船招商局、纺织纱布厂，亦须由日本制铁所经手，每年购煤至少以三四万吨为度。""焦炭用否，随时酌定。"① 该合同期限"以十五年为满"②。这让人搞不懂签订协议时盛宣怀是如何打算的，甚至有没有想到将来待萍乡煤矿建成后该如何处理萍煤与日煤的关系。

　　盛抛弃"公司+农户"模式的理由是：广泰福组织涣散，"不守信约"③，不把全部煤焦售与汉厂，不能满足汉厂需求。实际上，导致盛摒弃"公司+农户"模式，决定创办大型萍乡煤矿的原因远不止这一个。归纳起来应有以下六大方面。

　　第一，诚信商业理念的缺失。由于船户的掺杂使假，优质的萍煤到了铁厂不能炼焦炼铁，只能用来烧一般的锅炉，导致铁厂误以为萍煤质量就是掺假后的质量，以致一直未引起重视。直到盛宣怀接办铁厂后，聘请世界著名的德国矿业专家重新调查化验湖南、湖北、江西等省煤炭后，才真正认识到萍煤的优质与对于铁厂的不可代替性。

　　第二，近代企业制度的缺失。"建国前，历代统治阶级均未在萍乡设立专门的煤炭销售管理机构，萍乡煤炭系由民间自产自销为主。"④不受约束地自由销售（哪怕是掺杂使假），在萍煤民间经营者看来实乃天经地义之事。在第二、第三次合作中，虽有文廷式与广泰福出面总协调萍乡地方煤业，但无论从权力、势力，还是财力上，其都无法使"农户"进行制度化、有约束力的运作。

　　第三，文廷式个人经济思想的反作用。表面上，文是广泰福即"农户"方的总代表和最高执行者。但根据资料，文在会见张之洞时，就"力陈采用机器大规模开采萍乡煤炭的必要性，文廷式在对于张之洞、盛宣怀等决心开办萍乡煤矿起了重要的推动作用"⑤。换言之，文本质上

　　① 《汉阳铁政局与日本制铁所互易煤铁合同》[光绪二十五年二月二十七日（1899年4月7日）]，载《汉冶萍公司》（二），第93页。

　　② 同上书，第94页。

　　③ 《萍乡市地方煤炭工业志》，第49页。

　　④ 同上书，第107页。

　　⑤ 《中国煤炭志·江西卷》，第498页。

是不主张"公司+农户"模式的，他只是受张之洞、盛宣怀之托主持广泰福，当面临广泰福其他股东的不合作，遇到资金周转问题及盛宣怀决定自办大型煤矿时，他立即以最好的价格把广泰福文姓名下的所有资产转让给了萍乡煤矿，并担任萍乡煤矿的"协同照料地方首绅"①。

第四，创新模式的无可借鉴性。"公司+农户"模式，在汉阳铁厂建立之前，主要存在于我国纺织业中。民初，英美烟草公司每年将美国烟种分发给潍县农民，并教授农民改良烟草种植技术，贷款给农民，议定以所收烟价抵还。后来南洋兄弟烟草公司和日本米星烟草公司竞相效仿。而且，日本人将同样的方式用于棉花种植业中。这种模式一直延续到抗战前，它"实际上就是现在所说的'公司+农户'的型式"。汉阳铁厂、萍乡小煤窑"公司+农户"的模式，是近代中国工业、矿业、农业（大农业）三方合作的一个创举，无现成经验可资借鉴，自然"公司"方也无"生产所需的资金、原料、技术供给和产品销售等一条龙服务"②。

第五，"农户"资本追逐利益最大化的结果。煤业不同于手工业和种植业，它所需资本大，风险也大，"农户"独立意识强，要求收益最大化和自我控制与自我独立。船户的掺杂使假、文姓广泰福资产的高价转让已如上述。就不愿把煤焦售与铁厂的广泰福非文姓股东而言，虽缺乏相应资料，但察其苦衷或动机主要不外以下几种可能：①抵制外来"入侵"资本和抵制文姓独大，希望由几家"巨头"共同垄断萍乡煤业；②铁厂价格低于市场，煤焦奇货可居，非文姓要以更好的价格卖向市场（客户可以是铁厂，也可以是其他买家）；③文姓诚信经营，而非文姓非要掺杂使假；④非文姓受到义姓的价格盘剥。

第六，最根本的原因来自掌握"发包"主动权的"公司"方。铁厂对煤焦的供给要求非常严格，煤焦质量不好不行，"断粮"更是直接造成生产设施的破坏，它要求最好能对煤焦的供应进行直接的控制，以达利益的保障和最大化。在各类信息不清、对开发萍乡煤炭没有把握前，铁厂迫切需要小煤窑与自己合作，并频繁进行"公司+农户"的尝试。但是，当了解萍乡煤炭资源具备大型开发价值后，铁厂立马害怕

---

① 《中国煤炭志·江西卷》，第 498 页。
② 丁长清、慈鸿飞：《中国农业现代化之路》，商务印书馆 2000 年版，第 363 页。

"商户垄断"①，且更不愿小煤窑瓜分煤市利益。广泰福"组织力量薄弱"，"运输条件落后"② 等只不过是借口。1898 年大型萍乡煤矿正式开办时，总办张赞宸就曾向盛宣怀保证："若有款，有轨（指铁路）后，矿无大敌，五年内不收回成本，请坐赞以重罪"③，对自行开发大型煤矿的收益前景信心满满。

第二节　萍乡煤矿的正式创办

接办汉阳铁厂后，盛宣怀深感"特所患犹不若乏煤之甚也。开平华矿，宜当与汉阳华厂休戚相关。年来恳切筹商，上烦宸听，奈煤价已加至极昂之数，而交煤仍难应汉厂之求。至于洋煤，更不可恃。外洋用五六金一吨之焦炭，我几三倍其价。钢铁成本悬殊，势无可敌。一旦各国有事，又动辄禁煤出口，将来恐虽出重价而不可得"。有鉴于此，"两年以来，于沿江上下、楚西、江、皖各境分派委员带同矿师搜求钻试，足迹殆遍，惟江西萍乡焦煤曾经试用，最合化铁。矿脉绵亘，所产尤旺，实为最有把握之矿。但土法开采浅尝辄止，运道艰阻，人力难施"。"深维大计，铁厂利钝之机全视萍煤为枢转。"④ 萍乡，已成为汉阳铁厂性价比最优的煤焦供应地，没有萍乡煤炭，汉阳铁厂将无法生存。加上上述害怕小煤窑"垄断"和追求利益最大化等原因，于是，盛宣怀决定大举开采萍乡煤炭。

一　费时十年的建矿历程

"萍乡煤矿位于江西省西部袁州府萍乡县，北纬二十七度五，东经一百一十三度五"，"开采处为天滋山支脉的安源山，离萍乡县城东南

① 《萍乡矿务局志》编纂委员会：《萍乡矿务局志》，1998 年，第60 页。
② 《萍乡煤炭发展史略》，第59 页。
③ 《湘潭张绍甄来电》［光绪二十四年（1898 年）五月二十一日］，载陈旭麓、顾廷龙、汪熙主编《汉冶萍公司》（二），《盛宣怀档案资料选辑之四》，上海人民出版社1986 年版，第717 页。
④ 《张之洞、盛宣怀会奏开办萍乡煤矿并筑造运煤铁路折》（1898 年 4 月 16 日），载《汉冶萍公司档案史料选编》（上），第200 页。

十五清里处，为该矿中心"①。1898 年 3 月，"萍乡等处煤矿总局"正式挂牌；5 月，购买宋家山等处山田 1700 余亩及部分商井；6 月，在安源正式动工建矿；12 月，筹备修建萍安铁路（安源矿井到萍乡宋家坊萍河）。1899 年 2 月，会同地方进行机矿十里四至的勘定工作。1905 年 12 月，醴陵至株洲铁路竣工，统名为萍潭铁路（安源至株洲），全长 180 里。1908 年，萍乡煤矿全面竣工。

萍乡煤矿费时十年（实为十年余）始全部建成。1935 年江西省政府经济委员会刊行的《萍乡安源煤矿调查报告》中的《历史》一章对萍乡煤矿的建矿历程有一简要概述：

> 二十四年（1898 年）三月张之洞会同盛宣怀奏准，以资金百万两，仿西法，大举开采，又于二十四五年中陆续收买安源土矿十余处，二十八年（1902 年）因资金不敷，先后借德商礼和洋行四百万马克，聘赖伦为总工程师，继续扩张萍乡煤矿工程，二十九年（1903 年）窿道渐次告成，西法炼焦亦渐次完备，乃悉数归并商井。三十四年（1908 年）盛宣怀奏称：开通紫家冲大槽，于是安源机矿告厥成功。②

十年余的建矿时长，造就了"大而全"、名列中国"十大矿厂"③前三的萍乡煤矿。

1908 年大功告成后的萍乡煤矿工程与技术水平如下：

> 工程与技术相关组织有：总工程处、直井总管处、平巷总管处、测绘处、化验处、洗煤处、洋炉炼焦处、土炉炼焦处、电机处等。里外工程，概聘外国专门技师指导，共雇洋员有二十五六人。

---

① 《南京博览会各省出品调查书》，第 1255 页。
② 《萍乡安源煤矿调查报告》，第 15 页。
③ 十大矿厂为：湖北汉阳铁厂、湖北大冶铁厂、江西萍乡煤矿、河南安阳六河沟煤矿、直隶临城矿务局、直隶井陉矿务局、直隶开滦矿务局、山东峄县中兴煤矿有限公司、奉天本溪湖煤铁有限公司、奉天抚顺煤矿。顾琅：《中国十大厂矿调查记》，商务印书馆 1916 年版。此书作者并未得，只通过某些二手资料有所了解，此十大厂矿的名称及其排序为通过网络中关于此书的介绍所知。

　　井巷设备：平巷已开至二千八百六十公尺，高二公尺五寸，宽三公尺五寸，全窿砖□①，铺设双轨，称东平巷，专取直线上腹内之煤。直井凿至一百六十公尺深，井内第一层横巷一百六十公尺，二层横巷一百一十公尺，三层适与井外平巷等高，称西平巷，专取安源境内之煤。直井二口，深浅稍异。井口铁架高车，用双汽缸汽力升降机，以司起卸。井内铁架栏共十六层。井底安设蒸汽动力、电气动力排水机两种。

　　通风抽水倒壁：井外扇风机数架，厂内设打风机两架，直井锅炉厂有援拍葛锅炉两座，司脱林锅炉七座，南开夏锅炉三座，进水清水大小邦浦不下数十部。东西有壁山两座，堆积井内所出产壁石。山□装置磨盘车，倚山敷钉双轨斜路。另有电力曳动之掛线路，能自动运送煤桶。又在小坑、紫家冲各设起风机厂，各装三十五匹马力起风机一部，卧式锅炉三座，均为窿内通风之用。

　　洗煤机：计大小三部，均高五层，梁柱概用角铁，内有滚筛、水筛、大小煤缸、壁斗、洗块筛、净煤斗、送煤机、清水、滤水、扒炭、磨炭各机，每日可洗净煤三千吨之谱。此外有清煤机一座，洗壁机一座，煤砖机二部，清水锅炉厂等全备。

　　炼焦洋炉：计二百五十格，配用推炭机七部，电力推炭机一部，吊炉门摇车十五部，净煤桶六十四个，单杆双杆汽邦浦六部，每月炼焦约一万吨。

　　炼焦土炉：计二百座，净煤箱三个，各项器具全备，每月约炼焦二万吨。

　　电机电车：主用电机为西门子造二千开维爱透平发电机二部，八百启罗瓦特至二百五十启罗瓦特变电机三部。另有各种马达变压器等电机共百余种。拖炭电车头，则有三十六马力三十马力及十马力者计共二十八部。发电厂除每日供拖运及各厂电力外，全矿公私并市街电灯量约用二百启罗瓦特。

　　制造修理厂：占地一万零四十四平方公尺，内分机工厂、锻工

---

　　① 本书所引材料中不清楚或缺省之处均以□标示，如是数字，为计算方便，取0—10间的"5"为替代，以求中庸。

厂、锅炉厂、铸造厂、木模厂、修桶厂、器具厂，各种机器俱全。除制造修理全矿机件外，并可包揽外界造件，如平汉路桥梁，以及轮艘，钢驳，其他各矿绞车等件，莫不争来订造。[①]

在汉阳铁厂产品远较同类进口货为昂贵，企业严重亏损，所需煤焦微弱的情况下，盛宣怀仍"求大求全"，仅为汉阳一厂便举巨债兴建萍乡煤矿。结果，萍乡煤矿建成后，"有幸"成了 20 世纪初我国最大的煤矿之一，从此，"北有开平，南有萍乡"[②]，安源被当时的人们誉为"小上海"[③]。煤矿首任机矿处处长李寿铨曾特撰《萍矿说略》以记其事。他在《序言》中写道：

> 周围九十余里之遥，包孕五百兆吨之多，均在萍乡煤矿范围之内……历时八九年，费款数百万，始由山腹取直径达盆式大槽之煤田。今则煤槽铁轨，六通四达；煤窿电车，往来不绝。外而洗煤机、煤砖机、炼焦炉，附设之机器厂、火砖厂；余如医院、学堂、米仓、料库之属，因地制宜，规模完备。用工几及万人，沾沾利裔止万家，实业之兴之大有造福于地方也如此。现在日出煤二千吨，月可炼焦一万二千吨，年可造砖六七万吨，造火砖致万吨。尚在推广炉座，展拓运道，逐有进步。而转运分销，如湘之株洲、湘潭、长沙、岳州，赣之九江、南昌；皖之安庆、芜湖、大通，苏之南京、镇江、常州、上海，各有分局。而于汉口设运销总局，以汇上下游各分之总。轮艘囤储之厂栈，逐年加增，咸足备用。额定销数，除专供汉阳铁厂焦煤外，如长江各项商轮，京汉铁路火车，长江各埠各局厂，及其它西洋之兵轮，东洋之制铁所，咸取给焉。而美属旧金山各厂商，亦以货高价廉，远来议订，蓬勃之势，声振遐迩，此诚我国第一之实业也。[④]

————————

① 《萍矿今昔观》，载江西省政府萍矿管理处编《萍矿》，出版者不详，1935 年版，第156—158 页。

② 東民生：《萍鄉炭鉱概況》，《福岡日日新聞》1917 年 2 月 27 日。

③ 《李寿铨与安源煤矿》，载《萍乡煤炭发展史略》，第 65 页。

④ 同上书，第 67 页。

　　李寿铨的美誉难以言表，除"销路"大有"水分"外，萍乡煤矿"大而全"的建设倒给人以深刻的印象。

图 2—4　萍乡煤矿全景

资料来源：http：//bbs. local. 163. com/bbs/localjx/148429435. html.

图 2—5　萍乡煤矿主要采煤工程——总平巷

资料来源：http：//www. 0790a. com/tour/view. asp？id＝628.

二　机构建设与体制建设

正式创办期的萍乡煤矿实行盛宣怀个人领导下的总办负责制，其中层机构的设置则经历了三次重大变革，最初是下设三处一栈，后增设为12处、27处。

关于煤矿总办的职权，并没有明确的制度规定，最为权威的要数光绪二十三年十二月二十八日（1898年1月20日）《盛宣怀致赖伦训条》中对于当时总办张赞宸权力的解释。训条除提示赖伦注意在萍人身安全事项外，主要就是对作为矿师的赖伦与作为总办的张赞宸职权及其关系做了明确的规定：

> 萍乡等处煤矿总局事宜，本大臣派张（指张赞宸）提调为总办。向来总厂提调本有节制黜陟全矿洋人之权，今张提调暂驻萍乡，总办一切，本大臣给与全权，不为摇制。所有开井挖煤一切工程，凡关涉西法开矿之事，尔须一一就近请示，毋得径禀本大臣，以一事权，而专统属。
>
> 尔专为助理西法开矿一切工程并西法炼焦事。所有购地、用人、支款、运料各事及各处所开土矿炼焦运煤，均张提调全权经理，与尔不涉。
>
> 添办机器须开详单，呈请张提调酌定，准驳悉听盼附，以签字为凭。[①]

这说明，总办具有对煤矿的一切管理大权，而（总）矿师则专事煤矿工程与技术。但总办必须向盛"凡紧急要件，仍准打简明电报，此外，则须常通号信"，"商办事件，惟勤作函牍，乃能高高详尽"。

1898年3月，盛宣怀奏请清政府核准正式委任张赞宸为总办，聘赖伦为矿师，以三年为一期订立合同，并聘德籍工程人员史密特等协助赖伦。1899年聘任赖伦为"总矿师"，同时聘任德人黝莱、高敷曼为副

[①]　陈旭麓、顾廷龙、汪熙主编：《汉冶萍公司》（一），载《盛宣怀档案资料选辑之四》，上海人民出版社1984年版，第730—731页。

矿师，仍以三年一期。① 总办、总矿师之下，设三处一栈（见表2—1）。

表2—1　　　萍乡煤矿"三处一栈"的机构设置（1898—1904）

机构	负责人
总办	张赞宸
（总）矿师	赖伦
机矿处	李寿铨（处长）
煤务处	杨绍椿（处长）
材料处	刘文炯（处长）
宋家坊转运栈	薛宜琳（栈长）

资料来源：《萍乡矿务局志》，第92页。

但实际上，"安源全矿向本各有专司，惟厂矿林立，创办之初章程时有变更，名目未能划一"②。三处一栈的机构设置并不完善。随着煤焦产量的提高和业务的发展，管理机构也同时扩大。1904年，总办张赞宸向盛宣怀请示设立了12处中层机构（见表2—2），并开设紫家冲、小坑、高坑等分矿。

表2—2　　　萍乡煤矿"十二处"的机构设置（1904—1906）

机构	负责人	职责	备注
总办	张赞宸	总管全局，兼筹销运	驻汉阳铁厂
总矿师	赖伦	总管矿内外工程。所有采煤、炼焦、造砖、铁路，凡关机器制造者，悉归经理	
会办		萍矿内外事权，便宜主行	增设

---

① 《萍乡矿务局志》，第92页。

② 《光绪甲辰年（1904年）张公韶甄更定萍乡矿路大概办法禀督办盛宫保稿》，载中国社会科学院近代史研究所近代史资料编辑部《近代史资料》总102号，中国社会科学出版社2002年版，第83—84页。

续表

机构	负责人	职责	备注
稽核处		稽核各处各外局银钱材料	增设
收支处		总管银钱出纳	增设
机矿处		专管考察工程、炼焦，约束工匠夫役	
铁路处		专管全路行车一切事务	增设
煤务处		专管考验收发炼焦，及洗煤机、炼焦炉出入数目	
材料处		专管机器、钢铁、杂料出纳	
制造处		专管机器制造修理	增设
造砖处		专管炕制火砖	增设
化学处		专管化验煤焦及火砖矿质	增设
巡警处		专管巡缉保卫矿山	增设
餐宿处		专管矿工餐宿	增设
杂务处		专管矿路产业房屋器具及一切杂务	增设

资料来源：《光绪甲辰年（1904）张公韶甄更定萍乡矿路大概办法禀督办盛宫保稿》，载中国社会科学院近代史研究所近代史资料编辑部《近代史资料》总 102 号，中国社会科学出版社 2002 年版，第 84 页。该书第 84—89 页载有关于 12 处职责及其管理流程的详细论述。

1906 年，萍乡煤矿基建工程告成前，总办张赞宸经陆军部尚书铁良荐举，调派天津银行任总办。[1] 1906 年 5 月，盛宣怀任命河南候补道林志熙为会办，代理总办职务。1907 年 3 月前后，林志熙任总办，李寿铨和薛宜琳任会办。[2] 此时，萍乡煤矿机关组织最高机关为"总局"，自总办、提调以下，中层机构扩大到 27 个单位。有文案处、稽核处、支应处、庶务处、管产处、稽查处、煤务处、管仓处、材料处、机料处、矿警局、印刷厂、中西医院、矿务学校、总工程处、直井总管处、

---

[1]　张赞宸于光绪三十三年（1907 年）三月初一病故。
[2]　《萍乡矿务局志》，第 92 页。

平巷总管处、测绘处、化验处、工人餐宿处、制造处、洗煤处、洋炉炼焦处、土炉炼焦处、造砖处、建筑处、电机处等。①

萍乡煤矿的机构设置及其变迁，明显体现出煤矿"求大求全"的"本性"和从属汉阳铁厂、保障铁厂煤焦供给的体制建设。萍乡煤矿"开掘之始以湖北铁厂为基础，以其煤炭制造'焦炭'，供给铁厂及招商局（同为盛宣怀资产）"。②

首先，作为统领煤矿全局的总办，"驻办汉厂，兼筹销运，不能遥制矿事"③。一矿之长的办公地点设于汉阳铁厂，充分说明了萍乡煤矿之于汉阳铁厂的附庸地位。

其次，第一次机构设置时，中层只设有机矿、煤务、材料三处和宋家坊转运栈，而无他处。这四个机构实际只涵盖了"产、供、销"三个机能，至于人事、财务等作为企业经营的核心部门则未见踪迹。加上总办一职兼筹运销，且又屈居于汉阳一厂，可知整个萍乡煤矿产供销的宗旨乃只为汉阳铁厂一厂服务。

再次，经过三次机构改革后，表面上出现了与此前企业定位完全相反的机构格局，财务功能健全，且财务机构被置于各中层机构之首。但因总办仍位于汉阳铁厂，且仍未设立负责销售的专门机构，所以，这种机构改革实际上也只是为了最大限度地"保障"煤矿安全生产，加强煤焦成本"管理"而为。

三　创办者经济思想的影响

（一）以一厂带动整个中国"富国强兵"的汉阳铁厂企业定位

张之洞设立汉阳铁厂，着眼于当时整个中国"富国强兵"的整体、长远发展战略，是把铁厂作为国家战略性企业进行筹设的，而在微观上却完全不顾及铁厂自身生存的问题。

张之洞认为："华民所需外洋之物，必应悉行仿造，虽不尽断来

---

① 《萍矿今昔观》，载《萍矿》，第156页。

② ［日］政务局：《支那各省砿山一览表　支那工商部砿务司调查》，アジア歴史資料センター．外務省外交史料館，1913（索书号：B02130236900，画像3）。

③ 《光绪甲辰年（1904年）张公韶甄更定萍乡矿路大概办法禀督办盛宫保稿》，载《近代史资料》总102号，第83页。

源，亦可渐开风气。洋布、洋米而外，洋铁最为大宗。"①所以，"中国自开铁厂……关系自强要图"②。铁厂以生产铁轨为首要任务，张甚至考虑到要"两车并行，一来一去之双轨"③，而"铁路意在销土货，尤在多出土货……开煤铁，广种植，勤开采，善制造。……若徒开一路，其余开采制造概不讲求举办，则铁路诚无用矣。洞第一疏即言炼晋铁，铁即土货也，复言，非讲机器化学不能化无用为有用"④。所以，在张看来，铺设铁路的根本目的在于"铁路之益，专为销土货、开利源、塞漏卮"⑤；其次，"为民兴利，不仅供造路之用"，"设炉固为铁轨，然必须兼铸铁板、铁条及民用锅壶、农器各件"⑥，满足民用铁器需求；第三，"急筹采铁炼铁，并令各省讲求格致、化学、矿学、开采制造。洞现在粤已购设织布厂、炼铁厂、枪炮厂，并新立电学、化学、矿学等学堂"⑦。"此事关系中国制造军火……交涉邻邦诸要政"⑧，"兼可制炼各种精钢、精铁，各省局枪炮、船械、机器所需钢铁，皆可奏明取给于此……万一海防有事，永不受外洋挟制"⑨，所以，张在广东筹设铁厂时，就同时就近筹设枪炮厂，后广东铁厂变更为汉阳铁厂，广东枪炮厂也就成了后来鼎鼎有名的汉阳枪炮厂。按张之洞自己对设立铁厂定位的归纳即是："今日铁务……若能照议举行，从此风气大开，兵、农、

---

① 《张之洞奏筹设炼铁厂折》（1889 年 9 月 20 日），载《汉冶萍公司档案史料选编》（上），第 66 页。

② 《张之洞拟定铁厂开办后行销各省章程片》（1893 年 11 月 29 日），载《汉冶萍公司档案史料选编》（上），第 110 页。

③ 《张之洞致刘瑞芬电》（1889 年 8 月 26 日），载《汉冶萍公司档案史料选编》（上），第 62 页。刘瑞芬（1827—1892），时任英、法、意、比四国公使。

④ 《张之洞致海军衙门电》（1889 年 11 月 8 日），载《汉冶萍公司档案史料选编》（上），第 68 页。

⑤ 《张之洞奏遵旨筹办铁路谨陈管见折》（1889 年 10 月 4 日），载《汉冶萍公司档案史料选编》（上），第 66 页。

⑥ 《张之洞致洪钧电》（1889 年 10 月 12 日），载《汉冶萍公司档案史料选编》（上），第 64 页。洪钧（1839—1893），时任出使俄、德、奥、荷四国外交大臣。

⑦ 《张之洞致海军衙门电》（1889 年 11 月 8 日），载《汉冶萍公司档案史料选编》（上），第 68 页。

⑧ 《张之洞致刘瑞芬电》（1889 年 10 月 19 日），载《汉冶萍公司档案史料选编》（上），第 64 页。

⑨ 《张之洞致李鸿章函》（1892 年 12 月 3 日），载《汉冶萍公司档案史料选编》（上），第 93 页。

工、商各取用不竭，有裨富强大计。"① 因此，铁厂"事期必成，不求速效"，"此举储铁宜急，勘路宜缓，开工宜迟，竣工宜速。前六七年，积款积铁，后三四年兴工修造，两端并举，一气作成，合计仍是十年"②。"筹款如能至三百万，即期以十年，如款少，即十二三年；如再少，即十五六年至二十年，断无不敷矣。愚公移山，有志竟成，此无可游移者也。"③"各省铁利大兴，无论修路与否，无论利国利民，涓滴皆非靡费，此不必惜费者也。"④"总之，修路一端，有铁早办，无铁迟办，开采制造诸务，有款多办，无款少办。"⑤ 张之洞完全没有企业资本经营的意识，纯粹从国家宏观发展战略的层面，以一种静止的脱离实际的思维进行了一个具体铁厂的定位安排。

（二）铁厂、铁矿、煤矿厂址可随意而定的企业设立思想

已如前述，张之洞是在两广总督任上订购铁厂设备，并打算在广东设立铁厂的。其实，对于铁厂和与之配套的铁矿、煤矿厂址的问题，张并无固定的安排，可说完全是随意而为。在定下汉阳厂址前，张认为："晋省煤铁，富甲天下，开采煎炼，必需机器。而山路崎岖，重机难运，拟先辟路，略为铺平，并用活铁路运送，事尚不难。"⑥ 曾计划把铁厂设于山西，并"祈迅饬取晋铁试验，炼熟铁炉，如专为铁路，竟可无需生铁炉。创办之始，宜用小炉分锻，五十吨为一炉，分运却不难，牲口可负"⑦。打算用牲口把铁厂设备运至山西。张甚至认为："中国铁虽不精，断无各省之铁无一处可炼之理，晋铁如万不能炼，即用粤铁，粤铁如亦不精不旺，用闽铁、黔铁、楚铁、陕铁，皆通水运，岂有

---

① 《张之洞致李鸿章函》（1892 年 12 月 3 日），载《汉冶萍公司档案史料选编》（上），第93 页。

② 《张之洞致海军衙门电》（1889 年 10 月 31 日），载《汉冶萍公司档案史料选编》（上），第66 页。

③ 同上书，第67 页。

④ 同上。

⑤ 《张之洞致海军衙门电》（1889 年 11 月 8 日），载《汉冶萍公司档案史料选编》（上），第69 页。

⑥ 《张之洞致洪钧电》（1889 年 10 月 8 日），载《汉冶萍公司档案史料选编》（上），第63 页。

⑦ 《洪钧致张之洞电》（1889 年 10 月 10 日），载《汉冶萍公司档案史料选编》（上），第63 页。

地球之上独中华之铁皆是弃物！"①"炼机造厂，每分不过数十万，多置数处，必有一获。"②后来，由于盛宣怀奉献大冶铁矿，张之洞才最后决定于汉阳安置铁厂。因此可以说，铁厂的建设虽说必然，但铁厂设于汉阳，对张之洞来说则有点偶然。

至于煤矿矿址的确定，张之洞则更加随意。他要求矿师"赴大冶一带勘煤。大冶毕，即溯江上勘，沿途至宜昌一带"。在他眼里，"至湖南煤铁，宝庆、衡州、辰州三府均甚多。畅行湖北、江西、安徽、江南等省，至今犹然一府皆通水运，远近率皆千余里下水。……如大冶实无煤，或用湘煤炼冶铁，或用湘煤炼湘铁，或参买黔铁"③。这种企业厂址设定的"不拘小节"和"大气磅礴"最终不仅让张之洞吃尽了苦头，更成为汉阳铁厂被迫走向"拍卖"招商，日后汉冶萍沦落为日本八幡铁厂的附庸，④以及萍乡煤矿始终负债累累的重要原因。

（三）求大求全的企业建设安排

以一厂带动整个中国"富国强兵"的企业定位，自然导致了汉阳铁厂建设的"求大求全"。张之洞认为："在我多出一分之货，即少漏一分之财，积之日久，强弱之势必有转移于无形者，是以虽当竭蹶之时，亦不得不勉力筹办。……倘物力稍纾，尚拟将民间需用各铁器，及煤油、火柴等物，悉行自造。"⑤因此，中国单个铁炉的产能自不能小于外国。"英厂一炉每礼拜出铁六百吨。"现拟订炼铁炉"每礼拜出二百吨，所差太远，鄙意每礼拜须出六百吨方足用"⑥。而且"将来必当

①　《张之洞致海军衙门电》（1889年10月31日），载《汉冶萍公司档案史料选编》（上），第67页。

②　同上。

③　《张之洞致李鸿章电》（1890年1月20日），载《汉冶萍公司档案史料选编》（上），第71页。

④　1898年，日本八幡制铁所便"确立由中国大冶丰富的铁矿为永久的供应地"的战略（见服部漸《本邦製鐵鋼業の發達及び現状》，《鐵と鋼》1930年第1期），并决意长久"仰仗大冶"（见《鐵鋼自給策の研究（一～十五）世界に於ける鐵鋼業の大勢　我製鐵業の将来と其自給策［其十一］》，《中外商業新報》1916年5月15～29日）。

⑤　《张之洞奏筹设炼铁厂折》（1889年9月20日），载《汉冶萍公司档案史料选编》（上），第66页。

⑥　《张之洞致刘瑞芬电》（1889年6月24日），载《汉冶萍公司档案史料选编》（上），第62页。

扩充"①。实际还未到"将来"，张之洞马上就要求："前定炼铁炉机，
日出百吨。今欲赶办钢轨，日出二百吨。"② 为此，汉阳铁厂的炼铁炉
一下又从一个百吨炉变成了两个百吨炉。

最早，相对于前述湖北马鞍山、王三石等煤矿而言，张之洞并没有
主张在萍乡开设"机矿"，只是提供每月3万两的购煤款，要求日供区
区"数百吨"，能"保障"铁厂所需即可。至于煤从官营煤窑而来，还
是出自民间小窑，酌情而使。"现在铁厂已经开炉，日需矿煤数百
吨"③，"萍煤如果能济事，尚易办，兹筹解三万两专为购萍煤之用。或
由官办，或由商包办，均由该道酌量可也"④。"萍煤款自六月起，每月
定由江南发三万金至鄂，交该道转发购办。官若干商若干均不拘，此专
为赶紧开炉而设，万不可徒糜费而无炭，尤必须块煤，万不可多参碎
屑。究竟几时能开生铁炉，即确复。鄙人为此事日夜焦急，惧无以仰副
朝命，万不可视为儿戏，随决搪塞也。"⑤

后来，由于马鞍山、王三石等煤焦供应不足，且质量低劣，在汉阳
铁厂由盛宣怀接办后，张之洞才主张以机器开采萍煤，但却没有让盛宣
怀"大举开采"。"照得湖北汉阳铁厂，本部堂经营有年，各种铁炉、
钢炉、煤井早经次第告成，冶炼钢、铁均能精好如式。现值筹办铁路，
制造枪炮，需用钢铁甚多，须添开炉座，大举冶炼。查炼铁所需以煤为
大宗……湖北产煤之区，已经考验，多属磺气过重，未尽合用。即马鞍
山自开煤井，出煤虽旺，炼成焦炭，仍须掺和无磺之煤，方能炼成佳
铁。自铁厂开办以来，迭经派员四处采办煤斤，详加考验，惟江西萍乡
所产磺轻、灰少，炼焦最佳。"1896 年，张之洞安排洋矿师前往萍乡勘

---

① 《张之洞致刘瑞芬电》（1889 年 6 月 29 日），载《汉冶萍公司档案史料选编》（上），
第62 页。

② 《张之洞致薛福成电》（1890 年 5 月 17 日），载《汉冶萍公司档案史料选编》（上），
第105 页。

③ 《张之洞致刘坤一电》（1894 年 7 月 19 日），载《汉冶萍公司档案史料选编》（上），
第111 页。

④ 《张之洞致蔡锡勇电》（1895 年 7 月 30 日），载《汉冶萍公司档案史料选编》（上），
第114 页。

⑤ 《张之洞致蔡锡勇电》（1895 年 8 月 12 日），载《汉冶萍公司档案史料选编》（上），
第121 页。

察煤源，筹划建矿事宜时，曾明确表示过对未来萍乡煤矿的规模设想：
"置机设厂，计开成一大井，每日须能出煤三百吨者。"且问到建设萍
乡煤矿"需费若干？为期约须若干日方能竣工出煤？"①张之洞是按日
计算萍乡机矿的建设周期的。

　　然而，盛宣怀比张之洞更为"求大求全"。②盛的所为与张的两个
"若干"显然有天壤之别。萍乡煤矿"造端宏远"③，建设目标定为年
生产100万吨原煤，④工程浩大。煤矿一边要"购办机器"，"延订矿
师"，另一边要修建铁路，⑤不是如张之洞所设想的只是"转运船户，
皆相应而增"⑥，而是"先就该县黄家源地方，筑造铁路一条至水次，
计程三十余里。路成之后，再筹展至长沙，与干路相接。并先于沿途安
设电线，消息灵通，转输便捷"⑦。但是，盛宣怀很为这"大而全"的
煤矿骄傲，认为其筹建乃深谋远虑。建矿"需费约百万有余，收效
在数年以后"。但"鄂厂化铁炼轨，事虽商办，实国之大政，不得不先
掷目前之巨本，以博将来可恃之焦煤"⑧。"繁费在一时，收利在永远。
此后，取之不尽用之不竭。汉厂即可并开两炉，大冶亦可添设炉座。至
于大出土货，开造物无尽之藏，以为民生之利，尤朝廷广辟地利之至

---

①　《张之洞札恽积勋查勘萍乡煤矿文》（1896年6月28日），载《汉冶萍公司档案史料
选编》（上），第177页。

②　就在萍乡煤矿建设途中，盛宣怀又于1901年与日商土仓签订开办安徽宣城煤矿的合
同，计划投资500万元，中日各半。后未开采，合同于1904年才作废。王鹤鸣：《安徽近代
煤铁矿业三起三落》，《淮北煤炭师范学院学报（社科版）》1986年第3期。

③　《李鸿章至张之洞电》（1889年8月30日），载《汉冶萍公司档案史料选编》（上），
第65页。

④　《中国煤炭志·江西卷》，第118页。

⑤　除14里长的萍安路为萍乡煤矿出资兴建外，萍乡至湖南的沿线均为盛宣怀以铁路督
办大臣的身份"假公济私"的成果。

⑥　《张之洞札恽积勋查勘萍乡煤矿文》（1896年6月28日），载《汉冶萍公司档案史料
选编》（上），第177页。

⑦　张之洞、盛宣怀：《湖北铁厂改归商办后情形折》，载陈宝箴著，汪叔子、张求会
编《陈宝箴集》上，中华书局2003年版，第795页。表面上这份奏折是由张、盛二人合奏
的，但此时的张之洞实际只是被盛宣怀拉来做伴，该奏折正文起头就言明："窃臣之洞创办
湖北铁厂，次第告成，光绪廿二年因经费难筹，遵旨招商承办，奏准交臣宣怀接收，一手
经理。"

⑧　张之洞、盛宣怀：《湖北铁厂改归商办后情形折》，载陈宝箴著，汪叔子、张求会编
《陈宝箴集》上，中华书局2003年版，第797页。

意，泰西富国之学之精义也。"① 盛在奏折中除奏陈了选择萍煤的苦衷、目的和意义外，更向光绪帝描绘了一幅"购办机器"、"大举开办"萍乡煤矿的美好宏伟"蓝图"。

由上可知，张、盛两人都是明确地把萍乡煤矿定位为保障汉阳铁厂燃料供给的附属企业，且"铁厂已把创办身为附属企业的自营萍乡煤矿作为当务之急"②，只不过在萍乡煤矿规模的设置上，张、盛有本质区别。张仅定位为"为维持铁厂"③ 的范畴，而盛的萍乡煤矿产能规模远为汉阳铁厂实际所需煤焦额的 10 倍。

当然，本书所说的汉阳铁厂和萍乡煤矿的"求大求全"，仅以当时中国产业链对机制钢铁和机制煤焦的需求市场而言。就当时国际钢铁与煤炭产量来说，汉阳铁厂和萍乡煤矿是"不大"也"不全"的。英国等世界各主要国家铁产量统计如表 2—3、表 2—4 所示。

表 2—3   英国铁产量统计（1740—1851）   （单位：万吨）

国别	1740	1788	1796	1806	1831	1839	1851
英国	1.75	6.13	12.5	24.4	67.7	124.8	225

资料来源：[日] 野田鹤雄：《世界制铁史年表》，《鐵と鋼》第五年第一号（1919 年 1 月），第 15—23 页。

表 2—4   近代世界各主要国家铁产量统计（1865—1907）（单位：万吨）

国别	1865	1870	1880	1890	1897	1899	1900	1901	1907
英国	489.6	606.1	787.6	803.3	450	490 *	909.3		
法国	129	117.8		196.2			271.4		
德国	97.5	139.1		465.8	500	620	853		

① 张之洞、盛宣怀：《湖北铁厂改归商办后情形折》，载陈宝箴著，汪叔子、张求会编《陈宝箴集》上，中华书局 2003 年版，第 796 页。

② 《南京博览会各省出品调查书》，第 1251 页。

③ 《张之洞札恽积勋查勘萍乡煤矿文》（1896 年 6 月 28 日），载《汉冶萍公司档案史料选编》（上），第 177 页。

续表

国别	1865	1870	1880	1890	1897	1899	1900	1901	1907
美国	84.5	169.2	389.8	935.3	800	1070	1401		
俄国	29.9						290		
奥匈	29.2								
比利时	47.1								
瑞典							52.7		
意大利									
加拿大									
日本								5.68	14
世界总计	948.1	1226	1835	2743			4113		

注：＊其中 350 万吨为西门子平炉钢。

资料来源：［日］野田鹤雄：《世界制铁史年表》，《鐵と鋼》第五年第一号（1919 年 1 月），第 29—43 页。

（四）夭折的萍乡煤、矿、钢三合一集团公司

如上所述，盛宣怀建立萍乡煤矿的目的，就是为了所谓彻底地"保障"汉阳铁厂的煤焦供给。关于萍乡煤矿之于汉阳铁厂附属企业定位一事，还更具体地表现在 1903 年关于兴建"萍乡铁矿"、"萍乡铁厂"的论争和盛宣怀维持汉、冶、萍架构，并对举办"萍乡铁矿"、"萍乡铁厂"战略的否定上。

在张之洞决定于汉阳设铁厂时，盛宣怀是主张在大冶设厂的。但是，当盛自己接手铁厂并已知旧熔矿炉不适合大冶铁矿石，且面对"外洋之轨，每吨三十余两，厂造则须五十两左右，每吨吃亏银十余两"[1]，"由大冶运矿石到汉阳……大冶局费、轮驳两项合共每吨约银二

————

[1] 《盛宣怀致张赞宸函》（一）（1897 年 2 月 11 日），载《汉冶萍公司》（一），第 383 页。

两二钱"① 的现状，必须重新购置熔矿炉时，盛却仍在汉阳原址投入巨资扩建完事，最终未如他早年所主张的那样在大冶设立新的铁厂。

其实，在大冶新设铁厂也非最佳之选，在萍乡同时兴建煤矿、铁矿、铁厂才是上上之策。这样，不仅可完全省去矿石、煤焦的巨额运输费用与运输损耗，②且三厂矿可在地理上真正实现三合一，从而节省大量的人员成本与人事管理成本。最关键的是，萍乡完全具备这种三合一战略在煤炭、铁矿石供给保障方面的资源条件。

1896 年 9 月，在洋矿师马克斯等勘察萍乡煤炭时，许寅辉就"务希贵矿师在萍多留数日，详细履勘，如铁矿有近于煤矿者，不妨顺便一看"③。对于萍乡富于铁矿资源一事，《昭萍志略》第 3 卷有一名为《邑禀贡生段鑫上株岭铁矿记》的叙述。其言：

> 萍乡……若金砂、若铅、若铜、若磺、若锑、若锰、若铁、若瓷泥、若煤炭、若石灰、若土珠等，随地皆是，其间，安源之煤，上株岭仙居山之铁，白竺之铅为最著。④

> 清嘉道间稍有人从事冶炼……先达文公廷式奏请开办该矿，遂为全国所注意……光绪二十三年（1897）湖广总督张之洞派李都司裕胜来萍采买样砂，经比国冶金技师约勒克氏在鄂化验，质较大冶为优，嗣与盛督办宣怀联衔奏请在距离该矿三十里之湘东地方开设炉厂。政府旋派陆军部尚书铁良带同英比德三国矿师实地履勘，并相视湘东建炉地址及安源高坑各产煤矿山，均为适用，覆奏后清政府专派魏方两道来萍经理其事，嗣以南七省派款无着中止。⑤

---

① 《郑官应致盛宣怀函》（1897 年 2 月 8 日），载《汉冶萍公司》（一），第 379 页。

② "萍焦虽云每吨八两五钱，连转运局费及除剔去不能用者，每吨亦约价十两。"《郑观应致盛宣怀函》（1897 年 2 月 8 日），载《汉冶萍公司》（一），第 379 页。

③ 《许寅辉与马克斯往来函件》，载《汉冶萍公司档案史料选编》（上），第 184 页。

④ 《昭萍志略》第 3 卷，第 900 页。

⑤ 《昭萍志略》第 3 卷，第 902 页。《昭萍志略》第 3 卷《邑禀贡生段鑫上株岭铁矿记》还记载："宣统初年，陆军部尚书荫昌提议在萍乡添设南厂，朝旨允行，适革命军兴，作为罢论。民元黄上将兴督办全国铁务，决心以该矿为主体办法，旋因赣宁之役中辍。""此关于上株岭铁矿经过之实在历史也。"（第 902、903 页）

这说明，根据实地调查，萍乡具有铁矿禀赋这一点在当时已经是明确无误的。①

张之洞、盛宣怀不仅清楚萍乡的铁矿资源，而且盛还在萍乡开办了煤铁同采的矿业公司。

光绪二十三年（1897 年），"张之洞派德国技师马克斯及赖伦两人至萍乡，调查煤炭及铁矿，清国官宪基于该等技师的报告，开始开采煤炭及铁矿。以当时的铁路大臣盛宣怀为首脑，从民间募集股份，金额为五万两，以萍宜矿务利和有限公司的名义，开始事业，但要么困难百出，要么缺乏资金，最后公司解散，不得已中途放弃"②。

随着汉阳铁厂资本收益的日益恶化，以萍乡煤矿总矿师赖伦为首，在萍乡新建铁矿、铁厂的呼声也越来越高（见表 2—5）。

表 2—5　　　　　　关于在萍乡兴建铁矿、铁厂的争议（1903）

人物	意见	时间	出版
布卢特	萍乡实堪以开设一大铁厂也	光绪二十九年正月十四日	《汉冶萍公司》（二），第 310 页
宗得福	本厂添制化铁炉，按原奏本应添设大冶，惟大冶平地楼台自筑地脚起至造成止，一切在事华洋各人，无一不是另起炉灶，断非数十万所能竟功。卑职到厂即与鲁培磋商。……似应就本厂添一大炉最为合辙。况旧有之一二号炉皆非完善质地，尤应预为规划	光绪二十八年十月三十日	《汉冶萍公司》（二），第 300 页
章达	新造化铁处，冶不如厂，厂不如萍	光绪二十九年二月十四日	《汉冶萍公司》（二），第 317 页
张赞宸	萍有佳旺铁矿，又有好净锰矿，在大冶、兴国之上，宜速以铁就煤，在萍筹设铁厂，煤铁毗连，中外难得	光绪二十九年三月初十日	《汉冶萍公司》（二），第 955 页

---

① 新中国成立后，在萍乡边上的新余建有大型钢铁厂，经营至今。

② ［日］高野江基太郎：《日本炭矿誌（增订 2 版）》，［日］筑丰石炭鉱业组合事务所 1911 年版，第 113 页。

续表

人物	意见	时间	出版
赖伦	是汉厂必须加添铁炉，或在萍乡设炉。……在萍设炉需款必少。且上珠岭矿砂质含有六成之铁，此伦所以力劝宫保*添设化铁炉于萍乡也	光绪二十九年四月十五日	《汉冶萍公司》（二），第959页
	照赖意，以大冶设厂为是	光绪二十九年五月二十一日	《汉冶萍公司》（二），第331页

注：*指盛宣怀。

资料来源：袁为鹏：《盛宣怀与汉阳铁厂（汉冶萍公司）之再布局试析》，《中国经济史研究》2004年第4期，第126页。

表2—5五人中，有四人承认了萍乡铁矿资源的优良，且"煤铁毗连，中外难得"，"此伦（赖伦）所以力劝宫保添设化铁炉于萍乡也"。

那么，盛宣怀为何终究既未在萍乡设厂，也未"照赖意，以大冶设厂为是"呢？（赖伦是力劝盛在萍乡建厂无果后，才主张在大冶设厂的，理由见下文分析）对此，不妨用些篇幅对有关汉冶萍布局研究专家的论证再进行一些论证。

光绪三十年十二月十二日，李维格禀告盛宣怀时又进一步指出，"萍乡铁矿难恃，又须接展铁路四十里，需款过巨"[1]。光绪三十一年四月十五日盛回电表示，"生铁、通商两事，必力商借款，至少二百万，如确有把握，必当全力贯注。冶炉一年能否造成，速示"[2]。十七日李维格回电："以理论断，确有把握。冶炉……一年应可造成。"[3]迟至五月二十一日，盛宣怀仍致电李维格，指示：

———

[1]《李维格呈出洋采办机器禀》，载《汉冶萍公司档案史料选编》（上），第169页。——原文注。

[2]《汉厂李去电》，五月二十一日，载《汉冶萍公司》（二），第1065页。——原文注。

[3]《汉厂李一琴来电》，四月十七日，载《汉冶萍公司》（二），第1054页。——原文注。

"钢铁必涨价，连（应为速，原文误）催吕柏带化炉图样来，准即赶造大冶大炉一座，勿延。"①

宗得福、李维格等说得很清楚，他们之所以主张就厂添炉，其直接原因不外以下两点：其一，就汉厂已成之局，可以充分利用铁厂既有的厂房设施、人力物力，节省投资资金。上文所引宗氏反对在大冶添炉的重要理由就是因为"大冶平地楼台自筑地脚起至造成止，一切在事华洋各人，无一不是另起炉灶，断非数十万所能竟功"。李维格主张暂时放弃在萍乡、大冶等地添炉的计划，也是考虑到"萍乡铁矿难恃，又须接展铁路四十里，需款过巨。即就近在大冶另起炉灶，亦非目前力量所能办"，当时铁厂"款项有限，惟有凑现成局面，仍就汉阳布置，步步为营，俟销路畅旺，再在大冶推广"②。其二，就是铁厂试图利用炼铁炉多余的炭气发电出售，并利用这一有利条件承办武汉水电厂，以扩大经营范围，增加利润。由于张之洞督鄂期间大力推行湖北新政，促进了武汉城市工商业的发展，也推动着城市基础设施的改善。当时武汉地区成立了不少新式工商企业，城市近代水电设施的建设也在酝酿之中。据德国专家的意见，铁厂利用多余的炭气发电在技术上是可行的，盛宣怀等也对此寄予厚望。简言之，武汉近代城市经济的发展为铁厂的生存和发展提供了更加广阔的空间，这无疑是促使盛宣怀等最终决定新炉就汉的重要原因。

还有一点也不能忽视，那就是在公司决策者的心目中，扩充汉厂始终具有某种权宜之计的意味，是当事者受到资金不足的严重制约而不得不作出的选择。

李维格的这一建议得到盛宣怀的采纳。这样，经过十多年的酝酿与反复讨论，最后就厂添炉方案终于取代了大冶、湘东③方案而

---

① 《汉厂李一琴去电》，四月十五日，载《汉冶萍公司》（二），第1053页。——原文注。

② 《盛宣怀致张之洞密函》，光绪三十三年十月二十五日，载《汉冶萍公司》（二），第65页。——原文注。

③ 湘东为萍乡境内一地名，距安源数十里。所谓湘东方案即萍乡方案。

得以实现。①

　　假如对上述引文中的论证进行更加深入的考察的话，不难发现，盛宣怀并没有对李维格的"省钱"思路给予任何表态，换言之，盛没有对在萍乡设厂要花"数十万"表示任何在乎之意，相反，盛明确表示"生铁、通商两事，必力商借款，至少二百万"②。这足以说明，创办新厂经费的多少并非盛决定在何处设新厂的考虑因素。他关心的只是"钢铁必涨价"，如果冶炉一年能造成，且"确有把握，必当全力贯注"。这清楚地表明，盛其实完全没有考虑在萍乡设厂，他关心的只是速战速决，新炉务必赶快上马，以赶上钢铁涨价的好运道。结果，别说

① 关于汉阳铁厂选址的问题，曾一度成为汉冶萍研究的一个重要内容。其成果主要有：袁为鹏：《张之洞与湖北工业化的起始：汉阳铁厂"由粤移鄂"透视》，《武汉大学学报（人文科学版）》2001年第1期；袁为鹏：《清末汉阳铁厂布局研究》，博士学位论文，武汉大学，2001年；袁为鹏：《盛宣怀与汉阳铁厂（汉冶萍公司）之再布局试析》，《中国经济史研究》2004年第4期。上面四段引文转引自袁为鹏《盛宣怀与汉阳铁厂（汉冶萍公司）之再布局试析》，第127、128、129、127页。

② 此时的汉阳铁厂还属于官督商办的性质，张之洞还拥有对汉阳铁厂的督导权。在企业资本经营的融资问题上，张曾言："中国各矿，若无洋人合股代开，既无精矿学之良师，又无数百万之巨本，断不能开出佳矿。"［张之洞：《张文襄公全集》卷79。转引自梁华《清代矿业投资政策演变分析》，《西北师大学报（社科版）》2006年第6期。］1896年，张之洞拟定的汉阳铁厂招商承办章程中规定：铁厂"应办一切事宜，悉照轮船、电报各公司章程"，商股"自入本之日起，第一年至第四年按年提息八厘，第五年起提息一分……办无成效，额息必不短欠，办有成效，余利加倍多派"。（《张文襄公全集》奏议，卷44，第2—13页。转引自施友佃、杨波《论中国近代股份企业的发展与"官利制"》，《福州党校学报》1995年第1期）1896年，铁厂发行股票，招得官利资本100万两（代鲁：《再析汉阳铁厂的"招商承办"》，《近代史研究》1995年第4期）。张之洞也是不惧外资和负债的。考察盛宣怀的企业资本运作史，也可发现，盛最不怕的就是"借钱"。1873年由其成立的近代中国第一家民用企业轮船招商局，就是依靠"官利资本"起家的。其招股章程规定："股银按年一分支息"，"如有盈余，以八成作为溢利分红给各股东，二成作为花红送给商总董"（《轮船招商局章程》，载交通部铁道部交通史编纂委员会《交通史·航政篇》第1册，出版单位不详，1935年版，第145页），开近代中国官利制之先河。在他接办汉阳铁厂后，从1903年向日本大仓组借款洋例银20万两开始，便一发而不可收拾，以后几乎年年向日本借款，甚至有时一年借款两三次。萍乡煤矿于1898年成立，1899年、1901年，两次发行股票，共招官利资本100万元［《汉冶萍公司档案史料选编》（上），第204页］。盛把汉、冶、萍三厂矿合并成汉冶萍公司的目的即为便于融资。1909年，汉冶萍计划招官利资本2000万元，"恨不得十八省百姓个个有股份"，至1913年，招得约1000万元［《汉冶萍公司档案史料选编》（上），第247、400页］。所以，盛根本不是因为在萍乡或大冶设立新的钢铁厂要花"巨资"而作罢，而是其基于利用现成汉阳铁厂基础的投机意识和短视的企业资本经营思想作用的结果。

在萍乡设厂，就是他自己希望的"即赶造大冶大炉一座"也未执行。其电文中的"速示"、"连（速）催"、"勿延"就是这种把企业的长期命运掷于短期投机行为的企业资本经营思想的最好注脚。

最后，作为反面材料，还得说说日本资本在对新铁厂厂址的选择上的主张与实践。日本资本的做法与张之洞、盛宣怀形成鲜明的对比。一战爆发后，日本资本为获得汉冶萍更多的铣铁，以提供借款为由，要求汉冶萍利用大冶铁矿就近炼铁，并立即在大冶筹设铁厂。[①] 管中窥豹，虽然日本同样面对一战中钢铁价格惊人暴涨的局面，但也未如"能掐会算"的盛宣怀为赶上将来"钢铁必涨价"[②] 的首班车那样，"将就"要求中方在汉阳原厂进行扩张。日本资本既希望资本的短期收益，但更讲求长期收益，即"可持续发展"。

洋务派举办洋务企业的"维新"政治诉求无可厚非，其"富国"的经济目的也值得肯定，但是，洋务派在创办企业时普遍存在三个致命问题。首先，他们把政治目的与经济目的混为一谈，不遵从也没有清晰地认识到企业经营不受政治与人为因素制约的内在经济规律本身的作用，意志优先，经济规律在后；其次，他们往往希望凭一企一厂（矿）一己之力，即解决整个中国一个产业甚至整个中国经济发展与政治发展的问题；再次，为求实现上述目的，他们往往完全不顾及上下游产业链的配套，强行企业上马，且一味求大求全，超越当时的和可预测的产品需求市场盲目巨额投资，结果往往导致一个企业就代表一个产业的现象出现，一旦持有此类特点的企业出现经营困局以至停产、倒闭，就严重影响到以其为中心的本来就很微弱甚至不健全的整个上下游产业的生存与发展。汉阳铁厂的创办及与之配套的萍乡煤矿的创办，即鲜明地显示出洋务企业的上述三个特征。通过与萍乡小煤窑类似"公司+农户"的合作，汉阳铁厂已完全可解决其煤焦供给保障问题。但是，盛宣怀因"怕"汉阳铁厂的煤焦供给受到萍乡小煤窑的"垄断"控制，更为自身

---

① 大冶铁厂于1915年开始建设，但由于种种原因，直到20年代初仍未全面完成。虽然如此，但在企业资本经营的思想与行动上，仍清楚地体现出中日资本的巨大差别。

② 至于后来一战中世界钢铁价格果然大涨，但汉冶萍却远不如从汉冶萍进口矿石、铣铁的日本企业那样赚得"盆满钵满"，这一结果的出现，实是由盛宣怀在企业资本经营战略上的错误所造成的。

收益最大化，仅为"保障"一个其产品价高物劣的汉阳铁厂的煤焦供给，便投下巨资创办大型萍乡煤矿，萍乡煤矿"求大求全"本身，就是身为企业经营者却完全不顾资本收益的行为。在 1908 年成立汉冶萍前，盛宣怀也不由得自我反省："臣不自量力，一身肩任，初谓筹款数百万即足办理，实不知需本之巨，有如今日深入重地者。"[①]

就萍乡煤矿的创建及其评价，若要一言以蔽之，则"求大求全"四字至为恰当。"求大求全"的创办思想与实施，自企业内部从根本上决定了近代萍乡煤矿"一生"经营不振的命运。

———————

① 《奏汉冶萍厂矿现筹合并扩充办法折》，载《汉冶萍公司档案史料选编》（上），第 231—232 页。

第三章

商办萍乡煤矿（1908—1928）

第一节　汉冶萍体制

一　商办汉冶萍公司的建立

汉冶萍公司成立前，大冶铁矿完全是从属于汉阳铁厂的内部工程，[①] 不是一个独立的企业。如第二章所言，萍乡煤矿本质上虽然也为汉阳铁厂的附属企业，但这只是相对于汉阳铁厂与萍乡煤矿间的产业链的关系而言者，在投资上，萍乡煤矿却还是一个独立的企业。

汉阳铁厂之所以转给盛宣怀官督商办，是因为铁厂的超大规模导致超大资本需求问题所致。而盛接办后，其对汉、冶、萍的产能规模追求更大，自然使得资金链更是经常断绝。时至1903年，汉（含大冶铁矿）、萍就早已到了"官本无可拨，商股无可加，洋债无可抵"[②] 的地步，而"截于三十三年（1907年）八月为止，铁厂已用商本银一千二十万余两，煤矿、轮驳已用商本银七百四十余万两"[③]。但其中"本厂（指汉阳铁厂与大冶铁矿）实在商股只有一百万两，萍乡商股亦只有一

---

① 在汉冶萍成立前的很长一段时间，汉、冶、萍内部信函中说到的汉阳铁厂即包括大冶铁矿。如汉冶萍成立时一再提到汉阳铁厂老股和萍乡煤矿老股，而从未有大冶铁矿老股的说法，即属于这种概念。

② 《盛宣怀致外务部电》（1903年12月24日），载《汉冶萍公司档案史料选编》（上），第223页。

③ 《盛宣怀奏汉冶萍厂矿现筹合并扩充办法折》（1908年3月13日），载《汉冶萍公司档案史料选编》（上），第231页。

百五十万两①"②，"其余外债、商欠将及一千万两，抵押居多，息重期促，转辗换要，时有尾大不掉之虞"③。因受资本市场的"追呼勒逼，无可奈何之时"，盛"奔走求援，而爱者莫能助之"④，"数年以来，焦头烂额"⑤，厂矿虽"已副其初心，而性命绝续于呼吸"⑥ 之间。

但实际上，在1908年汉、冶、萍合并前，在经营上真正亏本的是汉阳铁厂，萍乡煤矿在1905年完成大部分主体工程和主要矿区投资后，已开始出现盈利趋势。1906年，"汉阳尚亏商本二百四十余万两，萍乡结至上年（指1906年）闰四月止，照估表已盈余银三十余万"，结果，社会上普遍认为"制铁不如采煤得利之速"⑦。为筹集更多的资金，盛经"日夜思维，始得此无中生有一线之生机"，而此"转败为胜、百年之要策"⑧ 即是把优质的萍乡煤矿资产捆绑于劣质的汉阳铁厂，并一鼓作气扩招商股。盛指出：如将铁厂和萍乡煤矿分别集资，"则萍煤招足甚易"，而"汉厂人皆震惊于旧亏太巨，成本过重，虽老股亦不肯加本，新股更裹足不前"⑨。盛言："揆度商情，非将厂矿合并，不能放手扩充"⑩，"招股万不能缓。若不将萍乡煤矿归并铁厂，商情仍复迟疑，故归并之举刻不容缓"⑪。只有"将萍乡有利之煤矿并入汉阳亏本之铁

① 实际上，汉冶萍成立前萍乡煤矿的商股也只有100万两，其余50万两乃为"该付息股，库平银五十万两"。《奏报萍乡煤矿历年办法及矿内已成工程》（1905年1月），载《汉冶萍公司档案史料选编》（上），第204页。

② 《盛宣怀致张之洞函》（1907年8月29日），载《汉冶萍公司》（二），第617页。

③ 《盛宣怀奏汉冶萍厂矿现筹合并扩充办法折》（1908年3月13日），载《汉冶萍公司档案史料选编》（上），第231页。

④ 《盛宣怀致袁世凯函》（1907年11月下旬至12月初），载《汉冶萍公司》（二），第658页。

⑤ 《盛宣怀致外务部电》（1903年12月24日），载《汉冶萍公司档案史料选编》（上），第223页。

⑥ 《盛宣怀致袁世凯函》（1907年11月下旬至12月初），载《汉冶萍公司》（二），第658页。

⑦ 《盛宣怀致张之洞函》（1907年8月29日），载《汉冶萍公司》（二），第616页。

⑧ 《盛宣怀致外务部电》（1903年12月24日），《汉冶萍公司档案史料选编》（上），第223页。

⑨ 《盛宣怀致张之洞函》（1907年8月29日），载《汉冶萍公司》（二），第617页。

⑩ 《汉冶萍公司档案史料选编》（上），第232页。

⑪ 《盛宣怀致张之洞函》（1907年8月29日），载《汉冶萍公司》（二），第618页。

厂，方可多招商股"①。"变虚为实，以拯危局，以安人心。"② 而且，盛宣怀还认为必须加快这一合并的步伐，否则将极有可能导致作为优质资产的萍乡煤矿的"剥离"。盛言道："萍乡……煤铁相距数十里，实属不可多得。萍乡煤矿股商每逢会议，皆请湘东设炉化铁，以省运费而轻铁价。侄（盛对张之洞的自称）恐碍汉冶，终未应允。若久听分办，将来必致纷争。""汉厂必借萍煤，而萍乡煤矿不必定借冶铁，有此隐病，须趁此湘岳铁道未通，萍煤尚难畅运，力劝归附汉厂，尚可商允。"③

由上可知，在汉冶萍成立前，萍乡煤矿虽然投资过于巨大，但因它是资源型、能源型企业，所以还算是一份比较优质的资产。④ 为此，在汉阳铁厂持续亏损，已无资本为续的情况下，萍乡煤矿一建成，盛宣怀便迫不及待地要把萍乡煤矿与汉阳铁厂正式地捆绑在一起。⑤

1907 年，汉阳铁厂、大冶铁矿、萍乡煤矿三厂矿就"拟即奏咨归并成一公司，定名为'汉冶萍煤铁有限股份公司'"。1908 年 3 月 16 日，清廷农工商部注册局正式颁发"汉冶萍煤铁厂矿股份公司"执照。执照中写道："兹据湖北省武昌府大冶县、湖北省汉阳府汉阳县、江西省袁州府萍乡县等处⑥地方，汉冶萍煤铁厂矿股份公司呈请注册前来，

---

① 《盛宣怀致吕海寰函》（1907 年 8 月 28 日），载《汉冶萍公司》（二），第615页。

② 《盛宣怀致张之洞函》（1907 年 8 月 29 日），载《汉冶萍公司》（二），第617页。

③ 此条材料也是佐证第二章第二节"关于兴建'萍乡铁矿'、'萍乡铁厂'的论争与盛宣怀的否定"的绝好证据。《盛宣怀致张之洞函》（1907 年 8 月 29 日），载《汉冶萍公司》（二），第617页。

④ 由于 1907 年萍乡煤矿刚刚建矿完成（宣布全面建成则是在 1908 年），所以，它虽然投资过于巨大且身负巨债，但从纯粹的企业经营的角度看，如果它能独立于汉阳铁厂之外完全商办独立地运作，那么它的利润至少不会被汉阳铁厂吞噬，因此至少还是有可能独立生存和逐步归还借款并逐步发展的。

⑤ 当然，相对于汉阳铁厂而言，大冶铁矿也是一份优质资产，日后的汉冶萍公司之所以能不断地从日本获得借款，其主要原因就是日本资本看中了大冶的铁矿石，而非汉阳的铁和萍乡的煤。其实，还有一个有趣但不失学术价值的问题就是，汉冶萍是在 1908 年成立并于 1909 年开始招商真正作为一个集团公司来运作的，而这个时间恰好是汉阳铁厂的创始人张之洞病故的前后，少了张之洞，是不是盛宣怀敢于合并汉、冶、萍并摆脱"官督商办"的帽子大胆搞"民营化"的重要原因之一？因为本书虽一直说萍乡煤矿是在 1908 年全面竣工的，但实际上早在 1905 年，萍乡煤矿的主体工程就已经完工，也是在 1905 年后萍乡煤矿就再也用不着向萍乡小煤窑购买煤焦以间接供应汉阳铁厂了。因为笔者并未发现这方面的材料，当然也没有花时间和精力去搜寻，所以，在此只能把它当作一种猜测而已。

⑥ 汉冶萍公司名下还包括前文所说其他原隶属于汉阳铁厂的湖北马鞍山、王三石煤矿等。

核与奏定公司注册章程所列各款项均属相符，应即准其注册。为此特给
执照，以资信守。"① 经清廷批准，汉、冶、萍遵照商律股份有限公司
条例，改官督商办为完全商办公司。执照的颁发，标志着汉冶萍公司的
正式成立。从此，官督商办萍乡煤矿也成为完全的商办企业，并在汉冶
萍集团公司的体制下运行至 1928 年。

二　汉冶萍的企业定位

上文说到盛宣怀成立汉冶萍的目的是为了利用萍乡煤矿以多招商
股，维持汉阳铁厂的生产，那么，接下来的问题就是，维持汉阳铁厂的
目的又是什么？如何维持？实际上，这个问题的本质就是如何对汉冶萍
进行企业定位的问题。

企业的经营必须要有企业的定位，如第二章分析可知，所谓企业定
位就是企业的举办者规定企业的经营宗旨（目的）。盛宣怀接办汉阳铁
厂（包括大冶铁矿）后，对汉、冶、萍三厂矿的企业定位，已与张之
洞汉、冶、萍的企业定位发生了重大的，甚至可以说是根本的变化
（当然，三者之间的企业定位，即萍乡煤矿与大冶铁矿仍然要服务于汉
阳铁厂这一点是没有变化的），三者新的企业定位综合在一起，就成了
由汉、冶、萍三厂矿合并组建的"汉冶萍煤铁厂矿有限公司"的企业
定位。

如果说张之洞心目中的汉、冶、萍，是纯粹的"国策"性企业、
"洋务"类企业、"民族"性企业的话，那么盛宣怀的汉、冶、萍（汉
冶萍）则从客观上和主观上都一步一步地转型成了"国际"性企业、
"商务"类企业、"买办"性企业了。此所谓"国际"性企业、"商务"
类企业，其意为：盛把汉、冶、萍（汉冶萍）置于"国际"的舞台，
把汉、冶、萍（汉冶萍）作为纯粹的"生意"来经营，以"赚钱"为
唯一的目的，其生铁大量销售给外国，铁矿石大量销售给外国，煤焦也
希望大量销售给外国，唯独不生产大量的钢轨以"富国强兵"，汉冶萍
（汉、冶、萍）除在招股或对外宣传时还偶尔顺带在嘴巴上说说其为

---

① 上海市档案馆编著：《旧中国的股份制（1868—1949 年）》，载《上海档案史料丛
编》，中国档案出版社 1996 年版，第 64 页。

"国策"性产业外，它已不是把为中国的铁路建设服务作为唯一的或主要的企业存续宗旨即企业定位了。而所谓"买办"性企业，则指汉冶萍（汉、冶、萍），尤其是大冶铁矿、汉阳铁厂完全抛弃了张之洞时期作为独立生产企业，以钢铁、钢轨为主要的生产和销售产品，进而为建设中国铁路服务的企业定位追求，除萍乡煤矿外基本沦为日本钢铁企业的原材料供应基地，活脱脱成了一个日本资本在中国的"法人"型"买办"（即企业化了的国际商务经纪人）。

在很多有关汉冶萍企业经营的文件中，已经难得一见汉阳铁厂为中国铁路建设服务的字迹了。如在 1907 年 8 月 9 日《汉阳制铁厂萍乡大冶煤铁矿总公司公启》① 劝说老股加股的说明中，又如在 1907 年 8—9 月的《汉阳铁厂、萍乡煤矿、大冶铁矿筹议合并招股章程》②、《汉冶萍钢铁煤焦股分公司章程》③ 中，以及 1907 年 10 月的《汉冶萍煤铁有限公司大概章程草议》④、1907 年 11 月 4 日的《汉阳铁厂、大冶铁矿、萍乡煤矿合并成立汉冶萍炼铁有限股分公司议单》⑤、1908 年 3 月的《汉冶萍公司呈农工部注册文》⑥ 等一系列有关汉、冶、萍（汉冶萍）存续、设立与发展的重要文件中，均只字未提汉、冶、萍（汉冶萍）的经营目标与前途定位，这至少说明在汉、冶、萍（汉冶萍）举办者的潜意识中已经淡化了三厂矿创办初期的建设目标。

即使有的文件对老的企业宗旨有所涉及，也没有如同早年张之洞那样直中"中国铁路"的"靶的"，要么对老的企业宗旨"一笔带过"，直奔"筹款"主题；要么站立于"东方"，眼盯着"太平洋"；甚至有

① 《汉阳制铁厂萍乡大冶煤铁矿总公司公启》（1907 年 8 月 9 日），载《汉冶萍公司》（二），第 609—610 页。

② 《汉阳铁厂、萍乡煤矿、大冶铁矿筹议合并招股章程》（1907 年 8—9 月），载《汉冶萍公司》（二），第 626—628 页。

③ 《汉冶萍钢铁煤焦股分公司章程》（1907 年 8—9 月），载《汉冶萍公司》（二），第 628—629 页。

④ 《汉冶萍煤铁有限公司大概章程草议》（1907 年 10 月），载《汉冶萍公司》（二），第 638—639 页。

⑤ 《汉阳铁厂、大冶铁矿、萍乡煤矿合并成立汉冶萍炼铁有限股分公司议单》（1907 年 11 月 4 日），载《汉冶萍公司》（二），第 642—644 页。

⑥ 《汉冶萍公司呈农工部注册文》（1908 年 3 月），载《汉冶萍公司》（二），第 674—676 页。

"漫无边际"、"不知所云"者。择其经典材料如下：

1907 年 10 月的《公议汉冶萍制铁采矿合并公司扩充办法条款》（节略）：

> 煤铁为宏大之实业，厂矿为久远之良图。经此次合并扩充办理，凡我同人皆有振兴国步之思想，故愿各出资本，即以其独善身家者兼善天下，尤以能群策群力，融结团体为中国办成第一昌盛之公司，以冀媲美外厂，庶不致贻笑寰区。①

1908 年 4 月的《商办汉冶萍煤铁厂矿有限公司推广加股详细章程》（节略）：

> 本公司遵照原奏以采矿、炼铁、开煤三大端，为中国制造永杜漏卮之根基，所办营业如左。②

1908 年 9 月的《汉冶萍公司招股章程启》（节略）：

> 各省铁路纷纷开办，需用煤铁，年盛一年，实有水到渠成，千载一时之气象。惟如此大事业，关系民生大计，必须公诸天下，方能永垂久远。③

1908 年 10 月 25 日的《李维格为公司招股事在汉口商会上的演说词》（节略）：

> 惟机器良矣，炼钢有成效矣，销路何如？夫中国铁路正当发轫之始，即铁路材料一宗，非汉阳铁厂大加扩充，势已不能供应？而上海、香港以及南洋各岛等处船坞、机器厂所用造船等料件，为数

---

① 《汉冶萍公司》（二），第 637 页。
② 《汉冶萍公司档案史料选编》（上），第 236 页。
③ 陈旭麓、顾廷龙、汪熙主编：《汉冶萍公司》（三），载《盛宣怀档案资料选辑之四》，上海人民出版社 2004 年版，第 28 页。

尤巨，现均仰给于欧美。［中略］若汉厂一律能造，［中略］东方钢铁之利能出我掌握乎？［中略］苟我国以全力助举湖北之铁政，不但东方销路入我掌握，并可远销于美国西滨太平洋各省。［中略］萍乡煤焦之销路，其利亦不可预量也。［中略］所炼焦炭，因深合化铁之用，而生煤经英、德兵舰试用，亦谓东方之无上上品，一俟通道疏通，汉口将为东方一大煤市。①

1912 年 4 月 13 日的《公司股东常会议案》中的《汉冶萍煤铁厂矿有限公司董事报告》（节略）：

查美国有铁路二十四万余英里，除车辆、桥梁、车站、叉轨等不计外，只以钢轨及轨之附属品而论，每一英里需用［中略］共一百四十六吨二三。二十四万英里需用钢三千五百余万吨。汉厂年出钢货不及十万吨，约需四五百年方能造此二十四万英里之钢轨。况中国及新疆、满、蒙、藏之幅员大逾美国数倍耶，况钢轨以外之车辆、桥梁等等尚不在内耶？即以钢轨三千五百万吨计，这附属品通扯计算，每吨约价银五十五两，三千五百万吨需银一千九百二十五兆两。②

1909 年 5 月 16 日，是汉冶萍公司召开第一次股东大会的日子。在该日的大会上，汉冶萍公司总理（即总经理）盛宣怀，汉、冶、萍三厂矿主要负责人（总办）等汉冶萍重要人物均做了发言，这些人的发言可说是汉冶萍（汉、冶、萍）公司新企业定位的集中亮相。

盛宣怀说：

今日为汉冶萍公司第一次开会，请股东选举董事，成就一个中国实在钢铁大公司。现在合欧亚都说是个钢铁世界。［中略］现在大冶的铁，萍乡的煤，都是顶好的。尽我取用，几百年用不完。尤

---

① 《汉冶萍公司档案史料选编》（上），第243页。
② 同上书，第259页。

好在炼的钢是第一等货色，不但可以供中国自己用，并且可以运出洋去。① ［中略］到那时光汉冶萍股票至少票价总在十倍，这是实在预算，并非虚言。［中略］外国所以富强多量讲究实业，实业莫大于开矿，开矿莫大于煤铁。民富方能国富，这是一定道理。所以我跟李中堂办完了军务，丢了八股，不到三十岁便专心办商务，不怕困苦，总要办成他。②

仔细分析盛宣怀的讲话，最少可体味出三层意思，其一，为什么可以把汉冶萍的产品卖给外国，那是因为我们的资源几百年都用不完，自然可用来卖钱；其二，为什么要把钢卖给外国，那是因为我们的货色好，自然要用来卖个好价钱；其三，一个国家要富强，首先要老百姓先富，而老百姓要发财就要做生意，汉冶萍是生意，是"商务"，所以其目的就是赚钱，而且要赚大钱。盛宣怀的这个报告，实际上就是汉冶萍"国际"化、"商务"化、"买办"化企业定位的通俗版、大众版。

萍乡煤矿总办林志熙则言：

夫实业之要素，不外出货、销货二者而已。③ ［中略］萍煤不但全占汉市商场，并可侵夺沪市、开平等处销路。［中略］而将来粤汉铁路需用之煤以及东洋、旧金山欲购之焦，尚未计及。④

在萍乡煤矿总办的眼里，似乎供给汉阳铁厂已是小事一桩，其更大的目标已在汉阳铁厂之外。

把汉冶萍新的企业定位说得最简明而又最直白的，要数股东大会主持人杨学沂的讲话：

---

① 《盛宣怀在汉冶萍公司第一次股东大会上的报告》（1909 年 5 月 16 日），载《汉冶萍公司》（三），第 79 页。

② 同上书，第 80 页。

③ 《林志熙在汉冶萍公司第一次股东大会上的报告》（1909 年 5 月 16 日），载《汉冶萍公司》（三），第 81 页。

④ 同上书，第 82 页。

　　不论何种工厂，凡可以获大利者，只有九个字：出货多，成本轻，销路广。汉冶萍厂矿总理、协理艰难困苦，不仅将全身精神贯注在厂矿之中，直以性命与煤铁相搏，是真所谓商战。战至今日，上文所言九字竟一字一字做到，成就一中国独一无二之实业，使西国钢铁托辣司知东方骤然出一个劲敌。①

　　杨的讲话不无"吹牛皮"的成分，但其"汉冶萍＝出货多→成本轻→销路广→获大利＝商战"的思路已一目了然，汉冶萍为的就是"生意"，而不是"国策"。

　　关于汉冶萍（汉、冶、萍）企业新定位结论的主要根据，倒不是仅仅"听其言"，更重要的是"观其行"。

　　实际上，还在盛宣怀刚刚接手汉阳铁厂（含大冶铁矿），萍乡煤矿也刚刚动工的1899年4月7日，汉阳铁厂就与日本制铁所签订合同，做起了卖铁矿石的生意。其合同规定："日本制铁所须向中国湖北汉阳铁厂所属大冶铁矿购买矿石。第一年定买五万吨，第二年以后需购数目，须于本年三月议院议准以后订定，至少亦以五万吨为度。"② 而且"该处附近产铁山场，除汉厂按月先尽自用外，日本制铁所订购在先，即有别项销路，合同期内亦必先尽日本每年五万吨之矿石，决无缺少。如日本要加买铁石，亦必照办。但日本制铁所亦不得于此大冶合同之外，另与中国各处及岛地他人他矿另立买铁石之约。大冶亦不得将铁石卖与在中国地方另设洋人有股之铁厂"③。该合同限期"以十五年为满。如限满，彼此意见允洽，仍愿接办，并不知照撤销合同，即为续展十五年凭据"④。这份合同充分显露出了买卖双方十分"你情我愿"，甚至要结成"生死同盟"的心态。

　　此后，汉阳铁厂炼铁有所成，汉冶萍也随即做起了生铁的国际贸

---

　　① 《杨学沂在汉冶萍公司第一次股东大会上的讲话》（1909年5月16日），载《汉冶萍公司》（三），第79页。

　　② 《汉阳铁政局与日本制铁所互易煤铁合同》（1899年4月7日），载《汉冶萍公司》（一），第93页。

　　③ 同上书，第93—94页。

　　④ 同上书，第94页。

易，而并没有把生铁全心用于中国的铁路建设。1903 年 4 月 25 日，日本三井洋行"订明向汉阳铁厂定购生铁一万吨"①。相隔不到一年，1904 年 4 月 19 日，日本"若松制铁所购定汉阳铁厂所制铁斤一万吨"，而且"交货日期自立约之日起，限于三个月以内交清"②。1908 年 11 月 16 日与 12 月 21 日，汉冶萍又与日本若松制铁所签订向其销售西门马丁生铁"约二千五百吨"和"约五千吨"③ 的合同。此外，汉冶萍的生铁还真如汉冶萍高层所希望的那样，远渡太平洋。1910 年 3 月 22 日，汉冶萍与美国西雅图西方炼钢公司签订向其销售"西门士马丁炉炼钢生铁每年至少三万六千吨，至多七万二千吨"④ 的合同，美商大来洋行代为装运，⑤ 合同自 1911 年 1 月 1 日起，期限"七年半"，且规定 1910 年内，汉冶萍"愿售、钢厂愿购此项生铁于三万六千吨数之内，不拘若干，以能由汉阳运至美国之数为度"⑥。

汉冶萍公司不仅大做国际贸易，而且为多销产品，还把产品的销售权尽可能地外包出去，给人大有一心一意只想做个生产商的感觉。

汉冶萍公司成立前，1905 年 7 月 10 日，汉阳铁厂即与日本三井物产会社签订合同，规定："铁厂允准，除日本官办若松制铁所归铁厂自与交易外，所有日本各埠均归三井代理售销，定期三年。期满或续或停，彼此须先期三个月议妥。"⑦ 1906 年 2 月 13 日，汉阳铁厂又与三井物产签订合同，这次合同已经不仅限于生铁，而是外包汉阳铁厂所生产的所有产品。该合同规定："除中国境内及香港所销钢铁，惟东三省、

---

① 《三井洋行向汉阳铁厂定购生铁合同》（1903 年 4 月 25 日），载《汉冶萍公司》（二），第 441 页。原文注："此合同实订于光绪三十年"。

② 《赖伦代汉阳铁厂与若松制铁所订立购铁合同》（1904 年 4 月 19 日），载《汉冶萍公司》（二），第 420 页。

③ 《日本若松制铁所添购汉阳铁厂生铁合同》（1908 年 11 月 16 日），载《汉冶萍公司》（三），第 43 页。《日本若松制铁所订购汉阳铁厂生铁合同》（1908 年 12 月 21 日），载《汉冶萍公司》（三），第 48 页。

④ 《美国西雅图西方炼钢公司、美商大来洋行订购汉冶萍公司生铁合同》（1910 年 3 月 22 日），载《汉冶萍公司》（三），第 125 页。

⑤ 同上书，第 124 页。

⑥ 同上书，第 125 页。

⑦ 《三井物产会社代汉阳铁厂销售生铁合同》（1905 年 7 月 10 日），载《汉冶萍公司》（二），第 504 页。

威海卫、青岛仍归三井代销"及"中国自用铁路材料"①外，汉阳铁厂"派三井代为专销所造货料"，合同至1909年12月底期满，"或展或否，期满前三个月彼此商定"②。

　　由此可知，盛宣怀接办汉阳铁厂后，已把"商务"摆在了第一位，③自然对生产钢轨不怎么放在心上（其主要原因是，汉阳铁厂生产的铁轨、钢轨成本远远高于外国进口的同类产品），甚至这边把生铁卖给外人，转身又从国外买入钢条以轧钢轨（比如1908年10月21日，汉冶萍就与日本若松制铁所签订了向其进口"马丁钢条一万吨"④的合同），以应付中国所需。有时，汉阳铁厂连中国铁路的少量钢轨需求也应付不了或根本就不想生产，干脆只想做外销原材料，购买外国钢轨以供中国政府的生意。如光绪三十四年（1908年）五月二十七日，汉厂总办李维格致电盛宣怀，言道："吕大臣拟订轨五千吨，西八九十月运津，我办不到，彼轨式样均尚未定，现已西六月底，即洋厂亦来不及。日本制铁所有廿五吨马丁炉五座，格已托三井电商，彼购我铁，我购彼轨，所难者进口税耳。浙轨或可说明代请免税。"⑤次日，李追电盛宣怀："制铁所买我铁制轨售我，可商办。如钧意谓然，格当来沪面恳蛰仙通融进口代请免税。如允，格即海道进京商定轨式、验章、价值，年内赶造数千吨运津。"⑥李的这一提议遭到盛宣怀的拒绝："运津五千吨

---

　　①　《三井物产会社代销汉阳铁厂货料合同》（1906年2月13日），载《汉冶萍公司》（二），第542页。该合同规定1905年7月10日签订的《三井物产会社代汉阳铁厂销售生铁合同》同时作废。《三井物产会社代销汉阳铁厂货料合同》（1906年2月13日），载《汉冶萍公司》（二），第544页。

　　②　同上。

　　③　当然，大冶铁矿、萍乡煤矿对于汉阳铁厂的供给还是有保障的，所以，从这一点上还是可以说汉冶萍公司延续了大冶铁矿、萍乡煤矿创设时的企业定位，但这些汉、冶、萍萌发期的"原始"企业定位，并没有影响汉、冶、萍企业定位的现实性转型，更不会影响由三者组建的汉冶萍集团公司整体企业定位的形成。所以，这里所论证的汉冶萍的新的企业定位的观点，也就不与第二章提到的萍乡煤矿、大冶铁矿作为汉阳铁厂"附属"企业的企业定位的论断相冲突。

　　④　《汉阳铁厂订购日本若松制铁所马丁钢条合同》（1908年10月21日），载《汉冶萍公司》（三），第38页。

　　⑤　光绪三十四年（1908年）五月二十七日，《汉厂李致盛宣怀电》，载《汉冶萍公司》（三），第1042页。

　　⑥　光绪三十四年（1908年）五月二十八日，《汉厂李致盛宣怀电》，载《汉冶萍公司》（三），第1044页。

已照尊电复绝。"但是，这并不意味着盛本人不想这样做，而实在是担心"转买日轨恐招物议"①，因为"将来登入报纸总不好看，粤正抵制日货"，所以"断不可商"②。换言之，如不是面子问题或怕有人"算账"，盛是会同意这么干的。

　　汉冶萍已经是这种企业定位，但这种只求赚取眼前利益，不求产品深加工和提高产品深加工技术，降低深加工产品成本的初级产品"国际商务"生产商的定位，又难免招致"物议"，这自然使得汉冶萍的经营很难周全。例如，宣统元年（1909 年）初，汉冶萍刚刚正式组建，新任汉冶萍协理的原汉阳铁厂总办李维格就两次向盛宣怀发牢骚说"汉厂可关门"，致使盛宣怀"不胜诧异"。盛向李"惟汉厂究竟每日实能炼钢若干？成轨若干？钢质轨式是否精良与外国无异？"并要求下属："务祈即日电饬该厂总办从速切实具复，允认担保'货美价廉'四字，敝处方敢放手订立合同。"③ 盛的这个要求，在由其主导的新的企业定位下自然是无法实现的，这点恐怕是盛自己也未能意识到的。

三　汉冶萍体制的本质

　　由上可知，盛宣怀接办汉阳铁厂后，汉、冶、萍（汉冶萍）纯粹为了生存而生存，为了生存而招商（此"商"可为中国民间资本，也可为外国资本，当然也可是中国政府④），为了"招商"而组建汉冶萍，所有汉、冶、萍三厂矿的客户已无任何界定（其客户可为中国民间客户，也可为外国客户或中国政府。当然，这里说的已无任何界定，并不是说汉阳铁厂与萍乡煤矿、大冶铁矿之间的"主子"与"附庸"的关系即三者范围内的企业定位有何改变）。其举办汉、冶、萍的目的已发生明显的重大变化，至 1908 年汉冶萍公司成立，汉、冶、萍实质上早已完全放弃了"张之洞时代"的初衷，所谓汉冶萍公司正如其注册呈

---

　　① 光绪三十四年（1908 年）五月二十九日，《盛宣怀致汉厂卢道电》，载《汉冶萍公司》（三），第 1044 页。

　　② 光绪三十四年（1908 年）六月初七，《盛宣怀致汉厂李电》，载《汉冶萍公司》（三），第 1047 页。

　　③ 《汉冶萍公司》（三），第 1130 页。

　　④ 汉冶萍曾不止一次地因主观或客观上的因素，为让汉冶萍生存下去而希望由政府收购汉冶萍或官商合办汉冶萍。

文中所标示的那样，已经完全成了一"商办"企业，其企业定位也即同时"商办"化、"商务"化了，且其"国际商务"的实质又是"生产型"的"国际商务"。简明地说，汉冶萍就是一个希望把自己打造成为以主要向国际市场提供初级"产品"服务的"生产型""国际商务"企业，生产是其核心，即汉冶萍本质上就是一个戴上了"国际商务"帽子的"生产型"企业。

"生产型""国际商务"的企业定位自然又使汉冶萍形成了其相应的企业经营体制。[①] 所谓的"汉冶萍体制"，就是以汉阳铁厂为核心的，由大冶铁矿、萍乡煤矿为其提供铁矿石、煤焦的商办集团公司体制，而其内在本质就是"完全商务化、集团化、国际化、买办化的企业经营体制"。这种"四化"体制自然对萍乡煤矿产生了巨大的影响，从企业自我生存的角度看，萍乡煤矿又在这种大体制下浓缩出了更为单纯的体制——"大锅饭"体制。[②]

所谓萍乡煤矿的"大锅饭"体制，是指：作为一个投资巨大建立起来的汉冶萍集团公司的子公司，萍乡煤矿却既无营销的机构与任务，产品出路由总公司运销部门负责，也没有独立的财权、人事权，一切资金均由总公司"财政"下拨，所有费用也向总公司报销，没有多余的"口粮"，也无利润的压力，完全按照总公司的"计划"或临时性"指令"进行和调节生产，企业的经营与经营的效果完全脱节。所以，汉冶萍时期的萍乡煤矿只管生产，不管销售，更不管盈亏，"吃"的是"公粮"，"享受"的是汉冶萍的"大锅饭"，在这一"大锅饭"下的萍乡煤矿完全是一个不能独立自主，也"不需要"有企业经营主观能动

---

① 企业经营体制由企业定位决定，即有什么样的企业经营宗旨，就有什么样的企业经营路线、道路、模式、框架等与之相适应，而且，企业定位与企业体制的内容表述往往有很多相一致的地方。简而言之，企业的定位就是举办企业的目的，而企业的经营体制则是达到这一目的的方法、手段、道路。

② 根据对有关材料的阅读，似乎汉阳铁厂、大冶铁矿也是"大锅饭"体制，但因两者不是本书要研究的主旨，所以在此不展开。这里所说的"大锅饭"体制并不与"四化"体制相冲突。如果说"四化"体制之于汉冶萍的企业定位是道路与目的的关系，那么萍乡煤矿的"大锅饭"体制之于整个公司的"四化"体制也是道路与目的的关系。即汉冶萍为了形成"四化"的体制，实现"生产型""国际商务"企业的企业定位，其对下属三厂矿具体实施的是"大锅饭"体制，因此，整个公司"四化"的体制对三厂矿的长期经营产生宏观的影响，而"大锅饭"机制则产生微观的、具体的影响。

作用的企业。

　　企业的经营，毫无疑问必须同时重视生产、销售、管理三大环节。但是，由于条件的不同，更主要由于企业最高管理层经营目标和经营思想的不同，往往许多企业并不同时重视这三大要素。因此，重生产，不重销售和管理者有之；重销售，不重生产和管理者有之；重管理，不重生产和销售者有之，并由此形成经营特质不同的三类企业——"生产型"企业、"营销型"企业、"管理型"企业。如同整个汉冶萍公司一样，萍乡煤矿是一个不具有"销售型"、"管理型"企业特质，为了"生产"而生产的十足的"生产型"企业。

第二节　销售与销售管理

　　汉冶萍时期萍乡煤矿的最大外显特征，就是没有销售的任务，[①] 其煤焦产品都交由总公司运销部门负责销售（有时，总公司运销负责人也由萍乡煤矿负责人兼任，但这不等同于萍乡煤矿产品就是由萍乡煤矿自己负责销售）。所以，说到汉冶萍时期萍乡煤矿产品的销售与销售管理，实质上说的只是汉冶萍总公司的煤焦销售与销售管理。而且，偌大一个汉冶萍公司，有时在某些市场还实行煤焦销售外包（即实行区域销售代理制），这表面上看是搞活营销，实际上是公司对萍乡煤矿煤焦某些区域销售市场的主动放弃，这充分显示出整个汉冶萍公司和萍乡煤矿不具备"销售型"企业特质的特点。

一　外商代运代销

　　其实，早在萍乡煤矿创办时，盛宣怀就已经开始并实际放弃了萍乡煤矿煤焦的水上运输权及萍乡煤矿煤焦在汉阳铁厂等相关企业以外的销售权。

　　萍乡至湖南醴陵的铁路是在 1899 年 9 月开始修建的，1903 年 7 月，

---

　　① 　其实，整个汉冶萍公司在其存在的历史中也基本上没有长期性的营销战略设置，其销售可说是"脚踏西瓜皮，滑到哪里算哪里"。

萍醴铁路竣工通车，而就在通车前的 1902 年 6 月 19 日，萍乡煤矿即与德国礼和洋行（上海）议订了由礼和承包萍乡煤矿煤焦湘潭至武汉，或迳船运卸生煤焦炭的合同。合同规定："公司（指萍乡煤矿）除意外事不计外"，自 1903 年 4 月 1 日起至 1904 年 3 月 31 日止，"公司在湘潭交礼和承运武昌、或汉口、或汉阳，每日五百吨生煤或焦炭"，自 1904 年 4 月 1 日起至 1913 年 3 月 31 日止，"公司在湘潭交礼和每日承运一千吨生煤或焦炭"[①]。从时间上看，双方是算准了在萍醴铁路建好后，盛宣怀就自动"缴械"，交出萍乡煤矿煤焦运输权（到那时，由于醴陵至武汉的铁路还未修建，所以，也可认为这个合同等于自动放弃了萍乡煤矿煤焦自湘潭起的全部运输大权）。

盛宣怀在交出萍乡煤矿煤焦运输权的同时，也交出了萍乡煤矿煤焦的销售权。1902 年 7 月 8 日，"萍乡煤矿公司与上海等处礼和洋行或其替人（此后即称礼和）"，订立了"专归礼和在武昌、汉阳、汉口及武汉以东各处经售公司煤焦合同"[②]。合同如下：

　　一、自一千九百零三年四月一号起，至一千九百十三年三月三十一号止（首尾两日并算在内），公司允将所有运至武昌、汉阳、汉口及武汉以东各处煤焦，除汉阳铁厂、大冶铁矿、轮船招商局所急需者不计外，尽数交礼和经售。其汉阳铁厂、大冶铁矿、轮船招商局三处，均由公司径与交易，无须给礼和用钱，除此之外，或由礼和经售，或由公司在武汉及武汉以东自售，礼和均须扣用每百之五。由公司自售者，按月底须开一清帐交与礼和，以便结算用钱，登记入帐。

　　二、礼和因经售之事而添用人手，均由礼和出费。礼和既得每百之五用钱，所有经售之价款均由礼和保付，另帐登记，公司可派公证人查核，惟此公证人须彼此商定。至汉口销货，公司可派一华副经售者驻汉，与礼和揽售华人所用煤焦。此副经售者，公司当切

　　① 《礼和洋行代运萍矿煤焦合同》（1902 年 6 月 19 日），载《汉冶萍公司》（二），第 272 页。

　　② 《礼和洋行代售萍煤焦合同》（1902 年 7 月 8 日），载《汉冶萍公司》（二），第 279 页。

嘱无论何事，勿干预礼和办法。但须联为一气，诸凡销数、质地、价目、交货，均当一一与礼和商定。

三、煤焦至少售价若干，彼此逐年商定。第一年价现订定好，汽煤每吨售洋例银六两，好焦炭每吨洋例银十二两，或汉口、或汉阳、或武昌栈房交货。惟礼和当竭力为公司求沽善价，而公司则不得干预礼和经售之事，非与礼和先行商定，亦不得为别人开价。再，为公司利益起见，所出煤焦自宜随出随售，此一定不易之理，彼此均能见到，故公司允许礼和可先尽大宗生意，并可减价。惟所减之价，须与公司商定后可，而公司当竭力玉成此项大宗生意，但所得之利，须足以相抵所减之价。

四、如彼此解释合同辞意起有争论，则以英文所载为断，或由两造同请一公证人断定，或彼此各请一公证人断定，或由两公证人一人断定，即为定论。共公证人之费多少，出于何人，亦由公证人断定。

五、此合同缮就华、英文两分，彼此各执一分。

督办大臣盛［宣怀］批准（签章）

大清总办萍乡煤矿事宜湖北候补道张□□（签章）

德商礼和洋行（签章）

光绪二十八年六月初四日

一千九百零二年七月八号①

从时间上可以判断，上述两份代运代销合同的起止时间完全相同，即为"姊妹篇"。在包销合同中，虽注明萍乡煤矿也可自行销售，但却均要给予礼和5%的提成。

就在萍乡煤矿全面告竣前的1907年8月1日，萍乡煤矿武汉运销局与日本大仓洋行订立合同，规定："由大仓洋行承销萍乡煤矿焦炭"（"专指运销日本"），"额定每年贰万吨，以拾个月计，即按月运销贰千吨。如于额定外再加销数，大仓须先三个月前知照，价目另议"。萍

---

① 《礼和洋行代售萍煤焦合同》（1902年7月8日），载《汉冶萍公司》（二），第279—281页。

乡煤矿焦炭指定存放于汉口、岳州、镇江三地，各存栈处所占比例分别为"汉口长年出口十分之五六"、"岳州城陵矶长年出口十分之四三"、"镇江长年出口十分之一"①，合同期限"陆周年，逾限作废，限满如欲续订，须在满限前叁个月先行关照续议"②。这样一来，盛宣怀又把萍乡煤矿焦炭的国外销售权出让了出去（在当时，萍乡煤矿焦炭还没有其他的国外市场，所以，这个合同的签订，等同于萍乡煤矿对所有国际市场的出让）。细心对比德日两国的合同，不难发现日本合同的期限也"刚好"定在1913年，换言之，到1913年止，萍乡煤矿的运销部门如不"额外"找点活干的话，简直无事可做。

如果说，1913年前萍乡煤矿之所以把其煤焦运输和销售权都一股脑儿地交给了外商，是因为礼和大仓分别借了钱给萍乡煤矿和汉阳铁厂而被外国资本胁迫，是被迫无奈之举的话，那么，三份合同到期后，在德日没有提出要包销萍乡煤矿煤焦的情况下，汉冶萍之于萍乡煤矿煤焦销售战略的如下决策，则无可推脱地再次显露了其无"销售"的特质。

二　宝丰公司的代销

1913年12月24日，汉冶萍公司商务所与宝丰有限公司签订合同，规定由宝丰承办萍乡煤矿煤焦销售。对于其原因，汉冶萍董事会表白得非常清楚："萍乡煤矿运销历年以来，受亏甚巨。即以本年（指1913年）论之，阁下（指卢洪昶）接办，亦难起色，开支既不能省，用户之欠款又无从归结。"所以，"叠经开会研究，皆谓招商包办之外，别无良策。是以议决，准归宝丰公司承办"。董事会还自我安慰道："大凡在局中局外诸人，亦必能体谅本公司办事人之苦衷，不当再作无益之思想也。"③合同规定：承销人"不得兼售他项煤焦，亦不得以次号煤焦抵充上等，致碍公司名誉"④。而在"合同期内承销地点，公司不再

---

① 《大仓洋行运销萍乡煤矿焦炭合同》（1907年8月1日），载《汉冶萍公司》（二），第604页。

② 同上书，第605页。

③ 《公司董事会致卢洪昶函》（1913年12月25日），载《汉冶萍公司档案史料选编》（上），第553页。

④ 《宝丰公司承销煤焦合同》（1913年12月24日），载《汉冶萍公司档案史料选编》（上），第554页。

设分销或招第二人承销"①。

汉冶萍与宝丰的合作显然不是一般意义上的销售代理关系，虽然合同注明："承销地点：自汉口起下至芜湖，以及鄂属之应城，其余他埠仍由公司自行售销。"② 但宝丰合同签订后，汉冶萍即宣布：在汉冶萍从事萍乡煤矿煤焦销售的人事上，"自民国三年一月一日为始，所有旧日同事，应由宝丰公司自行聘用，否则只得另图他就"；在财务上，"并祈将所有客帐从速赶收，务于接替之前，可以收束。如届时尚有未经收齐者，即诸开列清单，移交宝丰公司代收为荷"③。所以，所谓的"其余他埠仍由公司自行售销"的规定，并不对汉冶萍自我放弃集团相关企业以外的萍乡煤矿煤焦销售市场的判断产生影响。

如果观察一下宝丰合同的包销数量和合同执行过程中关于包销额度变更的情况，就更能说明上述观点。

"包销数目：二号焦 1000 吨。三号焦炭及四号镶焦炊焦，因矿中出额无定，暂不订定交额及销售。头号煤约 3500 吨。二号煤 3500 吨。三号煤约 3000 吨。"④ 总量是"月销煤一万吨，焦一千吨"⑤。在合同签订当日，汉冶萍又与宝丰签订合同附件，规定："查原合同第一条额定月销头号煤三千五百吨，二号煤三千五百吨，三号煤三千吨，兹双方议允以上各号虽各定各数，惟将来双方得察看出数及销数情形酌量增减，惟总数仍以壹万吨为额。"并"查原合同第十八条规定承销由民国三年一月一日为始，兹双方议允展限一个月，以二月一日为始，但仍计至五年十二月三十一日止作为三足年，惟其第一年二月份内销运之数不拘定

---

　　① 《宝丰公司承销煤焦合同》（1913 年 12 月 24 日），载《汉冶萍公司档案史料选编》（上），第 553 页。

　　② 《宝丰公司承销煤焦合同》（1913 年 12 月 24 日），载《汉冶萍公司档案史料选编》（上），第 553 页。根据本书第六章对于萍乡煤矿产品在 1910 年以后基本只保留有武昌三镇市场和湖南部分市场的分析，宝丰合同的签订实际上意味着除维持这两个传统市场外，汉冶萍又完全放弃了武昌、湖南以外的其他煤焦市场。

　　③ 《宝丰公司承销煤焦合同》（1913 年 12 月 24 日），载《汉冶萍公司档案史料选编》（上），第 553 页。

　　④ 同上。

　　⑤ 《公司董事会致卢洪昶函》（1913 年 12 月 25 日），载《汉冶萍公司档案史料选编》（上），第 553 页。

额"①。在签订合同的当天就修改合同，显见汉冶萍对合同的不严肃性和对自身煤焦供给的缺乏规划。

另外，合同规定："承销年限：此合同议订由民国三年一月一日起至五年十二月三十一日止三足年为限，期满之后悉听公司定夺，与承销人无涉。倘公司仍欲招人承办，而此次之承销人果无违背合同情事，仍有续议之望。"②"价格：第三条及十八条所订承销期限本属三年，惟其价格涨落时有悬殊，忍彼此盈绌太巨，业已双方议定，如煤焦市面消涨至五钱者，一年一议，以期各得其平。如在五钱以内，则仍然照原订合同之价格办理。"③ 关于在合同期满之后双方续约的条文表述似乎可以理解为汉冶萍的"合同艺术"，但在合同的实际执行上，汉冶萍使得承销人宝丰无法不"违背合同"，因为汉冶萍无法保证对宝丰的煤焦供给，结果，宝丰只好同时代销其他煤矿的产品。"王代经理函：前以宝丰公司兼销临煤，有违原订合同第十五条之规定。于二月六日常会提出，经公议宝丰兼销临煤，实为违背合同，理应抗议，但现时因交额不足"，所以只能任由宝丰所为。汉冶萍在自身无法保证交货数量的情况下，却希望"先按照合同每年议价之条，由商务所长向该公司要求，将一号煤减额，二号煤包价加增，俟该公司能允增至若干，报会后再行研究利弊，酌定办法"。但是，宝丰公司不答应，"旋接该公司来函：萍煤交额改为每月一号二千吨，二号五千吨，三号三千吨"，坚持汉冶萍每月要交足一万吨的煤焦，"而汉局卢坐办君来信，以现时每月运数只能交足各号煤六千吨之谱。嗣与商议，勉加至每月一号一千吨，二号五千吨，三号二千吨，共八千吨"。但"该公司不允照办，二号煤价亦不允稍加"。面对与代理商的矛盾，汉冶萍采取的措施是"公议：宝丰承销煤额应由王代经理再与宝丰经理人磋商定数，现查日煤市价既未涨至五钱，仍照合同订价不增不减。至宝丰兼销临煤，应俟本公司交煤足顿时，再按照合同十五条之规定，与之交涉"。并同时考虑"一面应请

---

① 《宝丰公司承销煤焦合同》（附件）（1913 年 12 月 24 日），载《汉冶萍公司档案史料选编》（上），第 554 页。

② 《宝丰公司承销煤焦合同》（1913 年 12 月 24 日），载《汉冶萍公司档案史料选编》（上），第 554 页。

③ 同上。

会长留意人才，以为宝丰不能就范，收回自办之预备"①。

1915年，"王代经理函：宝丰承销合同，有煤价涨跌过于五钱一年一议之规定，现届十一月，正在调查各煤市，比较煤价，预备提议加价，乃先接宝丰来函，以煤价已跌过五钱，要求减价，并预商明年销额等情。即将去今两年煤市分别比较，通年扯算，开平、山东均无涨落，抚顺较去年跌价一钱，日煤只跌五分。宝丰所请减价自属毋庸置议，而我之拟提议加价一层，亦恐徒费唇舌。拟请仍照原订，办满明年即行收回自办。至煤额揆诸现情，尚无盈虚不剂之状，似可仍照今年定额再接一年，免其再议"。汉冶萍董事会最后公议："煤价涨落，自以一年通算为定。不能以一两月之市稍有低落致生异议。至煤额一层，来年四炉全开，自用不敷，而王阁臣仍请照原额，无怪人言啧啧，应即责令，务要核减。"② 董事会的这个决议，完全说明汉冶萍对集团以外煤焦市场的极端不重视和对已有销售渠道的不珍惜，即汉冶萍无视甚至有意冷漠萍乡煤矿煤焦的"市场"营销。

根据上述合同条文与其执行情况及汉冶萍董事会于1915年对1916年钢铁产量的展望，结合1914—1916年汉阳铁厂与萍乡煤矿的各自产量（见表3—1），再进一步分析，即可进一步数字化地了解汉冶萍公司对于萍乡煤矿煤焦"销售型"企业特质的缺失。

表3—1　　《宝丰公司合同》承销萍乡煤矿煤焦量与萍乡煤矿、
　　　　　　汉阳铁厂产量比较（1914—1916）　　　　（单位：吨）

	1914	1915	1916
萍乡煤矿煤产量	687956	927463	992494
萍乡煤矿焦产量	194413	249164	266418
汉阳铁厂钢铁产量	186722	183944	193034

---

① 《公司董事会临时会议案》（1915年3月19日），载《汉冶萍公司档案史料选编》（上），第555页。

② 《公司董事会常会议案》（1915年11月15日），载《汉冶萍公司档案史料选编》（上），第555页。

续表

	1914	1915	1916
汉阳铁厂钢铁产量折合用焦量	199793	196820	206546
宝丰公司合同承销煤量（年）	90000（10个月）	108000	108000
宝丰公司合同承销焦量（年）	10000（10个月）	12000	12000

资料来源：宝丰公司：《宝丰公司承销煤焦合同》（1913年12月24日），《汉冶萍公司档案史料选编》（上），第553页。萍乡煤矿：《萍乡矿务局志》，第76页。汉阳铁厂：依据代鲁《汉冶萍公司的钢铁销售与我国近代钢铁市场（1908—1927）》，《近代史研究》2005年第6期，第55页。

萍乡煤矿1914年、1915年、1916年的原煤产量分别为687956吨、927463吨、992494吨，按萍乡煤矿一般原煤得洗煤率60%计，分别折合洗煤为412774吨、556478吨、595496吨，各年焦炭按洗煤得焦率70%，折合洗煤分别为277733吨、355949吨、380597吨，两相抵扣，各年萍乡煤矿扣除炼焦用洗煤后余洗煤分别为135041吨、200529吨、214899吨，分别多出宝丰各年所应承销洗煤45041吨、92529吨、106899吨。1909年初，汉阳铁厂每炼铁一吨平均用焦1.07吨，[1] 则1914年、1915年、1916年汉阳铁厂钢铁产量的用焦量各为199793吨、196820吨、206546吨，三个数字与各自年份萍乡煤矿焦炭的产量相减，则萍乡煤矿1914年、1915年、1916年扣除供给汉阳铁厂用焦后分别尚有-5380吨、52344吨、59872吨焦炭的剩余，分别多出宝丰各年所应承销焦炭-15380吨、40344吨、47872吨。

根据上述计算结果可做出下面推测：第一，1914年当年萍乡煤矿的焦炭生产不足，对市场供不应求，其真实情况有两种，或者1913年有大量的库存，所以1914年控制了焦炭的生产，或者连对汉阳铁厂的焦炭供给也不重视，这种情况可能不存在，所以，应该是1913年有库存的可能性大。第二，即使在完全保证对宝丰合同数量供给的情况下，1914年、1915年、1916年萍乡煤矿的洗煤产量也有多达数万乃至10

---

[1]　根据《李维格在第一届股东大会上的报告》（1909年5月16日），《汉冶萍公司档案史料选编》（上），第250—251页材料计算。

万吨左右的剩余，这说明：要么宝丰以外的其他市场需求旺盛，要么就是汉冶萍的煤焦交货系统出现了问题，要么萍乡煤矿各月的煤炭产量很不稳定，以致宝丰公司无法得到汉冶萍的煤炭，而不得不兼售其他煤矿的产品。因此，结合汉冶萍公司的上述言论，可以推测的结论是，对于汉阳铁厂钢铁产品的销售市场的预测的不准确，[①] 对于汉阳铁厂煤焦需求的高估，尤其是对于扩大萍乡煤矿煤焦销售的不重视，无形中形成了汉冶萍对于宝丰公司合同的不重视甚至轻视，致使汉冶萍董事会说出"而王阁臣仍请照原额，无怪人言啧啧，应即责令，务要核减"的话来。

当然，说汉冶萍与萍乡煤矿不是"销售型"企业，说其缺乏煤焦的"市场营销"规划与战略，说其把煤焦运销包于外人又轻视包销商，那并不等于说汉冶萍和萍乡煤矿没有看到销售之于企业的重要性。而且，即使按合同萍乡煤矿把自己的销售已全部委诸他人，但仍可在一定的条件下进行自销。然而，萍乡煤矿煤焦的自销及其自销体制则是一片混乱不堪的景象。

三　自销

一般而言，企业都能看到营销的重要性，而且往往"一把手"亲自"抓营销"。但是，一把手抓营销也必须有一个前提，那就是一把手要在确定好适当的营销目标，制定出行之有效的营销战略，领导建设好健全的主体营销渠道后，依靠下属去进行具体的营销，"一把手"不能任何事情都亲力亲为，否则，其营销效果必大打折扣，甚至招致企业营销事业的"滑铁卢"。然而，汉冶萍的煤焦自销便恰恰如同这般。

汉冶萍的煤焦自销完全由盛宣怀本人事无巨细地一手操持，材料中这种例子比比皆是。为形成印象，现把萍乡煤矿全部竣工，汉冶萍也刚刚组建时汉冶萍的煤焦自销之于汉冶萍"一把手"盛宣怀的关系事件罗列于下。

关于市场开拓：

---

① 根据表3—1可知，1916年汉冶萍的钢铁产量只比1915年增加不到5%，而不是"来年四炉全开，自用不敷"的理想状况。

　　光绪三十四年（1908年）七月二十四日，盛宣怀电汉厂："到宁低煤一百五十吨已销动，每月包销四百吨，此货可来。镇煤已断半月，若再不到，必为开、日所占。"①

　　宣统元年（1909年）二月十六日，盛宣怀电汉厂："现有江北销路须速分运，望速电株洲发运爨焦、统煤各一千吨，直运瓜州。"②

　　宣统元年（1909年）二月十六日，盛宣怀电汉厂："安庆铜元局要头焦二百吨，芜湖要爨焦二百吨，望速觅船运。"③

　　宣统元年（1909年）三月初一，盛宣怀电汉厂、萍矿："芜铜急需碎煤一千吨，望记雇盐船速运，该处年销五千吨。"④

　　宣统元年（1909年）五月二十七日，盛宣怀电萍乡："末煤汉无销路，只可盐船分运，下游销售虽无余利，实胜久搁。"⑤

　　宣统元年（1909年）六月初四，盛宣怀电萍乡："瓜洲煤焦即饬停运，只运镇芜两处。"⑥

　　宣统元年（1909年）闰二月十八日，盛宣怀电汉厂："望即发化钢焦炭五吨，爨焦五吨……转交江西批发煤焦委员。"⑦

关于市场与价格：

　　光绪三十四年（1908年）七月二十一日，盛宣怀电汉厂："南京新订爨户合同，每月售散煤四百吨，价五两五钱。"⑧

　　光绪三十四年（1908年）七月二十三日，盛宣怀电萍矿："鸿昌云爨焦汉口月销二百吨，原定每石六百五十文，现减五百五十

---

① 《汉冶萍公司》（三），第1061页。
② 同上书，第1111页。
③ 同上。
④ 同上书，第1123页。
⑤ 同上书，第1143页。
⑥ 同上书，第1146页。
⑦ 同上书，第1117页。
⑧ 同上书，第1061页。

文……已饬宁镇试销。沪则运费算不来。"①

光绪三十四年（1908 年）十一月二十一日，盛宣怀电汉厂："速再运镇江爨焦三百吨，免由沪运致亏水脚。"②

光绪三十四年（1908 年）十二月初七，盛宣怀电汉厂、萍矿："爨焦镇江各号家试过合用，已预定二千吨，价规银七两"③。

光绪三十四年（1908 年）十二月二十二日，盛宣怀电汉厂："安庆铜元局需煤三百吨，价五两七，试办之初只可民船速运。"④

宣统元年（1909 年）二月初七，盛宣怀电汉阳："爨焦昨到镇二船，有二千吨可济急。现有空盐船十余只，望即运芜五百吨，安庆三百吨，其余尽运镇江。上半年南京需运二千吨，芜湖需运四千吨，但去年岳来次煤只售五两七钱半，今年煤如较好，似须加价。"⑤

宣统元年（1909 年）二月十一日，盛宣怀电汉厂："芜宁镇今年本可加价，因开平减至五两四钱，暂仍旧五两七钱，如煤好，稍缓必可加价。"⑥

宣统元年（1909 年）二月十七日，盛宣怀电汉厂："瓜州煤价只定五两四钱，系与爨焦搭销，块煤价太吃亏。"⑦

宣统元年（1909 年）三月十二日，盛宣怀电汉厂："京汉五千吨合同宜速定。镇江煤如比去年好，自应加价，开销多卖与少卖同，但总以汉销为贵。预算本年多煤五万吨，拟运沪更不合算。"⑧

宣统元年（1909 年）六月十九日，盛宣怀电汉口："南京急需洗煤六百吨，统煤四百吨，望速运洗煤，定何价？"⑨

---

① 《汉冶萍公司》（三），第 1061 页。
② 同上书，第 1087 页。
③ 同上书，第 1092 页。
④ 同上书，第 1095 页。
⑤ 同上书，第 1110 页。
⑥ 同上。
⑦ 同上书，第 1111 页。
⑧ 同上书，第 1126 页。
⑨ 同上书，第 1149 页。

关于资金回收：

宣统元年（1909 年）五月初七，盛宣怀电扬州："由汉运瓜四月底止共煤一千一百吨，焦炭一千吨，已否收到，已届两月，希照原议缴价。"①

宣统元年（1909 年）六月十六日，汉厂电盛宣怀："查瓜洲已运爨焦一千吨，统煤一千一百吨，该款应请催缴。"②

宣统元年（1909 年）六月十七日，盛宣怀电扬州："林道来电，运瓜煤焦共二千一百吨，该款应催缴。查瓜洲收煤焦久逾缴价之期，务请速解。"③

如此等等。

产品营销，无非是市场布局、价格定位、资金回收三大环节，通过上述材料可知，盛宣怀对哪个环节都没有漏手，都基本全程参与，甚至在下属电告销售款未到账后，成为下属的"催账员"，时刻不忘记去催讨 2000 多吨煤焦的款项。更有甚者，整个汉冶萍的"一把手"连少至区区几吨的买卖，也亲自抓。再考虑到汉冶萍只不过是盛宣怀众多巨型企业中的一个企业的情况，汉冶萍煤焦自销的如此"抓法"，其结果可想而知。

如果说盛宣怀作为汉冶萍的最高领导者亲自抓萍乡煤矿煤焦的销售有"元帅当士兵使"之嫌的话（当然，若不这样看，也权可"看作"是企业"一把手"对营销的重视），那么，由萍乡煤矿负责工程与技术的总矿师赖伦来身兼萍乡煤矿煤焦的销售大任，则显然是"乱弹琴"，"风马牛不相及"。然而，汉冶萍却是这样安排的。

赖伦抓煤焦生产本身就因煤焦灰分过重、焦炭碎末太多而"一头的包"（见本章后文），而盛宣怀却很可能因赖伦与礼和洋行同属德国"人""物"，或甚至因赖伦是"洋人"，所以就让赖伦同时负责萍乡煤矿煤焦的运销尤其是对外运销。光绪三十四年（1908 年）九月初五，

---

① 《汉冶萍公司》（三），第 1137 页。

② 同上书，第 1146 页。

③ 同上书，第 1147 页。

汉冶萍协理李维格就向盛汇报了他与赖伦间的煤焦销售具体分工："格主售煤，赖主售焦。"① 这里唯独没有萍乡煤矿总办林志熙什么事。当然，汉冶萍内部也有人对赖伦负责萍乡煤矿煤焦的运销持反对意见，不过他们倒不是因为认为赖伦来负责运销在企业经营机制上有什么不对，而只是担心"外人"权重，丧失"主权"。其如光绪三十五年（1909年）正月二十六，在汉阳负责萍乡煤矿煤焦运销财务的萧文轩即电盛宣怀曰："赖伦来办运销，未奉宪台明文，不便承认，公司既名商办，此事似应议后发表。赖系矿师，多出煤是其专责，再攘运销，全矿在握，有失主权。"② 为此，二十七日，盛宣怀电汉厂李维格、萍乡煤矿总办林志熙、萧文轩等亲自解释道："林道拟呈运销办事权限条例，意在派华经理作总办代表与赖共事。""况代表示卢道来禀已销差，运销断难迟误。除轮驳转运及洋行销路均听赖伦试办外，所有民船转运华厂销路势难偏废，已札派韩牧景垚接办。"③ 似乎赖伦所负责的运销事务仅涉及上述德日包办的运销合同，但赖伦在萍乡煤矿的身份是总矿师，显然，在体制上、职务上是非常不适合的。结果，二十九日，萧文轩以"头晕手震，肝经受病，收支事重"为由，致电盛宣怀提出"请电协理派人或委韩牧兼办"④ 其职，这明显是萧无言的抗议。

由此可知，萍乡煤矿是一个没有"销售"特质的企业。

第三节　组织、人事与财务管理

一　最高管理机构

1904 年 1 月 21 日，清廷商部奏准颁行《公司律》,⑤ 这是中国历史上第一部公司法。《公司律》计 131 条，分"公司分类及创办呈报法"、

---

① 光绪三十四年（1908 年）九月初五，《汉厂李致盛宣怀电》，载《汉冶萍公司》（三），第 1071 页。

② 《汉冶萍公司》（三），第 1107 页。

③ 同上。

④ 同上。

⑤ 伍廷芳等：《近代中国史料丛刊三编（270）大清新编法典（全一册）》，文海出版社1987 年版。

"股份"、"股东权利各事宜"、"董事"、"查账人"、"董事会议"、"众股东会议"、"账目"、"更改公司章程"、"停闭"、"罚例"等 11 节。根据《公司律》，1909 年 5 月，在上海召开的第一届股东大会上，汉冶萍颁布了公司章程，设立了董事会，盛宣怀被推选为公司总理（即总经理），原汉阳铁厂总办李维格任协理，林志熙被选为（继任）萍乡煤矿总办，① 萍乡煤矿仍实行总办、会办制，总办全权负责矿内一切事务。1911 年 10 月，辛亥革命爆发，萍乡煤矿总办林志熙辞职，汉冶萍委派黄锡赓为矿务长，未到职。辛亥革命后，迫于"革命党"的压力，1911 年 10 月，清廷上谕邮传大臣盛宣怀即行革职，永不叙用。盛宣怀出走日本。1912 年 2—3 月，汉冶萍出现"中日合办汉冶萍事件"，未果。1912 年 4 月，汉冶萍公司董事会进行改选。新董事会成立后，改革此前的总理负责制为董事会负责制，"以上海为立法监督之总机关，分科办事"②，各矿厂负责人，由汉冶萍总理、经理确定后报董事会核准派任，归总理、经理节制，同时，总办改为坐办，坐办职责与总办相同。汉冶萍股东常会批准盛宣怀辞职，选举赵凤昌为董事长、张謇为总理（未到任），李维格、叶景葵为经理，原萍乡煤矿总办林志熙为汉冶萍"矿务所长，另举驻矿坐办以归节制"③。

1912 年 8 月，江西省政府派欧阳彦漠为总理、周泽南为协理"接管"萍乡煤矿，结果未成。1913 年 3 月 29 日，汉冶萍召开全体股东特别大会，就是否重新推举从日本回国的盛宣怀为汉冶萍总理一事进行投票表决，结果，大多数赞成，④ 但盛以各种理由"拒绝"，最后，盛宣怀以董事会"会长"的身份重回汉冶萍权力的舞台。⑤ 盛宣怀重掌汉冶

① 《汉冶萍第一次股东大会》（1909 年 5 月 16 日），载《汉冶萍公司》（三），第 77 页。
② 《公司董事会致林志熙函》（1912 年 4 月 26 日），载《汉冶萍公司档案史料选编》（上），第 461 页。由总理负责制变更为董事负责制，实际是对因辛亥革命而一时出走日本的盛宣怀的权力的剥夺和制约。
③ 《汉冶萍公司档案史料选编》（上），第 462 页。
④ 《汉冶萍公司全体股东特别大会记录》（1913 年 3 月 29 日），载《汉冶萍公司》（三），第 438—440 页。
⑤ 《汉冶萍公司董事会常会记录》（1913 年 4 月 5 日），载《汉冶萍公司》（三），第 456 页。盛宣怀此举可谓"老辣"。一是顺应和认可了公司现有权力者对自己以前"总经理"专权的否定；二是顺从现有民意"屈居""董事会"头把交椅。结果，哪个位置权力大，盛即位居哪个位置。

萍公司后，立即恢复辛亥革命时期萍乡煤矿的"（临时）矿长"制为"坐办"制。① 1915 年 1 月，日本"二十一条"再次提出"中日合办汉冶萍"，未果。1915 年初，盛宣怀对萍乡煤矿管理体制进行再次改革，实行所谓"事工分治"制，"坐办"管事务，"矿长"管工务，形成两个系统，各自为政。1916 年 4 月，盛宣怀辞世。1917 年，萍乡煤矿取消坐办，又改行矿长负责制。② 1920 年 2 月，又增设事务长，类似"事工分治"制。1922 年 4 月，取消事务长，增设副矿长以协助矿长。③ 1925 年 9 月，汉冶萍总理盛恩颐亲赴萍乡煤矿，又将事务与工务分为两部，矿长管日常事务，总工程师管窿内外工程。1926 年 9 月，北伐军进入安源，主要职员相继离矿。矿中无主，部分职员公推凌子善、仇达甫、谢子静临时维持生产。

1927 年 3 月，武汉国民政府成立"整理汉冶萍公司委员会"，6 月 24 日，决定接收萍乡煤矿，派"矿长"谌湛溪到矿接管。但由于国民政府迫于日本以债权问题为由的压力，整理委员会其实并没有认真整理汉冶萍，谌湛溪也在萍乡滞留约一个月后离矿。12 月，国民政府（南京）交通部接收整理汉冶萍公司委员会后，决定聘萍乡煤矿李德照为代工程处长兼代矿长（未实行）。

1928 年 12 月，江西省政府"接管"萍乡煤矿。

除去两次所谓的"中日合办"汉冶萍事件并未实质性地影响汉冶萍和萍乡煤矿的组织结构外，在不长的 20 年中，汉冶萍总公司的组织结构经历了总理负责制、董事会负责制和国民政府整理汉冶萍公司委员会三个时期。而作为汉冶萍子公司的萍乡煤矿在 1928 年政府正式接管之前的组织结构也经历了"事工"合一（1915 年前、1917—1920 年、

---

　　①　因辛亥革命时赣湘两省争夺萍乡煤矿"主权"，时任萍乡煤矿坐办薛宜琳临阵离矿回沪，萍乡煤矿李寿铨"被该矿同人公举为临时矿长"，"矿长"一职由此而来。但李"虽经本会电派，究非正式委任，而名称亦与汉厂独异，不合法定规则"［《汉冶萍公司董事会常会记录》（1913 年 4 月 5 日），载《汉冶萍公司》（三），第 457 页］，所以，后来萍乡煤矿把"坐办"一职改为"矿长"，实为对李寿铨在辛亥"主权"事件中所做"贡献"的认可和褒奖。"提议：萍乡煤矿临时矿长李镜澄君……应正式委任坐办"，"公议：赞同"［《汉冶萍公司董事会常会记录》（1913 年 5 月 17 日），载《汉冶萍公司》（三），第 511 页］。

　　②　《中国煤炭志·江西卷》，第 17 页。

　　③　同上书，第 19 页。

1922—1925 年）和"事工"分治（1915—1917 年、1920—1922 年、1925—1927 年）三次反复，两次无人主持的时期（1911 年辛亥革命时、1926 年北伐军进驻安源时），以及一次被江西省政府"接管"（1912 年）、一次被国民政府"整理"的时期（1928 年），上层组织结构、管理机制变化极为频繁。表面上，汉冶萍与萍乡煤矿非常重视"管理"，而这些"走马灯"似的管理组织与管理机制的变化恰恰是汉冶萍与萍乡煤矿没有"管理型"企业特质的证据。当然，这种没有管理的"管理"必然又将体现在企业的人事、财务、生产等其他具体环节的管理上。

二　人事及财务管理

按理说，在工作上，下属是必须听从上司的安排的，但这在汉冶萍体制下的萍乡煤矿却未必，萍乡煤矿总办林志熙并不听从汉冶萍"一把手"盛宣怀的召唤。

林志熙的行踪经常连盛宣怀都掌握不了。光绪三十五年（1909 年）九月初九，盛宣怀即致电李维格，问"林道（指林志熙）究因何事赴京？何日回汉？"[①] 然而在时隔 20 天后，盛宣怀还没有知道林的下落，以致盛于二十九日不得不再次致电李维格询问："林道回汉否？"[②] 由此可见，作为一矿之长的林志熙对于集团公司的一把手，是少有"请示"和"汇报"的（关于此点，本章后文有关萍乡煤矿生产管理方面的材料体现得更多）。

不仅如此，有时连盛宣怀亲自要林到上海"一叙"都会被林"拒绝"。光绪三十四年（1908 年）七月二十一日，盛宣怀因要去日本商谈借款及向日本出口生铁等（对外宣称治病），便要林志熙在其出发前到上海谈谈。"宣八月初赴日本就医，兄若能即日来沪，趁赖伦在，可面商一切。目前总要多出块煤，少做焦炭，焦存十万余吨，搁利太多。"[③] 显然，盛是希望能与萍乡煤矿"两巨头"当面谈些事情，而要谈的很可能就是前面引文中提到的不要"搁利太多"的问题，也可能是关于

---

① 《汉冶萍公司》（三），第 1158 页。
② 同上书，第 1159 页。
③ 同上书，第 1061 页。

此前发生的严重的焦炭质量问题（见本章后文）或大量购存进口材料的问题（见本章后文），这些问题是只有当着林和赖两人的面才能说得清楚的。然而，不知是林没能理解，还是明知而"故犯"，他于七月二十三日回电盛宣怀说："箇电敬悉。……赖伦如到沪乞催速回，赖到熙行较为妥协。"① 如果萍乡煤矿的状况是林与赖之间无论如何都要留一人在现场的话，说明萍乡煤矿的一切管理都是异常脆弱的，或者说根本不存在所谓的"管理"。反过来，如果不是这样，即说明作为萍乡煤矿的总办根本就不听汉冶萍总理的召唤，这反映出来的也是企业管理的问题，唯一有区别的是，两个问题所体现的层次不同。林不仅"修改"了盛的召唤计划，而且就材料所提供的信息来看，林竟然最后根本就没有去。其明显的证据就是：到了八月初五，盛宣怀还在给林志熙打电报称："宣初七赴日本就医，汉口运销局已添派王阁臣会同卢道妥办，焦煤销路悉与卢、王商办。"② 如对这条材料进行解读的话，可做下面推论：一是如果林去了上海，盛已经没有必要再发这份电报；二是如果林去了上海，盛应该告诉他自己具体去日本的日期。当然，初五、初六、初七这三天中，林也不可能去上海，因为初七这天林都还在用"电报"跟盛宣怀说话，不过林初七的电报是感谢盛宣怀准其于盛宣怀出访日本的同一天回老家办事的。③ "召唤"的结果，显然是"总办林志熙没听从盛宣怀的召唤"。

林志熙可说是仅次于负责建矿者张赞宸的萍乡煤矿第二大元老，1907 年 4 月张赞宸病逝后，林即正式继任萍乡煤矿第二任总办，直至其于 1913 年 2 月因侵吞公款而东窗事发（如上文所及，林于 1912 年 4 月升任为汉冶萍矿务所长，但因驻矿坐办归其节制，且"凡属本公司矿务一门，悉赖擘画"④。所以，林自 1907 年至 1913 年一直是萍乡煤矿实际上的最高官长）。

林志熙"会值辛亥八月国事多故，忽萌异志，捏造假帐，侵蚀公

---

① 《汉冶萍公司》（三），第 1062 页。
② 同上书，第 1066 页。
③ "蒙准假，今日动身，局事交提调刘直牧代理。"［光绪三十四年（1908 年）八月初七］《汉冶萍公司》（三），第 1068 页。
④ 《汉冶萍公司档案史料选编》（上），第 462 页。

司款项至三十余万两之巨"。其中，"计林志熙侵吞各款，已有证据者：一、浮报汉局垫款银四万八千五百余两；一、侵吞兑换盈余银七万余两；一、浮报煤庶损失银十七万余两；一、侵蚀股票作价银二万六千余两；一、浮报运费银一万五千两。共计银三十余万两，均有帐簿表册可凭"。"此外疑似之端甚多，因证据不备，尚未提出。"① 由于林案"事关上海、湖北、湖南、江西四省，上海公堂既无权判决，则他省益不相宜，惟有提归中央法庭审判"，"移会司法部"，"彻审究迫，以保股本，而维商业"②。林在短短一年左右的时间内即贪污公司款项30多万两，涉及地域广，项目多，数额巨大，不仅说明林的权力大，而且说明公司的财务管理漏洞百出，尤其对高层领导的监管严重不力。

较之林志熙突发性财务侵占事件的"防不胜防"，总矿师赖伦之于萍乡煤矿材料申购、报销长期不服从公司财务制度，甚至对公司最高领导人（盛宣怀）再三再四的指示置若罔闻、我行我素，则更充分暴露了汉冶萍体制下萍乡煤矿只管"生产"，不管"管理"（无论是财务上，还是组织、人事上）的企业特质。

自萍乡煤矿开始筹办时，萍乡煤矿的工程与技术基本就由赖伦负责。萍乡煤矿正式成立后，赖一直担任萍乡煤矿的总矿师，位高权重。由于萍乡煤矿是以机器进行开采的煤矿，且其主要设备大都为进口，所以，其大部分生产、加工材料和平时工程维护材料均依赖进口，而进口材料的类别、数量、品牌、价格自然也由赖负责制定与下单。由于进口物品价格昂贵，进口材料的程序自然成了汉冶萍财务管理的重中之重，但是，"管理"的结果却十分不"尽如人意"。其直接证据就是盛宣怀在这方面长期对赖伦的大发牢骚和无可奈何。

光绪三十四年（1908年）五月十一日，盛宣怀致电萍乡煤矿林志熙：

> 礼和前帐四十八万零马克甫经还清，顷连纳单开本年西五月三十一号止，萍乡煤矿又结欠二十七万三千三百四十三马克；洋例银

---

① 《汉冶萍公司董事会呈工商部文》（1913年2月中旬），载《汉冶萍公司》（三），第411页。

② 同上书，第412页。

九千一百二十七两；英金廿五镑四先令；尊处并无只字禀报。去年三令五申，购料皆须先行请示，乃不特事前不禀，事后亦不报，直至洋行索还，公司方知欠数，仍不知购买何物，实属诧怪。林道应先记大过，着即将洋单及译帐全寄公司查核，再候准驳。嗣后购办洋料必须开单先寄公司核准，由公司购办，断不能仍前擅专，并传谕赖伦遵照。①

为制约赖伦，盛宣怀先是记了赖伦"顶头"上司萍乡煤矿总办林志熙的"大过"，还紧急致函代购材料的礼和洋行和林志熙，宣布："此后萍乡煤矿购料若非总协理签字，公司不认。"② 并一再提醒赖伦和萍乡煤矿相关人员："萍乡煤矿归并公司后购用材料须由总协理签字，今礼和退回购料洋单十一纸，均系刘令签字，照章不能购办。如果必需，应照新章，速禀敝处核准签字后办。"③ 但是，这些招数对赖伦根本不管用。

赖伦以"各处月报每月需用外洋材料约银一万两，此系常年经费中最要之一份，即包括在月报成本之内，不拘何矿均不能免。萍乡远在内地，非如沪汉各厂可以就地现办，不能不各种预备，有时因小件材料短缺，竟牵制停工者，稍有疏忽，矿必受损。故以后矿上日用材料不能请示再办，惟额外新机器自当请示办理"④ 为理由，公然不理睬盛的指示。甚至有时，赖伦的购物支出完全是任意所为，全凭自我想象所需而出。在没有得到总公司和总办的任何指示和有确切大订单增加的情况下，1908年，赖就准备好了1909年扩大生产的物料——"昨赖伦⋯⋯据云近购机料系备明年多出煤之用。"⑤

对于赖伦的作为，萍乡煤矿总办林志熙也无法加以丝毫的约束——

① 《汉冶萍公司》（三），第1035页。
② 光绪三十四年（1908年）五月二十日，《盛宣怀致萍乡林电》，载《汉冶萍公司》（三），第1039页。
③ 光绪三十四年（1908年）十一月十一日，《盛宣怀致萍乡刘令、赖伦电》，载《汉冶萍公司》（三），第1084页。
④ 《汉冶萍公司》（三），第1038页。
⑤ 光绪三十四年（1908年）十一月十五日，《长沙刘令致盛宣怀电》，载《汉冶萍公司》（三），第1085页。

"赖伦擅权糜费由来已久，林难节制，汉地未必有节制之人。"① 对此，盛宣怀也曾直言不讳指出："试问该道（指林志熙）在萍能节制赖伦否？"② 林不仅无法制止赖的"铺张浪费"，有时甚至同声附和，林曾对盛说："至所称萍乡煤矿非如沪汉各厂，可以就地取材，日常用料必须电购，惟额外机器自当请示办理一节能否照允。"③

结果，盛宣怀对赖伦无节制地耗费巨款购买并大量库存进口材料（见表3—2）一事根本无法节制，只是不断地抱怨："礼和材料今日还清十数万两，又欠十数万，而新帐又是十余万，大约煤焦余利只供购料"④；"今年购料断不能再如前漫无限制，焦煤余利能有几何"⑤；"此项料价前已知照礼和及尊处由汉径付。顷据礼和云，萍不理，仍向公司索款，是萍只知购料，不须付价，漫无限制，断无如此办法"⑥。

表3—2   **萍乡煤矿进口材料支出（1908—1910）**

时间	支出
光绪三十四年（1908年）五月十一日	"礼和前帐四十八万零马克甫经还清" "顷连纳单开本年（1908年）西五月三十一号止，萍矿又结欠二十七万三千三百四十三马克；洋例银九千一百二十七两；英金廿五镑四先令"
光绪三十五年（1909年）正月初八	"礼和材料今日还清十数万两，又欠十数万，而新帐又是十余万"
光绪三十五年（1909年）六月初一	"礼和来单，萍又买料二十六万七千马克，西五月止。赖伦禀定本年成本不加，活本内存料极巨，何忽添料如此之多？"

---

① 光绪三十五年（1909年）正月二十九日，《汉阳萧致盛宣怀电》，载《汉冶萍公司》（三），第1107页。

② 光绪三十五年（1909年）正月初十，《盛宣怀致萍乡林电》，载《汉冶萍公司》（三），第1107页。

③ 《汉冶萍公司》（三），第1039页。

④ 光绪三十五年（1909年）正月初八，《盛宣怀致汉厂电》，载《汉冶萍公司》（三），第1100页。

⑤ 光绪三十五年（1909年）正月初十，《盛宣怀致萍乡林电》，载《汉冶萍公司》（三），第1101页。

⑥ 1910年七月初一，《盛宣怀致萍乡林电》，载《汉冶萍公司》（三），第1243页。

续表

时间	支出
光绪三十六年（1910年）五月二十九日	"礼和来帐西六月底止计欠规银九千六百余两，又欠德金二万六千五百七十马克，又欠规银三百三十八两，德金二十一万零二百五十六马克，又欠英金六十六镑十八先令，系买何料物"
光绪三十六年（1910年）七月初一	"礼和送来西七月份帐，萍欠料价二十六万七千余马克，银一万七百余两，英金六十七镑。"
光绪三十六年（1910年）十月十一日	"礼和来西十月萍料帐共欠三十五万二千一百七十四马克、英金六十八镑零、银一万七千八百两。"

资料来源：《汉冶萍公司》（三），第 1035、1100、1145、1232—1233、1243、1271 页。

由于赖伦无节制地购存"材料"，盛宣怀与林志熙又均无法就近制约，最后盛便想出以下克上的计策，于光绪三十五年（1909 年）正月，盛宣怀任命邝佑昌为萍乡煤矿工务长。对于任命邝的目的，盛对林志熙讲得很清楚，那就是："今年（指 1909 年）购料断不能再如前漫无限制，焦煤余利能有几何，弟欲用邝注重在此。兄宜与协理并力以图限制。"① 其实，盛宣怀之识邝佑昌，也是一时印象使然——"邝道佑昌年底到沪，老成稳练。"②

但是，就是这个"老成稳练"，用来"障碍"总矿师赖伦的工务长自己也严重违反人事、财务纪律，以至盛宣怀不得不出来干涉。光绪三十六年（1910 年）四月，盛宣怀致电萍乡煤矿询问："闻邝道引用私人几名，共总虚縻薪水若干？能否办事？"③

邝佑昌事件涉及的主要事项有两项：一是亲友滥竽充数。"引用内弟黄廷焯，名为管工，实司发钟点，月支八十元，混入杂工其下列报。婿司徒琼球名为帮帐，实司查灯油，月四十元。戚余益三名为窿内工长，现司焦炉事，月三十元。弟邝遂之五十两，侄邝吉云三十两，均为

---

① 《汉冶萍公司》（三），第 1101 页。
② 同上书，第 1100 页。
③ 同上书，第 1225 页。

弹工，实无所事之。……又邝东生及学生工长十余人薪亦大小不等。"①
二是徇私。"近来并将洋砖厂为包工，使弟遂之暗中合伙承包。餐宿外
添造工人床铺，已经有格士议包，复以私人易之，价反较昂。"

　　邝佑昌事件不仅"不无虚糜"，更重要的是"旧友能办事者咸不甘
服，且薪一名目，办事又一名目，此风似不可开之于上"②。结果，盛
宣怀只好把其认为可靠的邝祐昌"撤委"了事，尽管盛仍以"有人云，
前禀邝道佑昌在萍劣迹尚不尽确"和"惟有关该道名誉之处"理由，
要求"再秉公查复"③。汉冶萍对萍乡煤矿的人事、财务管理机制的严
重缺陷在本事件中更加暴露。

　　作为一个大型的近代化企业，萍乡煤矿的组织、人事、财务管理还
是完全靠"人治"，而不是"法治"，汉冶萍时期的萍乡煤矿并不具有
"管理型"企业的特质。

第四节　生产与生产管理

　　汉冶萍时期的萍乡煤矿没有销售的任务，每年生产多少煤焦自然也
由总公司"规定"，但问题是，汉阳铁厂自身每年要生产多少钢铁，需
用多少煤焦都从来没有固定过（抑或说没有固定的销售市场，没有固
定的大客户，没有长期性的生产计划和赢利目标规划会更准确些），所
以，萍乡煤矿的生产与其主要客户汉阳铁厂一样，其经营可说也是
"脚踏西瓜皮，滑到哪里算哪里"。因此，萍乡煤矿表面上是在汉冶萍
体制下实行"计划生产"，是"以销定产"，但"销"既经常"摇摆不
定"，"产"自然如同"中风""忽冷忽热"，以至为"保障"汉阳铁厂
供给而经常大量积压产品。萍乡煤矿不仅产品经常大量库存，而且其产
品质量管理、生产安全管理也很不到位，经常出现被汉阳铁厂和其他客
户"投诉"甚至发生严重矿难的现象。因此，可以说，在生产方面萍

---

① 《汉冶萍公司》（三），第 1225—1226 页。
② 同上书，第 1226 页。
③ 同上书，第 1253 页。

乡煤矿也不是一个具有"管理型"特质的企业。

一　以销定产

从下面一组材料中，不难发现汉冶萍之于萍乡煤矿生产计划的战略缺失和生产计划制订的随意性。

光绪三十四年（1908 年）八月初七，盛宣怀致电汉厂："顷赖伦面禀制铁所（指日本的制铁所）愿买每月焦炭万吨，价八两，岳州交货，十年为期，不要大仓经手，我去面商，如能长沙分运一半，似可定。"①从这份材料中可反映几个问题：一是这么一个大单的信息竟来自于一个外籍职员，而且是主管萍乡煤矿工程与技术者，如前文所述，赖伦后来被盛宣怀委以主管萍乡煤矿煤焦外销的重任，但在洽谈这份生意时盛却还未把此权交与赖；二是前文有很多盛宣怀亲自过问少至几吨的"小单"的例子，反而这样的"大单"却被买方绕过，且八月初七正好是盛宣怀前往日本的日子，所以，这种情况的出现至少说明喜欢"抓销售"的盛宣怀的信息来源严重不足或销售习惯、能力有"抓小放大"之嫌。盛到日本之后的二十七日，盛又致电汉厂："三井代美国另买萍焦年六万吨，五年止，汉岳各半八两，如边关税加五六钱即定候收。"②这两个单子一算，焦炭的年销额共达 18 万吨，对自 1898 年建矿至 1907年建矿完成平均每年焦炭总产量只有 76400 吨、1908 年也只有 105000余吨③的萍乡煤矿来说无疑是天文大单，是喜从天降。

然而，这两个"大单"还在"镜中花，水中月"时，汉冶萍内部即展开了激烈的讨论，计划要如何保障供给，而保障供给的途径就是为此购买新的设备，扩大生产能力，并寄希望于通过这两个大单大大降低萍乡煤矿的煤焦生产成本。九月二十日，上海总公司转长沙电报在日的盛宣怀说："就现有洗煤机、炼焦炉月可出焦一万五千吨。安源交货每吨成本湘平银五两，株洲交六两四，岳州交七两七，汉口交八两五，外矿本官息每吨须再加银二两四钱。明年能日出煤二千吨，每吨焦成本可减去四钱，矿本息可减去八钱。日出二千五百吨，每吨焦成本可减去九

---

① 《汉冶萍公司》（三），第 1068 页。

② 同上书，第 1069 页。

③ 根据《萍乡矿务局志》第 76 页资料。

钱，矿本一两息可减去一钱。"① 就上文"现有洗煤机、炼焦炉月可出焦一万五千吨"的数字可知，月产 15000 吨刚好是合计年产 18 万吨，这等于说即使萍乡煤矿全年都开足焦炭生产的"马力"，汉阳铁厂也无分炭可用，这自然要购买新设备，"以销定产"。另外，有大单自远方来，肯定要报价和砍价，并计算最佳的供货模式，这些都无可厚非。然而，企业"以销定产"的关键是要"销"先"十拿九稳"地定下来，才能"产"。可是，萍乡煤矿却不是这样，就在九月二十日汉厂电告盛宣怀如何保障供给时，盛致电上海："日焦不成，即告赖伦毋庸预备。"② 然而，如前文所述，参与萍乡煤矿销售和主管萍乡煤矿工程与技术的赖伦在大单"八字还没有一撇"时，便先行订购好了为这 18 万吨大单保障供给的进口材料。这种"以销定产"必然出现问题（实际上，这些单子都没有付诸现实）。最后，萍乡煤矿又只好下调 1909 年的产额定位。十一月十五日，汉厂电盛宣怀："明年拟日出煤一千五六百吨，是否净煤？内炼焦炭若干？"③ 十九日，盛宣怀回电："一千五六百吨，炼焦在内。"④ 这个数字已不是讨论单子时的"二千吨"或"二千五百吨"。

　　汉冶萍对待美国"大来"公司的钢铁订单也是如此。为迎接"大来"外单，汉阳铁厂在订单未定的情况下，增加产能，甚至把大来单子看成是整个汉冶萍走上正常化运转的起跑线。对此，宣统元年（1909 年）五月十四日，汉冶萍协理李维格曾向盛宣怀说："总之汉厂新化炉第五钢炉成后，萍乡煤矿运销布置妥帖后，厂矿必不负宫保（即盛宣怀），转机不远……格止咬紧牙齿坚忍到底。"⑤ 宣统元年九月初四，汉厂李电盛宣怀："二十八至昨五日二三两座共出三十三炉，计钢九百五十五吨半，胜过洋厂矣。月内开四号，日必二百五十吨，年内开五号，日必百数十吨，年外六号亦成，宫保可放心矣。"⑥ 初五，盛宣怀电汉厂李："大来先购马丁生铁千吨试用，关系大批合同，宜择好

① 《汉冶萍公司》（三），第 1074 页。
② 同上。
③ 同上书，第 1085 页。
④ 同上书，第 1086 页。
⑤ 同上书，第 1140 页。
⑥ 同上书，第 1158 页。

货与之。调和炉得法，月内开四号日必二百五十吨，大喜大慰。如能修炉迅速更妙。"①

为与汉厂配套，萍乡煤矿自然也要增加用于冶炼钢铁用的焦炭的产能。宣统元年五月二十八日，盛宣怀电萍乡煤矿："六月添开焦炉一座，准照办。"②

那么，大来的订单最后又是如何？宣统元年九月初二，汉厂李电盛宣怀："大来订购炼钢生铁千吨试用，美金十三元，日内即运。"③ 之后，该年内大来订单再无。结果，宣统元年十月二十七日，汉厂电盛宣怀诉苦："惟新炉（指炼钢炉）日出三百吨，月即万吨，太平洋事未成，搁本甚巨。现届冬令，海轮不能来，须搁五个月，亦似宜稍迟开炼为是。若太平洋事成，须春夏秋赶运，冬令堆存。高公桥口辟一大码头，就近装船，免费转力。格日盼经手事竣，得稍料理私事，否则迟暮兴感，无以对盈室老弱，故观成之念比宫保尤急，必无懈怠之理也。"④

如上文已述，直至 1910 年 3 月 22 日，汉冶萍才与美国西雅图西方炼钢公司签订为期七年半的向其销售"西门士马丁炉炼钢生铁每年至少三万六千吨，至多七万二千吨"⑤ 的合同，承运商为大来。

宣统二年（1910 年）三月初八，汉口林（应为萍乡煤矿总办林志熙）电盛宣怀："大来装萍焦一千八百七十吨，计美金八千四百十五元，合银一万四千六百两。又赞臣经手西三月份外洋轮船用煤，约计二千余两。"⑥

萍乡煤矿煤焦在"外单"上是假性的"以销定产"，在"内单"（汉冶萍内部）上也是假性的。

由于汉阳铁厂的生产经常被虽有意向但却最终无法实行或不能按时按量实行的"假订单"所左右，直接导致萍乡煤矿煤焦对于汉阳铁厂的供应也经常出现不确定性的因素。最常见的结果是，汉冶萍为了保障

---

① 《汉冶萍公司》（三），第 1158 页。
② 同上书，第 1144 页。
③ 同上书，第 1157 页。
④ 同上书，第 1169—1170 页。
⑤ 《美国西雅图西方炼钢公司、美商大来洋行订购汉冶萍公司生铁合同》（1910 年 3 月 22 日），载《汉冶萍公司》（三），第 125 页。
⑥ 《汉冶萍公司》（三），第 1205 页。

"随时"可能从海外"漂来"的大单（或钢铁大单，或焦炭大单），而
要求萍乡煤矿开足马力生产或扩大设备生产。例如，宣统二年五月二十
日，盛宣怀致电萍乡煤矿："汉厂每月需焦一万五千吨，报单每月出焦
一万二千吨，连外销月短数千吨，株、岳、武汉现有存货凑用，但望出
数不可再少。"① 八月二十五日，汉厂电盛宣怀："新化铁炉十四（日）
出三三一吨，十九（日）三〇二吨，二十二（日）三三三吨，此外日
必出二百数十吨，深虑焦炭供应不上，减少出铁。"② 二十六日，盛宣
怀回电汉阳铁厂："化炉多出铁方能不亏本，已电林道赶紧炼焦，决无
供应不上之理。新炉即照三三〇吨算，每月需焦一万七八千吨，本年预
算成焦二十万吨，况有存焦六万，似可无虑。"③ 对此，萍乡煤矿总办
林志熙有时也表现出很反感。同月二十九日，林致电盛宣怀："协理因
新炉出铁多，虑焦来不及。查近月厂中实用焦不过万五千吨，交厂焦总
在万八九千吨……总之供应厂焦系熙之责，决不至供应不上。"④ 月
"万八九千吨"与月"万五千吨"表面相差不大，但如果经常出现这种
情况，导致的库存就可达到年数万吨，而数万吨焦炭的成本即几十万两
（这还不包括煤的库存）。

　　由上可知，汉冶萍体制下的萍乡煤矿的生产由于汉阳铁厂无法真正
做到"以销定产"和煤焦在汉冶萍之外的销售额无法有计划地确定与
保障，导致萍乡煤矿也无法做到"以销定产"，有时"以销定产"却反
因"假订单"而致使煤焦大量积压库存。

二　安全管理

　　煤矿生产的安全管理主要体现在矿难的防范上，从这一点来看，萍
乡煤矿的生产安全管理是很不到位的。

　　光绪三十四年（1908 年）二月十一日晚，萍乡煤矿主体工程八方
井发生火灾，但是，其后煤矿一直没有向总公司即盛宣怀汇报，直到一
个月后，盛宣怀才听闻事故的发生，于是盛宣怀立即致电萍乡煤矿各主

---

① 《汉冶萍公司》（三），第 1229 页。
② 同上书，第 1252 页。
③ 同上书，第 1253 页。
④ 同上书，第 1255 页。

要负责人，但是，萍乡煤矿仍然隐瞒不报。三月十三日，盛宣怀致电萍乡总办林志熙："闻初十八方井起火烧毙多人，系由人由火车赴湘述及，望速据实电复，勿讳。"① 林未复。十五日，盛宣怀又电萍乡刘鹤庄等："报载萍乡煤矿火灾煤毙多人，昨询林道不复，事必有因，望速详示，勿讳。"② 未复。同日，盛宣怀再电林志熙："煤井火灾伤人多少速电实情。"③ 林仍未复。在这种情况下，十五日，盛宣怀只好致电汉阳铁厂："报载萍乡煤矿火灾确否？速电。"④ 未复。十六日，盛宣怀又一次致电萍乡煤矿林志熙等："报载萍乡煤矿失火，云今未熄，洞内毙七八十人。政府均未问信，望速详细电示，事关大局毋再隐讳。"⑤ 林仍然未复。该日（十六日），汉厂致电盛宣怀，告知："萍窿被灾系前月上旬事，由窿工不慎将灯挂于加窿之木，致燃上面支巷一小段，当将燃处首尾封闭，为即熄灭，与各巷煤路一无窒碍。"⑥ 在汉阳已通报了的情况下，萍乡煤矿才于十七日三电"着急"向盛宣怀汇报。十七日，萍乡刘康遐等致电盛："矿内二段遗火，工人因取煤烟伤九名，被火处当堵截，风闭自熄，所失煤段无关大局，现照常日出煤千余吨。"⑦ 十七日，林志熙致电盛："查八方井失火系上月十一晚间在已挖空煤弄内所堆废木燃烧，当经洋人进窿立将四面空气堵塞，即时熄灭。惟燃烧时办壅塞窿内，小工有被烟熏倒者九名……据赖伦云，前年上平巷亦有此事。于工程并无妨碍，出煤照常。"⑧ 十七日，林志熙再致电盛，表白说："昨见沪上各报所载，过于事实远甚"，而至于具体情况仍只"当令赖伦将当时细情具函详陈"⑨。

　　通过上面材料可知，盛宣怀对萍乡煤矿安全问题还是非常重视的，他在已经初步了解火灾规模与后果的情况下，仍因又有"所闻"而于

---

① 《汉冶萍公司》（三），第 1017 页。
② 同上。
③ 同上。
④ 同上书，第 1018 页。
⑤ 同上。
⑥ 同上。
⑦ 同上。
⑧ 同上。
⑨ 同上。

三月二十四日致电林志熙等："昨抵汉，月初回沪。闻矿火尚未熄，究竟如何？速电慰。"① 四月初一，林道回电："矿火已熄。"②

即使考虑到当时的通信不发达，就算是电报有时也不能马上传达当事人手中的情况（如林志熙云："廿四钧电，廿九戌刻始到"③），在盛宣怀电报询问时，萍乡煤矿不能立即回复可以理解，但二月十一日发生的火灾，事隔月余均无向上汇报，而且这次火灾还不是由瓦斯引起的，是由于"窿工不慎将灯挂于加窿之木，致燃上面支巷一小段"引起。据《时报》1908 年 12 月 18 日报道："萍乡煤矿……向例工人每日分三班更替，今春因节省经费起见，改为两班。而工人等不能枵腹从公，咸携粮入内，燃木为炊，致酿火灾，焚毙人口百余，损失约值数十万。此条隧道，现尚泥封，火之熄否，亦不得知。"④ 不知《时报》所记是不是二月十一日的这次火灾，但无论是否，从企业经营的角度看，其情、其理都无法原宥，能解释的只是萍乡煤矿当局对生产管理的不重视和生产安全管理的漏洞百出。

由于管理的问题导致的窿内火灾经常发生。如在林志熙向盛宣怀汇报上文所说的光绪三十四年（1908 年）二月十一日那次火灾时就提到："据赖伦云，前年上平巷亦有此事。"⑤ 这说明火灾不仅时常发生，没有得到有效管理，而且连萍乡煤矿会办林（1906 年时林志熙任萍乡煤矿会办）也是"据赖伦云"，显然当时与事后均未曾到场，甚至让人有"事不关己"之感。

瓦斯爆炸是煤矿生产特别要注意和防范的问题。汉冶萍时期的萍乡煤矿即发生过多起重大瓦斯爆炸事故。1917 年 8 月 18 日，直井 5 段 4 号窿瓦斯爆炸，烧至总平巷 9 段，封窿巷多处，"共毙员夫二十七名"⑥，

———————————

① 《汉冶萍公司》（三），第 1020 页。

② 同上书，第 1021 页。

③ 同上。

④ 汪敬虞：《中国近代工业史资料第二辑（1895—1914 年）》第 2 辑下册，科学出版社 1957 年版，第 1211 页。

⑤ 光绪三十四年（1908 年）三月十七日，萍乡林道来电，《汉冶萍公司》（三），第 1018 页。

⑥ 刘明逵：《中国工人阶级历史状况（1840—1949）》第 1 卷第 1 册，中共中央党校出版社 1985 年版，第 319 页。

"1917 年挖开封口，仅从第九段就挖出尸骨 92 具"①。1920 年 3 月，"总平巷十一段沼气爆发，死了四十八人"②。

三　产品质量管理

萍乡煤矿号称十大厂矿之一，又是原装进口的最先进设备，整个企业工程与技术管理又完全是由外国专家全面、全程主导，其产品质量理应过关，而且，汉冶萍对内对外也一直一致坚称其质量无可挑剔，但事实却不是如此。

煤焦灰分的高低说明煤焦质量的好坏，灰分越低则表示质量越好。如上所述，日本制铁所曾被汉冶萍视为重要的客户，甚至认为"日本销路为萍乡煤矿命根"，并且合同规定焦炭灰分在 15 分以内，而"赖（指赖伦）在沪云可保十一二分"，但是，日方却"称头次运往焦千吨尚好，二次千吨灰重十八九分"，并警告说："以后若再如此，制铁所不肯收。"这结果不是汉冶萍不重视所致，恰恰相反，"所虑好歹不分，故去年谆谕挑选上等另运，不料仍有此弊"③。

盛宣怀对运往日本的焦炭十分重视，为加强管理，他知道"林道事烦"，但要求"应责成刘令速与赖伦妥商办法，要在车运航运均要特别写明大仓字样，万勿再误"④。

面对如此重要客户的投诉，汉冶萍内部纷纷寻求问题所在。

萍乡煤矿总办林志熙认为："查洋炉逐日提样八次化验，焦灰扯计总在十四分以内。前月所运日本焦炭，更于装车后提化灰分，填单随炭运汉，并于运单注明大仓字样，断无劣焦掺和"，最有可能的是"到株埠后或有误装等情"，因此，作为补救措施，"除康遐当将洋焦再行考察并于车运时格外留心外……应各专责成"⑤。

而汉阳方面则不认为是由于运输问题所致，他们认为是生产环节的

---

① 《中国煤炭志·江西卷》，第 209 页。
② 《中国工人阶级历史状况（1840—1949）》第 1 卷第 1 册，第 319 页。
③ 光绪三十四年（1908 年）四月初二，《盛宣怀致萍乡林道、刘令、赖伦司电》，载《汉冶萍公司》（三），第 1021 页。
④ 同上。
⑤ 光绪三十四年（1908 年）四月初四，《萍乡林道等致盛宣怀电》，载《汉冶萍公司》（三），第 1021 页。

问题，向盛宣怀指出："据株局云，车到随装，并未错乱"，"彭元兴装炭焦一船，验灰分十九分七，'萍福'拖七船皆十五六分至十八分"。"萍焦甚盼日本销路……即望赖矿司认真提炼，以后日出新焦七千吨，均要灰轻十五分之内。"他们的建议是："将来必争执各不承认，请将株局改归萍局专辖等语。"①

萍焦灰分重，不仅卖给日本的如此，供给汉阳铁厂的则更差，并造成严重后果。"近来萍煤灰重，通扯有十九分零……致汽磅不足，机器受损，各厂均请改用东煤。""焦炭化验通扯灰质亦有二十分。"为此，盛宣怀责备道："萍乡煤矿专为厂开，厂且不合，外销可知。"这等于同时承认了销往日本的焦炭确实出了质量问题。但此时的盛宣怀还是更倾向于不是生产质量管理的问题，而是运输环节的问题，因此，盛指令："设因沿途掺和，含灰加重，责成卢道督饬运员严查杜绝"，"勿任总监工借口改用东煤，致萍棘手"②。对于萍乡煤矿煤焦灰分过重的问题，作为萍乡煤矿总矿师的赖伦是坚决不承认是由于生产管理造成的。赖称："数月以来化验焦炭总在十五分以内，实已□（原文缺字）等完好。现在只有公同督同化验一法，请派人到焦炉公同提样寄欧处化验，自能明白。"③ 其实，就算赖不承认生产管理上的责任，但赖的上述说法实际上仍等于承认了萍乡煤矿煤焦灰分的现状，但他并不打算或也无法再改进其生产环节的管理。④ 赖说：近来"洗块煤，含灰不过廿分"，"提块煤，含灰约十六分"，"煤质之佳在日本上，与开平林西并驾，经外国兵轮试用给凭称赞，汉口洋行亦均称胜过东煤，独汉厂以损机诿诸萍煤，断难承认，应请汉厂即派外国化学师来矿化验，是非立明"。"至所炼焦炭灰总在十五分以内，上月并非十二分以内，惟沿途所堆旧

---

① 光绪三十四年（1908 年）五月初三，《盛宣怀致萍乡林道、赖伦司、刘令电》，载《汉冶萍公司》（三），第 1029—1030 页。

② 光绪三十四年（1908 年）六月二十三日，《盛宣怀致萍乡林、赖、汉厂卢电》，载《汉冶萍公司》（三），第 1053 页。

③ 光绪三十四年（1908 年）五月初八，《萍乡林道致盛宣怀电》，载《汉冶萍公司》（三），第 1032—1033 页。

④ 对此，盛宣怀实际也是承认的，他曾因日本大仓洋行要求萍乡煤矿焦炭减价而指示汉厂："告以二万吨外，灰重者多销可减价。"光绪三十四年（1908 年）七月初三，《盛宣怀致汉厂李郎中、卢道电》，载《汉冶萍公司》（三），第 1055 页。

焦甚多，如运脚疏忽，或致掺入，则灰难免加重。"①

萍乡煤矿煤焦灰分过重的问题，并不是一时的现象，且其恶劣影响传播甚远。宣统元年（1909 年）五月初九，广东司道即致电汉冶萍总公司，表示希望订购萍乡煤矿焦炭，但是，在来电中，他们仍对萍焦质量表示极大的不放心："萍乡焦炭前由制造军械厂禀请，饬局设法改良。现在炭质能否稍净，每吨价值若干，乞电示。"② 为招揽生意，盛宣怀不得不亲自解释，也不得不亲自"自己往自己脸上贴金"："萍乡焦炭质极净，与美国上等焦相埒，不特各省制械、铸币均用此焦，日本制造各厂亦来购运。""尊电似疑萍焦不净，想是经手行家掺和作弊也。"③

由于质量的问题，萍乡煤矿煤焦最后未能打开外国市场。1908 年10 月 21 日，日本若松制铁所订购"萍乡炼铁炉焦炭约五千吨"，该"五千吨系在买主由大仓洋行订购焦炭数之外"，"与买主现今或将来与大仓洋行所订购买焦炭各节，均无所违背，无所牵制。"④但是宣统元年五月二十九日，汉阳铁厂电盛宣怀："大仓去年运焦一万四千四百余吨，今年未运。"⑤

煤焦灰分的问题不仅没有解决，而且由于经常滞销，焦炭堆在煤栈日受风化，结果"近来岳旧焦末多，矿石亦末多，且夹泥块……昨夜新炉因末多出险几危……吕柏来函，若焦矿仍前末多，只好停炼保炉"⑥。这说明，汉冶萍的产品质量管理不仅发生在萍乡煤矿，也发生在大冶铁矿，甚至发生在汉阳铁厂。如对萍乡煤矿焦炭以及大冶铁矿碎末多的问题进行更为深入的探讨，则更加暴露出整个汉冶萍产品质量管理的体制问题。

对于焦炭末多的问题，盛宣怀除一边指示萍乡煤矿派高级职员

---

① 光绪三十四年（1908 年）六月二十六日，《萍乡林道致盛宣怀电》，载《汉冶萍公司》（三），第 1054 页。

② 《汉冶萍公司》（三），第 1137 页。

③ 宣统元年（1909 年）五月十一日，《盛宣怀致广东善后局司道诸公电》，载《汉冶萍公司》（三），第 1138 页。

④ 《日本若松制铁所订购汉阳铁厂焦炭合同》（1908 年 10 月 21 日），载《汉冶萍公司》（三），第 38 页。

⑤ 《汉冶萍公司》（三），第 1145 页。

⑥ 宣统二年（1910 年）五月二十九日，《汉厂李致盛宣怀电》，载《汉冶萍公司》（三），第 1232 页。

"专送株洲萍乡煤矿分栈"①外，同时电令汉冶萍协理李维格："此次出险几危，吕柏函请停炼，恐炉有别因，请与当面考究。"② 这意味着盛宣怀认为钢铁炉出了问题，既有可能是燃料、原料的问题，也可能是钢铁炉本身生产环节的问题。而大冶铁矿则直接指出："冶矿运汉起卸须经六次，整块间成碎末，遇雨又变末似泥，事理之常，日矿亦同。历年汉用从无异言，新炉或不适用，理应临时分拣。吕柏调出险停炼似卸责于冶，断不能任咎。即使原料夹末，用料不拣，是谁之责，难逃宪察。惟冶仍遵饬格外加慎，汉必须随时过细。"③ 对于焦炭多碎末是不是萍乡煤矿或运输部门的责任的问题，岳州转运局负责人认为："近来运厂之焦均系株洲原船过载，嗣后遇旧焦下栈，遵将碎末剔除再运。"对此汉阳铁厂李维格也表示追问："株皆新焦，何至成末？"④ 从资料中虽然无法得知最后汉冶萍是如何处理了这个"碎末"事件的，但从这个事件发生与追查问题源头的各方片言只语中，已可知汉、冶、萍三方间均存在不同程度的生产环节的质量管理问题，更存在各方协调的问题，这可能也是汉冶萍这个集团公司自身体制的问题。

第五节　"生产型"萍乡煤矿的资本收益

前文已论述汉冶萍时期的萍乡煤矿并不具有"管理型"企业（包括财务上的"管理型"企业）的特质，这种说法不仅指萍乡煤矿的日常财务管理极其不到位，更重要的是指汉冶萍时期的萍乡煤矿根本没有独立的"财权"。虽然汉冶萍是一个集团公司，萍乡煤矿是集团公司下的一个子公司，但从企业经营的规范性来说，子公司也应该有独立的财务权，

① 宣统二年（1910年）五月三十日，《盛宣怀致萍乡刘令专送株洲萍乡煤矿分栈电》，载《汉冶萍公司》（三），第1233页。

② 宣统二年（1910年）五月三十日，《盛宣怀致汉厂李郎中电》，载《汉冶萍公司》（三），第1233页。

③ 宣统二年（1910年）六月初二，《大冶王道致盛宣怀电》，载《汉冶萍公司》（三），第1235页。

④ 宣统二年（1910年）六月初二，《盛宣怀致汉厂李电》，载《汉冶萍公司》（三），第1236页。

即要有赢利指标和独立的收支。但是，汉冶萍体制下的萍乡煤矿却没有这种独立的财权，主要表现在萍乡煤矿产品的销售收入全部归总公司所有，而总公司则根据萍乡煤矿的资金需求，尤其是根据总公司资金的周转情况给予萍乡煤矿资金"下拨"。这种财务机制，完全剥夺了萍乡煤矿的利润，并经常性地严重影响萍乡煤矿的正常经营甚至企业的生存。

如前所述，汉阳铁厂经常以日本和美国不现实的"外单"作为本厂钢铁生产的指导，并由此安排萍乡煤矿的煤焦生产计划。例如，宣统二年（1910 年）八月二十六日，盛宣怀电汉厂指示说："化炉多出铁方能不亏本，已电林道赶紧炼焦，决无供应不上之理。新炉即照三三〇吨算，每月需焦一万七八千吨，本年预算成焦二十万吨，况有存焦六万，似可无虑。"在这里，盛宣怀也同意萍乡煤矿要加大煤焦生产，但同时也向汉阳铁厂提出要求："惟焦价必须筹付，兄与林约月付十五万，九月起无论如何总须付给。"否则，"萍危则厂亦连累"[1]。

汉阳铁厂经常拖欠萍乡煤矿的煤焦款，以致"萍危"的地步，对此，萍乡煤矿总办林志熙也是极为抱怨甚至有很大的抵触情绪。面对汉阳铁厂关于萍乡煤矿煤焦有可能无法及时供给的担忧，宣统二年八月二十九日，林志熙即致电盛宣怀道："协理因新炉出铁多，虑焦来不及。查近月厂中实用焦不过万五千吨，交厂焦总在万八九千吨"，并说："总之供应厂焦系熙之责，决不至供应不上，但焦价不付则无米不能为炊，熙亦不能任。"[2] 汉冶萍内部之于萍乡煤矿独立"财权"的剥夺已达到萍乡煤矿"巧妇难为无米之炊"和萍乡煤矿负责人要撂挑子的地步。可以说，汉冶萍时期的萍乡煤矿是没有财权的。

面对同样一组数据，选取不同的分析角度或比较参照物，可能会得出有差异的甚至很不相同的分析结果。为使对汉冶萍时期萍乡煤矿资本收益的分析结论更接近真实，本书把其分析置于整个汉冶萍公司的财务体系中，即把萍乡煤矿的各类财务数据与汉阳铁厂、大冶铁矿以及整个汉冶萍的整体财务数据相比较来进行分析，这种分析是一种横向分析，同时，又是对萍乡煤矿、汉冶萍财务数据的纵向对比分析（包括不同

---

[1] 《汉冶萍公司》（三），第 1253 页。
[2] 同上书，第 1255 页。

年份上的纵向分析）。

对汉冶萍公司历届账略进行分析，是对汉冶萍时期萍乡煤矿资本收益进行分析的最直接途径，并会相应取得最接近事实的分析结果。以下根据《汉冶萍公司档案史料选编》（上、下）所载资料和湖北省档案馆典藏资料，对汉冶萍时期萍乡煤矿的资本收益做一较为详细的分析。[①]

一　1908 年财务状况

对第一届账略（1909 年公布）所公布的汉冶萍 1908 年财务状况进行独立的分析，既可对汉冶萍公司成立前萍乡煤矿（也是萍乡煤矿创办时期）的资本收益做出一个总结（作为一个独立的企业），也是对萍乡煤矿加入汉冶萍后的资本收益分析的起点和进行比较的基准。所以，对 1908 年萍乡煤矿财务状况进行单独的分析就显得很有必要。

根据 1908 年萍乡煤矿全年共产原煤 702447 吨，其中炼焦 105281吨，[②] 及表 3—3、表 3—4 数据，经计算可知，该年度萍乡煤矿煤焦的全部生产费用为 78.7880409 万两，占全年全部支出 368.6585121 万两的 21.3716%。其中，所有挖煤成本为 68.7599643 万两，共产原煤702447 吨，折合每吨 0.9789 两。所有洗煤费用为 4.9253744 万两，假设所有原煤均过洗，则折合每吨原煤洗费为 0.0701 两，该年共产焦

[①]　湖北省档案馆所编《汉冶萍公司档案史料选编》只编录了汉冶萍公司 1909—1916 年的账略（年终报表）（该书提示该馆藏有汉冶萍公司 1909—1938 年的全部账略），为此作者非常希望能查阅 1917—1938 年的所有账略，但该馆实际只整理出 1917—1923 年的账略，虽然萍乡煤矿于 1928 年就已归属江西省政府官办，缺少 1928—1939 年汉冶萍的账略不会影响到本书的判断，但仍使本书的研究不无遗憾。由于 1923 年前的汉冶萍经历了其成立期和第一次世界大战战时景气的最辉煌时期以及一战后的萧条时期，可以说，虽然只有 1908—1923 年的账略（而且还缺少了第二届账略，即 1909 年的财务账略），但 1924 年至 1928 年时的汉冶萍公司（包括萍乡煤矿）已在工人运动的"汪洋大海"中并饱受北伐及蒋介石南京政府成立之苦（这在本书第七章有专门的论述），其企业经营一落千丈的境地已一览无余。所以，虽缺少1924 年至 1928 年的账略，但在宏观上并不影响对汉冶萍和汉冶萍时期萍乡煤矿资本收益江河日下的分析判断。《汉冶萍公司档案史料选编》上册记载了汉冶萍公司第一届、第三届至第七届共六届账略，下册记载了第八届、第九届共两届账略，湖北省档案馆已整理出但未编入其编辑的《汉冶萍公司档案史料选编》的账略有第十届至第十六届共七届。每一届账略都对汉冶萍公司前一财政年度的财务结算结果编制了概要性表格或说明。第一届账略于 1909 年公布，其相对应的财务年份为 1908 年，第十六届账略于 1924 年公布，其相对应的财务年份为1923 年，其他年份以此类推。

[②]　《萍乡矿务局志》，第 76 页。

105281 吨，所有炼焦费用为 5.1027022 万两，折合每吨焦炭炼焦费为 0.4847 两。如此，加上挖煤成本，则每吨洗煤生产成本为 1.0490 两，加上挖煤和洗煤成本，每吨焦炭生产成本为 1.5337 两，这说明此时萍乡煤矿的煤焦生产成本是很低的。另外运输与运输管理费用 81.3206375 万两，占 22.0585%。生产、运输（含运输管理）两项费用合计为 43.4301%，不到 50%，而综合性管理费用也只占 2.1776%，说明汉冶萍对于萍乡煤矿的管理还是比较注重节省经费的。但是，仅现存煤焦的折旧一项却占 7.59%，远为综合管理费用的 3.5 倍。股东官利和国内借款利息也达全年支出的 20.10%。至于这边煤焦大量库存、积压，这边又以占全年支出 10.2546% 的资金去扩张工程，则更是浪费（无论其扩张有多么"合理"的理由，从企业整体经营的角度看，这种扩张是十分有害的）。如果说官利和内外借款利息是由资本市场决定的，那么，从企业经营内部资本运作与资本管理层面看，若 1908 年萍乡煤矿不再在 1907 年已经基本建矿完成的基础上扩大生产能力，那么，就可节省 37.8 万两经费，也可能不至于产生库存煤焦近 28 万两的损耗，这两者相加近 66 万两，如没有这两项支出，则萍乡煤矿该年亏损只有约为 35 万两。

表 3—3　　　　　萍乡煤矿收入统计（光绪三十四年
正月份起截至十二月底止）　　　（单位：万两）

项目（收）	金额（洋例银）
历届结余	65.1577188
售铁厂焦炭及沪、汉、岳、长、株各局现售焦炭价	107.5137790
本矿各分矿现售粗焦等价	1.0186175
各船户承运焦炭短秤赔价	0.6139491
售铁厂生煤及沪、汉、岳、长、株各局现售生煤价	82.1304036
本矿各处锅炉领用及现售烧煤价	4.1284463
萍潭铁路火车领用生煤价	2.0460188
各船户承运生煤短秤赔价	0.3932593
本矿银洋钱兑余	1.2978698

续表

项目（收）	金额（洋例银）
汇水	1.5902346
本矿官钱号盈余	1.2979888
本矿自造火砖售价除成本盈余	0.1278666
合计	267.3157542

资料来源：《汉冶萍公司第一届收支各款简明清帐》（1909年5月公布），载《汉冶萍公司档案史料选编》（上），第558页。

注：本书计算合计为267.61522，而《清账》中的合计数字为267.3157542。因为汉冶萍公司在计算其各项财务数据与比例时，是按照其记载为参照的，所以本书在进行所有的数据分析时，均以资料上的数字为准，由此带来的误差忽略不计。全书均遵循此原则。

表3—4　　　　萍乡煤矿支出统计（光绪三十四年

正月份起截至十二月底止）　　（单位：万两、%）

	项目（支）	金额（洋例银）	占全部支出比例
工程扩张	总平巷工程并窿内添置大小抽水机、吊车笼、煤桶等	11.0925682	
	洋炼焦炉及扩充洗煤机、电汽房及一切起造工程	25.4366025	
	购置汉阳南岸嘴基地及续购安源矿基房屋等	1.2751897	
	小计	37.8043604	10.2546
煤焦生产、加工费用	机矿窿工挖煤一切经费	67.5683925	
	各分矿挖煤一切经费	1.1915718	
	机器洗煤一切经费	4.9253744	
	机炉炼焦一切经费	3.6924697	
	机矿土炉炼焦一切经费	1.4102325	
	小计	78.7880409	21.3716

	项目（支）	金额（洋例银）	占全部支出比例
综合管理费用	沪总局经费	0.6209132	
	萍总局经费	1.7701598	
	稽核处收支机矿收工等处经费	1.8847408	
	警备队经费	1.5454490	
	巡警处一切经费	1.3952747	
	沪、汉、湘、赣往来川资、电费	0.2250250	
	完粮及窿工遇险身故抚恤一切善举	0.5864638	
	小计	8.0280263	2.1776
运输与运输管理费用	添置轮驳	5.9128097	
	沪、汉、岳、长、株各局经费	8.7194683	
	煤务处收发焦煤经费	0.7069413	
	煤焦由安源至株洲火车运费	22.1898641	
	株运长、岳、汉、沪一带船费	39.6205300	
	安源上车挑费	0.2518646	
	株洲至武汉等处起卸费	3.8808321	
	各船户承运焦炭溢秤赏号	0.0334102	
	各船户承运生煤溢秤赏号	0.0049172	
	小计	81.3206375	22.0585
税收	报完江西厘金	0.3631788	
	完纳井口税并出口复进口税	2.2629693	
矿办学校、慈善	本矿机炉、土炉提存学校经费	0.8601179	
	捐助萍邑公费	0.6571954	

续表

	项目（支）	金额（洋例银）	占全部支出比例
借款汇率变动、官利	礼和借款磅亏	3.1771262	
	备发戊申年第一届股息及沪、汉、萍各庄号利息	77.4181595	20.10
设备折旧	折轻安源机矿成本	50.0000000	13.5627
库存折旧	折减现存焦煤估价	27.9811709	7.59
	煤砖机经费	0.1884376	
	合计	368.6585121	

资料来源：《汉冶萍公司第一届收支各款简明清帐》（1909年5月公布），载《汉冶萍公司档案史料选编》（上），第559—560页。

注：本书计算为368.8494207，《清账》资料合计为368.6585121。本书按照《清账》计算、分析。本书表中细分数据与"小计""合计"有出入的，尤其是本书"小计""合计"与原始资料中的"小计""合计"不一致的，本书在计算时一般按原始资料的数据进行计算分析。本书作者根据观察，各届《清账》或《账略》中存在"小计""合计"大于细分数据，主要是其财务管理有些细分数据缺失所致，但这种细微的数据对不上，不影响对整体的分析与判断。全书与此相同。

第一届账略中，汉阳铁厂、大冶铁矿合计收入206.5955782万两、支出454.9122371万两，收支相抵，汉阳铁厂与大冶铁矿亏损248.3166589万两，萍乡煤矿收入267.3157542万两、支出368.6585121万两，收支相抵，萍乡煤矿亏损101.3427579万两，汉、冶、萍共收入473.9113324万两、支出823.5707492万两，汉、冶、萍合计亏损349.6594168万两（见表3—5、表3—6）。萍乡煤矿的收入占整个汉冶萍收入的56.4063%，萍乡煤矿支出占整个汉冶萍支出的44.7634%，显然，萍乡煤矿对于汉冶萍整个公司的贡献要大于汉阳铁厂和大冶铁矿的贡献，或者可以说，56.4063%与44.7634%之间相差的11.6429个百分点很可能就是被汉阳铁厂或大冶铁矿剥夺了的萍乡煤矿的利润。因为，根据本届账略对汉阳铁厂、大冶铁矿支出的统计可知，该年汉、冶两厂矿共"支购萍乡焦炭价，洋例银六十三万五百六十五两一分"①。"支购萍乡等处烟煤价，洋例银三十三万八千一百六两五钱五分二厘。"② 就算上述款项全部都支付给了萍乡煤矿，为96.8671562万两。而又根据1908年汉阳铁厂共炼钢铁89036吨，需用焦炭133554吨（1908年汉阳铁厂每炼钢铁一吨用焦1.5吨），如以1908年日本咨询的萍焦汉、岳各半交货每吨八两③计，则萍乡煤矿售汉阳铁厂焦炭每吨价应可至九两，以九两乘以133554吨，则为120.1986万两。以前面的96.8671562万两减去120.1986万两，为23.3314万两，至少这23万两以上的焦价汉阳铁厂显然没有支付给萍乡煤矿，或给萍乡煤矿的焦价明显低于市场价。④

表3—5　　　　　　　汉冶萍成立时汉阳铁厂、大冶铁矿
　　　　　　　　　　　应收应付款（1908）　　　　（单位：万两）

应收款					应付款	
固定资产投资		各类库存		账面现金		
官办汉阳铁厂、大冶铁矿折合盛宣怀商股作价	278.79943*	存钢铁等	70.3584722	存京汉铁路保固钢轨款	1.711568	商股	354.3750
新钢厂成本	406.4549	存煤焦、炭渣等	3.927467	存马鞍山煤矿局往来	4.5010962	大冶矿石	210.2603864
新化铁炉未完工已用成本	135.2782271	存各种矿石	0.54027	存大冶土炉化铁局经费	2.8841993	钢轨	131.0192

---

① 《汉冶萍公司档案史料选编》（上），第558—559页。
② 同上书，第559页。
③ 《汉冶萍公司》（三），第1069页。
④ 当然，1908年回收的煤焦收入其中的一部分也很可能有1908年以前的应收款，但因企业经营一般不可能当年的销售在当年就全部收回收入，一般年年都有部分循环，所以，本书且把萍乡煤矿1908年的煤焦收入均作为1908年销售收入。

续表

应收款						应付款	
固定资产投资		各类库存		账面现金			
历年添置基地、房屋、车辆、船只、机器等	172.3492196	存各种材料	50.7610584	存各户往来结存	56.7015352	生铁	27.0526329
入扬子机器制造公司股份	5.000000	售出钢铁等各户结欠	46.2991524			上海银行钱庄及各户存款	335.0611334
扬子公司代造机器及各厂包工暂借并购地薪工暂记等款	13.4488095	预还湖北官本扣抵铁捐及续还官本	102.0528968			汉口银行钱庄及各户存款	241.8858869
		存外洋购料	21.3865179			公债票	6.7900
						预缴铁捐	44.01058
						备发戊申年第一届股息	22.0000

续表

应收款			应付款
固定资产投资	各类库存	账面现金	
合计　1011.3305862	361.1242334		1372.4548196

注：＊原文注明"查官局移交商办官本作银五百六十万两，奏准生铁按吨缴银一两，不还官本。总因煤矿未能先办，机炉不尽合宜，以致接办后出货不多，借款赔利。现在工程大致成立，须作结束，不得不将官交商办利害相衡，所有以前接办官局之亏数，即以现存官局移交之厂地四万三千余方、旧化铁炉两座，以及机器制造七厂、老马丁炉、老钢轨厂、大冶铁路、轮驳等价对折，作银二百七十八万余两，冲抵亏数，以免商累，合并登明"（第561页）。

资料来源：《汉冶萍公司档案史料选编》（上），第560—562页。

表3—6 　　　　　　　汉冶萍成立时萍乡煤矿
应收应付款（1908） 　　　　　　（单位：万两）

应收款						应付款	
固定资产投资		各类库存		账面现金			
矿产基地投资	113.9359234	各项材料及炸药、油米	44.4154793	存官钱号资本	1.0179592	商股	212.9274264
安源机矿投资	489.7798204	萍、湘、汉、沪等处堆储焦炭、生煤估价（已扣折旧）	101.6171328	存官钱号历年余利	8.2895384	洋行借款、外洋购料款	181.8269119
矿外房屋生财	4.8029293			存各户结欠焦煤价并往来各款	54.7402144	上海银行钱庄及各户借款	237.9302073

续表

应收款			应付款	
固定资产投资	各类库存	账面现金		
轮驳 55.0000721			汉口银行钱庄及各户借款	167.9677755
小计 663.5187452	小计 210.0803241		公债票	29.100000
			萍矿官钱号存款及萍矿往来	30.6467482
			备发戊申年第一届股息	13.2000000
			合计	873.5990693

资料来源：《汉冶萍公司档案史料选编》（上），第561—562页。

　　另外，汉冶萍于1909年公布的第一届账略，是其为成立汉冶萍多招商股而公开的汉、冶、萍各厂矿的财务账目。其光绪三十四年（1908年）的收支账是亏损的，然而其总的盘存账（见表3—7）却大言并无盈亏。这一结果，有明显的做假账之嫌。其理由是，仅从萍乡煤矿的盘存账来看：第一，汉、冶两厂矿于光绪三十四年之前（不含三十四年）累计结余77.9801709万两，这近78万两的结余是如何算出的，依据本材料是无法知道的，不过机矿成本折旧50万两，现存焦煤估价129.5983037万两，而又把现存煤焦刚好折旧27.9811709万两，这种算法无疑是"倒着算"的算法，即结余77.9801709万两减去机矿成本折旧50万两后，还有多少结余，就把这个结余先看成是现在煤焦的折旧。事先定好"并无盈亏"的总结果，现在煤焦就一定要折旧27.9811709万两，不能多也不能少，根本无须根据多少折旧比例去折旧这129.5983037万两的现存焦煤。当然，也可以通过改变机矿成本的折旧数字，来相应地改变现存焦煤的折旧数字，但根据"并无盈亏"的总的"做账"精神，两者相加的总和一定会是，也必须是刚好与累计结余 77.9801709 万两相等。第二，汉、冶、萍三厂矿的各种固定资产的价值完全是估值的，且是由汉冶萍自己的人员进行估值的，并不可靠，大有高估之嫌。以已经高估的固定资产去与经营亏损相减，其结果和算法本身就是"人为"的"财务"，无法完全准确地体现出企业的真实财务。

另外，第一届账略还特别说明表3—7、表3—8 中的资产是"据总办将总工程司吕柏、总矿师赖伦呈送估单前来"，"所存活本各物料尚在其外，约计所值之数实倍于所用之数。此估价之实在情形也"①。所以，汉、冶、萍总产业的估值完全是在盛宣怀的明确示意下"做出"来的。

表3—7　　　　汉冶萍盘存（光绪三十四年十二月底止）　　（单位：万两）

汉阳铁厂、大冶铁矿		萍乡煤矿	
项目	金额	项目	金额
新炼钢厂成本	406.4549	矿产基地	113.9359234
新化铁炉尚未完工已用工料等款	135.2782271	矿外房屋生财	4.8029293
历年添置基地、房屋、车辆、船只、机器、炉座、铁路、电灯、家具、杂件等	172.3492196	安源机矿成本	539.7798204（除将余利折旧 50 万两外，实计489.7798204万两）
钢铁、煤焦及华洋材料等	171.8864200	萍、湘、汉、沪等处堆储焦炭、生煤	129.5983037（除将余利折轻估本 27.9811709 万两外，实计 101.6171328万两）
官局移交旧厂财产冲抵上届结亏	270.3648952	轮驳成本	55.0000721
官局移交旧厂财产冲抵本届结亏	8.4345348		

---

① 《汉冶萍公司档案史料选编》（上），第 557 页。

续表

汉阳铁厂、大冶铁矿		萍乡煤矿	
项目	金额	项目	金额
合计：1164.7681967（内存上届盘存厂本646.0866426万两，又官局移交旧厂财产冲抵上届结亏270.3648952万两，实计本届加存厂本248.3166589万两）		合计：765.1358780（内除上届折旧后盘存硬矿本663.7931201万两外，实计本届加存矿本101.3427579万两）	
本届盘结总账，汉、冶厂计亏8.4345348万两，又光绪三十三年底以前结亏270.3648952万两，本系接办官局以后之亏款，即以现存官局移交旧厂之材［财］产约估折半如数冲抵		本届盘结总账，萍矿计余12.8234521万两，又光绪三十三年底以前结65.1577188万两，共计结余77.9801709万两，已于机矿成本项下折轻50.00万两，现存焦煤估价项下折减27.9811709万两，如数折除，作一结束。故汉冶萍本届结账，并无盈亏	
故汉冶萍本届结账，并无盈亏			

资料来源：《汉冶萍公司第一届收支各款简明清帐》，载《汉冶萍公司档案史料选编》（上），第560页。

表3—8　　　　　　　　　汉、冶、萍产业估值（1909）　　　　　（单位：两）

名称	款项
汉阳铁厂	12270000
大冶铁矿	11300000
萍乡煤矿	15500000
码头、轮驳	1690000
扬子江公司（扬子机器公司）股份银	50000
合计	40810000

资料来源：《汉冶萍公司第一届帐略》，载《汉冶萍公司档案史料选编》（上），第557页。

1908年9月1日，盛宣怀致电汉厂李维格："汉厂、萍乡煤矿去年尚亏巨款，连利息须亏百万，此非沪汉商人所及料。若待查帐后开招，恐将来获利之预算尚不实在，而目下巨亏之实帐，生其阻心。鄙见能于未查帐以前招足二百万（能多更好），便可凑成一千万元，得半之数即可开会，照章办事。"① 光绪三十四年（1908 年）十二月二十七日，盛宣怀又致电"萍乡林道、沈稽核、顾收支"："年结未便见亏帐，致碍招股。上年萍乡煤矿提开官利并不亏本。与协理面商，外国公司未发达，本不支抻，现在厂矿所支利息只可加在成本之上，将来分年折旧，不能在本年生意内开支。望即将去今两年总结改正抄寄。"② 宣统元年（1909 年）闰二月初八，盛宣怀电"汉厂林道，萍乡刘牧等"："三十四年份总结清折内矿本六百四十六万六千余两，除余利九十二万七千余两相抵外，实存矿本五百五十三万九千二百十九两零，应分列地矿、机厂、轮栈等项作为成本。其余银钱、煤焦、材料三项二百九十五万三千六百两作为活本，即由总公司照立坐簿，以备股东阅看。"③ 同月十八日，汉厂李维格电盛宣怀："汉厂估本单昨已寄，系仿照赖伦冶萍估单。"十九，盛宣怀回电汉厂李维格，指示说："汉厂估本单仿照赖伦冶萍是为虚估单，按照年总实用数目分列新旧产业，使其所存产业与所该银数符合，是为存该实估单。萍乡存该实估已将历年利息纳入，产业、成本相符。汉冶合估一千三百数十万，除活本外，又除汉冶老产业外，只须将公手内新建机炉地屋分列四项，将息加入，以符支款，便可合拢。"④ 其资产"做账"的痕迹一目了然。而这一切都是为了招股⑤："招股：以上海、汉口、京、津、厦门、香港、广州数处为总要之区，惟不宜随便登一告白于报章轻易出之。必须派善于辞令者分投运动，集众演说，使人心目中觉得此事为非常之举，绝大之利。然后一鼓作气，登大字告白于报章，面页全幅，铺张鼓吹。近彭脱寄来英国煤铁省分报章，致视汉阳铁厂为黄祸西渐，大声疾呼。格已将此报寄与上海《商务报》译登，凡此西报论说，均可引证我言，叙入告白。以意揣度，

---

① 《盛宣怀致李维格函》（1908 年 9 月 1 日），载《汉冶萍公司》（三），第 22 页。
② 《汉冶萍公司》（三），第 1097 页。
③ 同上书，第 1114 页。
④ 同上书，第 1118 页。
⑤ 估值中，萍乡煤矿的估值明显高于汉阳铁厂或大冶铁矿，这恐怕有出于前文已述"制铁不如采煤得利之速"的考虑。

如能鼓动人心，千数百万似尚不难。"①

　　然而，虽然账略的资产大有水分，但其关于煤焦的库存则应该是比较真实可靠的（另外，即使 1909 年公布的总资产数据有水分，但因为以后汉冶萍的账略都是以此为基础延续的，所以，这并不影响对其以后汉冶萍和汉、冶、萍资本收益走向的分析）。汉阳铁厂、大冶铁矿的库存钢铁、煤焦及华洋材料等价值 171.88642 万两，萍乡煤矿存于萍、湘、汉、沪等处堆储焦炭、生煤价值达 129.5983037 万两，两相合计301.4847237 万两，这相当于光绪三十四年（1908 年）汉冶萍前述全部收入 473.9113324 万两的 63.62%，支出 823.5707492 万两的36.61%，亏损 349.6594168 万两的 84.22%。同时，这个分析结果，与本章前面所分析的汉冶萍时期的萍乡煤矿纯粹是一个为了"生产"而生产，不具有"销售型"、"管理型"企业特质的分析是一致的，与萍乡煤矿是汉阳铁厂的"附属"企业的观点也是一致的。不具有"销售型"、"管理型"特质的萍乡煤矿的资本收益肯定是不理想的。

　　二　1908—1918 年财务状况

　　1908—1918 年汉冶萍的账略与 1919—1923 年的财务项目分类和账略格式完全不同，无法在同一份表格中同时反映 1908—1923 年汉冶萍（汉、冶、萍）的财务状况，所以，本书依据对企业资本收益分析要点的理解，把 1908—1923 年汉冶萍（汉、冶、萍）的账略拆分成 1908—1918 年、1919—1923 年两个时期，并在同一时期按不同分析要点绘制了不同的表格。

　　根据对表 3—9 的数据分析可知，1908 年萍乡煤矿的收入占到汉、冶、萍全部收入的一半以上，直到 1914 年，也至少在 40% 以上，这说明在一战前，萍乡煤矿是汉冶萍公司三厂矿的主要收入来源者。另外，不可忽视的是，除极个别年份外（1911 年），到 1918 年止，萍乡煤矿收入在整个汉冶萍公司收入中的比重呈现逐年下降的明显趋势，这恐怕与一战时期汉阳生铁产品和大冶铁矿石大量出口日本有密切的关系。但在 1908—1918 年，萍乡煤矿的总收入仍占整个汉冶萍总收入的约 36%，

————————

　　① 《李维格致盛宣怀函》（1908 年 9 月 5 日），载《汉冶萍公司》（三），第 23 页。

说明至少萍乡煤矿在三厂矿"三分天下"中并没有拉总公司的后腿。然而，萍乡煤矿这种高于三厂矿平均收入的数据隐藏着的却是萍乡煤矿高于汉冶萍总公司平均数的巨额的亏损。

根据表 3—9 可知，在 1908—1918 年间，萍乡煤矿年年收不抵支，共计亏损洋例银 720.7217397 万两，占汉冶萍公司这些年总亏损 1035.037656 万两洋例银的 69.6324%（当然，虽然汉阳铁厂与大冶铁矿也只是在 1917 年、1918 年才扭亏为盈）。

表 3—9　　　　　　汉阳铁厂、大冶铁矿、萍乡煤矿
历年总收支比较（1908—1918）　　（单位：万两、%）

		1908	1910	1911	1912
收入	萍乡煤矿	267.3157542	385.9361856	271.4142913	137.7752919
	汉阳铁厂、大冶铁矿	206.5955782	395.1637508	380.4581449	126.7588013
	汉冶萍	473.9113324	781.0999364	651.8724362	264.5340932
	萍乡煤矿收入占汉冶萍全部收入百分比	56.4063	49.4093	41.64	52.0822
支出	萍乡煤矿	368.6585121	438.7439810	384.6301631	211.3771109
	汉阳铁厂、大冶铁矿	454.9122371	709.8618259	588.3527016	179.2388629
	汉冶萍	823.5707492	1148.6518312	972.9828647	390.6159738
	萍乡煤矿支出占汉冶萍全部支出百分比	44.7634	38.1964	39.531	54.1138

续表

		1908	1910	1911	1912
盈亏	萍乡煤矿	-101.3427579	-52.8077954	-113.2158718	-73.6018190
	汉阳铁厂、大冶铁矿	-248.3166589	-314.6980994	-207.8945567	-52.4800616
	汉冶萍	-349.6594168	-367.5058948	-321.1104285	-126.0818806
	萍乡煤矿盈亏占汉冶萍全部盈亏百分比	28.9833	14.3692	35.2576	58.3762

		1913	1914	1915	1916
收入	萍乡煤矿	286.7180619	357.9847597	342.6262071	395.8954059
	汉阳铁厂、大冶铁矿	316.7495753	421.3147720	484.3480121	730.3642939
	汉冶萍	603.4676372	779.2995317	826.9742192	1126.2596998
	萍乡煤矿盈亏占汉冶萍全部盈亏百分比	47.5118	45.9367	41.4313	35.15
支出	萍乡煤矿	359.9407306	395.6626202	441.5351398	450.8153944
	汉阳铁厂、大冶铁矿	531.9217925	579.3545957	678.8369575	667.1759555
	汉冶萍	891.8435231	975.0172159	1120.3720973	1117.9913499
	萍乡煤矿盈亏占汉冶萍全部盈亏百分比	40.3592	40.58	39.4	40.32

续表

		1913	1914	1915	1916
盈亏	萍乡煤矿	-73.2226687	-37.6778605	-98.989327	-54.9199885
	汉阳铁厂、大冶铁矿	-215.1532172	-158.0398237	-194.4889454	63.1883384
	汉冶萍	-288.3758859	-195.7176842	-293.4782724	-8.2683499
	萍乡煤矿盈亏占汉冶萍全部盈亏百分比	25.3914	19.2511	50.89	64.2195

		1917	1918	合计
收入	萍乡煤矿	444.213171	275.601528	3165.480657
	汉阳铁厂、大冶铁矿	1001.473195	1569.3569975	5632.583121
	汉冶萍	1445.6863651	1844.9671503	8798.072402
	萍乡煤矿盈亏占汉冶萍全部盈亏百分比	30.7268	14.938	35.97925
支出	萍乡煤矿	504.1831535	330.5838203	3886.130626
	汉阳铁厂、大冶铁矿	821.863688	734.4813967	5946.000013
	汉冶萍	1326.0468415	1065.065217	9832.157664
	萍乡煤矿盈亏占汉冶萍全部盈亏百分比	38.0215	31.0388	39.5247

续表

		1917	1918	合计
盈亏	萍乡煤矿	-59.9699834	-54.9736675	-720.7217397
	汉阳铁厂、大冶铁矿	178.691507	834.8756008	-314.3159167
	汉冶萍	118.7215236	779.9019333	-1035.037656
	萍乡煤矿盈亏占汉冶萍全部盈亏百分比			69.6324

资料来源：1908—1916 年数据来源于《汉冶萍公司档案史料选编》（上），第 559—589 页；1917—1918 年数据来源于湖北省档案馆编《汉冶萍公司档案史料选编》（下），中国社会科学出版社 1992 年版，第 695—704 页。

当然，由于企业经营中肯定有资金的往来，有时因为货款或贷款不能在年底全部回笼，有时支出中没有计入未到期的外债，所以，账面的收入与支出数据一般不能完全反映出企业真实的财务状况。为此，进一步分析企业的应付、应收账目就成为了解一个企业真实资本收益的必需环节。

表 3—10、表 3—11 最少反映了三个方面的问题，一是按照财务管理的原则，应付与应收金额应是完全相同的，如果有资产折旧，则应在应收项下相应减除金额，然后达到新的应付与应收的平衡。但根据上述两表可知，除在汉冶萍起始年份萍乡煤矿、汉阳铁厂、大冶铁矿应付与应收完全相同，1910 年汉冶萍整个公司的应付与应收完全相同外，其余各年份的三厂矿和整个汉冶萍公司应付、应收数据均不相同，要么是应付大于应收，要么是应收大于应付，这样一来企业的财务根本无法平账，这说明汉冶萍公司的财务管理出现了重大的漏洞并且一直没有得到纠正。二是萍乡煤矿在应付和应收上所占汉冶萍公司整个应付与应收金额的比重，自 1908 年至 1918 年的总趋势是持续递减的，其中，应付金额比重由 1908 年的 38.8949% 下降至 1918 年的 33.61305%，应收则由 38.8949% 下降至 22.2692%。1918 年，应收比重不仅没有达到与应付

比重的平衡，而且应收比重远远低于应付比重，这说明，这一时期中萍乡煤矿的应收款回收能力越来越得到加强，而应付能力虽然也有所提高，但按时还付债务的能力却还是很弱的。三是 1908 年时萍乡煤矿应付金额为 873.5990693 万两洋例银，而到 1918 年时则上升到 1636.7133709 万两，增长了 87.3529%，而应收金额由 1908 年 873.5990693 万两增长到 1250.1913379 万两，增长了 43.1081%，这说明这个时期萍乡煤矿的负债水平是持续提高的。1918 年时应付与应收之间 386.522033 万两洋例银的数额差距就是萍乡煤矿自其完全竣工后经营 11 年的新增负债。而这个 "386.522033 万两" 与表 3—9 所统计的 1908—1918 年萍乡煤矿历年新增亏损合计 "720.7217397 万两" 的数据存在巨大的出入，对此，笔者一直未能吃透其中的 "奥秘"，所以，难以肯定这是否也可以作为萍乡煤矿乃至整个汉冶萍公司不是一个具有 "管理型" 特质企业的证据。

表 3—10　　　　　汉阳铁厂、大冶铁矿、萍乡煤矿历年
应付应收款比较（1908—1918）（1）　　（单位：万两、%）

		汉阳铁厂、大冶铁矿	萍乡煤矿[-a]	合计[b]	a：b
1908	应付	[c]1372.4548196 （[d]354.3750）	873.5990693 （212.9274264）	[e]2246.0538889	38.8949
	应收	1372.4548196	873.5990693	2246.0538889	38.8949
1910	应付	2049.2565782 （526.0617591）	1128.9968141 （350.9885982）	3183.9016011	35.4595
	应收	2042.5493389	1141.3422623	3183.9016011	35.8473
1911	应付	2284.0047304 （562.6595694）	1152.1451073 （375.3871288）	3436.1498377	33.5301
	应收	2236.5713407	1041.8201455	3278.391486	31.7784
1912	应付	2532.7205434 （606.9367272）	1249.8333746 （375.3871288）	3782.553918	33.0421
	应收	2373.8899695	1046.9882355	3420.878205	30.6058

续表

1913		汉阳铁厂、大冶铁矿	萍乡煤矿 a	合计 b	a∶b
	应付	2769.917459 （656.6127454）	1326.2940504 （438.0225796）	4096.21151	32.3786
	应收	2543.686723	1081.6233998	3625.31012	29.8354

注：a 代表萍乡煤矿。b 代表汉、冶、萍三厂矿的合计数字；a∶b 表示萍乡煤矿应付款占汉冶萍该年全部应付款比例（％）。c 不含原官股折合商股。另，原文中商股的数字表述为"该华商股分银元三百万元，按照市价合洋例银二百十二万九千三百七十四两二线六分四厘"，为计算方便（因为其他各项金额均以"洋例银"为单位），且为动态反映汉、冶、萍资本的变化，所以取"市价洋例银"，其他各年份均同。还有，虽然"洋例银"在各年中因"市价"有所变化，但因各年均以此有变化的"市价"做计算，所以，取"市价"进行比较，对汉、冶、萍各厂矿资本变化的相对比重的比较的影响应可忽略不计。d 所有（）中的数字均为积年应付款中商股的金额。e 原文为"两共结该，洋例银二千二百四十六万五百三十八两八分九厘"（第561页），根据对原文各项应付款项数据相加的结果，应是在"八分九厘"前遗漏"八钱"字样。

资料来源：《汉冶萍公司档案史料选编》（上），第561—590页。

表 3—11　　　　　　汉阳铁厂、大冶铁矿、萍乡煤矿历年
应付应收款比较（1914—1918）（续1）　（单位：万两、％）

		汉阳铁厂、大冶铁矿	大冶铁厂	萍乡煤矿 a	合计 b	a∶b
1914	应付	2794.9897266 （721.6140704）		1400.7639768 （481.3567962）	4195.7537034	33.3853
	应收	2580.1826203		1137.5009668	3717.683587	30.597
1915	应付	3026.1819048		1473.9832939	4500.1651987	32.75398
	应收	2822.4234217		1172.1161394	3994.539561	29.34296
1916	应付	2875.9049945	190.4275912	1518.3268636	4584.6594493	33.11755
	应收	2805.563665	190.4275912	1216.415831	4212.407087	28.877

		汉阳铁厂、大冶铁矿	大冶铁厂	萍乡煤矿[a]	合计[b]	a∶b
1917	应付	3001.8800828	299.155604	1591.7447753	4892.7804621	32.5352
	应收	3177.9500654	299.155604	1242.2536025	4719.359272	26.3225
1918	应付	2930.8201733	301.746335	1636.7133709	4869.279879	33.61305
	应收	4062.0501106	301.746335	1250.1913379	5613.987784	22.2692

注：a代表萍乡煤矿；b代表汉、冶、萍三厂矿的合计数字；a∶b表示萍乡煤矿应付款占汉冶萍该年全部应付款比例。

资料来源：1914—1916年数据来源于《汉冶萍公司档案史料选编》（上），第587—589页；1917—1918年数据来源于《汉冶萍公司档案史料选编》（下），第695—704页。

以上是立足于汉冶萍的平台，对萍乡煤矿在整个汉冶萍公司中的财务状况进行的全局性分析。为更加深入和更加准确地判断汉冶萍时期萍乡煤矿的财务状况，很有必要对该时期萍乡煤矿内部的财务数据进行更加详细的分析。

以下是立足于萍乡煤矿本身的财务数据进行分析。据表3—12可知，在1908—1918年，萍乡煤矿的商股（即官利资本）由212.9274264万两洋例银增加到500.2857331万两，增长134.960%，而同期应付款总额则由873.5990693万两增加到1636.7133709万两，增长87.3529%。说明在资本筹集中，引进官利资本的力度有很大增加（但因财务数据中没有说明这些增加了的商股是不是由息股转变而来，所以，本书权且认为所增加部分均为新股）。

另外，表3—12还反映了一个非常令人瞩目的信息，那就是在1912年即晚清政府灭亡后，萍乡煤矿再没有向外资银行支付过债款和向外国购买过材料，这毫无疑问是近代萍乡煤矿经营中的大事，它为萍乡煤矿和汉冶萍公司"节省"了不少支出。

上海与汉口的银行、钱庄等一直是萍乡煤矿资本的重要来源，从其历年应付（实际就是归还）金额可知，这个时期萍乡煤矿对这些金融机构的依赖越来越大，如1908年应归还上海、汉口金融机构的总金额为405.8979828万两，到1918年时已增加到961.1881489万两，增长136.805%，即到1918年，其商股的总额已远低于对外借贷的资金总额。而且，萍乡煤矿在汉口的借款（在财务上反映为应归还的款项）连年急速递减，而在上海金融市场的借贷则连年迅速攀升，这说明萍乡煤矿在汉口金融市场的信用在持续下降（在总体趋势上萍乡煤矿的借款总额在增长，而在特定市场的还款又还得特别快，这自然是债权人不愿继续借贷或延缓借贷日期的结果），而在上海金融市场的信用则在上升。当然，所谓在上海金融市场信用的"上升"是否真的在上升，这也未必，这是不是萍乡煤矿在上海的金融界贷款"打一枪换一个地方"也不得而知，因无具体的材料足资证明，所以，本书在这里只能猜猜而已。但在1917年、1918年萍乡煤矿在汉口金融市场"无债一身轻"，而在上海却被债务压得喘不过气来却是事实。至于萍乡煤矿长时间拖欠商股的事实在表3—12的财务统计中也一览无余。这份"应付"表充分说明了这个时期萍乡煤矿的财务"窘境"。

表3—12　　　　萍乡煤矿历年应付款比较（1908—1918）　　（单位：万两）

	1908	1910	1911	1912	1913
商股	212.9274264	350.9885982	375.3871288	375.3871288	438.0225796
洋行借款、外洋购料款	181.8269119	144.0664503	6.3745656[a]；160.00[b]		
上海银行钱庄及各户借款	237.9302073	196.5733447	283.8636036	386.5935829	424.2088927
汉口银行钱庄及各户借款	167.9677755	289.964437	247.2112805	406.3987401	402.3290908
公债票	29.100000	9.700			
萍矿官钱号存款及萍矿往来（各户往来）	30.6467482	108.2156201	54.772895	51.9358175[c]	61.7334909[d]
备发股息	13.2000000[f]	29.4883638[g]	24.5356338[h]	18.2676423[i]；11.250463[j]	

续表

	1908	1910	1911	1912	1913
备发第十届股息余利					
备发第十届酬劳					
应付合计	873. 5990693	1128. 9968141	1152. 1451073	1249. 8333746	1326. 2940504

	1914	1915	1916	1917	1918
商股	481. 3567962	518. 9753321	500. 2425394	500. 2744656	500. 2857331
洋行借款、外洋购料款					
上海银行钱庄及各户借款	675. 8738827	696. 1501493	749. 041176	807. 524749	961. 1881489
汉口银行钱庄及各户借款	192. 7890164	182. 8740970	168. 8129143		
公债票					
萍矿官钱号存款及萍矿往来（各户往来）	50. 744285ᵉ	75. 9837155	70. 7306273	51. 2850338	31. 9117415
备发股息			29. 4996066（备发戊申年第九届股息）	30. 8924616（第一、二、三、八、九届未领股息）	61. 741995（第一、二、三、八、九届未领股息）
备发第十届股息余利				51. 0278058	
备发第十届酬劳				8. 8414634	
应付合计	1400. 7639768	1473. 9832939	1518. 3268636	1591. 7447753	1636. 7133709

注：a 仅为外洋购料款；b 为经汉厂转借款；c、d、e 原文仅说明是"本矿各户往来"；f 为"戊申年第一届"股息；g 为"庚戌年第三届"股息，"并第一、二届存息"；h 为"辛亥年股息备换股票及备发前三届未付股息存息"；i 为"第四届股息"；j 为"第五届股息"。

资料来源：1908—1916 年数据来源于《汉冶萍公司档案史料选编》（上），第 561—590 页；1917—1918 年数据来源于《汉冶萍公司档案史料选编》（下），第 695—704 页。

在"应收"账款方面（见表3—13），1908—1918年的萍乡煤矿真正能收得上来的款项其实是微乎其微的。我们知道，在会计准则中，企业在动产（如原材料等）和不动产（如土地、厂房等）的投资都算是应收款，但在现实中，只有那些良性运转的资本才能真正收回其"应收"的投资，至于经营亏损、资不抵债者最后是无法收回其"应收"投资的，因为就算到资产清算时亏损额度还没有达到债务的额度，一般亏损破产企业的资产也是非常不值钱的，这是资本经营自身与生俱来的天然属性。所以，外债已经远远大于股本的萍乡煤矿投在矿山工程、运输设备等方面的固定资产投入，在企业的现实经营中是不能作为"应收"款项的，这种"应收"款的本质早已变成了质押物，成了债权人而不是萍乡煤矿的"应收"款。

在作为"应收"账的表3—13中，不难发现几个对萍乡煤矿来说很不利的事实。除极个别年份（1911年，这年因受辛亥革命后新成立的中华民国临时政府的影响，汉冶萍本身的生产就受到极大的影响）外，萍乡煤矿在萍、湘、汉、沪等处堆储的煤焦量始终居高不下，这既说明萍乡煤矿产品积压严重，也说明萍乡煤矿的管理极其不善，不具有"销售型"、"管理型"特质的企业形象在财务账上得到淋漓尽致的体现。而且，在标明了焦炭与生煤积压价值的1915—1918年的四个年份中，焦炭的价值均几乎倍于生煤，这也说明以主要生产焦炭为主的萍乡煤矿建矿目标在煤炭市场的现实中受到严重的挫折，其企业核心技术优势得不到发挥。因此，说萍乡煤矿产能严重过剩并不过分而且是非常恰当的。

除此之外，表3—13还显示出一个重要信息，即萍乡煤矿用户拖欠萍乡煤矿煤焦款的现象非常严重，且出现连年加重的趋势（其中1915—1918年虽然未单独列出该项数目，但其出现的此前没有的所谓"各户往来"项中肯定应该包括用户拖欠的煤焦款）。煤焦积压款和用户拖欠款常年保持在200多万两甚至300多万两的范围之内，这对本来就资本严重不足的萍乡煤矿来说无疑是雪上加霜，但萍乡煤矿却又始终没有能力摆脱身上的这层厚厚的"霜"与"雪"。

当然，表3—13所体现出来的最重要的信息还不是上述各项，其体现出来的最重要信息是在所有"应收"款中，萍乡煤矿自身存入金融机构资金的微不足道和几可忽略不计的事实。1908—1918年，萍乡煤矿绝对意义上的"应收"款即作为企业随时可以调配的现金（即表3—13中的所谓"存官钱号历年余利"）只有区区的8.2895384万两到11.308881万两。排名全国十大厂矿前三、员工动辄上万人的"堂堂"萍乡煤矿的现金流几乎可说是"干涸"的，而就是这微乎其微的"存官钱号历年余利"（现金）在1913年后的账面上也不见了。如果说萍乡煤矿真的长期一分钱现金存款也没有那是不可能的，如果说萍乡煤矿把所有的现金均放在"财务处"或萍乡煤矿领导的"口袋银行"中，那最少也应在财务账目中体现出来，所以，从表3—13中很难看得懂萍乡煤矿的现金管理制度和现金流量。然而，恰恰是这个看不懂的地方却再一次完完全全地反映出了萍乡煤矿无"管理型"企业的特质和"钱存""无量"的事实。

表3—13　　　　　　萍乡煤矿历年应收款比较（1908—1918）　　（单位：万两）

	1908	1910	1911	1912	1913
矿产基地投资	113.9359234	115.4337593	115.470561	115.470561	116.3411351
安源机矿投资	489.7798204	560.0678176	564.8230906	565.6645617	578.212611
矿外房屋生财	4.8029293	8.603474	8.6974298	8.697498	8.6974298
轮驳	55.0000721	131.9584292	135.5342231	146.4655691	146.4655691
小计	663.5187452	816.0634801	824.5254045	836.2981216	849.716745
各项材料及炸药、油米	44.4154793	44.7729275	90.7259575	39.4704512	37.65123
萍、湘、汉、沪等处堆储焦炭、生煤估价	101.6171328（已扣折旧）	108.65242	43.09815	60.0348821	78.0134123
存官钱号资本	1.0179592	1.0179592	1.0179592	1.0179592	
存官钱号历年余利	8.2895384	11.308881	11.2443568	11.2443568	
存汉厂结欠煤焦价		116.8595979			

续表

	1908	1910	1911	1912	1913
存各户结欠焦煤价	54.7402144[a]	42.6769965	70.1903585	98.9224646	116.2781222[b]
存汉局期票			1.017959		
各户往来					
小计	210.0803241	325.2887821	217.294741	210.6901139	231.9066548
应收合计	873.5990693	1141.3522622	1141.8201455	1046.9882355	1081.6233998
	1914	1915	1916	1917	1918
矿产基地投资	116.7862833	117.6734322	117.8782392	117.9452588	112.825582
安源机矿投资	625.0554892	640.159646	658.125079	663.577366	669.6142619
矿外房屋生财	8.6974298	9.0193708	9.0193708	9.0193788	13.0571431
轮驳	146.4655691	146.4655691	146.4655691	146.46556991	146.4655691
小计	897.0047714	913.3180181	931.48825	937.0075647	941.9625562
各项材料及炸药、油米	38.0030998	55.1714528	53.6427783	56.6211609	52.8667072
萍、湘、汉、沪等处堆储焦炭、生煤估价	49.8108906	57.6232878（焦炭）；36.1791443（生煤）	91.0024416（焦炭）；39.5062694（生煤）	82.9384104（焦炭）；54.5421829（生煤）	93.4149658（焦炭）；56.9516891（生煤）
存官钱号资本					
存官钱号历年余利					
存汉厂结欠煤焦价					
存各户结欠焦煤价	152.682205[c]				
存汉局期票					

	1914	1915	1916	1917	1918
各户往来		109. 8242364	100. 7764921	115. 2460378	104. 9954196
小计	240. 4961954	258. 7981213	284. 9275814	305. 347792	308. 2287817
应收合计	1137. 5009668	1172. 1161394	1216. 415831	1242. 355357	1250. 191338

注：a 含"往来各款"；b、c 原文说明为"各户往来及煤焦价"。

资料来源：1908—1916 年数据来源于《汉冶萍公司档案史料选编》（上），第 561—590 页；1917—1918 年数据来源于《汉冶萍公司档案史料选编》（下），第 695—704 页。

经过对表 3—14 中数据的分析还可知，萍乡煤矿的煤焦销售是极不稳定的，这主要表现在 1911 年、1912 年、1913 年三年尤其是1912 年焦炭销量的急剧下滑上（1912 年仅为 30.6169778 万两，为1910 年 188.0023346 万两的 16.285%），其主要原因当然是时局所致（对此的详细论述见第七章《时局与应对》），同时也表现在 1918 年的生煤售价 64.8474147 万两只为 1910 年 183.4999359 万两的35.339%上。

表 3—14	萍乡煤矿历年收入明细（1908—1918）			（单位：万两）	
项目（收）	1908	1910	1911	1912	1913
历届结余	65. 1577188				
售铁厂焦炭及沪、汉、岳、长、株各局现售焦炭价	107. 5137790	188. 0023346	121. 5665335	30. 6169778	130. 6928796
售铁厂生煤及沪、汉、岳、长、株各局（各地）现售生煤价	82. 1304036	183. 4999359	140. 5038826	92. 6752174	133. 2337635

续表

项目（收）	1908	1910	1911	1912	1913
本矿各分矿现售粗焦等价	1.0186175		0.7903242	0.7493492	1.0345991（本矿现售焦价）
各船户承运焦炭短秤赔价	0.6139491	0.5328755	0.4560376		
本矿各处锅炉领用及现售烧煤价	4.1284463	0.6130793	3.9245654	3.1285913	4.9332281
本矿领用及现售焦价					
萍潭（株萍）铁路火车领用生煤价	2.0460188	3.1272601	2.4016989	1.2623217	2.4061127
各船户承运生煤短秤赔价	0.3932593	1.0793011	0.7316791		2.0289981（煤、焦）
本矿银洋钱兑余	1.2978698	4.5775411			11.1717040
汇水	1.5902346	1.3570802	0.3631458	8.0173569（汇水、磅余）	
本矿官钱号盈余	1.2979888	2.3309516	0.6864242		
本矿自造火砖售价除成本盈余	0.1278666			0.8520192（制造、材料处盈余）	1.2167768（制造、材料、机电等处盈余）
沪、汉等处汇款汇水，除兑亏、镑亏外结余					
林虎侯赔案					
各项杂款					
总计	267.3157542	385.9361856	271.4142913	137.7752919	286.7180619

项目（收）	1914	1915	1916	1917	1918
历届结余					
售铁厂焦炭及沪、汉、岳、长、株各局现售焦炭价	179. 7292894	176. 4108607	179. 8607962	204. 6986366	168. 1227302
售铁厂生煤及沪、汉、岳、长、株各局（各地）现售生煤价	124. 4480578	137. 9203102	154. 3568503	173. 96691	64. 8474147
本矿各分矿现售粗焦等价	1. 2927695 （本矿现售焦价）				
各船户承运焦炭短秤赔价					
本矿各处锅炉领用及现售烧煤价	5. 9727018	7. 8931676	8. 8213254	1. 5964013 （焦）; 12. 1958427 （煤）	1. 8206977 （焦）; 11. 5660185 （煤）
本矿领用及现售焦价		1. 2780547	1. 4936013	1. 5964013 （焦）	1. 8206977 （焦）
萍谭（株萍）铁路火车领用生煤价	2. 1375253	3. 2288991	2. 9277981		
各船户承运生煤短秤赔价	2. 6918145	3. 3714464 （煤、焦）	2. 6299986 （煤、焦）	3. 2792038 （煤焦）	2. 8497184 （煤焦）
本矿银洋钱兑余	39. 4804239 （含磅余）				
汇水					

续表

项目（收）	1914	1915	1916	1917	1918
本矿官钱号盈余	1.6353099（林志熙退赔）				
本矿自造火砖售价除成本盈余	0.5968686（制造等处盈余）				
沪、汉等处汇款汇水，除兑亏、镑亏外结余		9.5027783	42.7361552	41.4050746	18.7956766
林虎侯赔案		3.0206901			
各项杂款			3.0688808	7.0711011	7.6076967
总计	357.9847597	342.6262071	395.8954059	444.213171	275.6101528

资料来源：1908—1916 年数据来源于《汉冶萍公司档案史料选编》（上），第 561—590 页；1917—1918 年数据来源于《汉冶萍公司档案史料选编》（下），第 695—704 页。

以上分析的是萍乡煤矿的收入问题，与收入相对应的是支出。萍乡煤矿的主要支出是工程技术、煤焦生产加工、管理、运输、销售、资本筹集成本等方面的支出。为进一步弄清萍乡煤矿企业经营的真实状况，下面对其各类别支出的情况做一较为详细的展示与要点分析。

表 3—15 反映出自 1908 年全面建成至 1910 年的几年中，萍乡煤矿仍旧投入不少资金用于工程建设，辛亥革命后的 1912 年则几乎没有投入工程资金，但到一战爆发的 1914 年，萍乡煤矿的工程投资又再次"雄心壮志"，这既体现出萍乡煤矿资本运作的灵活性，但应该说更多体现的是萍乡煤矿资本运作的盲目性和缺乏管理上的"效益"。根据表3—9，1914 年萍乡煤矿的总收入是 357.9847597 万两洋例银，比 1913年的 286.7180619 万两只多出约 30 万两，1915 年、1916 年、1917 年分别为 342.6262071 万两、395.8954059 万两和 444.213171 万两，这比1913 年要高出许多。但是，收入上的增加并不足以说明 1914 年投入近50 万两工程款的合理性，因为，仅从收入上看，1910 年萍乡煤矿也曾达到 385.9361856 万两的收入。能够说明问题的是 1914 年前后萍乡煤

矿煤焦产量的变化。根据资料①，1914 年萍乡煤矿产煤 687956 吨、焦
194413 吨，1914—1918 年间产量最高的年份为 1916 年，其煤为 992494
吨、焦 266418 吨，但是萍乡煤矿在 1911 年产煤 1115614 吨、焦 166062
吨，这清楚说明即使不追加工程投入，刚刚建成几年的萍乡煤矿也有足
够的生产能力满足一战带来的战争经济"景气"。所以，1914 年萍乡煤
矿在工程上的投入是没有必要的，显然，做出如此投资的决策，不是继
创办时"求大求全"后的再一次盲目冲动的结果，就是对工程管理不
善的结果。

表 3—15　　　　萍乡煤矿历年工程扩张支出比较（1908—1918）（单位：万两）

项目（支）	1908	1910	1911	1912	1913	1914
各该年萍矿总支出	368. 6585121	438. 7439810	384. 6301631	211. 3771109	359..9407306	395. 6626202
总平巷工程并窿内添置大小抽水机、吊车笼、煤桶等	11. 0925682					
洋炼焦炉及扩充洗煤机、电汽房及一切起造工程	25. 4366025					
购置汉阳南岸嘴基地及续购安源矿基房屋等	1. 2751897					

① 《萍乡矿务局志》，第 76 页。

续表

项目（支）	1908	1910	1911	1912	1913	1914
总平巷、石巷工程		12.5330466				
扩充电机、煤厂等工程		9.4176854				
购置长沙码头基地暨扩充土炉、添置民田契价		1.2920473				
总平巷窿口扩充工程并土炉平车、电机处新锅炉工程等,			4.7553730			
本矿窿工程扩充成本				0.8413711		
本矿扩充各工程成本					12.5480493	46.8428782
本矿购置地价					0.8705741	0.4451482
支各工程经费除加费外						
小计	37.8043604（10.2546%）	23.2427793（5.2976%）	4.755373（1.2364%）	0.8413711（0.398%）	13.4186234（3.728%）	47.2880264（11.9516%）

续表

项目（支）	1915	1916	1917	1918	合计
各该年萍矿总支出	441.5351398	450.8153944	504.1831535	330.5838203	3886.130626
总平巷工程并窿内添置大小抽水机、吊车笼、煤桶等					
洋炼焦炉及扩充洗煤机、电汽房及一切起造工程					
购置汉阳南岸嘴基地及续购安源矿基房屋等					
总平巷、石巷工程					
扩充电机、煤厂等工程					
购置长沙码头基地暨扩充土炉、添置民田契价					
总平巷窿口扩充工程并土炉平车、电机处新锅炉工程等，					
本矿窿工程扩充成本					
本矿扩充各工程成本	15.1041568	17.9654249	5.4522951	4.8669907	
本矿购置地价	0.8871489	0.204807	0.0670196	0.0880008	

续表

项目（支）	1915	1916	1917	1918	合计
支各工程经费除加费外	0.2684171				
小计	16.2597228（3.6825%）	18.1702319（4.0301%）	5.5193147（1.0947%）	4.9549915（1.45%）	172.2547945（4.43255%）

注：括号中百分比为各该年本项目支出所占萍乡煤矿该年总支出的百分比。

资料来源：1908—1916年数据来源于《汉冶萍公司档案史料选编》（上），第560—589页；1917—1918年数据来源于《汉冶萍公司档案史料选编》（下），第695—704页。

产品生产与加工环节的支出是企业支出的重要组织部分。1908—1918年萍乡煤矿的生产加工环节的费用支出如表3—16。

表3—16 　　　　　萍乡煤矿历年煤焦生产、加工费用
支出比较（1908—1918）　　（单位：万两）

项目（支）	1908	1910	1911	1912	1913	1914
各该年萍矿总支出	368.6585121	438.7439810	384.6301631	211.3771109	359.9407306	395.6626202
机矿窿工挖煤一切经费	67.5683925	93.3470784	107.2421315	53.1185773	110.8092642	116.5313349
各分矿挖煤一切经费	1.1915718					
机器洗煤一切经费	4.9253744	6.5040866	7.9056647	3.0815732	7.6761753	8.6127968
机炉炼焦一切经费	3.6924697	4.1021805	4.8237246	0.6302385	3.5127929	3.4607088
机矿土炉炼焦一切经费	1.4102325	3.0221081	6.1065950	2.0495912	6.0758525	7.9182527

续表

项目（支）	1908	1910	1911	1912	1913	1914
支各分矿焦费						
小计	78.7880409（21.3716%）	106.9754536（24.3822%）	126.0781158（32.7791%）	58.8799802（27.8554%）	128.0740849（35.582%）	136.5230932（34.5049%）

项目（支）	1915	1916	1917	1918	合计
各该年萍矿总支出	441.5351398	450.8153944	504.1831535	330.5838203	3886.130626
机矿窿工挖煤一切经费	143.9981328	154.4126501	150.217957	125.0009101	
各分矿挖煤一切经费			3.2191035	2.9952744	
机器洗煤一切经费	9.9083129	9.8757429	10.8508669	9.7520812	
机炉炼焦一切经费	3.3606434	4.4714451	4.5415859	4.4858429	
机矿土炉炼焦一切经费	9.9289497	10.7414329	10.7405008	7.6063382	
支各分矿焦费	2.1617012	3.9089425			
小计	169.35774（38.3566%）	183.4102135（40.6841%）	179.5700141（35.616%）	149.8404468（45.326%）	1317.497183（33.9025%）

注：括号中百分比为各该年本项目支出所占萍乡煤矿该总支出的百分比。

资料来源：1908—1916 年数据来源于《汉冶萍公司档案史料选编》（上），第 560—589 页；1917—1918 年数据来源于《汉冶萍公司档案史料选编》（下），第 695—704 页。

　　由表 3—16 可知，萍乡煤矿生产加工费用的支出基本上是呈递增的趋势，最低年份为 1908 年，该年度萍乡煤矿在这方面的支出占其总支出的 21.3716%，最高为 1918 年的 45.326%，两者相差一倍多，这说明萍乡煤矿的经费支出越来越向生产一线倾斜，保障生产环节的资金供应越来越成了萍乡煤矿财务管理的重中之重。然而，对比一下 1908 年、1918 年萍乡煤矿煤的产量和收入可知，1908 年、1918 年萍乡煤矿煤的产量分别为 702447 吨、694433 吨，后者比前者还有减少，1908 年、1918 年萍乡煤矿的收入分别为 202.1599824 万两（已扣除 1908 年前的历年结余 60 多万两）、275.6101528 万两洋例银，后者仅比前者增长 36%。这说明 1918 年萍乡煤矿在生产加工环节的高投入并没有取得在产量与销售收入上的同比例回报，其企业的资本收益能力实在不高。

　　由表 3—17 可知，萍乡煤矿的各项管理经费始终处于较低位的水平，但因管理费用的高低不是决定一个企业管理水平高低的决定性因素，所以，对此本书无法做出相应的评论。

表 3—17　　　　　　　　萍乡煤矿历年综合管理费用
支出比较（1908—1918）　　　　（单位：万两）

项目（支）	1908	1910	1911	1912	1913	1914
各该年萍矿总支出	368.6585121	438.7439810	384.6301631	211.3771109	359.9407306	395.6626202
萍总局、收支、稽核、煤务等处经费						
沪总局经费	0.6209132	0.7248274	0.6748827	0.2531336		
萍总局经费	1.7701598	2.0743332	2.5792841	1.6689872		
稽核处收支机矿收工等处经费	1.8847408	1.7486570	1.9645036	2.5388873	6.4153627	6.0601320
机矿总工程司等处经费				1.9487352	5.7617582	6.9811691

续表

项目（支）	1908	1910	1911	1912	1913	1914
警备队经费	1.5454490	1.3535171	1.6944573	1.4931431	3.9543653（警务等处）	3.9094324（警务等处）
巡警处一切经费	1.3952747	1.7043519	2.1503308	1.9487081		
沪、汉、湘、赣往来川资、电费	0.2250250	0.3527338	0.2914540	0.5612304	0.5747758	0.6642562
完粮及窿工遇险身故抚恤一切善举	0.5864638	0.6938839	0.7222808	0.4840134	0.862672	1.3569049
矿次及运销各处军队费用并捐项等			8.4064978			
赔偿洋员损失						
支株关经费						
小计	8.028026（2.1776%）	8.6523043（1.9720%）	18.483691（4.8056%）	10.896838（5.1552%）	17.568934（4.8811%）	18.971894（4.7950%）

项目（支）	1915	1916	1917	1918	合计
各该年萍矿总支出	441.5351398	450.8153944	504.1831535	330.5838203	3886.130626
萍总局、收支、稽核、煤务等处经费	6.3224158	6.0354313			
沪总局经费					

续表

项目（支）	1915	1916	1917	1918	合计
萍总局经费					
稽核处收支机矿收工等处经费			5.7560543	6.2003002	
机矿总工程司等处经费	4.7708133	4.6205394	4.2838422	3.727537	
警备队经费	3.7617557（护矿团一切经费）	4.3882419（护矿团一切经费）	4.448232（护矿团）	4.2086744（护矿团）	
巡警处一切经费					
沪、汉、湘、赣往来川资、电费	0.4105654	0.2786924	0.3902941	0.3899941	
完粮及窿工遇险身故抚恤一切善举	0.8174739	0.8805357	1.104855	0.6560787	
矿次及运销各处军队费用并捐项等					
赔偿洋员损失		1.5530			
支株关经费				0.462506	
小计	16.083024（3.6425%）	17.756440（3.9387%）	15.983277（3.1701%）	15.645090（4.7326%）	148.06952（3.8102%）

注：括号中百分比为各该年本项目支出所占萍乡煤矿该总支出的百分比。

资料来源：1908—1916 年数据来源于《汉冶萍公司档案史料选编》（上），第 560—589 页；1917—1918 年数据来源于《汉冶萍公司档案史料选编》（下），第 695—704 页。

运输是煤企最为重要的经营环节之一，产品能否顺畅运输出去，运输成本能否降低，这些都是煤企必须十分讲究的问题。根据表 3—18 可知，1908—1918 年萍乡煤矿运输环节的总支出占其所有总支出的 31.2293%，只略低于这个时期生产加工环节 33.9025% 的支出水平（指 1908—1918 年生产加工环节总支出金额与同期萍乡煤矿所有总支出比）。而更为突出的是 1910 年的运输成本支出，它占了萍乡煤矿该年总支出的 49.2549%，其原因是因为添置了轮驳等运输设备，但自 1913 年后，萍乡煤矿在轮驳添置方面的支出则处于停止的状态，这说明萍乡煤矿在运输方式的取舍上，自此更多地倾向于依靠铁路而非自身水上运输船队的建设。

表 3—18　　　　　萍乡煤矿历年运输与运输管理费用

支出比较（1908—1918）　　　（单位：万两）

项目（支）	1908	1910	1911	1912	1913	1914
各该年萍矿总支出	368.6585121	438.7439810	384.6301631	211.3771109	359.9407306	395.6626202
各局外销经用等费					6.6502983	1.1057724
株岳、武汉扩充堆栈房屋工程		1.0951019				
岳州扩充栈地工程			0.0939558			
长沙扩充基地价			0.0368017			
汉外销厘金经用磅手烧火等费及华洋一切经费		8.4730511	10.6198273	10.1750033		
添置轮驳	5.9128097	65.1627479	3.5757939	10.9313460		
沪、汉、岳、长、株各局经费	8.7194683	9.9352266	11.7026136	9.8872813	16.5745213	16.5395116

续表

项目（支）	1908	1910	1911	1912	1913	1914
煤务处收发焦煤经费	0.7069413	0.6870143	0.8173556			
煤焦由安源至株洲火车运费	22.1898641	41.0011442	23.8915481	9.2162124	20.8203190	21.8694076
株(醴)运长、岳、汉、沪一带船费	39.6205300	73.2483566（含镇、宁等）	51.2995745（含镇、宁、芜等）	29.6463873（含镇、宁、芜等）	59.8238727	68.0249842
安源上车挑费	0.2518646	0.3297033	0.6662673			
株洲至武汉等处起卸费	3.8808321	13.0217409	13.3624750	5.3522627	6.4773664	12.0084040
各船户承运焦炭溢秤赏号	0.0334102	0.1533438	0.0719349（含外销）	1.8613219	1.0536021（含外销）	0.160915
各船户承运生煤溢秤赏号	0.0049172	2.9952660（含外销）	2.5349292（含外销）			
小计	81.3206375（22.0585%）	216.1026966（49.2549%）	118.6730769（30.8538%）	77.0698149（36.4608%）	111.3999798（30.9495%）	119.7089948（30.2553%）

项目（支）	1915	1916	1917	1918	合计
各该年萍矿总支出	441.5351398	450.8153944	504.1831535	330.5838203	3886.130626
各局外销经用等费	0.2413159	0.8747479	2.1138977	2.5497156	

项目（支）	1915	1916	1917	1918	合计
株岳、武汉扩充堆栈房屋工程					
岳州扩充栈地工程					
长沙扩充基地价					
汉外销厘金经用磅手烧火等费及华洋一切经费					
添置轮驳					
沪、汉、岳、长、株各局经费	12. 1382984	13. 8168585	17. 8180214	19. 6787067	
煤务处收发焦煤经费					
煤焦由安源至株洲火车运费	21. 8694076	35. 4675955	38. 4462964	36. 2181796	17. 8572731
株（醴）运长、岳、汉、沪一带船费	64. 6741713	60. 4607552	79. 6812696	39. 7490203	
安源上车挑费					
株洲至武汉等处起卸费	8. 2710819	11. 5268052	17. 2263161	9. 9405465	
各船户承运焦炭溢秤赏号	0. 0837496	0. 0399595			
各船户承运生煤溢秤赏号			0. 3661642	0. 0950685	

续表

项目（支）	1915	1916	1917	1918	合计
小计	120. 8762126 （27. 3764%）	125. 1654227 （27. 7642%）	153. 4238486 （30. 4302%）	89. 8703307 （27. 1853%）	1213. 611015 （31. 2293%）

注：括号中百分比为各该年本项目支出所占萍乡煤矿该年总支出的百分比。

资料来源：1908—1916 年数据来源于《汉冶萍公司档案史料选编》（上），第 560—589 页；1917—1918 年数据来源于《汉冶萍公司档案史料选编》（下），第 695—704 页。

　　支付外债（含外资银行、本国金融机构）本金、利息、外币兑换亏损，以及官利资本官利、余利（红利）等方面的支出，是萍乡煤矿的沉重负担。根据表 3—19 可知，1908—1918 年，萍乡煤矿在未计算归还债务本金的情况下，其在资本筹集成本方面的支出就达到 787. 5500254 万两洋例银，占这个时期萍乡煤矿总支出的 20. 2657 %，其中，1911 年更是达到 29. 2879 %，其比例是惊人的，如计算入债务本金的支付，毫无疑问则肯定是一个更为惊人的数字。

表 3—19　　　　　　萍乡煤矿历年借款汇率变动、
官利支出等比较（1908—1918）　　　　（单位：万两）

项目（支）	1908	1910	1911	1912	1913	1914
各该年萍矿总支出	368. 6585121	438. 7439810	384. 6301631	211. 3771109	359. 9407306	395. 6626202
礼和借款磅亏	3. 1771262					
备发戊申年第一届股息及沪、汉、萍各庄号利息	77. 4181595					

项目（支）	1908	1910	1911	1912	1913	1914
备发庚戌年第三届股息并沪、汉、萍各银行庄号利息		75.5987322				
辛亥年第四届股息备换股票并沪、汉、萍各行号借款利息			80.4448867			
还礼和及大仓金洋、马克兑亏			27.5999760			
官钱号提给己酉、庚戌两届花红			0.7509484			
本矿及各局银洋钱兑亏			3.8542143			
壬子年第五届股息备换股票并沪汉萍各行号借款利息				53.8816584		

续表

项目（支）	1908	1910	1911	1912	1913	1914
第六届股息备换股票并沪、汉、湘各行号借款利息					77.2288369	
第七届股息备换股票并各项债息						64.4624533
第八届股息备换股票并各项债息						
第九届股息备换股票并各项债息						
各项债息						
备发第十届股息余利						
备发第十届汉冶萍统计盈余提十分之一酬劳						
小计	80.5952857（21.8618%）	75.5987322（17.307 %）	112.6500254（29.2879 %）	53.8816584（25.4908 %）	77.2288369（21.6994 %）	64.4624533（16.2923 %）

项目（支）	1915	1916	1917	1918	合计
各该年萍矿总支出	441.5351398	450.8153944	504.1831535	330.5838203	3886.130626
礼和借款磅亏					
备发戊申年第一届股息及沪、汉、萍各庄号利息					
备发庚戌年第三届股息并沪、汉、萍各银行庄号利息					
辛亥年第四届股息备换股票并沪、汉、萍各行号借款利息					
还礼和及大仓金洋、马克兑亏					
官钱号提给己酉、庚戌两届花红					
本矿及各局银洋钱兑亏					
壬子年第五届股息备换股票并沪汉萍各行号借款利息					
第六届股息备换股票并沪、汉、湘各行号借款利息					

续表

项目（支）	1915	1916	1917	1918	合计
第七届股息备换股票并各项债息					
第八届股息备换股票并各项债息	115. 5340277				
第九届股息备换股票并各项债息					
各项债息			79. 2032111	68. 5265255	
备发第十届股息余利			51. 0278058		
备发第十届汉冶萍统计盈余提十分之一酬劳			8. 8414634		
小计	115. 5340277 （26. 1664 %）		139. 0724803 （27. 5837 %）	68. 5265255 （20. 7289 %）	787. 5500254 （20. 2657 %）

注：括号中百分比为各该年本项目支出所占萍乡煤矿该总支出的百分比。

资料来源：1908—1916 年数据来源于《汉冶萍公司档案史料选编》（上），第 560—589 页；1917—1918 年数据来源于《汉冶萍公司档案史料选编》（下），第 695—704 页。

除以上主要支出外，萍乡煤矿在税收、公益等方面也有一些支出，因其比重低，现仅列表 3—20、表 3—21、表 3—22，不做过多分析。

在表 3—20、表 3—21、表 3—22 中，萍乡煤矿在税收和公益方面的支出都不是很大的（在少量的公益支出中还包含了萍乡煤矿自己学校的开支）。另外，萍乡煤矿在 1908 年因成立汉冶萍招股的需要在做账时折旧过资产外，其后并未进行过资产折旧。所以，从总的方面讲，萍乡煤矿的资产是有水分的。

总的来说，1908—1918 年，生产、加工、运输、资本筹集成本方面的支出是萍乡煤矿支出的主要四大块，其中，运输成本与资本筹集成本在总成本中占有过高的比例是显而易见的。

表 3—20 萍乡煤矿历年税收支出比较（1908—1918） （单位：万两）

项目（支）	1908	1910	1911	1912	1913	1914
各该年萍矿总支出	368.6585121	438.7439810	384.6301631	211.3771109	359.9407306	395.6626202
报完江西厘金	0.3631788					
完纳进口税并出口复进口税	2.2629693	6.8435659	4.9732690	5.1715840	8.3066764（含捐助萍邑学校公费）	8.8359314（含捐助学校公费）
江西、湖南税捐						
小计	2.6261481	6.8435659	4.9732690	5.1715840	8.3066764	8.8359314

项目（支）	1915	1916	1917	1918	合计
各该年萍矿总支出	441.5351398	450.8153944	504.1831535	330.5838203	3886.130626
报完江西厘金					
完纳进口税并出口复进口税					
江西、湖南税捐	5.5417424	6.1389626	8.4921478		
小计	5.5417424	6.1389626	8.4921478		56.9300276（1.4650%）

注：括号中百分比为各该年本项目支出所占萍乡煤矿该总支出的百分比。

资料来源：1908—1916 年数据来源于《汉冶萍公司档案史料选编》（上），第 560—589 页；1917—1918 年数据来源于《汉冶萍公司档案史料选编》（下），第 695—704 页。

表3—21　　　　　　　　**萍乡煤矿历年矿办学校、慈善**

支出比较（1908—1918）　　　　　（单位：万两）

项目（支）	1908	1910	1911	1912	1913	1914
各该年萍矿总支出	368.6585121	438.7439810	384.6301631	211.3771109	359.9407306	395.6626202
本矿机炉、土炉提存学校经费	0.8601179	1.5140819	1.3380168	0.8366397		
捐助萍邑公费	0.6571954	0.8143672	0.4700934			
小计	1.5173133	2.3284491	1.8081102	0.8366397		

项目（支）	1915	1916	1917	1918	合计
各该年萍矿总支出	441.5351398	450.8153944	504.1831535	330.5838203	3886.130626
本矿机炉、土炉提存学校经费	2.6157292	2.6879829	2.1590434	1.6464354	
捐助萍邑公费					
小计	2.6157292	2.6879829	2.1590434	1.6464354	15.5997032 (0.4014%)

注：括号中百分比为各该年本项目支出所占萍乡煤矿该总支出的百分比。

资料来源：1908—1916年数据来源于《汉冶萍公司档案史料选编》（上），第560—589页；1917—1918年数据来源于《汉冶萍公司档案史料选编》（下），第695—704页。

表 3—22　　　　　　　**萍乡煤矿历年设备、库存折旧**

支出比较（1908—1918）　　　　（单位：万两）

项目（支）	1908	1910	1911	1912	1913	1914
各该年萍矿总支出	368.6585121	438.7439810	384.6301631	211.3771109	359.9407306	395.6626202
折轻安源机矿成本	50.0000000					
折减现存焦煤估价	27.9811709					
煤砖机经费	0.1884376					
小计	78.1696085 (21.2038%)					

项目（支）	1915	1916	1917	1918	
各该年萍矿总支出	441.5351398	450.8153944	504.1831535	330.5838203	
折轻安源机矿成本					
折减现存焦煤估价					
煤砖机经费					
小计					

注：括号中百分比为各该年本项目支出所占萍乡煤矿该年总支出的百分比。

资料来源：1908—1916 年数据来源于《汉冶萍公司档案史料选编》（上），第 560—589 页；1917—1918 年数据来源于《汉冶萍公司档案史料选编》（下），第 695—704 页。

三　1919—1923 年财务状况

根据表 3—23 可知，整个汉冶萍公司的有形资产由 1919 年的 38934197.23 元递增到 1923 年的 53926828.91 元，增长 38.0762%，而萍乡煤矿的有形资产则从 1919 年的 10880178.79 元递增到 1923 年的 10957159.00 元，仅仅增长 0.7075%，萍乡煤矿的增长几乎完全可以忽略不计。表3—24《萍乡煤矿资产》作为表3—23的补充材料仅供参考，不做分析。

表3—23　　　　　　　　**汉冶萍资金资产**（1919—1923）　　　　（单位：元）

		1919	1920	1921	1922	1923	合计
有形资产	汉阳铁厂	20287745.12	20451182.59	18911559.70	19069820.95	19156237.74	97876546.10
	萍乡煤矿	10880178.79	10892937.59	10913943.85	10930421.34	10957159.00	54574640.57
	大冶铁矿	376707.56	8524843.78	8740669.57	8743120.42	8746582.14	152451186.70
	运输所	3059968.62	3064721.62	3081422.48	3061422.48	3044722.48	15312257.68
	浦东码头及栈房	324847.27	324847.27	346418.63	346418.63	346418.63	1688950.43
	大冶铁厂建筑费	3959067.63	6251600.01	9192843.77	10766318.00	11619662.25	17001208.11
	大冶采矿处	16509.03	23409.86	27903.72	31675.92	32019.76	131518.29
	其他	29173.21	36992.91	40772.72	23547.93	24026.91	154513.68
	小计	38934197.23 (27.9450%)	49570535.63 (21.9746%)	51255534.44 (21.2932%)	52972745.67 (20.6340%)	53926828.91 (20.3186%)	339190821.60 (16.0897%)
无形资产	股券	6242067.25	6384602.25	6358839.55	6358839.55	6767683.09	286031.97
	债券	512748.13	60307.04	59093.51	106377.03	104537.61	843063.32
	小计	6754815.38	6444909.29	6417933.06	6465216.58	6872220.7	1129095.29
合计		45689012.61	56015444.92	57673467.50	59437962.25	60799049.61	340319916.90

注：在下面的相关表格中，对上述资料来源的表注只列出档案号。括号中的数字为萍乡煤矿有形资产所占汉冶萍有形资产的百分比。

资料来源：1919—1923年资料分别来源于湖北省档案馆LS56-1-1297号《汉冶萍煤铁厂矿有限公司商办第十二届账略》、LS56-1-1298号《汉冶萍煤铁厂矿有限公司商办第十三届账略》、LS56-1-1299号《汉冶萍煤铁厂矿有限公司商办第十四届账略》、LS56-1-1300号《汉冶萍煤铁厂矿有限公司商办第十五届账略》、LS56-1-1301号《汉冶萍煤铁厂矿有限公司商办第十六届账略》。

表 3—24　　　　　　　　**萍乡煤矿资产**（1919—1923）　　　　　（单位：元）

	1919	1920	1921	1922	1923
基地	1589709.94	1599061.28	1599116.28	1599653.23	1600782.24
窿内工程	4428651.23	4428651.23	4428651.23	4428651.23	4428651.23
采矿设备	1171087.32	1171087.32	1192038.58	1203979.12	1229587.77
洗煤机	892221.92	892221.92	892221.92	892221.92	892221.92
炼焦炉	821530.05	821530.05	821530.05	821530.05	821530.05
制造处	600672.19	600672.19	600672.19	600672.19	600672.19
电机处	606527.55	606527.55	606527.55	606527.55	606527.55
房屋	450288.03	453283.79	453283.79	453283.79	453283.79
分矿	15782.98	15782.98	15782.98	15782.98	15782.98
其他	303707.58	304119.28	304119.28	304119.28	304119.28
合计	10880178.79	10892937.59	10913943.85	10926421.34	10957159.00

资料来源：湖北省档案馆 LS56-1-1297、LS56-1-1298、LS56-1-1299、LS56-1-1300、LS56-1-1301 号档案。

表 3—25 所体现的是汉冶萍 1919—1923 年的"营业资产"。根据这份财务数据可知，五年中汉冶萍的现金资产平均占总营业资产的比例为 6.3225%，看上去还行，但是，不难发现，除 1919 年、1920 年有超过 10% 以上的比例外，1921—1923 年的现金比例最高不到 4%，且年年急速下降，到 1923 年已只有 1.4443%，可谓"江河日下，一泻千里"。另外，表中数据也清晰地反映出了汉冶萍产品积压的状况，其中，1919—1923 年五年中萍乡煤矿产品积压的资金平均占汉冶萍全部产品积压资金总平均数的 16.8339%，远低于汉冶萍其他产业的产品积压水平。这说明，汉冶萍其他产业对萍乡煤矿产生了很大的拖累，但是，同时也可发现，萍乡煤矿产品所积压资金的比例处于上升的态势，这又说明萍乡煤矿的销售在日益朝着不良的方向发展。

表3—25　　　　　　　　汉冶萍营业资产（1919—1923）　　　　　（单位：元）

		1919	1920	1921	1922	1923	合计
现金	存柜	341600.32	551286.80	409083.51	111233.43	128516.20	
	存行	2639021.12	2418999.03	544244.16	239663.39	102260.10	
	小计	2980621.44	2970285.83	953327.67	350896.82	230776.30	7485908.06
存货	煤	746759.17	558953.09	619295.87	399696.43	204826.65	2529531.21
	焦	896055.76	1113673.19	1075625.66	741893.29	1125940.74	4953188.64
	生铁	3974745.20	1236667.56	1541370.58	1320622.05	2194881.61	
	钢货	4539045.03	6624071.81	7148749.94	2874104.66	2265536.18	
	矿石	447374.98	832761.04	881177.84	438513.06	267757.84	
	渣砖、洋砖			121891.69	128841.92	129441.71	
	小计（煤焦存货占汉冶萍总存货比）	10603980.14（15.4924%）	10366126.69（16.1355%）	11388111.58（14.8833%）	5903671.41（19.3369%）	6188384.73（21.5043%）	44450274.55（16.8339%）
存料		7659235.93	7081318.00	7061955.49	5868251.00	4185253.05	
应收账	货价	7150887.47	3458268.00	3699676.14	1515087.43	1083799.49	
	存款	1028709.62	908709.62	908709.62	908709.62	908709.62	
	其他	777132.94	2254780.14	2725677.95	3897882.71	3381778.26	
	小计	8956730.03	6621757.76	7334063.71	6321679.76	5374284.37	
合计（现金占营业资产比）		30200567.54（9.8694%）	27039488.28（10.9850%）	26737438.45（3.5655%）	18444500.99（1.9024%）	15978698.45（1.4443%）	118400693.7（6.3225%）

资料来源：湖北省档案馆 LS56－1－1297、LS56－1－1298、LS56－1－1299、LS56－1－1300、LS56－1－1301 号档案。

由表3—26可知，1923年与1919年相比，递延资产（一般指摊销期在一年以上的长期待摊费）中，杂项下降56.82%，未定转账下降95.95%，但总体只下降4.4%，其主要原因是预付各款迅猛增长1290.49%，这说明递延资产现金支付（犹如人体血液输出）速度急剧加快，属于现金资产控制处于不正常状态，其结果必然深度影响企业的正常资本投入。

表3—26　　　　　　汉冶萍递延资产（1919—1923）　　　　（单位：元）

	1919	1920	1921	1922	1923
预付各款	105057.48	551515.68	1594422.86	1105612.81	1356072.27
未定转账	480172.78	189373.53	149883.23	142612.49	19456.79
杂项	1556784.72	1229224.81	172754.26	243614.92	672246.90
合计	2142014.98	1970114.02	1917060.35	1491840.22	2047775.96

资料来源：湖北省档案馆 LS56-1-1297、LS56-1-1298、LS56-1-1299、LS56-1-1300、LS56-1-1301 号档案。

如同对1908—1918年的分析一样，收支的分析也是1919—1923年萍乡煤矿财务分析的重要内容。根据表3—27可知，1919—1923年，萍乡煤矿在煤焦生产上的成本（即表3—27中所指的"产品原值"）在五年中平均占同期汉冶萍主要产品生产成本总平均的26.4313%，其中，1919年占32.5524%，1923年占22.6488%，整体处于下降的态势，这与1919—1923年萍乡煤矿煤焦产量处于整体下降的水平是相适应的（1919年萍乡煤矿的煤、焦产量分别为794999吨和249015吨，1923年的煤、焦产量分别为666739吨和208918吨[1]）。在亏损额度方面，1920—1923年萍乡煤矿的平均亏损额（缺1919年萍乡煤矿的数据）为同期汉冶萍总平均亏损额的24.0122%，这同样说明汉冶萍其他厂矿对整个汉冶萍公司拖累更大，但是1920年时萍乡煤矿亏损额只占整个公司亏损额的15.3143%，而到1923年却几乎翻了一倍达到28.9557%，说明萍乡煤矿也越来越成为汉冶萍总公司的负担，其中1921年甚至达

[1] 《萍乡矿务局志》，第76页。

到 39. 8648%的程度，萍乡煤矿在这个时期经营的恶化可想而知。

　　经过对表 3—27 的分析可知，1919—1923 年萍乡煤矿在产品生产成本和亏损方面的平均水平分别处于约占汉冶萍整个公司平均生产成本、亏损额的 1/4、1/5 的范围内。而在收入方面，根据对表 3—28 的分析可知，1919—1923 年萍乡煤矿煤焦的年平均收入则占整个汉冶萍产品年平均收入的 34. 4264%。这说明，虽然 1919—1923 年萍乡煤矿的经营处于恶化的状态下，但相对于汉冶萍的其他企业来讲，萍乡煤矿还算是一份较优质的资产。

表 3—27　　　　　　　　　　　汉冶萍支出（1919—1923）　　　　　　　　（单位：元）

			1919	1920	1921
产品价值	产品原值	生煤	1006856. 72	1107953. 53	1096673. 55
		焦煤	3039986. 99	2465333. 46	2357658. 04
		生煤、焦煤合计	4046843. 71	3573286. 99	3454331. 59
		其他（翻砂铁、马丁铁、钢货、矿石、白石）	8384926. 81	11368113. 13	8944843. 29
		原值合计（生煤、焦煤原值占汉冶萍所有产品原值比）	12431770. 52（32. 5524%）	14941400. 12（23. 9153%）	12399174. 88（27. 8594%）
	产品附值	附值合计	2812699. 37	2456584. 15	2490288. 61
		产品价值合计	15244469. 89	17397984. 27	14889463. 49
管理费	董事会		106847. 71	126783. 82	118861. 89
	经理处		231403. 61	278319. 33	277904. 61
	商务所		178080. 39	215704. 82	246680. 55
		管理费合计	516331. 71	620807. 97	643447. 05
利息	长期借款利息		1593978. 62	1103520. 86	1840834. 19
	短期借款及银行透支利息		116788. 96	585290. 52	526074. 18
		利息合计	1710767. 58	1688811. 38	2366908. 37

		1919	1920	1921
厂矿所投资亏损	汉阳铁厂	400752.68	790303.22	
	大冶铁厂			
	大冶铁矿			217525.05
	萍乡煤矿		142915.60	200684.45
	运输所			85202.54
	亏损合计（1920—1923年萍矿亏损占同期汉冶萍全部亏损比）	400752.68	933218.82（15.3143%）	503412.04（39.8648%）
过期账支出		12478.15	287635.91	39810.56
其他支出		6546744.32	4905.79	55614.39
汇总亏损			1006182.11	230462.50
杂项支出		21941822.19	2275.94	3604.27
汉冶萍全部支出总计		46373366.52	21941821.19	18809280.08

			1922	1923	合计
产品价值	产品原值	生煤	725790.76	545027.70	
		焦煤	2957918.50	2159792.19	
		生煤、焦煤合计	3683709.26	2704819.89	17462991.44
		其他（翻砂铁、马丁铁、钢货、矿石、白石）	10670873.08	9237615.15	
		原值合计（生煤、焦煤原值占汉冶萍所有产品原值比）	14354582.34（23.4678%）	11942435.04（22.6488%）	66069362.90（26.4313%）
	产品附值	附值合计	2482627.57	2418389.42	
		产品价值合计	16837209.91	14360824.46	

续表

		1922	1923	合计
管理费	董事会	98806.62	100624.35	
	经理处	201250.50	266649.99	
	商务所	125565.81	132427.92	
	管理费合计	425622.??[a]	499702.26	
利息	长期借款利息	2006748.75	1609105.09	
	短期借款及银行透支利息	705408.05	564715.44	
	利息合计	2712156.8	2173820.53	
厂矿所投资亏损	汉阳铁厂	1260462.06	1481134.89	
	大冶铁厂		235948.48	
	大冶铁矿	411256.46	335245.60	
	萍乡煤矿	481181.07	972470.61	1797251.73
	运输所	135975.80	333677.92	
	亏损合计（1920—1923 年萍矿亏损占同期汉冶萍全部亏损比）	2288875.39（21.0226%）	3358477.5（28.9557%）	7484736.43（24.0122%）
过期账支出		58775.67	13807.16	
其他支出		128119.54	700.00（另营业费30282.29）	
汇总亏损		249820.05		
杂项支出			258.00	
	汉冶萍全部支出合计	22761474.05	20457872.20	

注：a. 表中"??"处为因原资料被装订覆盖而无法查阅的数字。

资料来源：湖北省档案馆 LS56-1-1297、LS56-1-1298、LS56-1-1299、LS56-1-1300、LS56-1-1301 号档案。

表 3—28　　　　　　　**汉冶萍收入（1919—1923）**　　　　　　（单位：元）

		1919	1920	1921
销售收入	生煤	1638445.09	1785424.42	1837020.73
	焦煤	4538148.50	3705915.53	3599656.53
	小计	6176593.59	5491339.95	5436677.26
	翻砂铁、马丁铁、钢货、矿石等	略	略	略
	销售收入合计（生煤、焦煤收入占总收入比）	19990129.86（30.8982%）	16022945.27（34.2717%）	14013696.90（38.7955%）
证券收入		44738.24	77292.48	3873.56
厂矿所投资利息		3665237.24	3785743.54	3869303.26
厂矿所投资盈余	大冶铁矿	191214.20	204695.40	
	运输所	78156.80	116588.22	
	萍乡煤矿	77165.87		
	大冶采矿处	2070.70	9347.44	4759.97
	盈余合计（萍矿盈余占总盈余比）	348607.57（22.1355%）	330631.06	
银行及钱庄往来利息		82083.18	143983.32	92361.58
汇总盈余		1009508.56		
杂项收入合计		216203.99	291234.19	197466.91
罚款		1572464.27		
过期账收入		83561.10	10402.89	101718.43
其他收入		32991.91		26099.47
汉冶萍全部收入合计		27045525.92	21941821.19	18309280.08

续表

		1922	1923	合计
销售收入	生煤	1062551.33	736123.43	7059565
	焦煤	4492323.45	3279401.50	19615445.51
	小计	5554874.78	4015524.93	26675010.51
	翻砂铁、马丁铁、钢货、矿石等	略	略	
	销售收入合计（生煤、焦煤收入占总收入比）	14549625.68（38.1788%）	12907662.68（31.1096%）	77484060.39（34.4264%）
证券收入		692.37	26618.62	
厂矿所投资利息		4110035.70	4220168.84	
厂矿所投资盈余	大冶铁矿			
	运输所			
	萍乡煤矿			
	大冶采矿处	11836.69	10626.79	
	盈余合计（萍矿盈余占总盈余比）			
银行及钱庄往来利息		66835.46	72030.14	
汇总盈余			56896.55	
杂项收入合计		124348.95	165781.27	
罚款				
过期账收入		137543.03	45477.45	
其他收入		93679.81		
汉冶萍全部收入合计		19094597.69	17505262.34	

资料来源：湖北省档案馆 LS56-1-1297、LS56-1-1298、LS56-1-1299、LS56-1-1300、LS56-1-1301 号档案。

以上分时期对萍乡煤矿在 1908—1923 年的财务数据进行了或详或略的分析，作为本节的最终判断，笔者认为，总的趋势是，在 1908—1923 年间，萍乡煤矿虽然是整个汉冶萍公司内部较为优质的资产，但除个别年份外，其资本收益是朝着恶化的方向"发展"的。

第四章

官办萍乡煤矿（1928—1939）

1928 年 12 月，萍乡煤矿由江西省政府"接管"，受江西省建设厅直接指挥、监督，改名"江西省政府萍矿管理处"，从此，萍乡煤矿脱离汉冶萍，由商办走向官办。1937 年，日本全面侵华，华北主要煤区沦陷，军工、铁路急需煤炭，而江西省政府又无力继续"救济"萍乡煤矿，经江西省政府请求，1938 年 1 月，国民政府军事委员会资源委员会与赣省合办萍乡煤矿。1939 年 3 月，南昌沦陷，4 月，萍乡煤矿奉令拆迁，自行毁矿，至此，萍乡煤矿名存实亡。[①]

主要由于政治原因，商办萍乡煤矿已无法继续生存，而其"有幸"得以被官方"收容"并长期"存在"，最大理由就是以所谓维护"国产"[②] 之名，行确保"社会稳定"之实。因此，其企业经营的根本目标就是"维持""社会稳定"，[③] 而不再是汉冶萍时期的"商务"利益。

[①] 抗战胜利后至新中国成立前，国民政府继续开发萍乡煤炭资源，但由于萍乡煤矿的主体工程已于 1931 年八方井透水事件中被淹，所以，这一时期的萍乡煤矿是以安源煤矿附近的高坑煤矿为基础进行建设的，并被命名为"赣西煤矿"。当然，由于高坑煤矿一直属于原萍乡煤矿的资产，所以，赣西煤矿也可称为萍乡煤矿，如《萍乡矿务局志》就把赣西煤矿的历史计入萍乡煤矿的历史。但由于这一时期的萍乡煤矿（即赣西煤矿）已经不是以盛宣怀创办的安源机矿为主体工程的煤矿，所以，如绪论所述，本书对于近代萍乡煤矿的研究只延及 1939 年国民政府拆迁安源机矿止。

[②] "国产"一词经常被官办萍乡煤矿时期的官方甚至萍乡煤矿一般职员挂在口上，如"清剿"矿区小煤窑，萍乡煤矿专员即说是"为中国国产计"（江西省政府萍矿管理处编：《萍矿》，第 75 页），在要求湘鄂铁路购用该矿煤炭时萍乡煤矿专员也以"国产"（《萍矿》，第 84 页）的名义晓之以理，动之以情。

[③] 如前所述，抗战爆发后，国民政府资委会与江西省合办萍乡煤矿，曾试图尽可能多地利用萍乡煤矿煤炭资源，但由于国民政府在抗战前毫无周密系统的抗战国防军事战略和国防经济战略安排，致使其抗战节节败退，资委会根本无暇真正顾及萍乡煤矿，原本打算扩大开发萍乡煤矿的设想根本未进行任何有效的实施，仅向萍乡煤矿象征性地注资 50 万元而已。《萍乡矿务局志》，第 15 页。

为此，官办时期萍乡煤矿始终处于被官方有意识地"萎缩型"维持，"维持型"管理，"管理型"经营，以致经济效益极其低下，资不抵债，苦苦支撑，江河日下的境地。

第一节　　"管理型"① 企业的企业定位

一　政治经济背景

萍乡煤矿曾是近代长江以南地区员工规模最大的厂矿，而且它外接广东，内邻井冈，所以，自然成了近代中国历史上与政治运动、战争关系最为密切的企业。从某种角度上说，汉冶萍之所以最后放弃了萍乡煤矿，其最直接的原因就是北伐军对萍乡煤矿的占领和共产党在萍乡煤矿领导的工人运动。八一起义后，毛泽东在井冈山开辟了根据地，萍乡紧邻井冈山，② 萍乡煤矿工人与井冈山红军遥相呼应，红军经常"光顾"萍乡煤矿，萍乡煤矿工人成了红军中工人阶级成分的重要源泉，萍乡煤矿的枪支弹药、机械设备、现金也成了红军的重要补给。通过北伐而统一了中国的蒋介石政府则非常了解北伐对萍乡煤矿的影响，同时更清楚邻近井冈山的萍乡煤矿对于"共匪"的重要性，在蒋政府眼里，萍乡煤矿随时可成为影响国民政府"社会稳定"的"火药桶"。解散萍乡煤矿不行，那将可能立即导致"强大"工人运动的"喷发"，大力发展萍乡煤矿也不行，那更将使萍乡煤矿工人的力量在继安源路矿工人大罢工后再一次强大起来，从而等同坐视井冈山根据地的壮大。③ 所以，官方"只能"就接管后的萍乡煤矿加以"维持"，并为了"维持"而进行

---

① 按现代企业管理理论，所谓管理型企业是指那些通过或希望通过"管理"出效益的企业。本书把官办时期的萍乡煤矿定性为"管理型"企业，与现代的理论是有差别的。本书认为，官办时期的萍乡煤矿是"管理型"企业，是指其通过"管理"的手段来维持企业的经营，即笔者认为，"管理型"企业的目标不一定就是为了"发展"，有时企业的经营目标就是"维持"甚至有意"萎缩"和走向破产，这样的情况在以往和现实的企业经营中是存在的。

② 现在的萍乡市距井冈山市约 100 公里。

③ 1922 年安源路矿工人大罢工时，中国共产党刚刚成立，还未发生八一起义、秋收起义和出现井冈山革命根据地，如果在蒋介石统一了中国，并在有了井冈山革命根据地后，再"任由"萍乡煤矿工人运动发展，则其"后果"肯定是蒋介石政府无法想象的。

"管理"，且相机"萎缩"之。

对此企业定位及其原因，国民政府官方曾有明确的表态。还在北伐进程中的 1926 年 9 月 20 日，作为国民革命军总司令的蒋介石参观了萍乡煤矿，他当时就"运筹帷幄"，向萍乡煤矿当局表示："一劳资合作，二筹一办法先维持现有工人之生活。"① "稳定"之意已现，而出自"总司令"之口的"维持"两字则给后来的官办萍乡煤矿"指明了方向"。时至 1928 年，江西省政府在其接管萍乡煤矿的《江西省政府管理萍乡煤矿规程》中，即明示了官方对萍乡煤矿"维持救济"②的定位，其第一任专员何熙曾到矿后，即对原有萍乡煤矿机构和职员原封未动，并一再声称江西省政府对萍乡煤矿毫无"接管"之意，派人来"维持"，实是万不得已之举。③（后来，"维持顺利，完全接收，管理期限，无形延长。"④）另外，该《规程》虽有"为将来开发计"的宏观愿望，但其实施只"由专员随时报请省政府建设厅察核"，作为"接管"和主管萍乡煤矿的省厅却并不负主导与主持之责，其"为将来"明显即为一句瞒天过海的空话。而且，"为维持萍乡固有矿产，救济矿区失业工人，及为将来开发计"而"特筹垫"⑤的经费也只有专员何熙曾携来的区区"五万元"⑥，更可知官办萍乡煤矿将没有"将来"。

1929 年 10 月，江西省政府改组，改派萍乡煤矿专员，新专员萧家模到矿后，也重申江西省政府断无接管萍乡煤矿之意，是完全以"维持"为宗旨。⑦ 1931 年，由于八方井透水，萍乡煤矿主体工程全毁，专员董伦弃职而走，萍乡煤矿职员纷纷呈报南京国民政府，也只要求"维持"，国民政府实业部即训令江西省建设厅："萍乡煤矿迭遭挫折，请派员调查，设法维持，以保国产。"⑧ 仍以表面的保全"国产"的名义，行"维持""社会稳定"之实。

---

① 《中国煤炭志·江西卷》，第 19 页。
② 《萍乡安源煤矿调查报告》，第 159 页。
③ 《萍乡煤炭发展史略》，第 32 页。
④ 《萍乡安源煤矿调查报告》，第 159 页。
⑤ 同上。
⑥ 同上书，第 18 页。
⑦ 《萍乡煤炭发展史略》，第 33 页。
⑧ 同上书，第 34 页。

当然，也有的官员不像中央政府那样"隐晦"，会比较直接地指出政府接管、维持、管理萍乡煤矿的意图。1934年3月7日，萍乡煤矿专员陈国屏上任一周，即发布《江西省政府萍矿管理处布告》。陈首先声明，"兄弟""这次奉江西省政府暨建设厅委派来萍，接管萍乡煤矿"，乃是"为各位谋利益"，接着，他便勾起员工对"在昔最盛时代……员工的生活是何等地安定"的美好回忆。然而，陈并未把萍乡煤矿"现在何以弄到这步田地"的责任归结到员工的身上，而是认定萍乡煤矿"就是受了十四年（1925）以来共产党麻醉工友的亏；加以十九年迭遭匪陷，[①] 致工程一天一天的崩溃，出煤一天一天的减少。遂造成今日这种非常危险的局面。使各位生活也感受无限的痛苦"，对此，"省政府熊主席[②]，建设厅龚厅长[③]，非常的轸念，特命兄弟等前来"，"现在唯一的目标，就是希望大家一致奋起协助，努力工作"，"吃得苦中苦，方为人上人"，"如能了解此旨，澈底做去，那末，不患本矿不能逐渐恢复，发展，即各位的痛苦，亦可同时解除咧！"[④] "逐渐恢复"、"发展"是"诱饵"，而对昔日吃了共产党的"亏"一事，政府倒确实"念念不忘"。自1928年至1937年的9年中，江西省政府八易萍乡煤矿专员（见表4—1），也足见官方从未有过可持续发展萍乡煤矿政策之一斑。

表4—1　　　　　　萍乡煤矿专员任职统计（1928—1939）

专员姓名	任职时间
何熙曾	1928年11月30日—
萧家模	1929年10月24日—
董伦	1931年5月—1931年12月

---

① 指1930年5月，黄公略率红三军到安源，1000多名安源工人参加红军；6月，红三军团之一部到安源，1500多名安源工人参加红军；9月，毛泽东、朱德率红一方面军来萍，又有1000多名安源工人参加了红军。《萍乡矿务局志》，第14页。

② 指熊式辉。

③ 指龚学遂。

④ 《江西省政府萍矿管理处布告》（矿字第三号）（1934年3月7日），载《萍矿》，第78页。

续表

专员姓名	任职时间
何熙曾（1932 年 2 月委任）	1932 年 5 月 26 日—1934 年 1 月
陈国屏	1934 年 3 月 1 日—1935 年 4 月
姚敏	1935 年 4 月—1936 年 10 月
萧笃轩	1936 年 11 月 3 日
王野白	1938 年 1 月 11 日

资料来源：《萍乡矿务局志》，第 14—15 页。

二　管理目标

其实，要做到"维持"也是不容易的，简单的"维持"也会有"危险"，因为，"维持"不是静止的，静止的"维持"即等于维持萍乡煤矿工人的力量。所以，官方"维持"萍乡煤矿的目标是让其逐步地"萎缩"，最终使萍乡煤矿工人的势力萎缩到"安定"并"可控"的水平。如此，以"温水煮青蛙"一语来形容官办时期官方对萍乡煤矿的"管理"目标则非常适合。

陈国屏说，至于"欲解除你们的痛苦，不从根本上着手，总是很难"，"这个根本究竟在那里呢？就是减轻生产的成本，增加生产的效率……从根本做去，所有日用的材料，要如自己家庭用物一般□□均须爱惜节省，工作更须□慎努力，事事都要留心，一日须当两日，果能如此做去，那末，工作效率，自然增加，生产成本，也可减少，萍乡煤矿发展，又立而待，到那时，改良待遇，增加工食，自可迎刃而解啊！"当然，如果大家不一致努力，并"长此因循，退化下去，那末，只有亏本"[1]。陈说得很清楚，萍乡煤矿的命运、萍乡煤矿工人们的命运"完全掌握"在萍乡煤矿工人自己的手中，政府对此"无能为力"。"自生""自灭"（当然是逐步地"自灭"），就成了"温水"中"青蛙"的未来。

官办萍乡煤矿的命运便如此地被政治性安排了。当然，政治性的安

---

[1]　《江西省政府萍矿管理处布告》（矿字第　号二三，四，十三）（1934 年 4 月 13 日），载《萍矿》，第 79—80 页。

排是不会说得太透的。"内紧外松"，始终"站在"萍乡煤矿的"立场"，始终给萍乡煤矿和萍乡煤矿员工以"希望"，不过是官方"管理"官办萍乡煤矿的技巧与"艺术"而已。

第二节　官办萍乡煤矿的"管理"

一　企业组织架构

汉冶萍时期，萍乡煤矿"规模务尚宏大，一切失之浮夸"[1]，至1928年，萍乡煤矿已"支离破碎百孔千疮，几成不易收拾之残局"[2]。但为了控制萍乡煤矿，"维持"社会稳定，官方"只得"接下，也"必须"接下这个食之无味的"鸡肋"、烫手的"烂芋头"，而且，为防止可能引起"不稳定"事件的发生，只得称"暂时""接管"，却又留下"期满时得相度实情，酌予延长"[3] 的伏笔。

江西省政府管理萍乡煤矿规程（1928年12月）

第一条　省政府为维持萍乡固有矿产，救济矿区失业工人，及为将来开发计，特筹垫经费，派专员一人管理之。

第二条　管理期限暂定为六个月，但期满时得相度实情，酌予延长。

第三条　专员办公处设于安源，其经费另定之。

第四条　专员承省政府之命令，受省政府建设厅之指挥，总理该矿一切事宜，有指挥该矿所有员工之权。

第五条　专员办公处置总务干事一人，承专员之命，司理银钱出纳及煤斤发放保管事宜，但总务干事认用款有不当时，得负责停止支付，商请专员复核。

第六条　专员办公处置助理员二人，承专员之命，办理考工稽核事宜。

---

① 《萍乡安源煤矿调查报告》，第157页。
② 《萍矿》，第10页。
③ 《萍乡安源煤矿调查报告》，第159页。

第七条 该矿区维持救济以外之调查设计事宜，应由专员随时报请省政府建设厅察核。

第八条 本条例自省务会议决议之日起施行。[①]

《规程》实行后，萍乡煤矿"组织大变"，"专员尚与旧有矿长对室办公"，但官方专员已牢牢把控人事、财务大权，"总理该矿一切事宜"，不过，此时官方"对各股处并无明文规定"。1929年12月，江西省政府第二三九次省务会议通过《江西省政府萍矿管理处组织规程》，官办萍乡煤矿"组织始称完备"[②]。

"萍矿管理处"这一机构名称，充分体现了官方对萍乡煤矿进行"管理"的思想，而《组织规程》则为打造"管理型"萍乡煤矿提供了企业组织架构上的"法规保证"。

江西省政府萍矿管理处组织规程（1929年12月）

第一条 本处隶属江西省政府，受江西建设厅之指挥，处理萍矿一切事宜。

第二条 本处专员一人，综理全处事务，并指挥监督所属各职职员及各附属机关。

第三条 本处设秘书一人，承专员之命，掌理机要事项。

第四条 本处设左列各科及各附属机关：

一、总务科

二、工务科

三、会计科

四、矿警局

五、萍矿高初两等小学

六、医院

七、萍矿职工消费合作社

八、各办事处

---

① 《萍乡安源煤矿调查报告》，第159页。
② 同上。

第五条　各科设科长一人，矿警局设主任一人，均承专员之命，掌理各该科事务并得分股办事，矿警局得酌设矿警队长。

第六条　总务科设左列各股：

一、文书股　办理撰拟及收发文件，保管案卷、典守关防等事项。

二、事务股　办理采买收发物品，及交际杂务等事项。①

三、产业股　办理房屋及保管契据等事项。

四、营运股　办理煤焦出纳，及运输监磅等事项，株洲武昌囤栈附属之。

五、材料股　办理木料及五金机料收发保管等事项，株洲紫家冲湘东各采木所附属之。

第七条　工务科设左列各股：

一、采煤股　办理窿内采煤工程，及改良煤质等事项。

二、测探股　办理测量绘图及探煤等事项。

三、修造股　办理修配各项机件，上厂下厂土木厂等事项，直井管理厂附属之。

四、洗炼股　办理选洗煤炼焦等事项，化验室附属之。

五、电机股　办理电气机械事务，发电厂锅炉房及电车修理厂附属之。

第八条　会计科设左列各股：

一、收支股　办理银钱收支及保管等事项。

二、簿记股　办理账各登记及编造预算决算等事项。

三、稽核股　办理稽核账款及编造统计等事项。

第九条　矿警局设左列各股一队：

一、总务股　办理会计庶务统计，收发文电，保管案卷及典守钤记，登记员警进退等事项。

二、司法股　处理违背矿法等事项。

三、队长　管理所内一切巡查及戒备事项。

第十条　萍矿小学设校长一人，萍矿医院设主任一人，职工消

---

① 《萍乡安源煤矿调查报告》，第160页。

费合作社设经理一人，武汉长沙株洲三办事处各设办事员一人，均承专员之命，分掌教育、卫生、医药、职工各项消费、煤焦推销，及购置等事项。

第十一条　本处专员由建设厅呈请省政府委任，秘书科长主任校长办事员由建设厅委任，其他各职员由专员派充。

第十二条　本处视事务之繁简，得酌置雇员，分派工作。

第十三条　本规程有未尽事宜，得呈请建设厅长，提交省务会议修改之。

第十四条　本规程自省务会议通过之日起施行。[①]

根据 1929 年颁布的这项组织规程，萍矿实行四级组织架构体制，在专员之下，设有 8 个科级机构（含 3 个办事处），15 个股级机构，以及约 10 个股级以下的机构（如采木所、电车修理厂等）。最引人注目的是，江西省政府特别重视对萍矿人事大权的控制，以至连一般的办事员也须由省建设厅任命，这无疑在 1928 年《江西省政府管理萍乡煤矿规程》的基础上，更加突出了官办萍乡煤矿"管理型"的特质。

1931 年 12 月，江西省政府对萍矿组织规程进行了修改，修改的要点主要为：一是专员秘书由原有一人增设为二人；二是设工程师若干人，承专员之命，办理各种技术事务；三是取消小学、合作社，医院则无明文规定。[②] 其明显之处在于"保障"生产，缩减开支，降低员工生活质量支出，"萎缩"员工"活力"。

1934 年 5 月，根据《江西省政府萍矿管理处暂行组织规程》[③] 的规定，在萍矿管理处下共设各级机关组织 57 个。其中：

总部机关 6 个，包括"专员"一人，综合管理全矿事务；"副专员"一人，协助专员进行管理；"总工程师"一人；"顾问"一人；"处务会议"一个，由专员、副专员、总工程师、秘书、工程师、各股股长、佐理、各室主任及煤师组成，遇必要时，得由专员指定其他职员列席参加，为咨询讨论性质，以集思广益，改善矿务发展营业为宗旨，

---

① 《萍乡安源煤矿调查报告》，第 159—162 页。

② 同上书，第 162—165 页。

③ 《江西省政府萍矿管理处暂行组织规程》，载《萍矿》，第 46—48 页。

其所有对内、对外一切事宜，以管理处名义进行，各股室提案至迟须于会期前一日送交本处秘书室汇集，于开会时提出讨论，开会时也可临时动议提请公决；[①] "购料委员会" 一个，由专员、副专员、总工程师、秘书、工程师、煤师，及各股室主管人员组成。专办材料采购事宜，对各股室请购物料的名称、牌号、数量，调查其需要缓急、数量多寡，决定购买数量及先后顺序，派人照购，对已购各物价格及品质进行稽核、审查。[②]

中层机关 14 个，包括三室、七股、一队、二处、一所。中层机关下辖基层机关 37 个。其中：秘书室秘书承专员、副专员之命，处理全矿各股、矿警队及各附属机关事务，办理全矿机要事项，撰拟收发往来文件，保管卷宗，典守钤记，编辑刊物，稽核统计全处银钱、煤焦、材料出入，考核全处员工勤惰，及对外一切交涉事宜；工程师室（管辖化验室），办理全矿工程的计划设备、煤焦化验、材料购用审核及测量绘图等事项；材料收发室（管辖机料厂、材料厂、双峰采木所），办理全矿使用木料、机料、杂料的收发、稽核、保管、登记等事项；会计股（管辖簿记收支各室），办理银钱收支、账款登记，编造预算书表等事项；事务股（管辖庶务室、运输室、产业所、房屋所、森林所、医院），办理采买杂用物品、煤焦出纳、监磅运输、交际杂务、员工治疗卫生、保管产业器具、森林房屋等事项；考工股（管辖稽查室），办理考察工人勤惰，及材料验收、消费等事宜；修造股（管辖管理、修理、制造、造砖、土木厂），办理各种机械及土木工程修配、制造、运送等事项；电机股（管辖锅炉房、发电厂、电车房、电话房、电机修理厂），办理发电、配电、电力、电灯、电话及电机修理等事项；洗炼股（管辖洗煤台、炼焦炉），办理选洗煤斤及炼焦等事项；采煤股（管辖各段[③]及器具房锯木厂），办理采煤、测绘，及改善煤质等事项；矿警队，办理矿区内布岗、巡更、清洁、卫生、稽查窃盗矿物、处置违背矿法，及其他一切保卫、消防事宜；驻汉办事处（管辖武昌堆栈），办理武汉煤焦收发、销售、兑款，及对外一切接洽事宜；驻湘办事处（管辖南湖港堆栈），办理长沙煤焦收发、售销、兑款，及对外一切接洽事

---

① 《江西省政府萍矿管理处处务会议暂行规则》，载《萍矿》，第 50 页。
② 《江西省政府萍矿管理处购料委员会暂行规则》，载《萍矿》，第 51 页。
③ 共十段。《萍矿管理处职员录》（1934 年 1—6 月），载《萍矿》，第 176 页。

宜；株洲采木所，办理采购、丈量、运输株洲木料事宜。[1]

这次组织机构的改革，使萍乡煤矿内部单位数量更加庞大、臃肿，职能严重交叉，更加强化了"管理型"企业的组织结构特征。而在人事权方面，江西省建设厅依然垂直穿透至萍乡煤矿中层机关负责人的任命，但也出现了新的"气象"，即一般职员均由专员、副专员委任，改变了以往"办事员"也由建设厅直接委任的机制，这说明，多年"管理型"企业的"建设"已"初见成效"，官方已开始下放部分人事权力。同时，"煤师"一职的设立，表面上加强了对生产环节的重视，但实际上无疑是对现有"工程师"人浮于事和加强"萎缩"型生产环节"维持""管理"的表白。[2]

至 1936 年，萍乡煤矿设专员 1 人，总工程师 1 人，秘书 3 人，工程师 4 人，煤师 3 人，除主任秘书负总务之责，总工程师负工务兼会计之责外，其他皆无重大变化。[3]

1937 年 8 月，江西省政府建设厅提出正副专员辞职改设管理委员会一案，经省政府审查否决后，建设厅指派原萍乡煤矿秘书暂时负责处理矿务，并以各秘书、工程师、股长、矿师组织矿务委员会。从 1938 年 1 月起，资源委员会与江西省政府合办萍乡煤矿，组建所谓"萍乡煤矿整理局"，并依照《资源委员会组织章程》，设局长一人，下设总工程师（1 人）、工程师（3—5 人）、会计主任（1 人）、总务主任（1 人）、业务主任（1 人），以及助理工程师（若干人）。1939 年 2 月间（3 月，日军攻陷南昌），除局长 1 人以外，萍乡煤矿职员（不含工人、临时工等）仅有采矿工程师、总务员、会计员、医师、助理工程师各 1 人，事务员 4 人，以及实习员 2 人而已。此时，由于日本的侵略和国民政府对于战争经济战略规划的缺失，官方对萍乡煤矿的"管理"、"维持"也谈不上了。

---

① 《江西省政府萍矿管理处暂行组织规程》，载《萍矿》，第 46—48 页。

② 自 1931 年八方井透水被水淹后，萍乡煤矿可采煤主体工程基本被毁，此后，官方未投入任何资金恢复八方井工程，萍乡煤矿"采煤概为残余煤墩及浮炭，形成随探随挖现象"（《萍矿采煤股窿内工程现状及整理办法报告书》，载《萍矿》，第 117 页）。萍矿只以挖掘"残煤"度日。所谓"煤师"，其作用大概也即在指导如何"剔采"残煤而已。

③ 朱洪祖：《江西萍乡煤矿》，出版单位不详，1937 年版，第 5 页。

二　人力资源配置

为进一步说明官办时期萍乡煤矿的"管理型"企业特征，下面主要以 1934 年为主，对萍乡煤矿组织结构与人力资源的"管理型"配置，以及财务、工程、技术、生产、销售管理等做一更加深入的剖析。①

（一）管理、工程技术、财务、营销岗位的人力资源配置

根据对资料的分析与计算可知，1934 年 6 月，萍乡煤矿共有职员 272 人，其中，销售与销售管理部门（驻汉办事处、驻湘办事处）共 21 人，占 7.72%；财务管理人员（会计股）7 人，占 2.57%，财产管理人员（采购与采购管理部门：株洲采木所、材料收发室）共 30 人，占 11.03%，财务、财产管理人员合计 37 人，占 13.60%；工程技术人员（工程师室、电机股、修造股）46 人，占 16.91%；综合性管理人员（总部、事务股、矿警队）共 61 人，占总职员数的 22.43%，生产管理人员（洗炼股、采煤股、考工股）107 人，占 39.34%，综合性管理人员与生产管理人员合计 168 人，达 61.77%。技术人员，尤其是销售人员所占比例严重偏低（见图 4—1）。

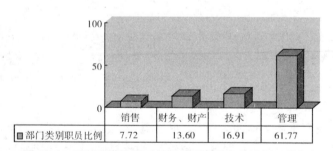

	销售	财务、财产	技术	管理
部门类别职员比例	7.72	13.60	16.91	61.77

图 4—1　1934 年萍乡煤矿部门类别职员人数比例（按部门区分）

资料来源：《萍矿管理处职员录》（1934 年 1—6 月），载《萍矿》，第 171—189 页。

因为有的非销售部门也安排有销售人员，且除会计股、材料收发室外，其他大部分的部门也有财会人员或财产管理人员，所以全矿实际从事销售、财务、管理等的职员与按部门区分的数量是有差异的。打破部

---

①　由于资料的缺乏，本书职员的基础性资料均为 1934 年的资料，均来源于《萍矿管理处职员录》（1934 年 1—6 月），载《萍矿》，第 171—189 页。

门界限，以岗位的具体性质对所有职员的岗位进行统计，领导岗职员则占全体职员的 16.54%、一般管理岗占 9.93%、一般监工考工岗占 25.37%，后两者合计占 35.3%，三者合计占 51.84%；一般技术岗占 6.99%；一般销售岗占 8.46%；一般采购与生产材料收发岗占 10.66%、一般财务岗占 16.91%，两者合计占 27.57%，其中，一般财务岗中，一级财务又占一般财务岗的 8.16%、二级占 14.29%、三级占 69.39%、四级占 8.16%；练习生占 5.14%（见表 4—2）。

表 4—2　　　　　　萍乡煤矿各类岗位职数比较　　　（单位：%）
（跨部门计算）（1934 年 6 月）

岗位		占比	合计	
领导岗		16.54		51.84
一般管理岗		9.93	35.3	
一般监工考工岗		25.37		
一般技术岗		6.99		
一般销售岗		8.46		
一般采购与生产材料收发岗		10.66		
一般财务岗	一级财务	8.16	27.57	
	二级财务	14.29		
	三级财务	69.39		
	四级财务	8.16		
练习生		5.14		

资料来源：《萍矿管理处职员录》（1934 年 1—6 月），载《萍矿》，第 171—189 页。

打破部门框架进行分析的结果，虽然纯管理人员的比例由 61.77% 降至 51.84%，但仍然超过五成。而财会、财产人员却由 13.60% 增加至 27.57%，加大了一倍。实际上，大部分财务人员主要从事财会和财产管理，本质上应是管理人员，如果这样计算，那么萍乡煤矿的管理岗位比例将更大。工程技术人员则由 16.91% 下降至 6.99%，这至少说明官办时期萍乡煤矿的工程技术开发规模与工程开发技术含量是很低的，所以不需要大量的工程技术人员，且从 16.91% 下降至 6.99%，说明期间 9.92% 的百分比差额，实际上就代表了工程与技术部门中从事行政管理的职位数多于从事技术开发的职位数。销售人员由 7.72% 增加为 8.46%（见图 4—2），主要是由于专员和事务股的个别人员也兼顾营销事务。因此，无论从何种角度，表 4—2、图 4—2 都清晰地显示出萍乡煤矿是一个十足的"管理型"企业，不具有"生产型"企业和"销售型"企业的迹象。

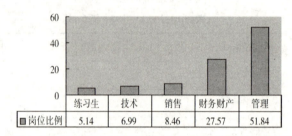

图 4—2　1934 年 6 月萍乡煤矿岗位职数比例（跨部门计算）

	练习生	技术	销售	财务财产	管理
岗位比例	5.14	6.99	8.46	27.57	51.84

资料来源：《萍矿管理处职员录》（1934 年 1—6 月），载《萍矿》，第 171—189 页。

　　而在"管理"机构与"管理"人力资源的配置上，完完全全只从事"管理"的考工、监工、矿警队又占有巨大的比例，考工"遍地走"，监工"掠阵"，矿警队"救驾"的强势"管理"格局一目了然。

　　（二）考工、监工、矿警队

　　萍乡煤矿专设有考工股（实际即为考勤股），共计 39 人，占整个萍乡煤矿职员比例的 14.34%，实为惊人。除一人只填写了姓名外，其中江西籍 12 人，占 30.77%；江苏籍 2 人，湖南籍 22 人，河北籍 1 人，云南籍 1 人，外省籍共 27 人（只填写了姓名的人，计入外省籍），占 69.23%。年龄方面，20—29 年龄段 4 人，30—39 岁 14 人，40—49 岁 11 人，50—59 岁 8 人，60 以上 1 人（68 岁，1932 年 8 月进矿），平均 41.32 岁，50 岁以下者占 76.32%。到矿时长方面，1930 年到职 3 人（占 7.89%），1931 年到职 1 人（占 2.63%），1932 年到职 29 人（占 76.32%），1934 年到职 5 人（1 人为股长、3 人为股员、1 人为稽查，占 13.16%）（见表 4—3）。

表4—3 **萍乡煤矿考工股职员录（1934年6月）**

序号	职别	姓名	年龄	籍贯	到差年月	备注
1	股长	彭葵	34	江西宁都	1934年3月	
2	佐理	□金满	40	江西萍乡	1932年2月	
3	股员	胥秋生	43	湖南衡山	1932年2月	
4		□求	31	江西萍乡	1932年5月	
5		胡文治	23	江西丰城	1934年3月	
6		张兆安	24	江西万载	1934年3月	
7		熊梦飞	25	江西修水	1934年3月	
8		张芸渠	68	湖南醴陵	1932年8月	
9		谭连生	48	湖南湘潭	1930年6月	
10		薛砚田	51	江苏泰兴	1932年3月	
11	事务员	张以忠	34	江西萍乡	同上	兼缮写
12		张云卿	38	江西南昌	1932年6月	1934年5月调编辑室服务
13		胡选	25	云南马□	1932年6月	兼缮写
14	考工员	余桂华	39	湖南湘潭	1932年2月	
15		毛星顺	43	湖南湘潭	1932年2月	
16		范枝桂	32	湖南醴陵	1932年2月	
17		易开清	47	湖南醴陵	1932年2月	
18		袁式胜	39	湖南湘潭	1932年2月	
19		陈瑞芝	32	湖南湘潭	1932年6月	
20		刘菊瑞	52	湖南醴陵	1932年7月	
21		黎长生	50	湖南浏阳	1932年5月	
22		涂松岩	45	江西萍乡	1932年2月	

序号	职别	姓名	年龄	籍贯	到差年月	备注
23	考工员	郑启德	43	江苏铜山	1932 年 4 月	
24		杨立富	40	湖南醴陵	1933 年 5 月	
25	稽查长	阳绍荃	59	湖南长沙	1930 年 10 月	
26	稽查	金国桢	59	湖南长沙	1933 年 9 月	
27		任宽纯	36	湖南长沙	1933 年 10 月	
28		口振云	50	河北	1930 年 10 月	
29		刘金声	39	湖南湘潭	1932 年 9 月	
30		徐祖生	48	江西萍乡	1932 年 9 月	
31		张朝训	50	湖南醴陵	1934 年 3 月	
32		刘义生	35	湖南浏阳	1932 年 9 月	
33		刘吉臣	36	湖南浏阳	1931 年 1 月	
34		王述初	52	湖南湘潭	1932 年 4 月	
35		殷桂林	38	湖南湘潭	1932 年 9 月	
36		罗学友	46	湖南醴陵	1932 年 1 月	
37		刘树声	46	江西萍乡	1932 年 1 月	
38		杨文详	30	江西萍乡	1933 年 8 月	
39		谢世乔				

资料来源：《萍矿管理处职员录》（1934 年 1—6 月），载《萍矿》，第 182—184 页。

　　除考工外，萍乡煤矿还设有监工岗，如果在考工基础上加上监工的数量，萍乡煤矿直接从事一线生产管理的人数将更多。不计洗炼股总监工（1 人）、修造股各厂总监工 5 人［其中制造厂总监工 1 人、管理厂总监工 1 人、修理厂监工（未设总监工）1 人、土木厂总监工 1 人、造砖厂总监工 1 人］、考工股股长（1 人）、稽查长（1 人）等 8 个领导岗位，合计一般监工、考工共有岗位 69 个（由于领导职位一般不可缺少，所以展示职位布局的表格中会把领导职位列入。而本节主要考察日常管理的职位比例，所以这类表格及其计算中，不包含领导职位。读者阅读时请注意。下同），除 1 人籍贯、到职时间、年龄均不详外，其中一般监工、一般考工中江西籍 15 人，不计籍贯不详者，占 22.06%，湖南籍 29 人，湖北籍 10 人，江苏籍 6 人，南京籍 3 人，浙江籍 2 人，河北籍 1 人，山东籍 1 人，云南籍 1 人，不计籍贯不详者，外省籍 53 人，占 77.94%。除 1 人年龄不详外，20—29 岁 16 人，30—39 岁 19 人，40—49 岁 14 人，50—59 岁 15 人，60—69 岁 4 人，不计年龄不详者，50 岁以下者占 72.06%，68 人平均 39.76 岁。不计到职时间不详者，1899—1911 年间到职 11 人（占 16.18%，其中江西籍 2 人，外省籍 9 人），1912—1933 年间到职 51 人（占 75.00%，其中江西籍 9 人，外省籍 42 人），1934 年到职 6 人（占 8.82%，其中江西籍 5 人，外省籍 1 人）。69 个一般监工、一般考工占全部 272 个职员岗位总数的 25.37%，加上 8 个领导岗位，共计 77 个岗位，占全部职员岗位总数的 28.31%。可知，每四个职员中就有一个多的职员在对员工进行考勤和工作的直接监督或督导（见表 4—4）。

表 4—4　　　　　　萍乡煤矿一般监工统计（1934 年 6 月）

序号	部门	职别	江西籍		外省籍		年龄	备注
			籍贯	到职时间	籍贯	到职时间		
1	电机股	监工			湖北安陆	1909 年	61	锅炉房
2					浙江绍兴	1922 年 3 月	31	电厂
3					南京	1902 年	56	修理
4					南京	1933 年 10 月	20	电话房
5					湖南湘潭	1899 年	56	锅炉房
6					湖南醴陵	1909 年	52	锅炉房
7	修造股	修造股制造厂监工			江苏	1922 年	32	锻工房
8					浙江	1929 年	20	机工房
9					湖北	1927 年	29	铸模房
10			江西	1934 年			31	修桶房

续表

序号	部门	职别	江西籍		外省籍		年龄	备注
			籍贯	到职时间	籍贯	到职时间		
11					江苏	1910 年	43	
12					湖南	1918 年	36	修桶房
13			江西	1894 年			58	东窑
14		修造股土木厂监工			江苏	1907 年	47	
15	洗炼股	监工	江西	1900 年			69	炼焦炉
16					湖南长沙	1920 年	52	炼焦炉
17					湖南长沙	1911 年	63	炼焦炉
18					湖南长沙	1901 年	51	洗煤台
19					江苏	1920 年	30	洗煤台
20	采煤股	监工			湖北黄冈	1928 年 3 月	22	二十四段
21					湖北汉阳	1930 年 2 月	22	九段
22					湖北汉阳	1931 年 7 月	25	十段
23					湖北汉阳	1932 年 1 月	25	十三段
24					南京	1927 年	24	十三段
25					湖南长沙	1932 年 8 月	23	十三段
26					湖南湘潭	1931 年 4 月	23	十四段
27					湖北汉阳	1932 年 8 月	21	十四段
28					山东即墨	1930 年 3 月	21	十五段
29					湖北汉阳	1910 年 2 月	51	分十五段甲段
30					湖北汉阳	1913 年 3 月	40	分十五段甲段
31					湖北汉阳	1926 年 8 月	35	外段
32			江西萍乡	1921			58	十一段

资料来源：《萍矿管理处职员录》（1934 年 1—6 月），载《萍矿》，第 173—184 页。

矿警队①是萍乡煤矿一支特别重要的"管理"力量，其职员共计9人，其中江西籍5人，占55.56%，湖南籍2人，河南籍1人，河北籍1人，外省籍共4人，占44.44%。30—39岁3人，40—49岁4人，50—59岁1人，60以上1人，平均43.56岁，50岁以下者占77.78%。1902年到职1人（占11.11%），1913—1933年间到职6人（占66.67%），1934年到职两人（一为队长、一为督察员，占22.22%）（见表4—5）。

表4—5　　　　　萍乡煤矿矿警队职员录（1934年6月）

序号	职别	姓名	年龄	籍贯	到差年月	备考
1	队长	陈邦彦	32	赣南	1934年6月	
2	□官	范启胜	66	江西武宁	光绪二十八年一月（1902年）	
3		张兆华	54	河北天津	1919年10月	
4	督察员	庐承	32	江西南康	1934年2月	
5	教练官	刘俊	30	湖南湘潭	1932年7月	
6	庶务	吴伯琴	47	河南固始	1919年9月	
7	特务巡长	刘汉文	40	江西萍乡	1930年4月	驻紫家冲
8	卫生员	熊炳全	42	江西南昌	1920年2月	
9	巡记	黄占魁	49	湖南浏阳	1913年9月	

资料来源：《萍矿管理处职员录》（1934年1—6月），载《萍矿》，第186—187页。

根据上述材料还可知，考工中萍乡、湖南人最多，其原因是大多数工人为萍乡和湖南人，②而监工和矿警队职员则以萍乡、湖南以外籍贯

---

① 萍乡煤矿矿警队（有时称为局）虽也有维持矿内"秩序"之责，但主要是负责对外"安全"保障任务，所以，本书没有把一般队员计入对员工进行管理的"管理队伍"之中，即没有把一般队员计入上述272名职员中，依据《萍矿工人人数及工资比较图》（1934年），1934年萍矿矿警队有一般队员91人。《萍矿》，第140页。

② 在1934年，"工人中萍乡人占三分之二，湖南人占三分之一"。《萍乡安源煤矿调查报告》，第171页。

者占绝对优势（可能因矿警队还肩负有"镇压"工人罢工和矿区小煤窑的
职能，易与地方产生矛盾和形成对抗，所以，矿警队主要用萍乡、湖南以
外地方的人）。这种技术性安排，也充分体现出了萍乡煤矿"善于管理"的
一面。萍乡煤矿领导籍贯变化与年龄结构见图4—3、图4—4、图4—5。

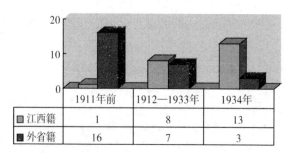

	1911年前	1912—1933年	1934年
江西籍	1	8	13
外省籍	16	7	3

图4—3　萍乡煤矿中层以上领导的省籍数量变化

资料来源：《萍矿管理处职员录》（1934年1—6月），载《萍矿》，第171—189页。

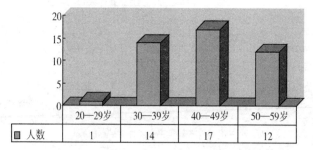

	20—29岁	30—39岁	40—49岁	50—59岁
人数	1	14	17	12

图4—4　1934年6月萍乡煤矿各级各类领导岗位年龄结构比较

资料来源：《萍矿管理处职员录》（1934年1—6月），载《萍矿》，第171—189页。

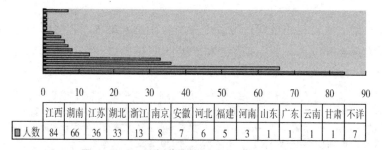

	江西	湖南	江苏	湖北	浙江	南京	安徽	河北	福建	河南	山东	广东	云南	甘肃	不详
人数	84	66	36	33	13	8	7	6	5	3	1	1	1	1	7

图4—5　1934年萍乡煤矿全体职员籍贯统计

资料来源：《萍矿管理处职员录》（1934年1—6月），载《萍矿》，第171—189页。

　　1934 年 6 月，萍乡煤矿职员 272 人，工人 2750 人[1]，机构组织 57 个，平均每 4.77 位职员构成一个机构组织，平均每一机构组织管辖 48 位工人。1934 年，萍乡煤矿全年共产煤炭 227062.00 吨[2]，摊至每个机构平均每日产煤 10.91 吨。1934 年 3—5 月，萍乡煤矿生产性收入[3]合计 193596.6 元，月均 64532.20 元，摊至每个机构平均每日收入 37.74 元。在宏观上，官办萍乡煤矿不求打造"生产型"企业、"销售型"企业，只求"维持""管理"的形象至为凸显。

　　下面从更加细分的角度，看一看"管理型"萍乡煤矿的条块"管理"。

　　三　财务管理

　　一般性财务管理的本质就是资产管理，资产可分现金资产和实物资产两大类，因此，本书所指财务管理包括现金管理和实物资产管理。官办萍乡煤矿财务管理的根本目标是为了"维持"萍乡煤矿，因此，其一切财务管理所为均为了"维持"二字。通过对《职员录》[4] 中部门与职员岗位的分析可知，1934 年萍乡煤矿实行财务两条线（两大体系）、四级财务管理制。两条线，指萍乡煤矿在对财务的管理上，存在明显的两大体系：一为财会类管理体系（包括总资产管理），一为材料类管理体系（材料采购与材料管理），这两条线在有的层次是分开的，在有的层次又糅合在一起；四级财务，则指萍乡煤矿自上而下有四个级别的财务组织与财务人事安排，并通过这四级机构对萍乡煤矿两条线上的整个资产进行管理。

　　（一）财会类财务管理体系

　　实行四级财务制，其组织与人事安排如下：

　　管理处总部设"稽核"，是为一级财务。稽核主任 1 人，稽核员 3 人。稽核主任稽核银行收支，于 1902 年到矿，湖南湘乡人，1934 年时

---

　　① 《萍矿工人人数及工资比较图》（1934 年），载《萍矿》，第 140 页。

　　② 《萍乡矿务局志》，第 76 页。

　　③ 《收支概况表》，载《萍矿》，第 132—134 页。

　　④ 以下分析数据均来源于《萍矿管理处职员录》（1934 年 1—6 月），载《萍矿》，第 171—189 页。

52 岁；两位稽核员稽核银行收支，分别于 1904 年、1908 年到矿，1934
年时分别为 51 岁和 61 岁，一位稽核员稽核木料，1934 年 5 月到矿，
1934 年时 48 岁。4 人平均在矿工龄 22 年，1934 年时平均年龄 53 岁，
50 岁以下者占 25%，人员年龄偏大，且除 1 人为 1934 年新专员到任后
新进外，其他均为清末到矿，这说明总部非常重视全矿财务管理的人事
稳定性和新任专员对全矿木料财务管理的把控。

　　会计股财务，为二级财务。在 1929 年的《组织规程》中，会计科
名列总务、工务科之后，在 1934 年的《暂行组织规程》中，会计股则
名列各股室之首，其职责为"办理银钱收支账款登记，及编造预算书
表等事项，簿记收支各室属之"[①]。至 1934 年 6 月，会计股共计 7 人。
岗位：股长 1 人，佐理 1 人，股员 3 人，事务员与练习生各 1 人。年
龄：20—29 岁 4 人，30—39 岁 2 人，40—49 岁 1 人，平均 31.43 岁，
50 岁以下者占 100%。到职：1911 年民国前到职 1 人（占 14.29%），
1912—1933 年间到职 3 人（占 42.86%），1934 年到职 3 人（一为股
长、两为股员，占 42.86%），平均在矿工龄 6.6 年，除佐理与一股员
工龄分别为 23 年、19 年外，其他 5 人平均工龄只有 11 个月。股长
（陈郁芬），江西石城人，34 岁，与新任专员陈国屏同乡、同姓，且
于 1934 年 3 月 1 日同一天到矿。一股员（雷□），1934 年 4 月到矿，
江西新建人，27 岁，与副专员兼总工程师雷宣同乡、同姓，比副专
员晚到矿 1 个月。除一股员职责注明收支银钱，事务员兼缮写外，其
他职员职责均未在《职员录》中注明（见表 4—6）。应该可以肯定的
是，新进股长与雷姓股员均分别是专员和副专员的亲信甚至亲属，说
明专员与副专员牢牢控制会计股的意识均极强，但同时也说明专员、
副专员、会计股长并不重视明晰会计股职员的职责，[②] 只求把控财务
而已。

　　[①]　《江西省政府萍矿管理处暂行组织规程》，载《萍矿》，第 46 页。
　　[②]　在新专员陈国屏到任后于 1934 年 5 月 2 日召开的第一次萍矿处会议上，陈即决
定编辑出版《萍矿》刊物，并做出三个决议：（1）推定娄组衡、胡毓中、蔡运荣、薛伯明
四人为编辑，并指定娄组衡为总编辑；（2）由各股室供给材料；（3）编辑矿刊须将底稿呈
专员室核定后再行付印。其他绝大部分股室均清楚地在《职员录》中注明了自己股室职员
的职责。

表4—6　　　　　　　　萍乡煤矿会计股职员录（1934年6月）

序号	职别	姓名	年龄	籍贯	到差年月	备注
1	股长	陈郁芬	34	江西石城	1934年3月	
2	佐理	李占魁	47	江苏镇江	宣统三年	
3	股员	江雨青	42	安徽	1915年	收支银钱
4		彭冠雄	24	江西宁都	1934年3月	
5		雷□	26	江西新建	1934年4月	
6	事务员	杨福轩	27	湖南长沙	1932年10月	兼缮写
7	练习生	梁荫福	20	湖南长沙	1932年3月	

　　资料来源：《萍矿管理处职员录》（1934年1—6月），载《萍矿》，第180页。

　　会计股以外的其他股室级财务，是为三级财务，计有10个股室拥有财务人员。① 其中，工程师室财务1人，职务为事务员，管理账目，浙江人，1909年到职，63岁。电机股财务两人，均为股员。一司账，1926年到职，36岁；一管电灯费，1915年到职，58岁，平均47岁。修造股财务四人。1位股员，3位事务员。股员，管账目，事务员送日报兼造账、管材料账、管工食册兼缮写。1911年前到职者1人，1912—1933年到职者3人。平均44岁；洗炼股财务3人，均为事务员。一管煤账，1930年到职，30岁。一管账目，1917年到职，49岁。一发炊煤，1911年到职，52岁。平均43.67岁。采煤股财务10人，均为事务员。10人中3人管理食宿房，6人洗煤台验煤点验煤，一人职责未注明。1911年前到职者3人，1912—1933年到职者7人。平均47.20岁。事务股财务9人，3位股员，6位事务员。职责有收支银钱（1人）、总理账务（1人）、管理产业（1人）、管理房屋（1人）、管理车站起票（1人）、司磅（2人）、磅秤房（1人），职责未注明者1人。1911年前到职者3人，1912—1933年到职者6人。平均50.78岁。材料收发室财

──────────
　　①　依据《职员录》，连同总部、会计股在内，共有14个股室。考工股、矿警队是否有财会人员无法判断。

务两人。一为稽核员，1904 年到职，50 岁。一为账务员，1934 年到职，47 岁。平均 48.5 岁。驻汉办事处财务 1 人，任会计，年龄不详，1934 年 3 月到职；驻湘办事处财务 1 人，任会计，1930 年到职，26 岁；株洲采木所财务 1 人，任账务员，1901 年到职，56 岁。三级财务中不少兼有财产管理职责（见表 4—7）。

在财会类体系中，仅修造股下属各厂有四级财务，计四人。制造厂两人，均为事务员。一管账目，1899 年到职，56 岁。一帮理账目兼造工食册，1934 年到职，25 岁。管理厂一人，事务员，管理账目，1913 年到职，59 岁。修理厂一人，管理账目，1928 年到职，35 岁。平均43.75 岁。

表 4—7　　　　萍乡煤矿一二三四级财会类财务管理体系中
一般财务岗位职员统计（1934 年 6 月）

序号	部门	职别	江西籍		外省籍		年龄	备注
			籍贯	到职时间	籍贯	到职时间		
1	总部	稽核			江苏武进	1904 年	51	稽核银行收支
2					湖南长沙	1908 年	61	稽核银行收支
3			江西萍乡	1930 年			48	稽核木料
4	会计股	佐理			江苏镇江	1911 年	47	管理运输账务
5					安徽	1915 年	42	收支银钱
6		股员	江西宁都	1934 年 3 月			24	
7			江西新建	1934 年 4 月			26	
8		事务员			湖南长沙	1932 年 10 月	27	兼缮写
9	工程师室	事务员			浙江	1909 年	63	管理账目
10	电机股	股员			湖南长沙	1926 年 7 月	36	司账
11					江苏	1915 年 11 月	58	管电灯费

续表

序号	部门	职别	江西籍		外省籍		年龄	备注
			籍贯	到职时间	籍贯	到职时间		
12	修造股	股员			江苏	1911 年	49	管账目
13		事务员			江苏	1924 年	43	送日报兼造账
14					江苏	1913 年	55	管材料账
15					湖北	1928 年	29	管工食册兼缮写
16		制造厂事务员	江西	1899 年			56	管账目
17					湖南	1934 年	25	帮理账目兼造工食册
18		管理厂事务员			湖南	1913 年	59	管理账目
19		修理厂			湖南	1928 年	35	管理账目
20	洗炼股	事务员	江西	1930 年			30	管煤账
21					湖北	1917 年	49	管账目
22					长沙	1911 年	52	发炊煤
23	采煤股	事务员	江西吉安	1905 年 1 月			60	管理食宿房
24					湖南湘乡	1932 年	59	管理食宿房
25					湖南湘乡	1911 年 3 月	40	管理食宿房
26			江西萍乡	1929 年 5 月			24	洗煤台验煤点
27					湖南浏阳	1907 年	63	
28					浙江绍兴	1913 年 5 月	42	洗煤台验煤点
29					湖南长沙	1933 年	45	洗煤台验煤点
30					湖北	1910 年	58	天门洞验点
31					甘肃宁县	1914 年 1 月	59	天门洞验点
32					湖北汉阳	1933 年 5 月	22	天门洞验点

续表

序号	部门	职别	江西籍		外省籍		年龄	备注
			籍贯	到职时间	籍贯	到职时间		
33			江西	1902 年			55	收支银钱
34		股员			江苏	1913 年 5 月	55	总理账务
35					湖南	1913 年 5 月	55	管理产业
36					湖南	1927 年 1 月	34	管理房屋
37	事务股				安徽	1913 年 7 月	49	
38		事务员	江西	1933 年 2 月			39	管理车站起票
39					湖南	1901 年	78	司磅
40			江西	1901 年			64	磅秤房
41			江西	1931 年 9 月			28	司磅
42	材料	账务员	江西南昌	1934 年			47	
43	收发室	稽核员	江西南昌	1904 年			50	
44	驻汉办事处	会计	籍贯不详			1934 年 3 月	不详	
45	驻湘办事处	会计	江西临川	1930 年			26	
46	株洲采木所	账务员			江苏武进	1901 年 8 月	56	

资料来源：《萍矿管理处职员录》（1934 年 1—6 月），载《萍矿》，第 171—189 页。

注：表中未计入稽核主任、会计股长、会计股练习生。

一、二、三、四级财会类岗位共计 49 人岗（含总部稽核主任、会计股长、会计股练习生）。其中一级 4 人岗，占总数的 8.16%，二级 7 人岗，占 14.29%，三级 34 人岗，占 69.39%，四级 4 人岗，占 8.16%。财会类全部岗位合计占萍乡煤矿全部职员岗位总数（272 人）的 18.01%。年龄不详者 1 人，20—29 岁 10 人，30—39 岁 6 人，40—49 岁 11 人，50—59 岁 15 人，60—69 岁 5 人，70—79 岁 1 人，不计年龄不详者，平均 45.40 岁，50 岁以下者占 56.25%。1899—1911 年间到职

16 人，占 32.65%；1912—1933 年间到职 26 人，占 53.06%；1934 年 1、2 月到职 2 人，占 4.08%；1934 年 3 月以后到职 4 人，占 8.16%。从总的情况看，从事财会与总资产管理的财务人员总数过多，清末到职者几占 1/3，而且 50 岁以上人员数量也偏多，甚至有 70 岁以上人员，这说明官方在强力控制萍乡煤矿财务的同时，也十分重视萍乡煤矿财务人事安排的稳定，因为"稳定"本身就是"管理"、"维持"的目标之一。

（二）材料类财务管理体系

除购料委员会及总部有一位对全矿木料进行总稽核的稽核员外（作为对全矿总资产的管理，同时划入财会类管理体系），《萍矿》资料中未注明前文所划分的二、四级财务参与材料的采购与管理情况。但根据 1934 年《暂行组织规程》第七条"本处由专员、副专员、总工程师、秘书、工程师、煤师，及各股室主管人员，组织购料委员会，专办材料采购事宜"及"本会以专员、副专员、总工程师、秘书、工程师、煤师，及各股室主管人员为委员"① 的规定，会计股股长应有参与材料采购与管理的职权。所以，推断在第二大财务体系中也是实行四级制。

材料类财务管理体系的一级财务，为购料委员会，专员任委员会主席。每月开大会一次，如遇特别事项，得临时开会。委员会职责是，就各股室请购物料的名称、牌号、数量，调查其需要的缓急，数量的多寡，决定购买数量、顺序，派人照购，对已购各物价格及品质进行稽核和审查。规定购料手续为：各股室将需购各项材料，记明品名、牌号、数量、用途，开单呈送委员会，再由材料收发室估价，录呈委员会，先由委员长派员审查，并在开会时提出讨论决定后，再送专员和总工程师核夺，随时派人照购，或令驻湘驻汉办事处向货优价廉商店照购。临时须购少数常用物品或急要材料时，可先请专员或总工程师批准，派人照购，然后报告委员会备案。关于材料验收，规定：购来材料，须与盖有经手人印章的发货单同时到矿，由材料收发室派人验收，必要时由委员会临时派员验收。购来物品，如有价值过高、质劣难用等情况，则由本委员会通知退回卖方，并由其赔偿运费损失。②

① 《江西省政府萍矿管理处暂行组织规程》，载《萍矿》，第 46、52 页。
② 《江西省政府萍矿管理处购料委员会暂行规则》，载《萍矿》，第 51、52 页。

二级为总部木料稽核员（应含稽核主任）。

三级为会计股（对于会计股是否管理材料及其账目，资料中没有体现，但至少会计股股长应该管理材料）。

四级为株洲采木所、材料收发室，及电机股、采煤股相关人员。株洲采木所，负责办理采购、丈量、运输株洲木料事宜。共计7人（实为8人，见表4—8，表中未计入株洲采木所主任，因账务员1人已计入财会类管理体系，也未计入本材料类财务管理体系，即未计入表4—8。表4—10则包含株洲采木所全体8位职员），职责与岗位分别为主任1人，监运员、稽查员各1人，验收员、事务员各2人。30—39岁1人，40—49岁2人，50—59岁4人，平均49.71岁，50岁以下者占42.86%。1900—1911年间（清光绪、宣统年间）到职5人，占71.43%，1912—1933年间到职2人，占28.57%。材料收发室，负责办理全矿使用木料、机料、杂料的收发、稽核、保管、登记等工作[①]，共计22人（见表4—9。表4—8则未计入材料收发室主任、稽核员、账务员）。其中，司书1人，收发员9人，事务员9人。20—29岁2人，30—39岁4人，40—49岁3人，50—59岁3人，60岁以上7人，平均47.68岁，50岁以下者占47.37%。除一人到职时间不详外，1900—1911年间（清光绪、宣统年间）到职14人，占73.68%；1912—1933年间到职5人，占26.32%；1934年到职1人，占5.26%。人员过多，清末到职者占2/3余，且60岁以上人员占近1/3。另外，电机股事务员1人，管理电料，1930年5月到矿，29岁。采煤股事务员3人，负责收发器具、木料、杂料，其中，1人1898年到矿，49岁；1人1910年到矿，58岁；1人1911年到矿，45岁（见表4—8—表4—10）。

材料类账务管理体系共有岗位31个（包括未列入表4—8中的株洲采木所主任，而株洲采木所账务员则已计入了财会类账务管理体系；包括未列入表4—8中的材料收发室主任，而材料收发室的稽核员、账务员则已计入了财会类财务管理体系），占全矿职员数272人的11.40%。20—29岁3人，30—39岁5人，40—49岁8人，50—59岁8人，60—69岁7人，平均47.65岁，50岁以下者占51.61%。除1人到职时间不

---

① 《江西省政府萍矿管理处暂行组织规程》，载《萍矿》，第46、47页。

详外，1897—1911 年间到职 20 人，占 64.97%；1912—1933 年间到职 9 人，占 29.03%；1934 年到职 1 人。可知，人员过多，清末到职者占近 1/3，且 60 岁以上人员占近 1/4。

两条线合计从事财务管理的职位为 80 个岗位（财会类财务管理体系 49 人，材料类财务管理体系 31 人），占全矿全部职员岗位总数的 29.41%。[①] 除 1 人年龄不详外，两条线 20—29 岁 13 人，30—39 岁 11 人，40—49 岁 19 人，50—59 岁 23 人，60—69 岁 12 人，70—79 岁 1 人，平均 46.28 岁，50 岁以下 43 人占 53.75%。除 1 人到职时间不详外，1899—1911 年间到职 38 人，占 80 个岗位的 47.50%；1912—1933 年间到职 34 人，占 42.50%；1934 年到职 7 人，占 8.75%。

表 4—8　萍乡煤矿采购与生产材料管理岗位职员统计（1934 年 6 月）

序号	部门	职别	江西籍		外省籍		年龄	备注
			籍贯	到职时间	籍贯	到职时间		
1	株洲采木所（未含主任、账务员）	监运员	江西萍乡	1897 年 5 月			55	
2		验收员	江西金溪	1931 年 5 月			38	
3			江西萍乡	1901 年 6 月			53	
4		稽查员			湖南湘潭	1913 年 3 月	47	
5		事务员			浙江嘉兴	1909 年 2 月	54	
6					湖南长沙	1904 年 2 月	49	
7	材料收发室（未含主任、稽核员、账务员）	司书	江西萍乡	1898 年			69	
8		收发员			江苏江宁	1907 年	68	收发木料
9					湖南湘潭	1919 年	40	收发炸药
10					湖南长沙	1904 年	50	收发工具兼印刷房
11					湖南长沙	1898 年	62	收发纸张
12					江苏武进	1906 年	61	收发杂料
13					浙江	1901 年	60	收发木料

① 因为财务两条线有时重叠在一起，根据考察，株洲采木所的账务员、料收发室的账务员、稽核员和采煤股个别岗位，《萍矿管理处职员录》中共 5 个岗位有重复计算，因此，这里的 29.41% 的比例要比前文跨部门计算的财务岗位 27.57% 要略微有所增大。

序号	部门	职别	江西籍		外省籍		年龄	备注
			籍贯	到职时间	籍贯	到职时间		
14					江苏	1910年	54	
15					江苏	1927年	23	收发机料
16					湖北武昌	1932年	34	收发电料
17			江西新建	1919年			25	统计各种机料表册
18			江西萍乡	1911年			60	管材料厂
19	材料收发室		江西萍乡	1906年			34	监运监卸木料
20					江苏武进	1911年	42	
21		事务员			湖北汉阳	1911年	41	锯木厂监视
22					河南固始	1898年	34	机料厂
23					河北天津	1934年	56	机料核价及验收单
24					江苏镇江	1914年	32	□造料材册
25					江苏武进	不详	61	采购木料
26	电机股	事务员	江西	1930年5月			29	管电料
27					南京	1910年	58	收发器具
28	采煤股	事务员			湖北汉阳	1911年2月	45	收发木料
29			江西萍乡	1898年			49	收发杂料

资料来源：《萍矿管理处职员录》（1934年1—6月），载《萍矿》，第171—189页。

表4—9　　　萍乡煤矿材料收发室职员录（1934年6月）

序号	职别	姓名	年龄	籍贯	到差年月	备注
1	主任	李永誉	42	湖北黄冈	1932年	

续表

序号	职别	姓名	年龄	籍贯	到差年月	备注
2	稽核员	徐梦翔	47	江西南昌	1934 年	
3	账务员	王广敷	50	江西南昌	清光绪三十年	
4	司书	蓝润青	69	江西萍乡	清光绪二十四年	
5	收发员	曹成材	68	江苏江宁	清光绪三十三年	收发木料
6		李维鲁	40	湖南湘潭	1919 年	收发炸药
7		周昌寿	50	湖南长沙	清光绪三十年	收发工具兼印刷房
8		杨质愚	62	湖南长沙	清光绪二十四年	收发纸张
9		程仁庭	61	江苏武进	清光绪三十二年	收发杂料
10		沈鸿荣	60	浙江	清光绪二十七年	收发木料
11		傅鸿	54	江苏	宣统二年	
12		陈昌基	23	江苏	1927 年	收发机料
13		王成琇	34	湖北武昌	1932 年	收发电料
14	事务员	沈和清	42	江苏武进	1911 年	
15		王大经	41	湖北汉阳	1911 年	锯木厂监视
16		王行	34	河南固始	清光绪二十四年	机料厂
17		李泽霖	56	河北天津	1934 年	机料核价及验收单
18		胡□之	25	江西新建	1919 年	统计各种机料表册
19		李寿坤	32	江苏镇江	1914 年	□造料材册
20		张可□	60	江西萍乡	1911 年	管材料厂
21		温培成	34	江西萍乡	清光绪三十二年	监运监卸木料
22		邹裕国	61	江苏武进		采购木料

资料来源：《萍矿管理处职员录》（1934 年 1—6 月），载《萍矿》，第 185—186 页。

表4—10　　　　　　萍乡煤矿株洲采木所职员录（1934 年 6 月）

序号	职别	姓名	年龄	籍贯	到差年月
1	主任	唐守典	52	江苏六合	宣统二年八月
2	账务员	蒋承铭	56	江苏武进	光绪二十七年八月
3	监运员	龙宜钧	55	江西萍乡	光绪二十三年五月
4	验收员	吴相如	38	江西金溪	1931 年 5 月
5		叶炳焕	53	江西萍乡	光绪二十七年六月
6	稽查员	徐学礼	47	湖南湘潭	1913 年 3 月
7	事务员	周省三	54	浙江嘉兴	宣统元年二月
8		刘海清	49	湖南长沙	光绪三十年二月

资料来源：《萍矿管理处职员录》（1934 年 1—6 月），载《萍矿》，第 189 页。

总之，1934 年 3 月新任萍乡煤矿领导班子到任后，虽然健全、革新了财务规章，最高层也牢牢控制了会计股，但全矿财务人员过多，50 岁以上人员和清末到职者各占近 47%、48%。而 1934 年整个上半年到职者不到 9%，财务组织层级过多，职责重叠，财务人事安排极其庞杂、老化，财务管理效率极其低下。

（三）财务管理措施

财务管理是企业管理极端重要的内容和环节。财务管理的核心是财务目标的设置、融投资、风险管理、成本管理、赢利模式架构等。但官办萍乡煤矿的财务管理，本质上是"维持"、"管理"萍乡煤矿，所以谈不上赢利模式的架构，而其在财务目标的设置、融投资、风险管理、成本管理方面也是非常不成功的，主要表现为各级财务目标混乱，融投资能力低弱，成本与风险管理方法、水平低劣等。①

在财务管理上，官办萍乡煤矿没有行之有效的"维持"措施，经

_____

① 关于官办萍乡煤矿的融资能力问题将在第六章有专门论述。官办萍乡煤矿的风险管理能力弱，主要体现在八方井透水事件（内容在本章生产管理节点中）和对时局的应对上（内容在本书第七章）。本节点主要讨论萍乡煤矿一般性的日常财务管理。

常连"维持"也维持不下去，陷于"无米下锅"，群情激愤的地步，其直接原因在于萍乡煤矿领导自身缺乏"维持"的能力。在"既无分文基金足资周转日用所需"，自身又打不开销路，产品严重滞销，入不敷出，"不能不以重利借贷"①的情况下，萍乡煤矿要实现"维持"的财务目标确实是非常困难的。在制定具体的财务目标上，萍乡煤矿中层领导与官方（萍乡煤矿的专员也是官方的一分子）并没有保持高度一致。

至1934年3月，萍乡煤矿有三种不同的"维持"萍乡煤矿的具体财务目标。1934年3月1日，新任萍乡煤矿专员陈国屏到职。对于新的萍乡煤矿领导班子，江西省政府与江西省建设厅的财务目标是："竭力整理，以救目前的危机"，"谋维持救济之方"②，定位在整理、救急、维持。此时，萍乡煤矿煤价较前愈低，销路较前愈滞，机件也多数待修，新专员痛感"维持现状，殊非易事"③，为此，陈确定的财务目标是："一排除障碍；二节减开支；三增加生产；四推广销路。"④ 1934年3月28日，陈进一步宣告：维持救济的根本方法"就是减轻生产的成本，增加生产的效率"⑤。1934年4月14日，陈再次布告，要求"采煤方面，出煤务净以轻成本"⑥。显然，陈的"维持"目标较之江西省政府与江西省建设厅的目标增加了"增加生产"的内容。（当然，陈要"增加生产"与本书所定性的"萎缩型"维持并不矛盾，因为，在没有投资增加和新销路的情况下，"增加生产"只能是陈用来安慰自己和员工的口号而已。而且，增加生产也并不意味着销量、利润、员工待遇就同时增加，更不意味着萍乡煤矿"萎缩"、"维持"的命运在本质上会有改变，即某一时期产量的变化，尤其是产量的增加并不影响官方对萍乡煤矿"维持"政策的变化。）

而面对新专员的来矿，萍乡煤矿各股室也纷纷提出了自己的财务目标。各股室的财务目标主要通过下面两个途径进行了表述。

---

① 《发刊词》，载《萍矿》，第9页。
② 《江西省政府萍矿管理处布告》（1934年3月7日），载《萍矿》，第78页。
③ 《萍矿今昔观》，载《萍矿》，第165页。
④ 《发刊词》，载《萍矿》，第9页。
⑤ 《江西省政府萍矿管理处布告》（1934年3月28日），载《萍矿》，第79页。
⑥ 《萍矿今昔观》，载《萍矿》，第168页。

一是 1934 年 5—6 月，各股室在萍乡煤矿召开的五次处务会议中发表了自己的财务目标，并进行了讨论与决议。[①] 第一次会议有讨论事项十项，其中财务事项就占七项，分别为：烧煤井应如何设立案；病工假期及工食应如何规定案；各股机件器具应如何清理案；故员与残废工友伙食应如何规定案；湘鄂路运费回佣可否请求案；购料委员会简章是否适用案；可否函请湘鄂路局发给免费乘车证案。第二次会议有讨论事项三项，财务相关占两项，分别为：会计股长陈郁芬提案三件，请公立案；雷副专员提交修正购料委员会简章，请公决案。第四次会议有讨论事项四项，均与财务相关，分别为：端午节休息，工人及修理工人伙食应如何规定请公决案；秘书室修改工人通守规则提请公决案；秘书室草拟抚恤暂行条例，提请公决案；烧煤井应如何择定地点案。第五次会议有讨论事项五项，全部与财务相关，分别为：本处议交湘鄂路局运费回佣，保证洗煤 1000 吨应如何设法加出此项煤斤请公决案；工程各股临时工及夜工应如何节省以维矿艰以请公立案；木料、机料、杂料用费太多，嗣后应如何节省以维矿艰请公立案；秘书室修正职员抚恤条例，提请公决案；电机股拟就电灯章程，提请公决案。四次会议（资料中缺少对第三次会议的记录）共计讨论事项 22 项，其中 18 项均为股室财务目标的表达。

二是至 1934 年 6 月止，各生产相关股室纷纷提出了各自的生产设备维修、整理计划。为同时充分展示官办时期官方"维持"萍乡煤矿在工程与技术水平方面的后果，以及萍乡煤矿中层对于萍乡煤矿经营财务管理目标的不切实际性，以下对相关股室提出的计划进行较为详细的罗列与分析。

电机股提出该股设备整理计划，指出："各部机件，已坏将坏势甚危险者，所在皆是，且多费煤斤，虚耗电力，尤非经济之道。"其主要原因是：①矿中水质不洁，机器易坏而费煤。②常用材料工具缺乏，稍坏之件，未能即修，酿成大害。③技术优长员工太少，管理不善。④员工待遇太苦，赏罚难明，懈于职守。提出"为今之计，当治标治本同

---

① 《萍矿管理处第一次处务会议录》至《萍矿管理处第五次处务会议录》，载《萍矿》，第 146—153 页。缺第三次会议记录。

时并进"①。为此，拟定财务目标为：

锅炉部：①扩充储水池。用明矾澄淀，再经焦炭滤清，以清洁炉水，大概需洋 500 元。②修炉。需洋 3500 余元。③移炉。将八方井锅炉房停置未用之援伯葛自动给炭式锅炉两座，移下安置应用，停用史达林锅炉氏锅炉以作为预备。约需洋 600 余元。④添节炭器。约需洋 500 余元。"以上各端，如能逐步实现，一则可免今日之危险，二则每月煤炭至少可省四百余吨，以每吨五元计，也可省二千余元之巨，且平时修理工料，也可大减"，"费洋不过五千元左右"。

发电机部：现用主要发电机为西门子 2000 千伏爱透平发电机两部，一部应用，一部预备，每月轮流更换。近来最危险者：①凝汽机因冷却水质太污，散热铜管损坏，已达 270 余根之多，散热面减少，既费煤炭，透平也因而发热。②透平机钢叶蚀损甚多，其原因为熏蒸汽压力及温度低小，多含水分，以致日久剥蚀，既费蒸汽，出力尤减。③承轴布斯因润油未能按时更换，热度增高，逐渐损伤，一旦烧坏，势必停车。④一号透平机新近换油四桶，而二号透平机之润油已用六月之久，急需更换。⑤喷水池为凝汽机冷却水散热之用，水池水管，未能按时清理，水池积污泥约数尺之厚，水管也将为泥污塞满，以泥浆之水，出入凝汽机铜管之内，铜管自然易坏。计划：①改良储水池。将储水池洗清后砌夹墙填置焦炭以过滤，再用抽水机抽多量水，以供凝汽机之用。须改制汽力抽水机为电力抽水机，又须修改储水池，共计需洋 400 余元。②清理喷水池。进水管处加置滤水设备，约需工料洋 500 元之谱。③修补凝汽机。约需洋 4000 元。④定购透平钢叶及承轴布斯。价格不明。⑤购透平油。约需洋 1000 余元。合计至少 5900 元以上。

变流机部：有变流机三部，一大二小轮换使用。计划：①修理变流机及变压器。约需工料洋七八百元。②添置、校试各电表及保险设备。约需洋 500 元。合计约 1300 元。

电机修理厂部：萍乡煤矿各种马达变压器等电机不下百余座之多，时有损坏。由于工人太少，材料缺乏，未修电机甚多，一旦再坏，无预

---

① 以下关于电机股的整理计划的内容均来自《萍矿电机股各部工程现状及所拟整理办法报告书》，载《萍矿》，第 108 页。

备电机可以代替。计划：①添置电表工具。约需洋 3000 元。②购买材料。约需洋 2500 元。合计约 5500 元。

电车部：萍乡煤矿电车，计有三十六马力者五部，三十马力者六部，十五马力者十二部。堪应用者，计有三十六马力者五部，三十马力者五部，十五马力者六部。而能用之电车，日有损坏。计划：①定制配件。约需洋 3000 余元。②购置材料。约需材料费洋 2000 元。合计约 5000 元。

电灯部：安源矿区职员住宅及商店电灯，由萍乡煤矿供电，数量约 200 千瓦，但因电线太细，线路损耗几占全电之半数，除一面取缔私灯外。计划：①改用交流电。需洋 3000 余元。②改良线路。约需洋 1000 余元。合计约 4000 元。

各部房屋：从速修理。需洋约 600 元。

人事方面：电机股职员工匠，稍具电气技术经验者，为数太少，其原因为待遇太低苦。以前较好者，除死亡外，他去甚多，现所存者，半为老弱及平庸之辈。再以矿中经济不裕，及工人非理要求，以致以前主事者，赏罚难明，工作效率大减。所有机器，因管理者技术不精与懈惰，而生意外之故障，受莫大之损失者，时有发现，至为危险。计划：①对现有员工，凡技术较优且能勤于职守者，酌予津贴，以资奖励。凡性情懈惰，或不负责任，及技术太差者，分别更调裁减，以示惩处。②增加技术经验较优员工工人数，以资协助。③于工余之暇，对现有工人学徒授以普通技术常识。以上"系急要之图，总计经费，为数甚巨"。而矿中经常预算的材料费，全矿每月不过 3000 元，"如不另筹款项，实难整理"，一旦损坏停顿，影响甚巨。① 电机股的财务目标合计至少需投资 23700 元。

采煤股认为，"煤窿，为本矿生命所系，出产多寡，全视工程设备如何为转移"②，由此，提出《窿内工程现状及整理办法报告书》，指出：

---

① 以上关于电机股的整理计划的内容均来自《萍矿电机股各部工程现状及所拟整理办法报告书》，载《萍矿》，第 108—114 页。

② 以下关于采煤股的整理计划的内容均来自《萍矿采煤股窿内工程现状及整理办法报告书》，载《萍矿》，第 115 页。

总平巷及十三段正窿：总平巷为本矿出道咽喉，架设电车，直达各槽段口，计长四千三百米。铺设双轨铁路，惟因年久失修，处处有崩塌之虞。十三段正窿已延长千余米，其产量占全矿三分之一，而生煤运出，材料输入，全用人力推送，推送工人七十一名，月费600余元，如能改装电车，一则节省经费，二则便于运输，且本矿将来产量，势必由十三段推进。财务目标为：（1）修理总平巷全路窿道，砖、木、工资，需银8000元。（2）十三段正窿延长单轨电车路约七百米，原有单轨电车路三百米改为双轨，窿道削宽，添购九三公厘钢轨六十条、八公厘紫铜丝一千尺，及回电丝、木料、炸药等一应零件暨工资，约需银6000元。

窿内各段：自八方井被水淹后，采煤范围，仅余四、九、十、十一、十三、十四、十五及分十五诸段，今所采者，多在平巷之上。各段正窿及主要运道均须修理，十、十四、十五各段吊车钢索也将损坏，应即更换。估计工料费约需银5000元。

整理风巷及风机：整理主要风路。工料费约需5000元。修理紫家冲风机、锅炉、水管、火砖等。工料约需银2000元。

添置煤桶：运煤全用半吨铁制煤桶，从前共有二千个。现仅剩六百余个，以每日出产六百吨计，周转不灵。故必分一部分于夜班出煤，而洗煤台则夜班停工，所出之煤，须倾于洗煤台旁，次日开机后，复由工人挑入洗煤仓，殊不经济，挑炭工人六十名，月费达400余元。如能增制煤桶三百个，窿内出煤可以早中班出齐，全部倾入洗煤台洗净，无须次日翻挑，又可节省经费。连同修理损坏煤桶，工料费约需银40000元。

工程窿推进：各段采煤，（除十三段外）概为残余煤墩及浮炭，随探随挖。如不先为筹划，一二年后，最低六百吨产量恐也难于维持。拟将十三段正窿推进。该处煤层甚厚，约有十余尺之高，全为净炭。修理钻机、炸药、木料、工资，暂定银5000元。仅以上数目，采煤股的财务目标至少在71000元。

增加产量：设备完全之八方、六方二直井若不设法恢复，下层之煤，无由采掘。将来玉萍铁路①成功，本矿产煤销路必旺，势必增加产量，以应市场需求。拟订购电力水泵，将直井蓄水抽干，再进行修理。不能及早设法，预为筹划，以免停顿，而维产业。②

修造股造表详细列出了其认为必须立即修理的机件品名、损坏情形、修理计划及需工时间、修理工资、需用主要材料数量、材料价格等。计有汽锤一（用工33工，用时16日，费用26.40元）、挂脚波士一（其一：190工、40日，152元）、剪床一（51工、26日、40.80元）、锅炉一（80工、30日、64元）、抽水滂浦二（其一：18工、7日，资料中并未列入其二项目数据）、锅炉一（315工、45日、252元）、卧式炉三（其一：2550、一年、2040元；其二：1850工、320日、1480元；其三：315工、45日、252元）、铁烟囱一（210工、30日、168元）、起重机三、绞盘车四、起土吊车一（用工、用时、费用均未注明）。③ 总计13869.56元。

洗炼股认为，萍乡煤矿唯一使用的三号洗煤机大小煤缸均系木料造成，久必腐烂，烂极则一时难于修复，势必至于停洗。故必须先修好已坏的二号洗煤机，此外还有许多重要机件亟待修理。为此，提出《洗炼股待修机件损坏情形及修理工料概算表》、《洗炼股修理机件段购各种主要材料估价表》，对认为需维修的生煤分煤筛、生煤斗、分煤水桶、洗煤缸等机件，详细注明其品名、所属部门、损坏情形、修理及须工时间（单个机件最短修理时间为十余天，最长者为五个多月）、须用主要材料，及主要材料的品名、尺码、重量、数量、用途、单价、总价等。计划：钢铁料约需22600元，煤筛板约3500元，木板料约623元。④ 合计至少26000元以上。

① 江西东北部的玉山至江西萍乡的铁路，为浙赣线的一部。由于日本发动全面侵华战争，刚建成国民政府即自行毁坏。
② 以上关于采煤股的整理计划的内容均来自《萍矿采煤股窿内工程现状及整理办法报告书》，载《萍矿》，第115—118页。
③ 《萍矿修造股待修机件报告表》，载《萍矿》，第118—121页。
④ 以上洗炼股整理计划均来自《萍矿洗炼股洗煤机工程现状及整理办法报告书》，载《萍矿》，第121—129页。

上述电机、采煤、修造、洗炼四大股提出的生产设施整理计划的财务目标至少在 155000 元①以上，或标本兼治，或展望玉萍线开通后的市场，其不仅与江西省政府、建设厅整理、救急、维持的宗旨大相径庭，也与新专员通过降低成本、提高生产效率，从而以"发展"来"维持"萍乡煤矿的意图南辕北辙，中层机关的财务目标可说是"大力"发展萍乡煤矿，其结果自然没有下文。

为了达到"维持"萍乡煤矿的目标，官办萍乡煤矿制定了一系列以加强成本管理的规章制度。概括起来，可分以下九大方面。

（1）人事成本管理。裁员节流，极大降低人事成本，变相"增加""维持"的无形资金。

1928 年 12 月，专员何熙曾携款 5 万元前来"维持"萍乡煤矿，经营十余月，产量稍增，工程渐有进步。1929 年 10 月，江西省政府另派萧家模继任专员。萧"初办时，仍仿何氏办法，每日出煤八九百吨。嗣因新加职员百余人，经费日渐支绌。数月后，产量增至每日一千一百余吨，而进款仍不充裕，前后积欠江西建设银行垫款约十万元，亦未能偿还"②。决定萧家模"维持"萍乡煤矿成败的，不是产量的增减，而是员工的增减，这正好从反面证明，在没有新的投资和销售市场的情况下，尤其是在国民政府"维持"政策下，萍乡煤矿只能走"萎缩"的道路，如果要走"发展"的道路（扩大员工及生产规模），必然失败。1932 年 2 月，江西矿务专门委员会，提出"维持"萍乡煤矿办法，经过省务会议议决，拨款 3 万元为周转金，并再次委何熙曾为专员于 5 月接手萍乡煤矿。何以节省开支为"维持"要诀，"裁汰员工千人，办理数月，尚称顺手"③。至 1934 年陈国屏到矿后，更对雇用临时工做出了明确的硬性规定："采煤、洗炼、修造、电机各股雇用临时工人，务须

---

①　如果加上电机股提出的不明价格的透平钢叶及承轴布斯，以及采煤股本着将来玉萍铁路修通，须事先购电力水泵，将水淹直井蓄水抽干的工程款，暂且估计约费 4 万元，那么，这四大股室的财务投资目标约在 20 万元。以玉萍路事实于 1937 年 9 月修通为依据，则其投资期限大概为 2—3 年。

②　《萍矿今昔观》，载《萍矿》，第 162 页。

③　同上书，第 164 页。

事先呈报，不得擅专"①，且申请单须事先"呈送专员室以备查核"②，各股室接收练习生学徒，也"务须事先呈请总部核准，方得接收"③。

但是，萍乡煤矿的裁员节流措施实际并不到位，推测其原因，应不外乎以下两条：一是如大量裁减工人，势必影响"社会稳定"，甚至影响到萍乡煤矿自身的生存（因为被裁减的萍乡煤矿工人一般均不会离开萍乡，他们加入到萍乡小煤窑的产业大军中，过量裁减工人等于增加自己的竞争对手，其结果是萍乡煤矿连"维持"也维持不下去了。对此，本章萍乡煤矿员工的生计中和本书第五章有专门讨论）。二是萍乡煤矿当局没有想到去裁减为了"管理"而大量设置的职员，因为这将直接影响到"管理"的力量。如果萍乡煤矿能作为一个独立的企业，依据企业经营本身的要求和自己的经营状况去进行成本管理的话，萍乡煤矿通过裁减人员，降低经营成本，获得"喘息"和东山再起的机会还是有的。下面，即对此可能性做一分析。

根据《萍矿工人人数及工资比较图》④，1834年3—6月时，萍乡煤矿月均工人2750人，月均总工资21960元，人均月工资约7.9855元，但人均日产原煤也不过0.25565吨，月（按30天计）产原煤7.6695吨。换算成原煤，根据计算⑤，1934年3、4、5三个月萍乡煤矿滞销原煤27265.42吨。如把机焦、洗块、洗煤、大块也全部换算成原煤，则三个月共滞销原煤34459.93吨，占三个月全部原煤产量（127252.05吨）的27.08%，萍乡煤矿产品严重滞销。按比例计算，如以"发展"为目标，在考虑到矿区不新增存煤的情况下，则萍乡煤矿相应有裁减工人27.08%，即744.7人的空间，每月可降低人事成本约5946元（月均工人总工资下降27.08%），年71352元。

根据《萍矿职员人数统计图》、《萍矿管理处职员录》、《萍矿职员

①　《江西省政府萍矿管理处通告》（1934年3月3日），载《萍矿》，第98—99页。

②　《江西省政府萍矿管理处通告》（1934年3月13日），载《萍矿》，第100页。

③　《江西省政府萍矿管理处通告》（1934年4月27日），载《萍矿》，第104页。

④　《萍矿工人人数及工资比较图》（1934年），载《萍矿》，第140页。各股室工人数与工资数由原文所提供比例计算而出。

⑤　《萍矿每月煤焦出产之比较表》、《萍矿自用煤焦月别比较图》、《收支概况表》，载《萍矿》，第137、138、132—134页。表内产量、自用量均根据原文图示由引用者目测估计。

薪给比较图》①，1934 年 1—6 月，萍乡煤矿月均职员 228 人，月均总工资 5650 元，人均月工资约 24.78 元。专员、副专员兼总工程师、顾问三人工资总计 820 元。又以江西省建设厅规定的电机股股长月支俸薪 120 元②为标准，萍乡煤矿共有 14 个股室，推定 14 位一把手每月合计薪水 1680 元。扣除专员、副专员兼总工程师、顾问和 14 位中层干部的工资，其余职员月总工资为 3150 元，人均 14.9289 元。再根据《江西省政府萍矿管理处暂行组织规程》第六条材料收发室"用主任一人，稽核一人至二人，办事员七人至十二人，录事三人"③，共计 10—18 人的规定，结合材料收发室有 22 人的实际，那么材料收发室最多可裁员 55%（按 10 人计），最少可裁员 18%，即裁员数在 4—12 人之间。如财务人员（80 人）整体减少 55%，则可减少 44 人。此外，除去上述已计算的一般财务人员，其他纯粹的一般管理人员有 91 人，其中，总部文牍、书记、统计员、编辑员、事务员，计 10 人，事务股股员、事务员，计 6 人，矿警队□官、督察员、教练官、庶务、巡记，计 6 人，电机股监工 6 人，修造股监工 8 人，洗炼股监工 5 人，采煤股监工 13 人，考工股佐理、股员、事务员、考工员、稽查计 37 人，如整体减少 55%，则可减少 50 人。一般财务人员与一般管理人员合计可裁员 94 人（裁员率为 41.22%），按人均 14.9289 元/月计，则每月可降低职员人事成本约 1403 元（月均职员总工资下降 24.83%），年 16836 元。

工人与职员合计裁员 838 人（裁员率为 28.14%），则每月可降低员工人事成本约 7349 元（月均工人、职员总工资下降 26.62%），年 88188 元。如果萧家模不是增加员工，而也是如何熙曾那样裁减员工，他就不需要银行约 10 万元的流动资金贷款了。而根据前文所述，电机、采煤、修造、洗炼四股生产设施整理计划的财务目标在 15.5 万—20 万

---

　　① 《萍矿职员人数统计图》（1934 年 1—6 月），载《萍矿》，第 191 页；《萍矿管理处职员录》（1934 年 1—6 月），载《萍矿》，第 171—172 页；《萍矿职员薪给比较图》（1934 年 1—6 月），载《萍矿》，第 139 页。《萍矿职员人数统计图》中还有机料栈 4 人、机料厂 8 人、制造厂 7 人、修理厂 1 人、土木厂 2 人、造砖厂 1 人、管理厂 6 人、运输 7 人、医院 7 人计 43 人，因其工资不在《萍矿职员薪给比较图》中的 5650 元内，故列入比较。另《萍矿职员人数统计图》中的职员统计人数与《萍矿管理处职员录》的职员统计人数有出入。

　　② 《江西省政府萍矿管理处通告》（第二十六号四，二），载《萍矿》，第 103 页。

　　③ 《江西省政府萍矿管理处暂行组织规程》，载《萍矿》，第 47 页。

元之间，如果萍乡煤矿能够自主地实行裁员"发展"战略，则只需两年多的时间，萍乡煤矿中层干部所提出的生产设施整理计划的财务目标即可逐步地、完全地实现。这虽然是假设，但却也"假设性"地说明了官办萍乡煤矿经营不能自主的悲哀。

（2）人事考勤管理。萍乡煤矿对职员上下班、离岗、脱岗、各类请假等人事考勤的管理，均有较为详细的规定，[①] 仔细考察其条文并无特别之处。但在工人人事管理方面，则充分暴露了其对工人运动的后怕和官办萍乡煤矿的本质目的，因为萍乡煤矿特别规定："若发生工潮，先解散工会，使风潮得以迅速解决，同时不得虐待工人。"[②]

（3）强化生产程序管理。除一般规定外，萍乡煤矿特别强调：工作时间，"工人必须服从工头指挥，工头则必须听从管理者指挥。"[③] 绝对服从，成了萍矿工人"管理"的"准则"。

（4）规范、强化财务程序。如规定：驻湘办事处记账运输，须加盖运输图章。[④] 各股室及办事处购买矿用物品，必须在发票上注明萍乡煤矿管理处机关单位名称及经手人姓名，并盖经手人私章；[⑤] 各股室开单购料，必须将用途及月需约数分别注明，以便稽核；[⑥] 各股室领用物件，须一律用三联领单，不得使用便条；购买或□换寿材，必须缴纳现金，不得赊欠分文；[⑦] 等等。

（5）强化财产管理。如规定：员工携带物品出矿，须报明专员室填给通行证，加盖公章方可通行，否则准由岗警将物品扣留。[⑧] 至于废料、烂柴，丝毫不得擅自窃取，如需应用，于可能范围内，以极低廉的价格让与，但如其不听告诫，一经查获，定即严惩，"为萍乡煤矿发展

---

① 《江西省政府萍矿管理处通告》（1934 年 3 月 2 日），载《萍矿》，第 98 页。

② 《江西省建设厅训令 奉奉座政府令 以奉委座电令 为国难期间应谋举国一致努力生产 倘各工厂有擅自罢工怠工情事 应严加制止 各厂主亦不得虐待工人 希转饬该管官署一体遵照一案 令仰遵照等因转令遵照文》，载《萍矿》，第 73 页。

③ 《江西省政府萍矿管理处工人通守规则》，载《萍矿》，第 53 页。

④ 《指令驻湘办事处 据呈记账运输须加盖运输图章 兹经刊就启用 连同图模一并送请察核备案文》，载《萍矿》，第 97 页。

⑤ 《江西省政府萍矿管理处通告》（1934 年 3 月 11 日），载《萍矿》，第 100 页。

⑥ 《江西省政府萍矿管理处通告》（1934 年 3 月 19 日），载《萍矿》，第 101 页。

⑦ 《江西省政府萍矿管理处通告》（1934 年 3 月 6 日），载《萍矿》，第 99 页。

⑧ 《江西省政府萍矿管理处通告》（1934 年 4 月 1 日），载《萍矿》，第 103 页。

起见，也是很要紧的!"① 等等。

（6）控制日常开支与临时支出。如规定：起先规定各股室报纸务须妥为保存，不得私行带出;② 后又于总汇公事房会客厅附设阅报室，规定各股室不得再另购报纸;③ 等等。

（7）缩减员工抚恤金支出（本章第四节有较为详细的论述）。

（8）严格控制销售成本（本章第三节有较为详细的论述）。

（9）严格控制对外支出。陈国屏训令，凡1934年3月1日前所欠各户账目，均应由前任专员负责清理，"不得代付分文"④。萍乡煤矿还规定：实习生深知矿中一切危险，在实习时，"设或遇之，自系实习生之不幸，与本矿无涉"⑤，且实习生需自备食用，萍乡煤矿不另津贴，也不提供住宿;"参观人员深知矿中一切危险，在参观时，设或遇之，自系参观人之不幸，与萍乡煤矿无涉。……参观者及其后嗣或代表等，概不得与萍乡煤矿或职员工匠等有所为难，或借口要求赔偿损失，或向法院控告"⑥。

根据上述材料可知，萍乡煤矿的财务管理只是一般性的"节流型"财务管理，对于开拓产品销售市场等"开源型"财务管理则并无战略规划，即官办萍乡煤矿的财务管理是围绕"维持"萍乡煤矿而设计的。

四　工程与技术管理

充分、优质的工程与技术是保障矿山生产的重要前提，就官办时期萍乡煤矿的工程与技术水平，前文已有较为详细的描述，下面仅对官办萍乡煤矿的技术组织、技术人才、工程管理、工程与技术在萍乡煤矿经营中的地位等做进一步的讨论。

（一）技术组织与技术人才

根据1934年制定的《江西省政府萍矿管理处暂行组织规程》⑦，萍

---

① 《江西省政府萍矿管理处布告》（1934年3月28日），载《萍矿》，第79页。

② 《江西省政府萍矿管理处通告》（1934年3月3日），载《萍矿》，第98—99页。

③ 《江西省政府萍矿管理处通告》（1934年3月8日），载《萍矿》，第99页。

④ 《训令驻汉办事处、驻湘办事处、武昌堆栈凡本年三月一日以前账目应归何前任负责清理仰即遵照办理文》（1934年3月29日），载《萍矿》，第95页。

⑤ 《江西省政府萍矿管理处实习生实习规则》，载《萍矿》，第67页。

⑥ 《江西省政府萍矿管理处来宾参观规则》，载《萍矿》，第68页。

⑦ 《江西省政府萍矿管理处暂行组织规程》，载《萍矿》，第46—48页。

乡煤矿涉及生产技术的股室主要有（规程第四条）：修造股、电机股、洗炼股、采煤股。修造股负责各种机械及土木工程的修配制造运送等，管辖管理、修理、制造、造砖、土木各厂。电机股负责发电、配电、电力、电灯、电话及电机的修理等，管辖锅炉房、发电厂、电车房、电话房、电机修理厂。洗炼股负责选洗煤斤及炼焦等，管辖洗煤台炼焦炉。采煤股负责采煤测绘及改善煤质等，管辖各段及器具房锯木厂。规程第五条标明，萍乡煤矿设工程师室，用总工程师一人，工程师二人至四人，工程员二人至三人，书记一人至二人，负责办理全矿工程的计划设备、煤焦化验，材料购用审核，及测量绘图等事项，管辖化验室。由此可知，萍乡煤矿具有较为健全的技术组织。

在人事安排上，[①] 1934 年新任专员到矿后，萍乡煤矿工程师室共计 8 人，总工程师 1 人、工程师 3 人、工程员 2 人、事务员（管账）和化验员各 1 人。副专员雷宣兼任总工程师。包括总工程师在内，工程师室共计江西籍 4 人，占 50%；江苏籍 2 人，浙江籍 1 人，河北籍 1 人，外省籍占 50%。20—29 岁 3 人，30—39 岁 1 人，40—49 岁 2 人，50—59 岁 1 人，60 岁以上 1 人，平均 37.38 岁，50 岁以下者占 75%。清末（1909 年）到职 1 人，占 12.5%；1912—1933 年间到职 3 人，占 37.5%，1934 年 3、4 月到职 4 人，一为总工程师兼副专员、一为工程师兼电机股长，另两人为工程员，占 50%。修造股 23 人，其中股长 1 人、股员 2 人、事务员 3 人，下属各厂事务员、总监工、监工合计 17 人；电机股 15 人，其中股长（工程师室一工程师兼任）和佐理各 1 人、股员 2 人、事务员 3 人、练习生 2 人、监工 6 人；洗炼股 13 人，其中股长 1 人、股员 2 人、事务员 3 人、练习生 1 人、总监工和监工 6 人；采煤股 55 人，其中佐理 1 人、段长 10 人、股员 4 人、事务员 13 人、煤师 4 人、监工 13 人、练习生 10 人。不计总工程师、工程师、股长等处于领导岗位者，至 1934 年 6 月，萍乡煤矿包括生产技术人员与服务性质的医疗技术人员在内的一般技术岗位，共有 19 人岗。分别是：工程师室工程员 2 人、化验 1 人；修造股股员 1 人，洗炼股股员 2 人；

---

① 以下关于技术人事分析与计算的资料，均来源于《萍矿管理处职员录》（1934 年 1—6 月），载《萍矿》，第 172—187 页。

电机股佐理 1 人、事务员 2 人；采煤股股员 1 人、煤师 4 人；事务股中医士、西医士、看护、司药各 1 人；矿警队卫生员 1 人。其中，江西籍 4 人，占 21.05%，江苏籍 4 人，浙江籍 2 人，湖南籍 1 人，湖北籍 4 人，安徽籍 1 人，河北籍 1 人，福建籍 1 人，广东籍 1 人，外省籍共 15 人，占 78.95%。20—29 岁 7 人，30—39 岁 4 人，40—49 岁 5 人，50—59 岁 3 人，平均 36.26 岁，50 岁以下者占 84.21%。1900—1911 年间到职 5 人，占 26.32%，均为外省籍人；1912—1933 年间到职 11 人，占 57.89%，其中江西籍 1 人，外省籍 10 人；1934 年到职者 3 人，占 15.79%，均为江西籍人。一般生产与医疗技术岗位（因医疗部门直接的服务目标是应对生产性医疗保障，所以本书姑且把它计入技术岗）占全部职员岗位总数（272 人）的 6.99%，技术人员年龄结构较为平衡且较年轻化，外省籍技术人才占绝对主导地位。如计入处于领导岗位的工程师室总工程师、工程师二人（另一人兼电机股股长），及修造、电机、洗炼、采煤股股长或佐理（资料中未显示采煤股设有股长，只佐理一人）各一人，及采煤股各段段长 10 人，1934 年 6 月，萍乡煤矿实际从事生产与医疗技术的职员共计 36 人（根据对《职员录》中各职员具体岗位的分析与统计，修造、电机、洗炼、采煤四股的其他职员均从事与技术无关的人事、财务、总务、后勤等各种管理），占萍乡煤矿全部职员总数的 13.24%。总工程师，江西新建人，1934 年 3 月到任，41 岁；修造股股长，湖北人，1908 年到任，52 岁；电机股股长，1934 年 4 月到任，江苏人，32 岁；洗炼股股长①，福建人，1912 年到任，43 岁；采煤股佐理，江苏人，1906 年到任，43 岁；十位段长只有一人为江西籍人，平均年龄 43.6 岁，清末到任者 6 人，1912—1919 年间到任者 4 人。可知，虽然十五大技术领导人物平均年龄只有 43.13 岁，但除总工程师和一位段长外，其他全为外省籍人。至 1934 年，萍乡煤矿虽自 1928 年归属江西省政府管理，但五六年后，仍未实现技术骨干人才甚至一般性技术人才的本省化。另外，除总工程师与电机股股长外，其他 13 位技术相关部门的领导均为清末，最晚 1919 年到任，这也体现出自

---

① 郑芝蕃，因原股长病故，于 1934 年 4 月 17 日正式升任股长，原为佐理，与何熙曾（江西省管萍矿时期的第一任专员，及陈国屏的前一任专员，陈国屏责任顾问）为福建同乡。《江西省政府萍矿管理处通告》（第二十六号），载《萍矿》，第 103 页。

清末萍乡煤矿创始后，萍乡煤矿技术基本没有发生重大革新，始终处于低位技术创新与利用旧技术的技术人才需求状况（见表4—11至表4—14）。

表4—11　　　　　**萍乡煤矿工程师室职员录（1934 年 6 月）**

序号	职别	姓名	年龄	籍贯	到差年月	备注
1	总工程师	雷宣	41	江西	1934 年 3 月	副专员兼
2	工程师	李堂	53	河北	1913 年	兼矿师
3		韩德举	32	江苏	1934 年 4 月	兼电机股长
4		彭树茂	41	江西	1927 年	
5	工程员	刘继德	24	江西	1934 年 3 月	
6		蔡运荣	25	江西	1934 年 3 月	兼编辑员
7	事务员	钟明善	63	浙江	清宣统元年	管理账目
8	化验员	屠永□	20	江苏	1933 年	

资料来源：《萍矿管理处职员录》（1934 年 1—6 月），载《萍矿》，第 172—173 页。

表4—12　　　　　**萍乡煤矿电机股职员录（1934 年 6 月）**

序号	职别	姓名	年龄	籍贯	到差年月	备注
1	股长	韩德举	32	江苏泗阳	1934 年 4 月	工程师兼
2	佐理	陈景云	46	广东新会	1919 年 4 月	
3	股员	周仲伊	36	湖南长沙	1926 年 7 月	司账
4		赵润山	58	江苏	1915 年 11 月	管电灯费
5	事务员	王信元	29	江西	1930 年 5 月	管电料
6		舒干	36	湖南湘乡	1927 年 2 月	查电灯
7		柏瑞麟	24	湖北夏口	1933 年 10 月	兼缮写
8	练习生	黄俊登	29	江西石城	1934 年	
9		钟子钰	23	浙江绍兴	1933 年 10 月	

续表

序号	职别	姓名	年龄	籍贯	到差年月	备注
10	监工	熊杰	61	湖北安陆	清宣统元年	锅炉房
11		钟文昭	31	浙江绍兴	1922 年 3 月	电厂
12		陶鹏	56	南京	清光绪二十八年	修理
13		徐祖贻	20	南京	1933 年 10 月	电话房
14		张桂松	56	湖南湘潭	清光绪二十五年	锅炉房
15		邹培忠	52	湖南醴陵	清宣统元年	锅炉房

资料来源：《萍矿管理处职员录》（1934 年 1—6 月），载《萍矿》，第 173—174 页。

表 4—13　　　　**萍乡煤矿修造股职员录（1934 年 6 月）**

序号	职别	姓名	年龄	籍贯	到差年月	备注
1	股长	萧立成	52	湖北	清光绪三十四年	
2	股员	朱仁	49	江苏	1911 年	管理账目
3		钱后权	28	浙江	1920 年	绘图
4	事务员	徐少春	43	江苏	1924 年	迭日报兼造账
5		杨汉澄	55	江苏	1913 年	管材料账
6		柏瑞麟	29	湖北	1928 年	管工食册兼缮写
7	制造厂总监工	柏樑	51	湖北	清光绪三十三年	
8	事务员	陈宏熙	56	江西	清光绪二十五年	管账目
9		陈钟权	25	湖南	1934 年	帮理账目兼造工食册
10	监工	张建中	32	江苏	1922 年	锻工房
11		钱后静	20	浙江	1929 年	机工房
12		任元□	29	湖北	1927 年	铸模房
13		张序玳	31	江西	1934 年	修桶房

续表

序号	职别	姓名	年龄	籍贯	到差年月	备注
14	管理厂总监工	李子敏	43	江苏	宣统二年	
15	事务员	袁品瓒	59	湖南	1913 年	管理账目
16		王成□	57	湖北	1917 年	东窑
17	监工	贝少山	36	湖南	1918 年	同上
18		黄兆芬	58	江西	清光绪二十年	同上
19	修理厂监工	汤启堂	44	湖北	1911 年	
20	事务员	王东明	35	湖南	1928 年	管理账目
21	土木厂总监工	徐镛	55	湖北	宣统元年	
22	监工	沈宾清	47	江苏	清光绪三十三年	
23	造砖厂总监工	史久远	59	湖南	清光绪三十二年	

资料来源：《萍矿管理处职员录》（1934 年 1—6 月），载《萍矿》，第 174—175 页。

表 4—14　　**萍乡煤矿一般技术岗位职员统计（1934 年 6 月）**

序号	部门	职别	江西籍		外省籍		年龄	备注
			籍贯	到职时间	籍贯	到职时间		
1	工程师室	工程员	江西	1934 年月 3			24	
2			江西	1934 年 3 月			25	兼编辑员
3		化验			江苏	1933 年	20	
4	电机股	佐理			广东新会	1919 年 4 月	46	
5		事务员			湖南湘乡	1927 年 2 月	36	查电灯
6					湖北夏口	1933 年 10 月	24	兼缮写
7	修造股	股员			浙江	1920 年	28	绘图

续表

序号	部门	职别	江西籍		外省籍		年龄	备注
			籍贯	到职时间	籍贯	到职时间		
8	洗炼股	股员			福建	1933 年	23	
9			江西	1934 年			24	
10	采煤股	股员			江苏丹徒	1908 年 3 月	48	测绘
11		煤师			浙江慈溪	1905 年 4 月	51	二十四段
12					安徽泾县	1909 年 4 月	48	十三、十四段
13					湖北汉阳	1911 年 2 月	42	十五段
14					湖北汉阳	1905 年 4 月	51	分十五段甲段

资料来源：《萍矿管理处职员录》（1934 年 1—6 月），载《萍矿》，第 172—180 页。

（二）采煤工程及其管理

工程与技术及其管理水平，主要包括工程与设备的技术含量、人才的技术水平和工程与设备的使用水平。由于前文各股室所提出的财务目标中已大量涉及 1934 年时萍乡煤矿的设备技术含量、技术人才水平等，在此根据《萍乡安源煤矿调查报告》的记载，仅对 1931 年至 1934 年时萍乡煤矿的采煤工程技术水平与管理水平做一简要叙述。[1]

西区（1931 年八方井透水前）——八方井、西平巷。[2] 平地以上煤层皆归西平巷采取，距平地 50 米上另开上平巷以补西平巷之不及，在安源煤盆，所有主要煤槽，皆已采尽。西平巷多已塌尽，只余近巷口一带不及 1000 米。平地以下别开直井，主要为一号直井，通称八方井，

---

[1] 除《萍乡安源煤矿调查报告》外，本书所用资料《萍矿》的第 108—121 页，《江西萍乡煤矿》的第 12—29 页中，也有不少关于 1934 年时萍矿设备的记载。

[2] 《萍乡安源煤矿调查报告》，第 21—23 页。

直径 4.5 米，深 160 米，砖墙钢架车笼转机齐全，为卷扬井。其旁 10 米另开二号直井一口，直径 4.04 米，深 110 米，通称六方井，二井井口高于西平巷 10 米。为转运便利起见，距井 6 米处，别开小吊井一口（通称四方井）；穿达西平巷，深 10 米。八方井及六方井上皆设置 25 米高的卷扬车架，煤车由八方井卷出之后，即推至四方井，放下西平巷，挂于 450 米长的循环钢索上，运至小洗煤台。所有西区的煤车，全以西平巷为总出口。

直井下方距井口 60 米沿煤层走向开一平巷，为第一层平巷，以下每隔 50 米开一平巷。综计一号直井有平巷三层，二号直井有平巷两层，各铺钢轨。一号直井下三层平巷皆延长至 1200 米，与西区煤层走向延长等长，已达煤槽尽端，所有上部煤炭殆将采尽，本因加深直井，故即在第三层下山部分挖掘，用人力背上，共计直井深度只 150 米，采掘深度则有 200 米，据德人估计，尚有 20 万吨，若加深直井，自必更多。

为采取西南区西部紫家冲至小坑一带平巷以下之煤，另由二号直井开凿石礶一条，全长 2000 米，高 3.5 米，直抵西南区平巷以下西部，开大工时每日出煤多至 500 吨，石礶全用砖砌，迄未设置电车，只用人推。又在一号直井第三层亦同样开一石礶，已达西南区西部各煤层，长共 1900 米，所有新设备只足供通风及运搬之用，至 1934 年尚未正式出煤。两直井实通采西区与西南区两区域，范围占全部的 2/3。

直井最重要设备为各层抽水机，矿内每分钟出水量少时 3—4 立方米（每 1 立方米即 1 吨），多时 5—6 立方米，即一昼夜 8640 吨。八方井第三层有电力抽水机两架（每座每分钟排水量 4 立方米），再辅以汽力抽水机三架（每座每分钟排水量 1.25 立方米），其余第一、二层则有汽力机（第一层一台，四十五马力；第二层四台合计每分钟排水量 3.30 立方米），六方井第二层平巷汽力机两台，合计每分钟排水量 2.70 立方米。所有各汽力机年久失修，几等废物，所靠者即电力机两座，实可应付裕如。

东南区、东北区（1934 年）[①]，该区产煤质量俱佳，但萍乡煤矿对其至 1934 年尚未正式开发，只有土井采掘。东南区自五家源紫家冲至

---

① 《萍乡安源煤矿调查报告》，第 28—29 页。

高坑一带，底部隆起，覆土甚浅，露头毕现，故土井特多。其历史深长者，如丰盛福且开在安源煤矿之先，亦有直井石巷，唯抽水机不足，现已淹没。安源煤矿亦在区内收买土井，自行掘取，所产辄卖与当地居户，唯因该区西距萍乡县城河道30余里，距安源车站20余里，东距芦溪市河道亦20里，深处山中，须人力运输。汉冶萍公司值欧战营业鼎盛时，曾正式开发高坑，以开凿2000米深井两座，每日出煤2000吨为根据，估计各种费用180.7万两。当时已经着手，但后因矿区纠葛未决，又值欧战忽停，经济困难，遂不复置议。在当时地面工程不易进行，曾于总平巷在西南区西区交接之处，另开一石礐，经武公岭下直向东北东南两区中间而进，计长不过5公里，由石礐口至煤盆边缘约2公里，全礐铺设电车钢轨总长不过7公里，自1915年开工迄1922年，已开凿1600米，是为十六号石礐，只差400米，即达东北区锡坑煤盆线上，1000米即可正式采煤。历来皆继续修理维持，董伦时代，犹积极加以修理，即员工临时维持委员会时，亦曾继续修复600米。何熙曾令停止维持工程，任其塌陷。现1600米中仅可通147米。

西南区（1934年）[1]，计总平巷全长约3000米，进口1500米内，宽3.5米，高2.5米，有砖拱共2000米，巷内铺设32磅双线轻便钢轨，架挂往来单线电车线，用电车拖煤车。总平巷之右，相距15米，凿有平行平巷一条，每隔35米通以横巷，原为通风之用，进深只有2050米，宽只2.2米，通砌砖拱，现作管道及安装高压电线之用。总平巷，以前开大工时，只此一条平巷，每日即出煤1200吨，现在西南区若不向总平巷平面下发展，在极短期间必将无煤可采。平巷50米以下（干季70米）悉为水淹。故一年来礐内采煤，仅事搜寻从前遗弃的旧存杂煤及薄层劣煤。煤量不足，则只有削小不可掘动的保险煤墩以补足之（如50米阔者减削为30米之类），故1934年时萍乡煤矿并非正式采掘，不过搜寻余煤而已。

（三）工程与技术的企业地位

1934年5—6月，新任专员一共召开了五次处务会议。[2] 对资料中

---

① 《萍乡安源煤矿调查报告》，第29—30页。

② 《萍矿管理处第一次处务会议录》至《萍矿管理处第五次处务会议录》，载《萍矿》，第146—153页。缺少第三次会议记录。

收集的四次会议记录报告事项与讨论事项进行统计，可知：1934 年 5 月 2 日（星期三）下午 3 时[①]召开的第一次处务会议，有以专员为首的 22 人出席，其中与技术相关的与会者有：雷宣（副专员兼总工程师）、彭树茂（工程师室工程师）、萧立成（修造股股长）、韩德举（工程师室工程师兼电机股股长）、陈景云（电机股佐理）、郑茂岩（洗炼股股长）、杨霭初（采煤股佐理）、郑听泉（采煤股段长）[②]，共计 8 人，占全体与会人员的 36.36%。但在两项报告事项与十项讨论事项中，只有一项《各股机件器具应如何清理案》与技术有关（会议决议：由管理处规定表式交各股室填送备案），占总事项的 8.33%。1934 年 5 月 15 日（星期二）下午 4 时，萍乡煤矿管理处召开第二次处务会议，20 人参加，与技术相关者七人参加（采煤股段长未参加），共计报告事项与讨论事项五件，与技术相关者无一件。1934 年 6 月 13 日（星期三）下午 3 时，萍乡煤矿管理处召开第四次处务会议。15 人参加，与技术相关者四人参加（总工程师、电机股佐理、洗炼股股长、采煤股段长均未参加），共计报告事项与讨论事项六件，与技术相关者无一件。1934 年 6 月 30 日（星期六）下午 2 时，萍乡煤矿管理处召开第五次处务会议。19 人参加，与技术相关者六人参加（总工程师、采煤股段长未参加），共计报告事项与讨论事项七件，与技术相关者无一件。由此可知，萍乡煤矿最高决策机关不重视或无财力重视技术革新，技术目标仅定位"各股机件器具应如何清理"[③]。

　　再仔细分析 1934 年的《组织规程》，也可看出：负责全矿技术职责的工程师室及总工程师表述于第五条，位列担负一般日常技术工作的其他股室之后；另外，负责一般技术工作的股室又排在第一、第二、第三位的会计股、事务股、考工股之后，名列七个股室的第四至第七位；在四个一般技术股室中，修造股在前，电机股、洗炼股、采煤股依次在后。技术部门在《组织规程》中的排名先后顺序，从全局上体现了 1934 年萍乡煤矿的技术含量与技术在生产中的地位。即没有技术创新

---

　　① 本书特意详细标注其召开会议的时间，目的在于说明专员本人对会议其实并不重视，因为在这样晚的时间召开会议，其会议力度和效果可想而知。

　　② 各人职务见《萍矿管理处职员录》（1934 年 1—6 月），载《萍矿》，第 171—189 页。

　　③ 资料中未注明该案由何人何部门提出。

与技术进步，或技术创新与技术进步的作用明显低于旧技术的常规应用；在旧技术的常规应用中，维护旧技术的部门（修造股）的技术地位又明显高于技术应用部门（电机股、洗炼股、采煤股）。

五　生产管理

对于萍乡煤矿重视"管理"，尤其是重视"生产管理"的情况，已在本章前文有所分析，有关内容不再重复，下文仅就生产一线部门的有关情况进行研讨。

（一）生产部门

采煤股是最前线的生产部门。窿内采煤，以段为单位。各段设有正副段长各一人，监督、指挥一切事务。每段又分若干号，每号称为一班，有工头一人，大小工若干，大工分挖煤、架木、排水、修理，小工则负责搬运、充填，各班产量由采煤股规定。①

如果说官办萍乡煤矿真正重视"生产管理"，但其采煤股在1934年又"只有"职员55人，占全部职员人数（272人）的20.22%。其中，江西籍8人，占14.55%，南京籍3人，江苏籍5人，浙江籍5人，湖南籍11人，湖北籍17人，山东籍1人，甘肃籍1人，安徽籍4人，外省籍共占85.45%。16—19岁5人，20—29岁16人，30—39岁4人，40—49岁16人，50—59岁12人，60岁以上2人，平均37.78岁，50岁以下者占74.55%。1898—1911年间到职23人（占41.82%），1912—1933年间到职32人（占58.18%），无1934年到职者（见表4—15）。

表4—15　　　　萍乡煤矿采煤股职员录（1934年6月）

序号	职别	姓名	年龄	籍贯	到差年月	备注
1	段长	郑昕泉	54	浙江慈溪	清光绪二十九年九月	
2	佐理	杨□初	43	江苏吴兴	清光绪三十二年二月	

---

① 《江西萍乡煤矿》，第8页。

续表

序号	职别	姓名	年龄	籍贯	到差年月	备注
3	股员	王伯生	48	江苏武进	宣统三年	
4		陈伯椿	48	江苏丹徒	清光绪三十四年三月	测绘
5		黄宾贤	54	江西萍乡	清光绪三十四年五月	
6		周鸣枭	54	湖南长沙	光绪三十一年十一月	
7	事务员	钟兰亭	63	湖南浏阳	清光绪三十三年	
8		金舜卿	42	浙江绍兴	1913 年 5 月	洗煤台验煤点
9		刘瑞友	24	江西萍乡	1929 年 5 月	洗煤台验煤点
10		瞿玉柯	45	湖南长沙	1933 年	洗煤台验煤点
11		吴树棠	58	湖北	清宣统二年	天门洞验点
12		张梦生	59	甘肃宁县	1914 年 1 月	天门洞验点
13		文渭清	22	湖北汉阳	1933 年 5 月	天门洞验点
14		姚树荣	58	南京	清宣统二年	收发器具
15		陈瑞生	45	湖北汉阳	1911 年 2 月	收发木料
16		蓝荣卿	49	江西萍乡	清光绪二十四年	收发杂料
17		张声远	60	江西吉安	清光绪三十一年四月	管理食宿房
18		欧阳梅山	59	湖南湘乡	1932 年	管理食宿房
19		杨星□	40	湖南湘乡	宣统三年三月	管理食宿房
20	煤师	李瑞鲫	51	浙江慈溪	清光绪三十一年四月	二十四段
21		朱振声	48	安徽泾县	宣统元年四月	十三、十四段
22		李树庭	42	湖北汉阳	1911 年 2 月	十五段
23		周玉□	51	湖北汉阳	光绪三十一年三月	分十五段甲段

续表

序号	职别	姓名	年龄	籍贯	到差年月	备注
24	段长	刘启才	38	湖北夏口	1916年3月9日	九段
25		陈□兴	48	浙江□县	宣统二年八月	十段
26		郑□奎	42	江苏武进	1914年11月	十一段
27		王少芝	46	湖北汉阳	宣统元年正月	十三段
28		□汝舟	41	湖南长沙	宣统三年三月	十四段
29		尹幼眉	51	浙江上虞	宣统二年二月	十五段
30		朱幼泉	39	安徽泾县	1913年5月	分十五段
31		龙任夫	43	湖南长沙	宣统三年七月	分十五段甲段
32		韩少湘	34	江西萍乡	1919年5月	外段
33	监工	刘莹	22	湖北黄冈	1928年3月	二十四段
34		萧炎生	22	湖北汉阳	1930年2月	九段
35		陈纯甫	25	湖北汉阳	1931年7月	十段
36		文雪晃	58	江西萍乡	1921年	十一段
37		徐文魁	25	湖北汉阳	1932年1月	十三段
38		许玉鹏	24	南京	1927年	十三段
39		谢司冬	23	湖南长沙	1932年8月	十三段
40		张贤毓	23	湖南湘潭	1931年4月	十四段
41		吴乾湘	21	湖北汉阳	1932年8月	十四段
42		庐永湘	21	山东即墨	1930年3月	十五段
43	监工	王枚鲟	51	湖北汉阳	宣统二年二月	分十五段甲段
44		杨仲卿	40	湖北汉阳	1913年3月	分十五段甲段
45		叶振清	35	湖北汉阳	1926年8月	外段

序号	职别	姓名	年龄	籍贯	到差年月	备注
46		李□峙	17	江苏武进	1932 年 2 月	
47		彭再兴	16	湖北汉阳	1933 年	
48		罗金笙	16	湖南长沙	1933 年 3 月	
49		沈振家	19	江西吉安	1932 年 8 月	
50	练习生	许仲□	20	南京	1932 年 7 月	
51		朱成培	17	安徽泾县	1932 年 8 月	
52		姚长松	20	湖北武昌	1933 年	
53		徐衍菁	20	江西南昌	1933 年 6 月	
54		朱大璋	21	安徽泾县	1932 年 10 月	测绘
55		刘□	23	湖南长沙	1933 年 5 月	测绘

资料来源：《萍矿管理处职员录》（1934 年 1—6 月），载《萍矿》，第 176—180 页。

对表 4—15 所给出的信息进行分析，可发现其中大有讲究。一是采煤股主要领导均为江浙一带人，且均是萍乡煤矿创办期或至少是大清时期进入萍乡煤矿者，这与盛宣怀为江苏（武进）人不无关系；二是湖北汉阳人多，这自然是萍乡煤矿与汉阳铁厂有"血缘"关系的结果；三是湖南人多，这又与萍乡紧邻湖南有直接的"姻缘"；四是萍乡本地人极少。对此，本书虽无直接证据，但大可推测为有采煤技术的萍乡本地人更愿意服务于本地小煤窑之故。

1934 年，洗炼股更"只有"职员 13 人，仅占全部职员人数的 4.78%。其中，江西籍 3 人，占 23.08%，南京籍 1 人，江苏籍 1 人，湖南籍 4 人，湖北籍 1 人，福建籍 3 人，外省籍 10 人，占 76.92%。20 岁以下 1 人（15 岁，练习生），20—29 岁 2 人，30—39 岁 3 人，40—49 岁 2 人，50—59 岁 3 人，60 岁以上 2 人，平均 41.38 岁，50 岁以下者占 61.54%。1900—1911 年间到职 4 人（占 30.77%），1912—1933 年间到职 7 人（占 53.85%），1934 年到职 2 人（一为股员，占

15.38%）（见表4—16）。

表4—16　　　　　　　萍乡煤矿洗炼股职员录（1934年6月）

序号	职别	姓名	年龄	籍贯	到差年月	备注
1	股长	郑芝蕃	43	福建	1912年	
2	总监工	曹棠华	37	南京	1920年	
3	股员	林振建	23	福建	1933年	
4		雷国光	24	江西	1934年	
5	事务员	钟骞	30	江西	1930年	管煤账
6		文德孚	49	湖北	1917年	管账目
7		朱道存	52	湖南	1911年	发炊煤
8	监工	钟迪光	69	江西	清光绪二十六年	炼焦炉
9		张荣瓒	52	湖南	1920年	炼焦炉
10		向祖荣	63	湖南	1911年	炼焦炉
11		阳□	51	湖南	清光绪二十七年	洗煤台
12		马家和	30	江苏	1920年	洗煤台
13	练习生	林保汉	15	福建	1934年	

资料来源：《萍矿管理处职员录》（1934年1—6月），载《萍矿》，第176页。

分析表4—16可知，江西人，尤其是萍乡煤矿本地人在洗炼股的"力量"至为薄弱，这大概也与采煤股原因相同。

另外，采煤、洗炼两股职员人数之少（合计刚好仅占该时期萍乡煤矿全体职员总数的1/4），也足以说明官办萍乡煤矿不是一个"生产型"的企业。它表面上虽然重视生产"管理"，但实际上仅仅是重视对生产环节中的"人"的管理，这与前文有关考工、监工等的分析结论是一致的。

（二）八方井透水事件

1931年发生的八方井透水事件及其事后处理，最能说明官办萍乡煤矿生产"管理"的水平和整个萍乡煤矿"管理"与"萎缩型""维持"的特质。

1931 年 6 月 19 日，八方井内"水没第三层，所有电力汽力抽水机皆遭淹没，施救不及，第二层亦于同日被淹，仅取出汽力抽水机二座"①，萍乡煤矿主体生产工程几遭灭顶之灾。事后，专员董伦向江西省政府呈送报告，就施救经过和淹没原因做了陈述。

施救经过：

> 三层电邦浦于十九晨七时水入马达即失排水效力，在未淹之先，本以一吨汽邦浦帮同排水，于是复添加锅炉一座，增开气邦浦二座，竭力抢救，奈以汽力不敷，排水力量甚小，水势上涌，汽邦浦又复淹没，然仍在水中排水，历一小时之久始停。三层既被淹没，遂作退保第二层之策，急于距二层下三十五米处另搭井架，增设四寸出水邦浦二座提水，先至二层，再由二层以全力提出井面，但所增之邦浦，机件过旧，排水能率过小，且井内水势增涨极速，延至二十五日水已漫过井架，迫不得已遂弃架赶将邦浦拆出。同时一面利用煤车起水，一面赶造一吨半铁箱两只，安置吊车内担水，一日夜约可提出水千吨，然仍无济于事。在初原拟将一号井与二号井相通各口用砖和西门土堵塞，另设通风管。召集职员开紧急会议讨论，咸以第二层藏煤均已采尽，范围太广，石隙盈千累万，难保不出更大危险，害及员工生命。遂决议除利用吊车起水外，更赶修二层各号汽动邦浦，准备万一水达二层蓄水池时，仍用全力抵御，以希万一之救。无奈机械锅炉陈旧，始终不敌来水，延至七月二日，迫不得已，遂将二层汽邦浦拆出，留备将来应用。二层亦于同日淹没。②

至于被淹原因，董认为是：

---

① 《萍乡安源煤矿调查报告》，第 23 页。
② 同上书，第 25 页。

积水未清——"往年在新旧两运道砌水坝两处，每于秋季将坝内积水放尽，拆出旧坝，清理蓄水地点，另砌新坝，以备来春。因十九年红匪影响，此种预防工作，未及做到。"

水量较大——1931年4月间"因王家源各私井挖陷，溪水直灌本矿，彼时已岌岌可危，幸竭力堵塞，得免于难，但区内私井林立，浸水难防，一遇暴雨，新旧两窿积水即无退步，是以今年之水较大"。"入夏以来，连日淫雨，电邦浦（即电力抽水机或称电泵）能力有限，无法清除积水。"

机械失修——"原先另砌新坝时，并将电力抽水机拆出修理，十九年未办，二十年值大水期间，八方井排水工作不能片刻停息，且机械材料并不齐全，而各种特别机械自汉冶萍放弃以来，无力培补，因之效力一年不如一年，且本矿各锅炉多已超过保险年限，年来矿事日就凋散，无力修理，锈损日甚，以致锅炉气压降下，机械转运不灵。"

失事近因——"不幸于十八日夜窿内水势骤增，电邦浦已觉不足以应付，迨十九日早六时半电厂锅炉之气压降下尤甚，发电机旋转速率减下至二千八百次，电厂为保持发电机起见，不得不暂停片刻，迨七时汽压复元，电机开动，则水已升入马达邦浦，不复能转动矣。"[1]

按照董伦的分析，八方井被淹，除设备老化以外，主要是"天灾人祸"：

电力抽水机之淹没，乃为一小时中突然之事。井下水势骤增与锅炉汽压猛降，原因不明，恰值同时，无乃太巧。三层电力汽力机完全淹没后，已经无可救药。始以四汽泵抽水，继以吊车打水，皆显明无效之举。以一日夜八千六百四十吨之进水量，岂一千吨吊车所能抵挡，徒见其手忙脚乱而已。

---

[1]　《萍乡安源煤矿调查报告》，第24页。

他虽然也提到 1930 年"红匪影响"，但并未如《萍乡安源煤矿调查报告》作者那样，把透水事件归为"因革除工人致工作懈怠之故，抽水机失慎，竟致水没"①的结果。

对上述材料进行仔细的推敲，不难发现透水事故发生的根本原因在于官方，是官方"维持""管理"萍乡煤矿政策的必然结果和体现。

首先，1930 年的"红匪"事件虽然对萍乡煤矿造成了影响，但只是来自企业外部的、暂时的影响，黄公略的红三军（当时称红六方面军）和毛泽东、朱德率的红一方面军，分别是 1930 年 5 月、9 月来矿的，至透水事件的发生，远者已相距一年，近者也有九个月，如果是一个重视生产和经济效益的企业，早应该"消化"此"负面"影响。退一万步说，"红匪"来矿与透水时抽水、锅炉设备的缺乏及管理的"无能"没有丝毫必然的联系，对此，董已亲自承认，不需复言。

其次，小煤窑的开挖肯定会对煤区透水产生一定的影响，但是，八方井矿区地域内存在私人小煤窑的可能性应非常小。② 更关键的是，即使八方井矿区内有小煤窑（或有弃采的小煤窑），而一般小煤窑的采挖深度均极为有限，其蓄水不可能从位于山腹之中且深达 160 米的八方井最底层（第三层）冒出来。就算小废窑蓄水可以通过地下水系统达至八方井，那些小废窑也不可能有如此巨大的蓄水能力，即八方井上空所有小废窑的窿内工程总蓄水空间不能达到与八方井二三层的工程空间，如果有即等同于在八方井上空还有一个与八方井这个在全国排名第一的大型煤矿（或称为旧矿），如果是这样，那对于八方井来说，其危险就不仅仅是透水而已了。所以，要把八方井发生透水事故的原因算到小煤窑的乱挖乱采头上，无论在理论上，还是在当时的现实中，都是经不起推敲的。

再次，煤窿出水是再正常不过的现象，所以，"直井最重要设备为各层抽水机"。在一般情况下，萍乡煤矿八方井及其相连的六方井"矿内每分钟出水量少量三至四立方米，（每一立方米即一吨），多时五至

---

① 《萍乡安源煤矿调查报告》，第 23 页。

② 对此，本书因提供不出资料，所以只能推测，如果连八方井区域也有私人小煤窑的话，那么官方肯定很无"颜面"，萍乡煤矿矿警队也不知"管"什么去了。关于萍乡煤矿与私人小煤窑的关系问题，本书第五章有专门讨论。

六立方米（即一昼夜八，六四○吨）。"①"八方井第三层有电力抽水机
二架（每座每分钟排水量四立方米），再辅以汽力抽水机三架（每座每
分钟排水量一．二五立方米），其余第一二层则有汽力机（第一层一
台，四十五马力；第二层四台合计每分钟排水量三．三○立方米），六
方井第二层平巷汽力机二台，合计每分钟排水量二．七○立方米。"②
如此，从理论上计算，八方井与六方井所有抽水设备每分钟可排水至少
17.75 立方米以上，远远超过正常情况下矿内每分钟出水量 3—6 立方
米的总量。但是，问题出现了——"所有各汽力机年久失修，几等废
物，所靠者即电力机两座"，即实际的排水设备只有两台合计排水量在
8 立方米的电力抽水机。因此，且不要说发生透水事故，就是每分钟出
水在 6 立方米的正常情况下，如不能保证两台电力抽水机都能正常工
作，也必将发生透水矿难，而不是所谓的"实可应付裕如"。而至于为
何只有两台电力抽水机能较为正常地使用，且只配备了两台电力抽水
机，这在董伦的汇报中已说得再清楚不过了。所以，八方井发生重大透
水事故只是迟早的问题。③

　　透水事故结束后，对于透水工程的善后处理，更加体现了官方对于
萍乡煤矿的"顺其自然"、"自生自灭"和"萎缩型""维持"的思想
与态度。在矿内，专员"董（伦）等尚积极设法规复，曾与湘鄂路局
洽商，拟以钢桥五座约重三万吨价九万余者，抵与路局先借银元五万，
作购置电力抽水机之用，以路局缺款未果。又向大冶汉阳长沙各处商借
抽水机。亦皆无成"。在这份材料中，依稀可见萍乡煤矿内部"自救"
的样态，但却不见江西省政府的任何支援（事实上，江西省政府也并
未对此有任何拨款）。

　　透水事故给本已"老弱"的萍乡煤矿带来了严重的灾难。"水止于
第二层，虽未全淹，然直井一区，停止出煤。每日产量只五百吨"，工

①　《萍乡安源煤矿调查报告》，第 22 页。
②　同上书，第 22—23 页。
③　关于八方井透水的原因，萍乡煤矿工程师朱洪祖在其所著《江西萍乡煤矿》也曾有
分析，他除认为"矿区内私井林立，因受私井之挖陷，溪水直灌窿内"，及"春夏之间，水量
最大"之外，最后着意强调说："总之萍乡煤矿直井之被淹，虽因各种重要机械无力培补，效
力一年不如一年，然当时人事之疏忽亦一大原因也。"《江西萍乡煤矿》，第 30、30、31—32
页。朱所说的"人事之疏忽"即应归为"管理"的问题。

人"三千七百余人，伙食亦发三分之一，同时湘鄂路对于煤焦运费以六折钞票元数，折为现银数，每吨运费由一元八角剧提高至三元五角，第四路军又扣还前任欠煤，又因军事行动，运输诸多阻碍，复遭武汉大水水灾，存煤搁置二万余吨，员工伙食一时无着，政府既无此财力，商人亦因淞沪战事影响，无力借垫，至十二月无法维持，董弃职而去。至阴历年关所有重要职员悉数离职而去"。

董去职后，萍乡煤矿出现了与官方态度完全相反的状况。"员工至于无米为炊，乃复自动请产业工会指导员刘文德出面维持"，这更加说明江西省政府对于萍乡煤矿"自生自灭"的"维持"政策，临时向安源商会借钱买米，勉强渡过了旧历年关。借款消费，[①]坐吃山空，终究不成办法，于是召开大会，决议继续开工，推举负责人员，组织员工临时维持委员会，借董伦遗留矿山抵押积欠员工伙食的 1200 吨煤做周转，继续生产，渐次增加产量至六百四五十吨（湘鄂路局日销 200 吨，每吨价 7.75 元，得价 1500 余元）。工人除去浮额 90 余人，尚有 3600 余人，工人伙食由 1/3 提高至 2/3，八方井继续抽水，并修理塌陷窿道，群情甚为兴奋，努力异常。[②]员工临时维持委员会特设抽水工程一部，费六七十日光阴，在萍乡煤矿经费非常紧张的情况下，"用三千余元，将水抽下十四米，九段十一段完全抽出（用二抽水机，三英寸及五英寸水管）（原来九段半浸，十一段只春水发时淹。）着手采掘，于是水面迄在二层以下"。（从当时萍乡煤矿的经费状况、八方井透水的严重程度，以及官方的态度看，萍乡煤矿员工的所作所为也只能说其情可嘉，如真要彻底排清透水，则又极端地不切实际。因为二层以下浸水部分深达 100 米，按六七十日费钱 3000 余元，抽下 14 米计，在不增加大量来水的情况下，要全部抽干积水，至少要费时 500 天，花费 21400 元以上。这显然不仅于萍乡煤矿经营无补，反将严重影响萍乡煤矿的生存。）

1932 年 5 月，官办萍乡煤矿第一任专员何熙曾再次"临危受命"，到任专员。何"认为抽水无用，着令停止，任令水淹全井"。且"停止十六号石窿维持工事，任令塌陷，又停止一切推广预备工程，仅事搜寻

---

① 《萍乡安源煤矿调查报告》，第 19 页。
② 同上。

总平巷有限区域内旧日遗留之煤，及削小安全煤柱，以凑足产量，因此日产出六百五十吨减少至五百五十吨。同年七月六日大事裁减员工，陆续被裁者工人八九百人，职员一百二十八人，工人伙食七折，甚至六折，职员减至九折，至是工人只余二千七百九十余人，连杂工约共三千人，二十一年十一月底二闪折减伙食，职员减至七折，工人伙食由三分之二减为三分之一，又改轮班，由是二人只作一人之工，每人每日只获一角六七分以供一家生活，产量更低至四百四五十吨，裁员减工之口实，即节省开支，作将来八方井抽水之资，且宣言以后仍旧恢复失业员工工作，迄今未实现。二十二年四月煤市转佳，又加一百余工人，增加产量八十吨，共为五百二三十吨，增加之时，原允照增工人伙食，但至今未见实行，因此员工懈怠异常，矿务遂无成绩"①。何熙曾的决策，无论是不是由江西省政府授意的，仅从企业经营的角度看应是正确的决策，但从江西省政府没有丝毫经费支持这一事实上看，又十分清楚地说明官方对于萍乡煤矿执行的是"萎缩型""管理"、"萎缩型""维持"政策。

六　销售管理

官办萍乡煤矿完全缺乏市场营销战略，毫无针对营销制度、营销机构、营销人才、营销新渠道、营销增长点建设的思路与行动，这充分说明官办萍乡煤矿不是一个"销售型"的企业。

（一）市场营销的意识

萍乡煤矿最高层认为，萍乡煤矿起死回生的根本方法在于减少成本，这已如前所述，不再重复。官办萍乡煤矿重"管理"，轻营销的政策同样体现在萍乡煤矿管理处的处务会议上。1934 年 3—6 月，以专员为主席，萍乡煤矿共召开了五次处务会议②，《萍矿》资料中收集了四次会议记录。③ 对会议记录中的报告事项与讨论事项（全体与会人员提出议案并现场进行决议）进行统计，可知：四次会议报告事项中，除

---

① 《萍乡安源煤矿调查报告》，第 20 页。

② 《萍矿管理处第一次处务会议录》至《萍矿管理处第五次处务会议录》，载《萍矿》，第 146—153 页。缺少第三次会议记录。

③ 缺第三次会议记录，如该次会议谈论到营销，甚至是一次营销的专题会议，那么，其未编入本《萍矿》创刊号，也只能从反面更加证明萍矿决策层不重视营销。

例行宣读上一次会议议案外，共计有四项报告事项（均为专员、副专员的报告）。第一、第五次会议（1934年5月2日、1934年6月30日）报告事项完全相同，为《专员报告本矿经济状况、煤斤滞销及与湘鄂路局殷局长接洽煤价情形》。第二次会议（1934年5月15日）为《副专员报告筹设烧煤井之经过》①。第四次会议（1934年6月13日）为《主席报告三、四、五，三个月积存武昌堆栈煤焦竟达七千余吨，不得已忍痛减价出售，借以维持经济周转之经过情形》。表面上，四个报告都是最高层向会议报告产品营销状况与营销竞争策略，但其策略是在自己的产品销路不畅、产品大量积压（本质为对现有客户供过于求）时，还致力于希望现有客户接受自己的加价要求（本书《与地方小煤窑竞争》有专门分析），最后的结果是不得不向既有市场降价销售，以获得急需的流动资金。四次处务会议的讨论事项共计22项，除两项关于烧煤井，两项关于交路局运费回佣外，其余均为加强财务管理、人事管理，从而降低成本，提高生产效率的提案。

从出席处务会议的部门与人员构成方面，也充分显示出最高层重管理、轻营销的意识。除会议记录员外，共有26人出席过处务会议（其中一人为列席）。他们是：陈国屏（专员，4次）、雷宣（副专员兼总工程师，2次）、廖鼎荣（总部秘书室首席秘书，4次）、徐子美（总部秘书室秘书，3次）、吴蜀卿（总部文牍主任，3次）、潘仲仁（总部稽核主任，4次）、娄组衡（总部编辑主任，2次）、吴润身（秘书室秘书，第五次列席）、陈郁芬（会计股股长，4次）、李占魁（会计股佐理，2次）、江雨青（会计股股员，1次）、张维扬（事务股股长，1次）、黄少南（事务股佐理，4次）、刘佐南（事务股股员，4次）、彭葵（考工股股长，3次）、童金满（考工股佐理，4次）、韩德举（工程师室工程师，4次）、彭树茂（工程师室工程师，4次）、郑听泉（采煤股段长，1次）、杨霭初（采煤股佐理，4次）、朱振声（采煤股煤师，第五次出席）、郑茂岩（洗炼股股长，3次）、陈景云（电机股佐理，3次）、萧立成（修造股股长，4次）、李永誉（材料收发室主任，4次）、

---

① 筹设烧煤井，是萍乡煤矿为打击萍乡小煤窑与土煤经销商，扩大对粤汉铁路湘鄂段管理局的销售份额，对竞争小煤窑进行封杀后，由萍乡煤矿开设烧煤井，向萍乡民众销售土煤以供生活的一项措施。

陈邦彦（矿警队队长，第四、第五次会议出席）。[①] 合计：管理型部门共 14 人（总部 8 人、事务股 3 人、考工股 2 人、矿警队 1 人）；财务后勤部门 4 人（会计股 3 人、材料收发室 1 人）；工程技术部门 4 人（工程师室 2 人，电机股 1 人，修造股 1 人[②]）；生产部门 4 人（采煤股 3 人，洗炼股 1 人），其中唯独没有身负营销职责的驻汉办事处和驻长沙办事处人员与会。

（二）营销机构与营销人才队伍

在营销机构的设置方面，虽有驻汉（汉口、武昌）办事处、驻湘（长沙）办事处，而且事务股也负有营销的职责。[③] 但做进一步的分析则可知，1934 年的萍乡煤矿实际缺少营销机构与人才建设的战略意识与架构。

首先，表现在矿区所在地的萍乡煤矿管理处并无与驻外办事处相对应的独立的营销与营销管理机构，不仅总部没有，就是与会计股、采煤股等平级的股室中也没有。1934 年 5 月，萍乡煤矿共有 27 个经营与经营管理服务部门。[④] 它们是：专员办公室、副专员兼总工程师办公室、顾问办公室、秘书室、工程师室、电机股、修造股（下辖制造厂、管理厂、修理厂、土木厂、造砖厂）、洗炼股、采煤股、会计股、事务股、考工股、材料收发室、矿警队、驻汉（汉口）办事处（下辖武昌堆栈）、驻湘（长沙）办事处、株洲采木所[⑤]、机料栈、机料厂、运输、医院。而且，在前 23 个部门中，不知《萍矿》是有意还是无意把负责财务与营销的会计股、驻汉办事处（武昌堆栈）、驻湘办事处、株洲采木所等部门，都排在了滞后甚至最后的位置。

其次，在已有的营销机构人事管理和人事配置上，也缺乏战略意识与措置。在人事管理上，从表面上看，新专员上台后，加强了驻汉办事

---

①　《萍矿管理处职员录》（1934 年 1—6 月），载《萍矿》，第 171—189 页。

②　修造股中还包括造砖厂，但其生产非主要产品（煤焦）生产，故不计为此分析项中的生产部门。

③　从《萍矿》看，事务股的营销职责仅限于售军煤。《萍矿管理处职员录》（1934 年 1—6 月），载《萍矿》，第 180—182 页。

④　《萍矿职员人数统计图》（1934 年 1—6 月），载《萍矿》，第 191 页。

⑤　《萍矿管理处职员录》（1934 年 1—6 月），载《萍矿》，第 171—189 页。

处的队伍建设。表现为：对驻汉口办事处①的人员进行了全面改革。除任命于 1932 年到职的 1 人为新任主任外②，驻汉口办事处其他六位职员也均为 1934 年 3 月到职。但是，新到职的 6 人中，1 人年龄不详，3 人年龄与籍贯均不详。如与武昌堆栈的九位职员一起计算，根据对《萍矿》有关数据的统计③，驻汉办事处共计 16 人，其中籍贯不详者就有 6 人（萍乡煤矿全矿只有籍贯不详者 7 人），占 37.5%，年龄不详者 7 人（萍乡煤矿全矿只有年龄不详者 10 人），占 43.75%，到职时间不详者 3 人（萍乡煤矿全矿只有到职时间不详者 4 人），占 18.75%。在 1934 年 5 月 2 日的第一次萍乡煤矿处务会议上，新专员就决定编辑出版《萍乡煤矿》刊物，并做出三个决议：①推定娄组衡、胡毓中、蔡运荣、薛伯明四人为编辑，并指定娄组衡为总编辑；②由各股室供给材料并欢迎外界投稿（不给稿费）；③编辑矿刊须将底稿呈专员室核定后再行付印。由此可知，萍乡煤矿、《萍乡煤矿》编辑部，以及专员本人连萍乡煤矿销售人员的最基本人事管理数据均未掌握或极端不重视。还有，武昌堆栈除 3 人到职时间不详外，另 6 人中只 1 人是 1934 年 3 月后到职的，与驻汉办事处相反，即新专员到任后，武昌堆栈的人事变动率在 11.11%（按 1 人计）至 44.44%（连同到职时间不详的 3 人计算在内的话）之间，若为前者，则变化极小。而驻湘办事处 1934 年未进一人，人事毫无变动。

从驻汉办事处和驻湘办事处职员的具体分工看，萍乡煤矿真正用于营销的人员更少。严格地说，武昌堆栈职员为非营销人员，驻汉口办事处的 7 人中，文牍 1 人、会计 1 人，真正负有营销职责者只有主任 1 人、办事员 3 人、交际员 1 人，计 5 人（见表 4—17）。驻湘办事处除去会计、庶务、管煤员 3 人外，只有主任 1 人、办事员 1 人可资用于营销（见表 4—18）。即两办实际只有 7 人承担推销工作，占萍乡煤矿 272 位职员的 2.57%。

---

① 驻汉办事处又分为驻汉口办事处（7 人），武昌堆栈（9 人）。萍乡煤矿有四个驻外机构，其中，株洲采木所、武昌堆栈分别属于生产材料采购和销售产品仓储机构，唯汉口办事处、长沙办事处具有产品营销职责。

② 《萍矿管理处大事记》，载《萍矿》，第 165 页。1934 年 3 月 1 日任命。

③ 《萍矿管理处职员录》，载《萍矿》，第 171—189 页。

表4—17　　　　萍乡煤矿驻汉办事处职员录（1934年6月）

序号	职别	姓名	年龄	籍贯	到差年月	工龄（月）
1	主任	龚亦途	35	江西金溪	1932年1月	30
2	文牍	马仙舫		安徽	1934年3月	4
3	办事员	吴怡和			1934年3月	4
4		徐乐农			1934年3月	4
5		赖文华	33	江西赣南	1934年3月	4
6	会计	李俊臣			1934年3月	4
7	交际员	陈光瑶	31	江西赣南	1934年3月	4
8	武昌堆栈栈长	李殿魁	48	江西金溪	1932年1月	30
9	庶务	车祥麟	29	江西金溪	1934年1月	6
10	事务员	汤子□	36	湖南长沙	1927年6月	84
11		郭质初	46	福建惠安	1934年1月	6
12		彭选青				
13		郭壁城				
14		田洪□				
15		陈栋成	31	江西赣南	1934年3月	4
16		尹□钦	53	湖北武昌	1931年5月	37

资料来源：《萍矿管理处职员录》（1934年1—6月），载《萍矿》，第187—188页。

表4—18　　　　萍乡煤矿驻湘办事处职员录（1934年6月）

序号	职别	姓名	年龄	籍贯	到差年月	备注
1	主任	郭芳科	34	江西南康	1933年	管理处秘书兼
2	办事员	萧燮山	29	江西吉安	1929年	
3	会计	李淑身	26	江西临川	1930年	

序号	职别	姓名	年龄	籍贯	到差年月	备注
4	庶务	徐祖模	22	南京	1928 年	
5	管煤员	谭义生	56	湖南湘潭	1911 年	

资料来源：《萍矿管理处职员录》（1934 年 1—6 月），载《萍矿》，第 188 页。

即使计入事务股（至 1934 年 6 月，该股共有职员 28 人）负责售军煤的事务员 1 人和交际员 1 人，及有可能参与营销的另外五位交际员（见表 4—19），至 1934 年 6 月止，整个萍乡煤矿也只有 14 人可用于推销，占萍乡煤矿全部职员的 5.15%。

再从驻汉办事处和驻湘办事处两位主任的职权看，驻湘办事处主任由萍乡煤矿总部秘书室秘书兼任[①]，处于营销最前线的驻汉办事处主任职权明显低于驻湘办事处主任。显然，萍乡煤矿最高层并没有重视驻汉办事处在营销上的重要性。

表 4—19　萍乡煤矿事务股参与和有可能参与营销的职员统计（1934 年 6 月）

人数	职别	江西籍		外省籍		年龄	备注
		籍贯	到职时间	籍贯	到职时间		
1	事务员	江西	1933 年 1 月			59	售军煤
2	交际员			湖南	1933 年 9 月	31	售军煤
3				湖南	1922 年 8 月	42	
4				湖北	1913 年 8 月	49	
5				河南	1927 年 5 月	43	
6				湖南	1934 年 2 月	23	
7		江西	1934 年 1 月			35	

资料来源：《萍矿管理处职员录》（1934 年 1—6 月），载《萍矿》，第 180—182 页。

---

① 《萍矿管理处大事记》，载《萍矿》，第 165 页。1934 年 3 月 1 日任命。

（三）营销经费

根据计算,[1] 萍乡煤矿 1934 年 3、4、5 月总支出（包括经常费、材料费、运输费三项）分别为 94550.11 元、86035.78 元、98692.14元，合计 279278.03 元。其中，经常费[2]（包括薪给费、工食费、公杂费、抚恤费、息佣保管等费、补助费、株洲采木所经费、长沙办事处经费、武昌堆栈经费、汉口办事处经费）支出，3—5 月各为：34949.33元、34113.76 元、34978.70 元，分别占各月总支出的 36.96%、39.65%、35.44%，三个月经常费总计 104041.79 元，占三个月全部总支出 279278.03 元的 37.25%；材料费（包括木料费、机料费、灯料费、杂料费、任何移交料价费[3]）支出，3—5 月各为：28212.85 元、18704.32 元、23751.39 元，分别占各月总支出的 29.84%、21.74%、24.07%，三个月材料费总计 70668.56 元，占三个月全部总支出的25.30%；运输费（包括煤焦运费、煤焦押运费、煤焦起卸费、材料运费[4]）支出，3—5 月各为：31387.93 元、33217.70 元、39962.50 元，分别占各月总支出的 33.20%、38.61%、40.49%，三个月运输费总计104568.13 元，占三个月全部总支出的 37.44%。总部经常费中的公杂费中有差旅费、交际费[5]，假设此两项费用全部用于营销，那么 1934年 3—5 月也分别只有 354.91 元、345.92 元、171.78 元，月均 290.87元，其中差旅费月均 89.70 元，交际费月均 201.17 元（见表 4—20）。

---

① 《萍矿支出款项分类实计比较表》、《收支概况表》，载《萍矿》，第 131—134 页。

② 《收支概况表》（1934 年 3 月、4 月、5 月），载《萍矿》，第 132—134 页。原文备考中注释：薪给费、工食费、公杂费仅就本矿支出而言，此外办事处不在内。公杂费中包括文员邮电，同样交际枪支等项。抚恤费包括残废故员伤病工等伙食及恤丧医药费。息佣保管等费包括息金佣金圆木及煤焦押款保管费等。补助费包括工会补助费及学校补助费等。株洲采木所经费、长沙办事处经费、武昌堆栈经费、汉口办事处经费中包括各该处一切员工薪食公杂费等。

③ 《收支概况表》（1934 年 3 月、4 月、5 月），载《萍矿》，第 132—134 页。原文备考中注释：灯料费包括灯油费及电灯费等。杂料费包括箕篾费、正杂料费等。任何移交料价费包括任何移交剩存机木料折价七千元已付上□。

④ 《收支概况表》（1934 年 3 月、4 月、5 月），载《萍矿》，第 132—134 页。原文备考中注释：煤焦运费为专款本矿煤焦□车运法费□□。煤焦押运费包括本矿押运□□及湘鄂路押运费。煤焦起卸费包括各处煤焦起卸搬运上下力水脚等。材料运费包括木料运力费及机□料运力等。

⑤ 《萍矿支出款项分类实计比较表》，载《萍矿》，第 131 页。

表4—20　萍乡煤矿矿区差旅费、交际费支出比较（1934年3—5月）　（单位：元）

款目	3月	4月	5月	月均
差旅费	97. 44	156. 01	15. 65	89. 7
交际费	257. 47	189. 91	156. 13	201. 17
合计	354. 91	345. 92	171. 78	290. 87

资料来源：《萍矿支出款项分类实计比较表》，载《萍矿》，第131页。

　　就汉口、长沙两办事处而言，1934年3—5月其经费合计分别为1386.53元、934.08元、1030.61元，月均1117.07元。[1] 根据前文注释，已知各办事处经费包括各处员工薪食、公杂费等。又根据1934年5月《萍矿职员人数统计图》[2]，长沙办事处有职员三人[3]，汉口办事处有职员七人。另根据1934年6月《萍矿职员薪给比较图》[4]，长沙办事处职员工资占萍乡煤矿职员总工资5650.00元的2.73%（154.25元），汉口办事处则占6.45%（364.43元），即长沙办事处职员工资以外的月均经费为142.98元，汉口办事处为455.41元，两办事处合计月均598.39元（见表4—21）。

表4—21　　　　萍乡煤矿驻外办事处经费比较（1934年3—5月）　（单位：元）

款目	3月	4月	5月	月均
长沙办事处	402. 21	306. 21	183. 27	297. 23（其中职员工资154. 25元）
汉口办事处	984. 32	627. 87	847. 34	819. 84（其中职员工资364. 43元）
合计	1386. 53	934. 08	1030. 61	1117. 07（其中职员工资518. 68元）

资料来源：《萍矿支出款项分类实计比较表》，载《萍矿》，第131页。

　　总部方面可能用于营销的差旅费和交际费，与长沙、汉口两办事处

---

　　① 《萍矿支出款项分类实计比较表》，载《萍矿》，第131页。
　　② 《萍矿职员人数统计图》（1934年1—6月），载《萍矿》，第191页。
　　③ 《江西省政府萍矿管理处驻湘办事处职员录》（1934年6月）中记为五人，载《萍矿》，第188页。
　　④ 《萍矿职员薪给比较图》（1934年1—6月），载《萍矿》，第139页。

月均可能用于营销的经费，合计 889.26 元，占 1934 年 3 月、4 月、5 各月月均总支出 93092.68 元的 0.955%。由上可知，1934 年 3—5 月萍乡煤矿在产品销售与产品销售渠道建设方面的支出极小。

至 1936 年 3—5 月，各月支出总额[①]分别为 112602.44 元、160834.87 元、130716.61 元[②]，三个月合计 404153.92 元，月均 134717.97 元。其中，株洲采木所、长沙办事处、武昌堆栈、汉口办事处 3—5 月经费各月合计分别为 3242.57 元、3803.44 元、5510.07 元，总计 12556.08 元。其中，汉口办事处和长沙办事处 3—5 月各月合计分别为 1933.62 元、2355.37 元、2998.92 元，总计 7287.91 元，月均 2429.30 元，占 1936 年 3—5 各月驻外各办事处经费总支出的 59.6323%、61.9274%、54.4262%，平均为 58.0429%，占 1936 年 3—5 各月萍乡煤矿全部总支出的 1.7172%、1.4645%、2.2942%，平均为 1.8033%。同样假设总部经常费中的公杂费中的差旅费、交际费全部用于营销，那么 1936 年 3—5 月也分别只有 1048.56 元、1471.43 元、769.43 元，月均 1096.47 元，其中差旅费月均 263.21 元，交际费月均 833.27 元。1936 年，汉口办事处、长沙办事处月均经费与总部可能用于营销的月均差旅费、交际费合计 3525.77 元，占萍乡煤矿该时期月均总支出（134717.97 元）的 2.617%。这虽比 1934 年的 0.955% 要高出许多，但仍显得可忽略不计。

第三节　资本效益

一　员工待遇与生计水平

（一）职员、工人工资及其比较

官办时期萍乡煤矿员工的工资不高，且职员之间，职员与工人之间的工资水平也相差很大。根据 1934 年 6 月萍乡煤矿所做《萍矿职员人数统计图》、《萍矿管理处职员录》、《萍矿职员薪给比较图》，做表 4—22 如下。

---

① 材料原文注：应支未支，或手续未清尚未出账，或以年度开支之各项款目，概未列入。
② 《江西萍乡煤矿》，第 35—36 页。

表4—22　　　　　　　　萍乡煤矿职员人数、薪给比较

（1934年6月）　　（单位：%、元/总人数、元）

部门	占全部职员薪给比例	薪给数	人均薪给	部门	占全部职员薪给比例	薪给数	人均薪给
专员	5.67	320/1	320	会计股	3.01	170/7	24.29
副专员兼总工程师	5.31	300/1	300	电机股	5.83	330/14	23.57
顾问	3.54	200/1	200	驻汉办事处武昌栈场	3.48	197/9	21.89
修造股	6.44	364/6	60.67	工程师室	2.78	157/8	19.63
驻汉办事处本处	6.45	364/7	52.00	洗炼股	3.82	216/13	16.62
驻湘办事处	2.73	154/3	51.33	采煤股	15.33	866/57	15.19
材料收发室	5.99	338/9	37.56	株洲采木所	1.90	107/8	13.38
秘书室	10.55	596/18	33.11	矿警队	2.59	146/11	13.27
事务股	8.45	478/17	28.12	考工股	6.13	347/38	9.13

　　资料来源：《萍矿职员人数统计图》（1934年1—6月），载《萍矿》，第191页；《萍矿管理处职员录》（1934年1—6月），载《萍矿》，第171—172页；《萍矿职员薪给比较图》（1934年1—6月），载《萍矿》，第139页。《萍矿职员人数统计图》中还有机料栈4人、机料厂8人、制造厂7人、修理厂1人、土木厂2人、造砖厂1人、管理厂6人、运输7人、医院7人计43人，因其工资不在《萍矿职员薪给比较图》中的5650元内，故列入比较。另《萍矿职员人数统计图》中的职员统计人数与《萍矿管理处职员录》的职员统计人数有出入。

　　根据《萍矿工人人数及工资比较图》，做表4—23如下。

表4—23　　　　萍乡煤矿工人人数及工资（1934）　　（单位：人、元、%）

部门	工人数	工资数	所占比例	部门	工人数	工资数	所占比例
采煤股	1808	14437.78	65.75	洗炼股	153	1221.78	5.56

续表

部门	工人数	工资数	所占比例	部门	工人数	工资数	所占比例
修造股	360	2874.78	13.09	其他各股室	158	1261.71	5.75
电机股	180	1437.39	6.55	矿警队	91	726.68	3.31
合计	工人2750人、工资总额21960元，均按人均7.9855元计算。						

资料来源：《萍矿工人人数及工资比较图》（1934年），载《萍矿》，第140页。各股室工人数与工资数由原文所提供比例计算而出。

表4—22、表4—23中，萍乡煤矿月均职员228人，月均总工资5650元，人均月均工资约24.78元。工人月均2750人，月均总工资21960元，人均月均工资约7.9855元。专员、副专员兼总工程师、顾问三人工资总计820元，三位最高层的平均月工资为273.33元，占全部职员工资的14.5%，除去三人的工资，225位其他职员人均月工资为21.47元。三位最高层的平均工资为其他职员人均工资的12.73倍，为工人人均工资的34.23倍。专员工资为工人人均工资的40倍，副专员兼总工程师为37.5倍，顾问为25倍。一般职员人均工资为工人人均工资的2.69倍。除此之外，根据《萍矿职员人数、薪给比较图》还可知，不同股室间职员的平均月工资水平也相差很大，如修造股职员月均工资即为考工股的6.645倍。这说明：一是在职员中，以对设备进行修修补补的修造人员最"吃香"，一线生产部门职员工资垫后；二是根据前面分析，考工股在所有管理部门中占据重要地位，但其职员月均工资却最低，因此，考工股的所谓管理自然是低水平的管理。

以工人人均月均工资为基数1，做图4—6如下：

在萍乡煤矿，除专员、副专员兼总工程师、顾问外，作为中层干部的各股室领导的工资也比普通职员要高出许多。1934年4月2日的萍乡煤矿二十六号通告上言明："江西省建设厅第一五零六号训令开：兹经本厅委任韩德举为该管理处工程师兼电机股股长，月支俸薪壹百贰拾元。"① 再根据表4—22、表4—23材料和萍乡煤矿当时共有14个股室的组织结构，如以电机股股长月薪120元为标准，可推定14位股室一把手每月合计薪水为1680元，扣除专员、副专员兼总工程师、顾问和14位中层干部的工资，其余职员月总工资即为3150元，人均只有14.9289元，中层干部的月均工资则为普通职员的8.038倍，为工人人均工资的15.03倍，而普通职员工资为工人工资的1.8695倍。

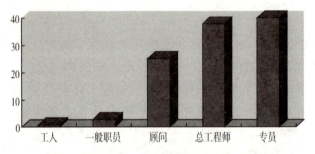

图4—6　1934年萍乡煤矿员工月均工资倍数比较

资料来源：《萍矿职员薪给比较图》（1934年1—6月），载《萍矿》，第139页；《萍矿工人人数及工资比较图》（1934年），载《萍矿》，第140页。

　　当然，上面关于职员工资的计算只是一个大概的估计，实际上，不同股室职员间的工资还是存在很大的差距（见表4—24），而且，官办萍乡煤矿的工资制度也很不严密，存在许多不公平、不合理、非制度化的因素。例如，1932年5月以后新进职员薪数多优于旧员，"旧职员恒日给（日给伙食，职员假期不扣），新进者多月支。如按组织规程之规定，矿师工程师固与秘书处同等地位，其伙食应与秘书等，乃秘书五人月支之数，竟倍于矿师工程师日给之伙食"②，而造成此类差距的因素很可能包括职员个人在领导心目中地位的原因。

———————————

① 《江西省政府萍矿管理处通告》，载《萍矿》，第103页。
② 《萍乡安源煤矿调查报告》，第169页。

表4—24　　　　　　萍乡煤矿部分职员工资比较（1933年9月）　　　（单位：元）

职务	姓名	到矿日期、日给	相当于月支
矿师兼工程师	李棠	1914年8月；1.41	42.30
工程师	彭树茂	1929年1月；1.01	30.30
煤师	朱少卿	1933年7月；1.41	42.30
练习矿师	何纯鹄	1933年7月	60.00
武昌堆栈栈长	李定魁	1931年	32.00
管栈员	彭定民	1932年	64.00

资料来源：《萍乡安源煤矿调查报告》，第169页。

如表4—24所示，这六人的工资显然有很大差别，一位1933年到矿练习矿师的工资是1914年到矿的矿师兼工程师的1.418倍，1932年到矿的一个管栈员的工资则更是该矿师工资的1.513倍。这里所体现的工资制度既非论资排辈，也非"职称"起了作用，从六个人的岗位性质来看，工资的差别当然也非由岗位的重要性来决定。那么，是不是以能力论"英雄"呢？可能也不是。对此问题，当年的《萍乡安源煤矿调查报告》的作者就已替身为矿师兼工程师的李棠及工程师彭树茂打抱不平，该作者说：

> 李棠，北洋大学矿科民元毕业生，到矿甚久，在汉冶萍时代极为总工程师赖伦所倚重，萍乡煤矿管理处接管后继续任职，颇能尽忠职务。十九年赤匪之役，八方井未淹，即其冒死维持之功，今乃困顿矿中，月领四十二元以养全家。彭树茂，留法勤工俭学毕业生，为人爽直，不与当局合流，大为所嫉，故只月给三十元。[1]

《调查报告》在为他人鸣愤慨的同时，还不忘"揭露"萍乡煤矿工

---

[1] 《萍乡安源煤矿调查报告》，第169页。

资待遇不公的"内幕"，并试图"寻找"萍乡煤矿不振的原因："在此扣发伙食之时，当局亲信高级人员，尚有秘密津贴，益增不平之气，沮丧向上之心。"[①] "无怪旧职员因循敷衍，至李棠等消极请假不问矿事，矿务之堕败，盖有由来也。"[②]

在此要特别提到的是工头的待遇，萍乡煤矿工人分工头、大工、小工，至1936年，"大工约三角，月均约9元，小工约二角，月均约6元"，"一般工人月均工资约7.5元"（这与前文计算的工人月均7.9855元相差不大，7.9855元的计算中是把工头的工资加进去了），而"萍乡煤矿工人工头每日可获六七角，月均约18—21元"[③]。工头的工资显然超过普通职员的平均工资，前者为后者的1.23—1.407倍。

萍乡煤矿的工资制度和员工的工资水平安排，充分体现了官办企业随意而为的"长官"意志和轻能力、贱贡献、重"管理"的特质。

根据表4—25、表4—26可知，1936年时专员的工资与1934年时并无差别。而工人的"奖赏费"也只占工人所有"工食费"的0.0115%，萍乡煤矿对于工人显然不是实行"激励"工资制。

表4—25　　　　萍乡煤矿职员薪给及其比较（1936年3—5月）　　（单位：元）

类别	款项	3月	4月	5月
薪给费	专员薪俸	320.00	320.00	320.00
	职员薪食	5836.63	5601.00	5656.57
	小计	6156.63	5921.00	5976.57

资料来源：《江西萍乡煤矿》，第35页。

---

① 《萍乡安源煤矿调查报告》，第170页。
② 同上书，第169页。
③ 《江西萍乡煤矿》，第37页。

表4—26 **萍乡煤矿工人工食、奖赏及其比较**（1936年3—5月）（单位：元）

类别	款项	3月	4月	5月
工食费	工人工食	23932.85	23151.21	24078.18
	临时工	836.57	948.39	634.33
	包工	76.50	43.05	36.45
	炼焦工食	2.28	—	41.96
	炼壁	135.37	133.48	137.02
	奖赏	261.27	328.53	278.73
	小计	25244.84	24604.66	25206.67

资料来源：《江西萍乡煤矿》，第35页。

（二）员工生计

工资水平的高低，与员工的生计直接相关。但是，账面工资并不等于能拿到手的工资，因为官办时期员工经常只能领取伙食费，即以发放伙食的形式发放低于工资标准的酬劳，且伙食费的发放往往是滞后的，而不是提前预支，有时，萍乡煤矿员工甚至连伙食费也无得，生活艰辛（见表4—27）。

表4—27 **萍乡煤矿员工工资实际发放水平**（1928—1934）

时间	职员	工人
1928年12月		"伙食仅发三分之一"
1929年底		"伙食仍为三分之一"
1930年2、3月		"工人始加伙食四分"
1930年5月	"员工每日伙食五分"	"工人每人亦只发一二分钱"
1930年冬	"伙食亦发三分之一"，"员工伙食一时无着"	
1931年12月，专员董伦弃职后	"至阴历年关所有重要职员悉数离职而去，员工至于无米为炊，……临时向安源商会借钱买米，勉强渡过旧历年关"	

续表

时间	职员	工人
1932 年 2—4 月，员工临时维持委员会时期		"工人伙食由三分之一提高至三分之二"，"最低者坑下自每班三角起至五角止，地上机工最多达一元二角"
1932 年 7 月	"核减伙食，日给三角至二元者减为二角四分至一元八角"	"工人伙食七折，甚至六折"，"工资最低由二角二三分至四角，各减二三分不等"
1932 年 11 月	"职员减至七折"	"工人伙食由三分之二减为三分之一……每人每日只获一角六七分以供一家生活"，"改轮班后，实际只一全班，工资无形减低一半，计：地面普通：一角六分至二角五分；机匠：四角五分及六角；坑内：二角四分至二角九分。平均每人每月约可得三四元之谱"
1933 年 4 月		"原允照增工人伙食，但至今未见实行"
1933 年 11 月	"又核减一次，大多数七折，少数八折，……最高不逾一元四角一分，以至今日"	"伙食银数乃自一角五分二角以至三角"，"以至今日"*
1934 年	"员工仅发伙食，伙食且止三分之一"	

注：*指 1933 年 11 月。

资料来源：《萍乡安源煤矿调查报告》。

　　由上可知，官办萍乡煤矿时期，一般员工（含一般职员和工人）大概已经没有商办时期"领工资"的"感觉"了，基本只能领取伙食，"工人工资统称为日给制"①。当然，有的职员的工资也是"日给"的，

----

① 《江西萍乡煤矿》，第 8 页。

如上文《萍乡煤矿部分职员工资比较（1933 年 9 月）》中所列矿师兼工程师李棠、工程师彭树茂、煤师朱少卿发的就是日给工资（练习矿师何纯鹄、武昌堆栈栈长李定魁、管栈员彭定民发的则是"月支"）。伙食的标准一般也只有工资全额的"三分之一"，然而，就是这"三分之一"的伙食费，也不一定能按时发放，工人的伙食费经常被拖欠，如"何熙曾等接事"时，"伙食，窿内可迟至四五日，地面可迟至十日左右"①。然而，在员工如此的生活中，还"尚有闻工人人数虚额甚多，有一工头替多人之事。在维持委员会期间，曾减空额 400 余人，交代时约有 700 空额。1932 年 6 月间，裁去工人 800 余名时，实际（连家眷在内）上车出境者只 200 余名，足见至少有 600 余人之空额。当局却有滥支旅费，委派坐领干薪之冗员，及设置不必要之位置（如驻湘通讯社）之事。则当局之剥削工人，实属无可由谅"②。

由于没有现金发放，萍乡煤矿员工只得"靠矿吃矿"、"靠煤吃煤"，且有点"瘦死的骆驼比马大"的味道，"职员待遇除发伙食外，各拨房屋，携眷而居。房屋为萍乡煤矿公产，汉冶萍时代，皆须月纳租金，自发伙食以后，不复收缴矣。房屋之外，电灯用水，皆不纳费，高级职员，尚有仆役"③。"汉冶萍时代，职员用煤系发炊焦，后改统煤，现发洗煤台澄水池排出浊水沉淀之泥煤，每人每月五百斤。"④ 当然，工人也同样享受这种"待遇"。萍乡煤矿"最盛时代……对于工人生活颇为注意，设有餐宿处专司工人膳宿问题。……如携带眷属之工人，皆散居矿区内外，无一定之集中地点"⑤。而至"民十一年（1922 年）工会成立，加以频年匪祸，工人任意猖獗，随便居住，高级职员住房，都为工人盘据，颇有纪律之餐宿处，无形解散，其中器具亦损失殆尽。现仅留西北两区，尚有少数工人居住。公园俱乐部等均全部损毁"⑥。到

---

① 《萍乡安源煤矿调查报告》，第 172 页。
② 同上。
③ 同上书，第 170 页。
④ 同上。
⑤ 《江西萍乡煤矿》，第 36 页。
⑥ 同上书，第 37 页。

官办时期，萍乡煤矿工人"住屋电灯用水用煤皆不取费"①（也是每人每月煤泥五百斤②），"与职员同（有窿工食宿房供寄宿之用，实际上且有与职员杂居者，为他矿所希者）"③。"故虽发伙食"④，"赖有此种待遇"，萍乡煤矿员工"现状尚可维持"⑤。

　　然而，这种维持只能算是一种作为"维持"简单再生产所需"劳动力"的"维持"，即只是一种"劳动生命"的维持，根本谈不上"生活"，更谈不上"生活的质量"。萍乡煤矿大部分工人平时均要再打一份工，才能维持家庭生活，他们一般在附近小煤窑做运煤苦力，"高坑一带土井，因地距三合桥煤栈甚远。交通不便，□用土车推载，往返二十余里，脚力约三角半左右，（萍乡煤矿）工人大都以推运土井煤斤为副业，生活赖以维持"⑥。所以，仅凭在萍乡煤矿"上班"，一般工人（加上养家糊口的负担）实际是无法"维持"生计的，"堂堂""官办"萍乡煤矿的工人反而要向远远小于萍乡煤矿规模的"商办"小煤窑去"讨生活"，这不能不说明官办萍乡煤矿的非"生产型"、"销售型"特质。同时，矿方"放任"这种"兼职"，也正好印证其为"维持"而维持，为"管理"而管理的"管理型"企业的"生存"意义和目标。所以，如果从小煤窑养活了一大批萍乡煤矿工人这个角度看，倒可以说萍乡煤矿"现状尚可维持"。

　　对员工"生计"打击最大的是被官方辞退，因为萍乡煤矿员工向来多携家眷而居，所以一个员工被解雇，立即涉及一个家庭的生计。仅以工人为例，如1932年6月间裁去工人800余名时，"据工会统计，被裁失业留连安源地面者已登记617人，则是被裁未去者原系行不动之工人，以每人家口五人计，已有3000余人"⑦，"闻被裁者因妻子牵连，

---

① 《萍乡安源煤矿调查报告》，第172页。
② 《江西萍乡煤矿》，第37页。
③ 《萍乡安源煤矿调查报告》，第172页。
④ 同上书，第170页。
⑤ 《萍乡安源煤矿调查报告》，第172页。
⑥ 同上。
⑦ 同上书，第171页。

生活艰难，进退陷于绝境，至有自杀及卖妻鬻子者"①。萍乡煤矿具体裁员情况如表4—28所示。

表4—28　　　　　萍乡煤矿员工规模情况（1928—1936）

时间	职员	工人
1928年12月	"工人职员六千余人"	"工人五千人"
1930年冬	"员工三千八百余人"	"三千七百余人"
1931年6月透水时		"三千七百余人"
八方井透水后		"事后并遣散工人六百三十二人"
1932年2—4月		"工人除去浮额九十余人，尚有三千六百余人"
1932年5月	"所有职员原约三百人"，"委何熙曾，刘文艺为正副专员。"前后"裁汰员工二千余"	
1932年7月	"七月裁撤一百余人。十一月又裁职员二十余人。事实上二十一年五月至二十二年中陆续添进新人乃有五十人。现在职员（连学习者在内）总数二百零七人，新用者占四分之一。"	"陆续被裁者工人八九百人，职员一百二十八人"，" 至是工人只余二千七百九十余人，连杂工约共三千人"；"迨何熙曾等接事，……前后裁工人减伙食凡三次：第一次二十一年七月裁工人八百余名"
1932年11月	"裁职员20余人"	"第二次十一月又解雇小工杂工公丁及武装矿警八百余人"
1932年12月		"十二月第三次裁去六十余名"

———————

① 《萍乡安源煤矿调查报告》，第171—172页。对此份材料，可能要谨慎对待。理由有二：其一，材料中明确说的是"行不动之工人"，这既可理解为拿不出路费回老家或迁往他地的工人及其家庭，也可理解为因工伤留下残疾不便长途迁徙者；其二，《萍乡安源煤矿调查报告》作者对被其调查者——专员何熙曾似有巨大成见，通篇报告充满着作者对何的极大不满甚至控告，而对在任期内发生了八方井透水事件的专员董伦反而有溢美之词，所以，"至有自杀及卖妻鬻子者"有可能是在特殊的情况下发生的。当然，不管出于何种情况，发生员工被裁并"自杀及卖妻鬻子"现象，其根本原因均是"官办"萍乡煤矿只图"维持"的结果。

续表

时间	职员	工人
1932 年 5 月 至 1933 年	"陆续添进新职员 50 人"	
1933 年 4 月		"加一百余工人"（"加用工人一百零一人"
1933 年 11 月	"职员（连学习者在内）总数 207 人，新聘者占四分之一"	"2790 余名（窿内 1700 余人），连杂工公丁共约 3000 人之谱"
1934 年 3—5 月	职员 228 人	工人 2750 人，共用工 2978 人
1934 年 6 月	职员 272 人	工人 2750 人
1934 年		"三千工人"，"现在工人尚有二千七百九十余名（窿内一千七百余人），连杂工公丁共约三千人之谱，其家属人口，据工会调查有一万一千二百余人。工人中萍乡人占三分之二，湖南人占三分之一"
1935 年	"员工共三千二百余人"	
1936 年	"职员五十余人"	"采煤工人现有一千九百余人"

　　资料来源：《江西萍乡煤矿》；《萍乡安源煤矿调查报告》；《萍矿工人人数及工资比较图》(1934 年)、《萍矿职员人数统计图》(1934 年 1—6 月)、《萍矿管理处职员录》(1934 年 1—6 月)，载《萍矿》。

　　表 4—28 资料由于来源于《萍矿》、《萍乡安源煤矿调查报告》、《江西萍乡煤矿》三种资料，且其成文时间不同（分别为 1934 年、1934 年、1936 年），作者身份、所掌握材料以及各自编辑著书的目的也不同，所以对萍乡煤矿历年员工的数量的表述也不尽相同（《萍矿》为萍矿官方正式出版物，《萍乡安源煤矿调查报告》为江西省政府、江西省建设厅所派人员的调查报告，《江西萍乡煤矿》为萍矿一工程师个人著作）。但是，仍可以从这些大概的数字中看出官办萍矿员工数量剧减的状况，即自 1928 年至 1936 年，萍矿员工从大约 6000 人降到约 3000 人，降幅 50%，这也是官办萍矿"萎缩型""维持"，"萎缩型"

"管理"，"萎缩型""经营"的最为有力的证据之一。

在"萎缩"的萍乡煤矿，员工的生计可想而知。萍乡煤矿工程师朱洪祖曾对此有一描述："衣：……当地出产青布为工人惟一之衣料"；"食：……辣椒，豆豉为其惟一佐餐之菜，餐餐必备。平时绝荤食，平均每餐仅费二三分"；"住：自餐宿处解散后，工人将矿上空余之房屋，任意杂居，漫无纪律，清洁，防疫等项，更无从说起"；"卫生：……现仅有医师及药剂师各一。因药品不能充分添购，故只能应付普通疾病。当地人民深染迷信，一旦有病，不论轻重，均听诸神命。有所谓法师者，在矿服务之工人中，亦有以为副业者，哄骗金钱，玩忽人命，可怜可笑"；"教育：在汉冶萍时代，萍乡煤矿设有工人子弟学校一所，凡在矿服务之工人子弟，均可免费入学。又矿务学校一所，招收中学程度学生，聘有专门人材，担任教员。后因经济困难，无力维持，矿务学校遂无形解散。现仅存工人子弟学校，学生二百六十余人，大部教员均由矿上职员兼任"①。

"总之，萍乡煤矿自汉冶萍公司无形瓦解以来，无日不在困难中维持，挖弃煤度日"②，"萍乡煤矿职员多系汉冶萍公司遗留员司，暮气极深，然情境亦极可怜，在汉冶萍时代，虽曾养尊处优，富有积蓄，迭经土匪变乱，荡然无存，他谋无计，欲归不得，只有淹留敷衍，得过且过，历年以来，月领伙食，苟延残喘。"而"萍乡煤矿工人，除每天在不明不灭之灯火下，度着不分日夜的挖煤生活外，毫无正当娱乐，致若辈生活上不能得到一些的兴趣"③。

（三）抚恤

企业抚恤制度不仅反映企业重视生命的程度，而且其抚恤水平的高低，也体现其员工待遇的高低（因为员工，尤其是从事危险作业企业如矿山的员工，其生命保障系数低，所以，为积攒更多供养妻儿老小的

---

① 作为萍乡煤矿的工程师，至1936年，朱洪祖也与官方一样时刻未忘共产党在萍乡煤矿领导的工人运动的"威力"。他在同情萍乡煤矿工人缺乏教育的同时，说道："萍乡煤矿绝少顾及工人教育，自开办以来，未有职业夜校及其他补习学校之设立。'共匪'李立三（又名李能至）即利用此点，在安源办平民夜校，联络工人，造成数年来'共匪'策源地带，令人可畏。"《江西萍乡煤矿》，第37页。

② 《江西萍乡煤矿》，第4页。

③ 同上书，第38页。

金钱以防不测，员工抚恤自然要求较高）。根据中国矿业纪要统计，萍乡煤矿 1915 年矿工伤亡 3 人，1916 年 2 人，1917 年 3 人，1918 年 4 人，1932 年 7—12 月矿工死亡 10 人，伤不在内，1933 年 1—6 月，矿工死伤 10 人。① 而其主要原因即在于"因窿内限制用木，死亡之数，反致激增"②。但是，在官办萍乡煤矿时期，员工伤亡人数增加，而抚恤待遇却不断减少。萍乡煤矿不但一般只向员工发放伙食费，就是在抚恤上也"想尽"办法能"少"即少，能"省"即省，非常重视对员工尤其工人抚恤待遇的"管理"。其"少"与"省"表现为两层含义：一是抚恤待遇绝对金额等的减少；二是相关管理者多领"少"给，把员工尤其是工人的"抚恤"费"省"入自己的口袋，发死人财。

　　在 1934 年以前，萍乡煤矿职员死亡，职员工伤死亡后，"有发给抚恤三年之旧例"③，并给予"该故员遗族伙食每日银元二角，发至该故员有一子成人，或无配偶及直系亲属领取为止"（直系亲属死亡每人并得领 2 元之丧费及寿字棺木一具）④。至 1934 年，萍乡煤矿发布《职员抚恤暂行条例》，对职员抚恤制度做了更加细分和更加"少"、"省"的规定："职员因公当场殒命，给予福字棺材一具（矿方制就福、禄、寿三号棺木，分等发给），葬费十元，另给抚恤金，工龄满一、三、六、九年以上者，分别照该故员最后一月所支薪食实数，给予三、六、九、十二个月抚恤金。职员普通病故，给予福字棺材一具，葬费十元，工龄满一、三、六、九年以上者，照该故员最后一月所支薪食实数，给予一、二、三、四个月抚恤金。职员因公受伤，或操劳过度殒命，给予福字棺材一具，葬费十元，工龄满一、三、六、九年以上者，照该故员最后一月所支薪食实数，给予一、三、四、六个月抚恤金。职员因公重伤残废，永久不能工作，除酌给医药费外，按日给予伙食银元三角，以至死亡。工龄不满一年者，按一年计算。抚恤金一百元以下者，一次给予；一百元以上者，分两个月给予；二百元以上四百元以下者，分三个月给予；四百元以上者，分四个月给予。"

　　① 《萍乡安源煤矿调查报告》，第 172 页。
　　② 同上。
　　③ 同上书，第 174 页。
　　④ 同上。

如果按照前文所计算 1934 年 1—6 月萍乡煤矿职员人均月均工资约 24.78 元计，则 1934 年前，职员的抚恤金有"发给抚恤三年"部分 892.08 元、"故员遗族伙食每日银元二角，发至该故员有一子成人"部分 1314 元（此部分以最高额计：18 年，每年 365 天），两项合计至多达 2206.08 元。而 1934 年新抚恤条例出来后，死亡员工最少者（只有工龄一年或一年以下者）只发相当于工资 1 个月的抚恤金，且是按"该故员最后一月所支薪食实数"发放，即如果该职员死亡时刚好碰上萍乡煤矿只发"三分之一"的伙食，那么他就"霉"上加"霉"了，最多者（工龄要满 9 年以上，且是因公当场殒命），才发相当于工资 12 个月的抚恤金（当然也只是该故员最后一月所支薪食实数。即使是十足实数，平均也只有 $12 \times 24.78 = 297.36$ 元）。至于"因公重伤残废，永久不能工作"者，才能享受"按日给予伙食银元三角，以至死亡"的待遇（即一年有 109.5 元）。就算如此，新条例还给领取抚恤金增加了种种限制："抚恤金须由死亡职员配偶或直系亲属领取，无配偶或直系亲属，或只有直系晚辈亲属之女而且已嫁人者，均不给恤，但可将其应得恤金酌提部分，从丰殓葬。"[1] 按照这个规定，如果死亡职员只有女儿在世，且女儿又已嫁人，那么他就只好"白死"了。更加使萍乡煤矿"减轻"抚恤负担的是新条例对职员遗族抚恤的规定。新条例施行以后，"亡故职员应照新条例分别请恤，不得援照旧例，再领取遗族伙食"[2]，即新的抚恤制度取消了给予职员遗族伙食的待遇。这样一来，1934 年的抚恤水平与其前就有"天壤之别"，这也算是官方"维持"萍乡煤矿的"无量功德"了。

至于工人，1925 年、1926 年以前，原定工头抚恤 80 元，大工 60 元，小工 40 元。1933 年为每人一律一次抚恤 30 元，并发价值十一二元的寿字棺木一具。如工人欲领福、禄字棺木，则须补缴若干元，"必须缴纳现金，不得赊欠分文"[3]。1934 年的新《工人通守规则》则规定："如因公受伤以致残废者，萍乡煤矿重新安排适当职业，残废过甚

---

[1] 《江西省政府萍矿管理处职员抚恤暂行条例》，载《萍矿》，第 58—61 页。

[2] 同上。

[3] 《江西省政府萍矿管理处通告》（1934 年 3 月 6 日），载《萍矿》，第 99 页。

不能工作者，每名日支伙食一角五分，以至死亡。若工人及其父母妻室因病身故，经主管人呈报总部派员调查属实，给予寿字棺材一具，葬费二元；因公当场毙命，经医生及考工股验明属实，由其主管人出具领据，加盖医院及考工股负责人证明图章，可给福字棺材一具，抚恤金三十元。"① 由上可知，1934 年之前，工人包括工头的抚恤待遇只有职员的"零头"，在 1934 年，伤而不死者也只有职员的一半伙食，至于到1934 年，死亡工人抚恤水平倒与 1933 年无大差别，均是给抚恤金 30元，棺材一具了事，有区别的是"因公当场毙命"者棺材的档次由1933 年的最低档升到了最高档，如工人死于 1934 年以后，也算有"福"了。当然，官方就是对工人 30 元的抚恤金也是能不给就不给，能"省"就省。新条例规定："但抚恤金须由亡故工人配偶或直系亲属具领，并须矿工或其邻居三人以上证明，如亡故工人遗族不在本矿，可由主管人代领，酌提一部处理装殓，其余妥为保管，俟其遗族到领，发给缴据备案，如六个月后仍无人到领，即作无遗族论，余款呈缴总部销案。"② 到 1936 年，萍乡煤矿对工人（及其父母家室）的抚恤规定也未发生任何变化。③ 对此，萍乡煤矿也算"维持"有功。

表 4—29 为萍乡煤矿 1936 年 3—5 月抚恤支出情况。

表 4—29　　　　　萍乡煤矿抚恤费用支出（1936 年 3—5 月）　（单位：元、%）

类别	款项	3 月	4 月	5 月
各月总支出		112602.44	160834.87	130716.61
抚恤费	残废伙食	234.05	231.00	252.65
	故员伙食	133.30	129.00	133.30
	伤工伙食	269.54	258.56	258.71
	恤丧医药费	81.50	43.00	174.60

---

① 《江西省政府萍矿管理处工人通守规则》，载《萍矿》，第 57 页。
② 同上。
③ 《江西萍乡煤矿》，第 38 页。

续表

类别	款项	3 月	4 月	5 月
	小计	718.39	661.56	819.26
	占各月总支出比例	0.638	0.4113	0.6267

资料来源：《江西萍乡煤矿》，第 36 页。

可能由于萍乡煤矿职员待遇差，官办萍乡煤矿在对员工伤亡抚恤金（萍乡煤矿称之为"伙食"）及棺材等的抚恤费用的发放管理上均存在很大的"漏洞"。1934 年前，各股室支领伙食，其中"已故员工伙食一项，向未经注明细数，全矿也漫无统计"。为"杜绝"此类现象，1934 年规定："此项伙食归事务股代领代发，各股室不得再行分领。"各股室主管人员也必须将代领伙食之已故员工，依照新制定的《江西省政府萍乡煤矿管理处股（室）支给伙食之已故员工调查表》，送由事务股录集送总部。表格非常详细，有已故员工姓名、籍贯、生前职务、死亡年月及致死原因、何时起核准支给亡故伙食、每日支给伙食数目，以及遗族姓名、关系、年龄、住址等等内容。[1] 在棺材方面"从前稽查不严"，"流弊滋多"，1934 年也规定：员工如有领用寿材，须由各该主管股室股长或主任，负责代具三联领据，呈专员室派员查明，分别准驳。"如遇天气炎热迫不及待"，才"可由主管股长或主任，先向材料厂代领，再补正式领据"，"如有冒领，除惩办冒领本人外，其负责代领人，也予处分"[2]。

官办萍乡煤矿员工的生计与生活质量"至死"也得不到保障。

二　产能

（一）煤焦产量

关于官办时期萍乡煤矿的煤焦产量，各种资料的统计也是不一样的（见表4—30）。

---

[1] 《江西省政府萍矿管理处通告》（1934 年 3 月 19 日），载《萍矿》，第 101—102 页。
[2] 《江西省政府萍矿管理处通告》（1934 年 4 月 1 日），载《萍矿》，第 102—103 页。

表4—30　　　　萍乡煤矿煤焦炭产量统计（1928—1939）　　　（单位：吨）

年份	《萍乡安源煤矿调查报告》	《江西萍乡煤矿》		《萍乡煤炭发展史略》	《萍乡矿务局志》
	焦[a]	煤[b]	焦[c]	煤[d]	煤[e]
1928	7500	168821		168821	168821
1929	11000	232910		232910	233311
1930	煤无统计 / 6600	147946		147946	147946
1931	7257	163145		163154	163154
1932	9400	192115		192115	192115
1933	1—10月 14000	172874	15260.917	127874	172874
1934		227064	14562.72	227064	227062
1935		258602	9778.548	258602	258602
1936		260650	1—10月 12691.315。推算年产 15229.578	260650	260650
1937				281670	295670
1938					349122
1939					应为1—3月 56496。推算年产 225984

注：《萍乡安源煤矿调查报告》栏"煤无统计"；《萍乡煤炭发展史略》栏"焦无统计"；《萍乡矿务局志》栏"焦无统计"。

资料来源："焦"a、c分别来源于《萍乡安源煤矿调查报告》，第66页；《江西萍乡煤矿》，第19页。"煤"b、d、e《江西萍乡煤矿》，第8页；《萍乡煤炭发展史略》，第31—32页；《萍乡矿务局志》，第76页。

　　表4—30中《萍乡煤炭发展史略》与《江西萍乡煤矿》关于煤的统计是一致的（《史略》中1933年"127874吨"显然是对《江西萍乡

煤矿》中"172874 吨"抄录错误所致），而《萍乡矿务局志》与前两者则略有出入，但其相差在进行年份产量的比较上可忽略不计（1937年《史略》与《局志》的数字相差较大）。为更直观看出官办时期萍乡煤矿煤炭产量的趋势，现以《局志》煤的数量和《调查报告》、《江西萍乡煤矿》焦的数量为根据作图 4—7、图 4—8（1933 年焦产量从《江西萍乡煤矿》，《江西萍乡煤矿》中 1936 年焦产量，《萍乡矿务局志》1939 年煤产量已按平均数推算为年产量）。

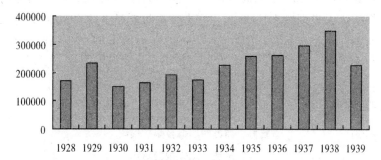

图 4—7　萍乡煤矿煤产量走势（1928—1939）（单位：吨）

资料来源：《萍乡矿务局志》，第 76 页。

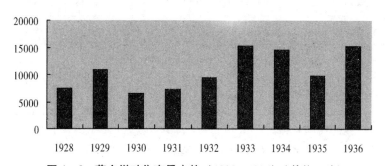

图 4—8　萍乡煤矿焦产量走势（1928—1936）（单位：吨）

资料来源：《萍乡安源煤矿调查报告》，第 66 页；《江西萍乡煤矿》，第 19 页。

根据表 4—31 中数据可知（不是全年数据者按平均数推算全年产量），则 1928—1939 年 12 年间官办萍乡煤矿总产煤 2462233 吨，年均205186 吨，1928—1936 年 9 年间总产焦 96589 吨，年均 10732 吨。再根据《萍乡矿务局志》对商办时期（1908—1927年）萍乡煤矿煤焦产量的统计，可知官办时期萍乡煤矿煤的年均产量只有商办时期煤（1908—1927年，年均682168.95吨）的30.08%，焦则为商办时期（1908—1924年，年均195983.294吨）的5.48%，就算把"萍乡煤矿最盛时代，全矿工人达一万二三千人"[①]均当作整个商办时期的人数，同样把官办时期萍乡煤矿工人（不包括职员）最多时约为5000人作为整个官办时期的人数，那么，按照人均比例的产量，官办时期萍乡煤矿的年均煤焦产量也应达到商办时期的38%左右，相反，如按商办时期萍乡煤矿工人最少约为6000人，官办萍乡煤矿最少约为3000人计，则官办时期萍乡煤矿的年均煤焦产量更应达到商办时期的50%。所以，无论从绝对数计算，还是以工人人数规模推算，官办时期萍乡煤矿的煤焦产量都是极低的。

表4—31　　　　官办、商办时期萍乡煤矿煤焦
年均产量、工人规模对比　　　　（单位：吨）

项目		商办时期（对比基数）	官办时期（对比结果）
煤		682168.95（100%）	205186（30.08%）
焦		195983.294（100%）	10732（5.48%）
工人	最多	"最盛时代，全矿工人达一万二三千人"（100%）	最多约5000人（38%）
	最少	最少约6000人（100%）	最少约3000人（50%）

资料来源：煤焦资料来源于《萍乡矿务局志》，第76页。工人人数来源于《江西萍乡煤矿》，第3、36页；《萍乡安源煤矿调查报告》，第18、20页。

（二）萍乡煤矿煤炭日产量与人均产量

官办时期萍乡煤矿的煤炭日产量与人均日产量是非常不稳定的。其大致状况见表4—32、图4—9。

[①]《江西萍乡煤矿》，第36页。

表4—32　　　　　　　　官办萍乡煤矿人均日产煤数量比较　　　（单位：吨/日人）

时间	煤	人均
1928 年 12 月	"每日产量达八百吨，工人五千人"	0.16
1929 年底	"每日产量增至千吨"	
1930 年底	"每日产量激减为二三百吨"	
1931 年八方井透水后	"每日产量只五百吨"，工人"三千七百余人"	0.135
1932 年 2—4 月，员工临时维持委员会时期	"渐次增加产量至六百四五十吨"，" 工人除去浮额九十余人，尚有三千六百余人"	0.18
何熙曾来矿后，1932 年 6 月	"日产出六百五十吨减少至五百五十吨"	
1932 年 7—12 月	"陆续被裁者工人八九百人，职员一百二十八人"，" 至是工人只余二千七百九十余人""每日产量仅四百四五十吨"①	0.16
1933 年 4 月	"加用工人一百零一人。"" 增加产量八十吨，共为五百二三十吨"	0.183

资料来源：《萍乡安源煤矿调查报告》，第 18、19、20、171 页。

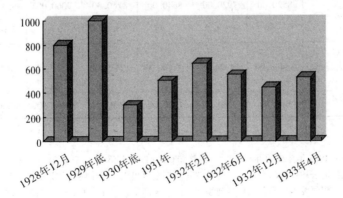

图4—9　萍乡煤矿日产煤量变化（1928—1933）（单位：吨）

资料来源：《萍乡安源煤矿调查报告》，第 18、19、20、171 页。

---

① 《萍乡安源煤矿调查报告》，第 171 页。

三　资本效益

（一）1934 年资本效益①

1. 产销

根据"洗煤是由窿出毛煤约百分之六十洗成，焦是由洗煤约百分之七十炼成"②的比例进行换算，1934 年 1 月（31 天）、2 月（28 天）、3 月（31 天）、4 月（30 天）、5 月（31 天）、6 月（30 天），萍乡煤矿原煤（毛煤）产量各为：16908.57 吨（平均日产 545.44 吨）、19732.74 吨（平均日产 704.74 吨）、21157.05 吨（平均日产 682.49 吨）、23342.76 吨（平均日产 778.09 吨）、23562.14 吨（平均日产 760.07 吨）、22548.19 吨（平均日产 727.36 吨），1—6 月共计 127252.05 吨，平均日产原煤 703.05 吨。1934 年萍乡煤矿全年共产煤炭 227064.00 吨。③可知 1934 年前六个月的总产量大于后六个月的总产量，代表了萍乡煤矿 1934 年的最高生产水平（见表 4—33）。

表 4—33　　　　　　萍乡煤矿产量统计（1934 年 1—6 月）　　　　（单位：吨）

	1 月	2 月	3 月	4 月	5 月	6 月
洗块	760.00	660.00	1280.00	1700.00	1560.00	1600.00
洗煤	8520.00	7920.00	8640.00	8760.00	9060.00	8640.00
大块	8.00	2.50	2.80	2.80	3.00	3.20
洗块、洗煤、大块换算成毛煤产量	15480.00	14304.17	16538.00	17438.00	17705.00	17072.00
机焦	600.00	2280.00	1940.00	2480.00	2460.00	2300.00

---

①　关于 1934 年萍矿的资本效益，《经济旬刊》（1934 年 6 月 21 日）第 2 卷第 17—18 期曾有一个宽泛的表述：1934 年 6 月，萍矿"每日产量可出六百二十吨，估计成本，计生煤每吨须四元，洗煤每吨须六元，机焦每吨须十一元，全部工人二千九百人，职员二百余人，工人生活费每月最高者三十元，最低者三元，普通十五元，职员薪水自十余元至三四十元，每月全部经费八万元"。转引自《江西近代工矿史资料选编》，第 451 页。

②　《萍矿每月煤焦出产之比较表》（1934 年 1—6 月），载《萍矿》，第 137 页。洗块、大块也作为洗煤，按此比例换算成原煤。

③　《萍乡煤炭发展史略》，第 32 页。

续表

	1 月	2 月	3 月	4 月	5 月	6 月
机焦换算成毛煤产量	1428.57	5428.57	4619.05	5904.76	5857.14	5476.19
各项换算成毛煤产量总计	16908.57	19732.74	21157.05	23342.76	23562.14	22548.19

资料来源:《萍矿每月煤焦出产之比较表》,载《萍矿》,第 137 页。表内产量均根据原文图示目测估计。

萍乡煤矿所产原煤去路有四:加工、自用、销售、滞销。根据对资料①进行分析与计算可知,萍乡煤矿 1934 年 3 月机焦产 1940.00 吨,销1131.00 吨,销量为产量的 58.30%,自用 9.09 吨,自用量为产量的0.47%,滞销 41.23%;洗块、洗煤、大块三项合计产 9922.80 吨,销2880.85 吨,销量为产量的 29.03%,自用 1809.90 吨,自用量为产量的 18.24%,滞销 52.73%。4 月机焦产 2480.00 吨,销 2349.351 吨,销量为产量的 94.73%,自用 8.95 吨,自用量为产量的 0.36%,滞销4.91%;洗块、洗煤、大块三项合计产 10462.80 吨,销 5700.20 吨,销量为产量的 54.48%,自用 1781.61 吨,自用量为产量的 17.03%,滞销 28.49%。5 月机焦产 2460.00 吨,销 375.381 吨,销量为产量的15.26%,自用 9.37 吨,自用量为产量的 0.38%,滞销 84.36%;洗块、洗煤、大块三项合计产 10623.00 吨,销 5522.36 吨,销量为产量的51.98%,自用 1864.16 吨,自用量为产量的 17.55%,滞销 30.47%。1934 年 3、4、5 月机焦共产 6880.00 吨,销 3855.732 吨,销量为产量的 56.04%,自用 27.41 吨,自用量为产量的 0.40%,滞销 43.56%,换算成原煤,三个月滞销原煤 7194.51 吨;洗块、洗煤、大块三项合计共生产 31008.60 吨,销售共计 14103.41 吨,销量为产量的 45.48%,自用 5455.667 吨,自用量为产量的 17.59%,滞销 36.93%,换算成原煤,三个月滞销原煤 27265.42 吨。如把机焦、洗块、洗煤、大块全部换算

① 《萍矿每月煤焦出产之比较表》、《萍矿自用煤焦月别比较图》、《收支概况表》,载《萍矿》,第 137、138、132—134 页。表内产量、自用量均为笔者根据原文图示目测估计。

成原煤，则三个月共滞销原煤 34459.93 吨，占三个月全部原煤产量（127252.05 吨）的 27.08%。见表 4—34。

表 4—34 　　　　萍乡煤矿洗块、洗煤、大块、机焦销售、
　　　　　　　　自用、产出比较（1934 年 3—5 月）　　（单位：吨、%）

	3 月			4 月			5 月			合计		
	产量	销量	销售产出比	产量	销量	销售产出比	产量	销量	销售产出比	产量	销量	销售产出比
洗块洗煤大块	9922.80	2880.85	29.03	10462.80	5700.20	54.48	10623.00	5522.36	51.98	31008.60	14103.41	45.48
机焦	1940.00	1131.00	58.30	2480.00	2349.351	94.73	2460.00	375.381	15.26	6880.00	3855.732	56.04
洗块洗煤大块	9922.80	1809.90	18.24	10462.80	1781.61	17.03	10623.00	1864.16	17.55	31008.60	5455.667	17.59
机焦	1940.00	9.09	0.47	2480.00	8.95	0.36	2460.00	9.37	0.38	6880.00	27.41	0.40

　　资料来源：《萍矿每月煤焦出产之比较表》、《萍矿自用煤焦月别比较图》、《收支概况表》，载《萍矿》，第 137、138、132—134 页。表内产量、自用量均根据原文图示目测估计。

2. 吨煤成本

　　因为萍乡煤矿产品严重滞销，生产的产品销售不出去，但照样要开支，所以为全面和真实反映萍乡煤矿的资本效益水平，以下的吨煤成本与吨煤利润均就成本、收入与产量的关系而言，不以小于产量的销量为基准，是细分产品售价与收入，以销量为基准的计算。

　　根据计算[①]，萍乡煤矿 1934 年 3、4、5 月总支出分别为 94550.11元、86035.78 元、98692.14 元，月均产量吨煤成本（月总支出÷月原煤总产量）分别为：4.469 元、3.686 元、4.189 元，3、4、5 月合计总支出 279278.03 元，平均产量吨煤成本 4.103 元（三个月总支出÷三个月原煤总产量）（见表 4—35）。

――――――――

　　① 《萍矿支出款项分类实计比较表》、《收支概况表》，载《萍矿》，第 131—134 页。

表4—35　　　　　　萍乡煤矿收支比较（1934 年 3—5 月）　　（单位：元、%）

	收入			支出							总支出、总收入比
	合计	生产性收入	其他收入	合计	经常费	经常费所占总支出比	材料费	材料费所占总支出比	运输费	运输费所占总支出比	
3 月	46776.17	46507.37	268.80	94550.11	34949.33	36.96	28212.85	29.84	31387.93	33.20	202.13
4 月	90840.80	90588.20	252.60	86035.78	34113.76	39.65	18704.32	21.74	33217.70	38.61	94.71
5 月	56964.19	56501.05	463.14	98692.59	34978.70	35.44	23751.39	24.07	39962.50	40.49	173.25
合计	194581.14	193596.6	984.54	279278.46	104041.79	37.25	70668.56	25.30	104568.13	37.44	143.53

　　资料来源：《萍矿支出款项分类实计比较表》、《收支概况表》，载《萍矿》，第131—134 页。

　　其中，经常费支出（包括：薪给费、工食费、公杂费、抚恤费、息佣保管等费、补助费、株洲采木所经费、长沙办事处经费、武昌堆栈经费、汉口办事处经费①）3、4、5 月各为：34949.33 元、34113.76 元、34978.70 元，分别占各月总支出的 36.96%、39.65%、35.44%，三个月经常费总计 104041.79 元，占三个月全部总支出（279278.03 元）的 37.25%。矿区（不含驻外办事处）职员薪给费与工人工食费为经常费大项，两项合计各占 3 月、4 月、5 月经常费的 83.05%、80.64%、83.21%，分别占 3 月、4 月、5 月总支出的 30.70%[2]（即矿区职员薪给费与工人工食费占吨煤成本[3] 1.372 元，下同）、31.97%（1.178 元）、29.49%（1.235 元）（见表4—36）。

　　① 《收支概况表》（1934 年 3、4、5 月），载《萍矿》，第132—134 页。原文备考中注释：薪给费、工食费、公杂费仅就本矿支出而言，此外办事处支出不在内。公杂费中包括文员邮电，同样交际枪支等项。抚恤费包括残废故员伤病工等伙食及恤丧医药费。息佣保管等费包括息金佣金圆木及煤焦押款保管等。补助费包括工会补助费及学校补助费等。株洲采木所经费、长沙办事处经费、武昌堆栈经费、汉口办事处经费中包括各该处一切员工薪食公杂费等。
　　② 计算方法：占吨煤成本比＝月（矿区职员薪给费+工人工食费）÷月总支出×100%。
　　③ 计算方法：矿区职员薪给费与工人工食费吨煤成本＝月（矿区职员薪给费+工人工食费）÷月总产量×100%。

表 4—36   萍乡煤矿经常费支出比较（1934 年 3—5 月）（单位：元、%）

	3 月		4 月		5 月		合计
	金额	占 3 月总经常费比	金额	占 4 月总经常费比	金额	占 5 月总经常费比	
薪给费	5468. 59	15. 65	5355. 91	15. 70	5711. 01	16. 33	16535. 51
工食费	23557. 25	67. 40	22152. 44	64. 94	23394. 51	66. 88	69104. 20
公杂费	693. 25	1. 98	736. 59	2. 16	593. 72	1. 70	2023. 56
抚恤费	677. 77	1. 94	620. 66	1. 82	633. 89	1. 81	1932. 32
息佣保管等费	1616. 90	4. 63	2845. 25	8. 34	2261. 72	6. 47	6723. 87
补助费	490. 00	1. 40	490. 00	1. 44	490. 00	1. 40	1470
株洲采木所经费	350. 56	1. 00	358. 23	1. 05	303. 20	0. 87	1011. 99
长沙办事处经费	402. 21	1. 15	306. 21	0. 90	183. 27	0. 52	891. 69
武昌堆栈经费	708. 48	2. 03	620. 60	1. 82	560. 04	1. 60	1889. 12
汉口办事处经费	984. 32	2. 82	627. 87	1. 84	847. 34	2. 42	2459. 53
合计	34949. 33	100	34113. 76	100	34978. 70	100	104041. 79

资料来源：《收支概况表》（1934 年 3、4、5 月），载《萍矿》，第 132—134 页。

另外，材料费支出（包括木料费、机料费、灯料费、杂料费、任何移交料价费①）3、4、5月各为：28212.85元、18704.57元、23751.05元，分别占各月总支出的29.84%、21.74%、24.07%，三个月材料费总计70668.47元，占三个月全部总支出的25.30%。其中木料、灯料费各占3月、4月、5月材料费的62.38%、81.16%、73.32%，分别占3月、4月、5月总支出的18.61%②（即木料、灯料费吨煤成本0.83元，下同）、17.64%（0.65元）、17.64%（0.74元）（见表4—37）。

表4—37　　　　　萍乡煤矿材料费支出比较（1934年3—5月）（单位：元、%）

	3月		4月		5月		合计
	金额	占3月总材料费比	金额	占4月总材料费比	金额	占5月总材料费比	
木料费	14085.84	49.93	11792.38	63.05	13982.61	58.87	39860.83
机料费	1796.45	6.37	2181.63	11.66	4931.08	20.76	8909.16
灯料费	3513.56	12.45	3386.93	18.11	3431.08	14.45	10331.57
杂料费	1617.00	5.73	1343.63	7.18	1406.28	5.92	4366.91
任何移交料价费	7200.00	25.52					7200.00
小计	28212.85	100	18704.57	100	23751.05	100	70668.47

资料来源：《收支概况表》（1934年3、4、5月），载《萍矿》，第132—134页。

最后，运输费支出（包括煤焦运费、煤焦押运费、煤焦起卸费、

---

① 《收支概况表》（1934年3、4、5月），载《萍矿》，第132—134页。原文备考中注释：灯料费包括灯油费及电灯费等。杂料费包括箕簸费正杂料费等。任何移交料价费包括任何移交剩存机木料折价7000元已付上。

② 计算方法：月木料、灯料费吨煤成本=月（木料+灯料费）÷月总产量×100%。

材料运费①）3、4、5 月各为：31387.93 元、33217.57 元、39962.05
元，分别占各月总支出的 33.20%、38.61%、40.49%，三个月运输费
总计 104567.55 元，占三个月全部总支出的 37.44%。其中煤焦运费各
占 3、4、5 月运输费的 85.88%、84.15%、83.14%，分别占 3、4、5
月总支出的 28.51%②（即运输费吨煤成本 1.27 元。下同）、32.49%
（1.20 元）、33.66%（1.41 元）（见表 4—38）。

表 4—38　　　　萍乡煤矿运输费支出比较（1934 年 3—5 月）　　（单位：元）

	3 月		4 月		5 月		合计
	金额	占 3 月总运输费比	金额	占 4 月总运输费比	金额	占 5 月总运输费比	
煤焦运费	26954.87	85.88	27954.32	84.15	33225.55	83.14	88134.74
煤焦押运费	1217.16	3.88	1326.66	3.99	1471.64	3.68	4015.46
煤焦起卸费	1905.33	6.07	2461.70	7.42	3520.06	8.81	7887.09
材料运费	1310.57	4.17	1474.89	4.44	1744.80	4.37	4530.26
小计	31387.93	100	33217.57	100	39962.05	100	104567.55

资料来源：《收支概况表》（1934 年 3、4、5 月），载《萍矿》，第 132—134 页。

　　合计：3、4、5 月经常费、材料费、运输费三大项支出中的矿区职
员薪给费、工人工食费、木料、灯料费、煤焦运费五项合计各占 3、4、
5 月总支出的 77.82%（即矿区职员薪给费、工人工食费、木料费、灯
料费、煤焦运费五项合计占吨煤成本 3.472 元，下同）、82.11%

---

　　① 《收支概况表》（1934 年 3、4、5 月），载《萍矿》，第 132—134 页。原文备考中注
释：煤焦运费为专款本矿煤焦车运运费。煤焦押运费包括本矿押运及湘鄂咱押运费。煤焦起
卸费包括各处煤焦起卸搬运上下力水脚等。材料运费包括木料运力费及机料运力等。
　　② 计算方法：月煤焦运费吨煤成本＝月煤焦运费÷月总产量×100%。

（3.028 元）、80.80%（3.385 元）。

3. 吨煤利润与收支水平

萍乡煤矿 1934 年 3、4、5 月生产性收入①分别为：46507.37 元、90588.20 元、56501.05 元，三个月合计 193596.62 元。根据前文产量统计，3、4、5 月月均产量吨煤收入②分别为：2.198 元、3.881 元、2.398 元，三个月月均产量吨煤收入 2.844 元。以各月产量吨煤收入减去前文各月产量吨煤成本，得出 3、4、5 各月月均吨煤利润分别为：-2.271 元、0.195 元、-1.791 元。3、4、5 月月均产量吨煤利润-1.259 元，即每生产原煤一吨，亏损 1.259 元。收入中计入其他微量的非生产性收入，3、4、5 月利润分别为：- 47773.94 元、4805.02 元、-41727.95元，三个月合计利润-84696.87 元，月均利润-28232.29 元。3、4、5 月各月总支出与总收入比分别为 202.13%、94.71%、173.25%，严重入不敷出。

4. 细分产品售价与收入

根据资料③计算，洗统：3 月销售 2271.35 吨，收入 18180.77 元，均价 8.004 元/吨；4 月销售 531□.20 吨，收入 41101.19 元，均价 7.733 元/吨；5 月销售 4281.36 吨，收入 34282.41 元，均价 8.007 元/吨；洗块：3 月销售 609.50 吨，收入 7026.00 元，均价 11.527 元/吨；4 月销售 385.00 吨，收入 4427.50 元，均价 11.50 元/吨；5 月销售 1241 吨，收入 14289.50 元，均价 11.515 元/吨；机焦：3 月销售

① 《收支概况表》，载《萍矿》，第 132—134 页。1934 年 3 月附注："（一）本表系就本月份业已收已支各款分列之间有应支示收或应支未支，或手续未清尚未出帐，概未列入数内；（二）本表支出项目内详细款目可参阅三四五月份支出款项分类实计比较表；（三）本月份以收支总额比较观之，尚约亏欠四万八千元之谱，此款一部分系江西建设银行萍乡办事处借来现款及期票，其余系长沙、汉口各行庄借款及汉口煤焦押款；（四）本月份尚存有未售出煤焦数千吨，但难以确实估价，故盈亏实况尚难确定。"1934 年 4 月附注："（一）收支各项目备考栏说明，详载三月份收支概况表内，本表省略未列；（二）本月份以收支总额相抵，尚可盈余约五千元，而上月亏欠约四万八千元，抵除外尚须亏欠四万三千元左右；（三）其余参阅三月份收支概况表附注各条。"1934 年 5 月附注："（一）收已各款目备考栏详载三月收支概况表备考栏内，本表省略未列；（二）本月份煤焦滞销鮕栈，屯存煤堆堆积如山，惟亦有一部煤已售出，而价款未收者，收支总额相抵，尚须亏欠四万余元；（三）其余各节参阅收支概况表附注各条。"本书计算结果与附注基本一致。

② 计算方法：均吨煤收入=月生产性总收入÷月总产量。

③ 《收支概况表》，载《萍矿》，第 132—134 页。

1131.00 吨，收入 21290.00 元，均价 18.824 元/吨；4 月销售 2349.351 吨，收入 45059.51 元，均价 19.180 元/吨；5 月销售 375.381 吨，收入 7928.18 元，均价 21.12 元/吨；生煤：3 月销售 5.30 吨，收入 10.60 元，均价 2.000 元/吨；4 月未销售生煤；5 月销售 0.440 吨，收入 0.96 元，均价 2.182 元/吨。

由上可知，萍乡煤矿并不把生煤（原煤）作为销售产品，主要销售经过加工的洗煤、洗块、机焦。3、4、5 月生煤总销售 5.74 吨，总收入 11.56 元，总均价 2.014 元/吨；3、4、5 月洗统总销售 11867.91 吨，总收入 93564.37 元，总均价 7.884 元/吨，是生煤吨煤均价的 391.45%；3、4、5 月洗块总销售 2235.50 吨，总收入 25743.00 元，总均价 11.516 元/吨，是生煤吨煤均价的 571.77%；3、4、5 月机焦总销售 3855.73 吨，总收入 74277.69 元，总均价 19.264 元/吨，是生煤吨煤均价的 956.52%。3、4、5 三个月洗统、洗块、机焦、生煤收入总计 193596.62 元，洗煤占 48.33%，洗块占 13.30%，机焦占 38.37%，生煤份额可忽略不计（见表 4—39）。

表 4—39　　　　　　萍乡煤矿销售、收入统计

（1934 年 3—5 月）　　　（单位：吨、元、元/吨）

	3 月			4 月			5 月		
	销售量	收入	均价	销售量	收入	均价	销售量	收入	均价
洗统	2271.35	18180.77	8.004	531□.20	41101.19	7.733	4281.36	34282.41	8.007
洗块	609.50	7026.00	11.527	385.00	4427.50	11.50	1241	14289.50	11.515
机焦	1131.00	21290.00	18.824	2349.351	45059.51	19.18	375.381	7928.18	21.12
生煤	5.30	10.60	2.00				0.44	0.96	2.182
合计	4017.15	46507.37		8049.55	90588.20		5898.181	56501.05	

资料来源：《收支概况表》，载《萍矿》，第 132—134 页。

5. 总资本收益率

在员工（职员、工人）工资水平方面，萍乡煤矿 1934 年上半年月均工人 2750 人，月均总工资 21960 元[1]，工人人均月均工资约 7.9855 元。根据前文计算可知，1934 年前六个月工人人均日产原煤 0.25565 吨，月产原煤 7.6696 吨（按 30 天计），即人均产煤一吨获工资 1.0412 元。至 1934 年，萍乡煤矿"各方投资在二千万余元"[2]。以此可计算出萍乡煤矿 1934 年的总资本效益率[3]。3 月，净利润 -47773.94 元，总资本收益率为 -0.239%；4 月，净利润 4805.02 元，总资本收益率 0.024%；5 月，净利润 -41727.95 元，总资本收益率 -0.209%；3、4、5 三个月月均净利润 -28232.29 元，月均总资本收益率 -0.141%。

总资本社会效益主要体现为总资本产品供给能力及总资本解决社会就业能力。各种产品折合原煤，萍乡煤矿 1934 年 3 月总资本产品供给能力[4]为 945.31 元/吨、4 月为 856.82 元/吨、5 月为 848.82 元/吨，三个月月均总资本产品供给能力为 883.65 元/吨。1934 年 3、4、5 月萍乡煤矿职员 228 人，工人 2750 人，共用工 2978 人[5]，按总资本计算，每投资 6715.92 元解决一人就业。至 1934 年 6 月，按籍贯区分萍乡煤矿雇佣职员，江西（84 人）、湖南（66 人）、江苏（36 人）、湖北（33 人）、浙江（13 人）、南京（8 人）、安徽（7 人）七省市共计 247 人；河北（6 人），福建（5 人），河南（3 人），山东、广东、云南、甘肃各 1 人，七省共计 18 人；籍贯不详者 7 人。[6] 萍乡煤矿雇佣职员省际就业贡献率，江西 30.88%，外省 66.54%（181 人），籍贯不详者 2.57%。江西占 1/3 弱，外省约占 2/3。

---

① 《萍矿工人人数及工资比较图》（1934 年），载《萍矿》，第 140 页。

② 《经济旬刊》（1934 年 6 月 21 日）第 2 卷第 17—18 期，转引自《江西近代工矿史资料选编》，第 451 页。

③ 资本收益率=税后净利润÷所有者权益。本书假设资料中收入为税后收入，以收入减去支出为税后净利润，参见前文计算。

④ 计算方法：总资本产品供给能力=总产量÷总资本。

⑤ 《萍矿工人人数及工资比较图》（1934 年）、《萍矿职员人数统计图》（1934 年 1—6 月），载《萍矿》，第 140、191 页。

⑥ 《萍矿管理处职员录》（1934 年 1—6 月），载《萍矿》，第 171—189 页。

至 1934 年，萍乡煤矿"欠债大多，近则积欠日本本利已达三千万元"①，产品严重滞销，整体亏损，月均亏损 28232. 29 元，月均总资本收益率-0. 141%，严重资不抵债，在资本经营的层面上，处于随时可能破产倒闭的状态，总资本产品供给能力与总资本解决社会就业能力均极低。

（二）1936 年资本效益

1. 吨煤成本

1936 年，毛煤吨煤成本（不含洗费、运输、销售费用）3. 579 元中，经常费（薪工 1. 65 元、临时包工 0. 096 元、交际旅费 0. 07 元、息金汇水及保管佣金 0. 316 元、旧欠 0. 09 元、杂项 0. 118 元）2. 34 元，占 65. 38%；材料费（木料 0. 62 元、杂料 0. 082 元、机料 0. 262 元、灯油 0. 191 元②）1. 155 元，占 32. 27%；材料运费 0. 084 元，占 2. 35%（见表 4—40）。③

表 4—40　　　　萍乡煤矿毛煤每吨平均成本分析（1936）　　（单位：元）

经常费						材料费				材料运费	合计
薪工	临时包工	交际旅费	息金汇水及保管佣金	旧欠	杂项	木料	杂料	机料	灯油		
1. 65	0. 096	0. 07	0. 316	0. 09	0. 118	0. 62	0. 082	0. 262	0. 191	0. 084	3. 579

资料来源：《毛煤每吨平均成本分析表（1936 年）》，载《江西萍乡煤矿》，第 9 页。

1936 年，洗煤吨煤成本 5. 97 元中，经常费（薪工 2. 75 元、临时包工 0. 157 元、交际旅费 0. 117 元、息金汇水及保管佣金 0. 525 元、旧欠 0. 147 元、杂项 0. 199 元）3. 895 元，占 65. 24%；材料费（木料 1. 028 元、杂料 0. 14 元、机料 0. 444 元、灯油 0. 322 元）1. 934 元，占

---

① 《经济旬刊》（1934 年 6 月 21 日）第 2 卷第 17—18 期，转引自《江西近代工矿史资料选编》，第 451 页。

② 根据《江西萍乡煤矿》第 8 页的每人每天"灯油费五六分"，"每人平均采煤 0. 35 吨"计，每位采煤工人挖煤一吨，需时 2. 857 天（班），即发灯油费 0. 1429—0. 1714 元。较《毛煤每吨平均成本分析表（1936 年）》的吨煤灯油费 0. 191 元为低。

③ 《毛煤每吨平均成本分析表（1936 年）》，载《江西萍乡煤矿》，第 9 页。

32.40%；材料运费 0.141 元，占 2.36%（见表 4—41）。[①]

表 4—41　　　　萍乡煤矿洗煤每吨平均成本分析（1936）　　（单位：元）

	经常费					材料费				材料运费	合计
薪工	临时包工	交际旅费	息金汇水及保管佣金	旧欠	杂项	木料	杂料	机料	灯油		
2.75	0.157	0.117	0.525	0.147	0.199	1.028	0.14	0.444	0.322	0.141	5.97

资料来源：《江西萍乡煤矿》，第 14 页。

由洗煤成本减去毛煤成本即为单纯"洗"煤环节的成本，为 2.391 元/吨。

1936 年，焦炭每吨成本（不含运输、销售费用）8.769 元中，经常费（薪工 3.928 元、临时包工 0.224 元、炼焦费 0.24 元、交际旅费 0.168 元、息金汇水及保管佣金 0.752 元、旧欠 0.212 元、杂项 0.282 元）5.806 元，占 66.21%；材料费（木料 1.468 元、杂料 0.2 元、机料 0.635 元、灯油 0.46 元）2.763 元，占 31.509%；材料运费 0.2 元，占 2.281%（见表 4—42）。

表 4—42　　　　萍乡煤矿焦炭每吨平均成本分析（1936）　　（单位：元）

	经常费						材料费				材料运费	合计
薪工	临时包工	炼焦费	交际旅费	息金汇水及保管佣金	旧欠	杂项	木料	杂料	机料	灯油		
3.928	0.224	0.24	0.168	0.752	0.212	0.282	1.468	0.2	0.635	0.46	0.2	8.769

资料来源：《江西萍乡煤矿》，第 20 页。

焦炭的成本包含毛煤和洗煤环节的成本，由焦炭成本减去洗煤成

① 《江西萍乡煤矿》，第 14 页。

本，即为炼焦成本。所以，1936 年，萍乡煤矿炼焦环节中的吨焦成本为 2.799 元。实际上，炼焦环节是无须或至少是极少用到木料、灯油的，以最后产品焦炭的 0.460 元灯油费扣除生产毛煤的 0.191 元灯油费，多出的 0.269 元灯油费应为其他的成本费用。同样，木料方面也被多摊 0.848 元的成本。灯油费、木料费两项每吨即至少多摊 1.117 元，[①]即，两项费用成本合计至多 0.811 元，多摊后变为 1.928 元，多摊比例达 57.94%。其他生产性环节的成本无法核定多摊了多少，但可知其采掘毛煤环节和非生产性环节（当然又不是主要用于销售）的费用过大。即费用支出结构不合理，导致统计者为掩饰某些费用而摊薄不合理项目成本。朱洪祖在叙述萍乡煤矿炼焦环节时，说 1936 年"炼焦费用每吨约计二角半"[②]，朱洪祖未明文炼焦成本的计算标准，如其可信，则为掩饰某些费用而摊薄不合理项目成本的现象就更为严重，即 2.799 元的炼焦成本中有 2.549 元为非直接炼焦成本，摊高比例有可能高达 1119.6%（计算方法：吨焦成本为 2.799 元 ÷ 0.25 元 × 100% = 1119.6%）。其实，通过洗煤成本分析表也可知，洗煤环节同样存在此种情况。因此，可以肯定的是，这三份分析表所要掩盖的要么是因搜采残煤而致使采煤环节实际成本高昂的状况，要么就是在生产与销售环节以外的支出异常的情况，除此之外不好做出其他的解释。

2. 收入与支出

根据《1936 年 3、4、5 月支出款项分类实际比较表》[③]，1936 年 3、4、5 月，萍乡煤矿总支出分别为 112602.44 元、160834.87 元、130316.61 元，总计 404153.92 元，月均 134717.97 元。

1936 年 3、4、5 月经常费（含薪给费、工食费、公杂费、驻外各办事处经费、抚恤费、补助费、还积欠费、息保管等费）分别为 52341.73 元（占全部支出的 46.48%，下同）、54876.52 元（占

34.12%）、50996.58 元（占 39.13%）。三个月经常费总计 158214.83 元，占三个月全部总支出的 39.15%。其中，1936 年 3、4、5 月经常费中，职员薪给费分别为 6156.63 元（占 3 月全部支出的 5.47%，下同）、5921.00 元（占 4 月 3.68%）、5976.57 元（占 5 月 4.59%）；3、4、5 月工人工食费分别为 25244.84 元（占全部支出的 22.42%，下同）、24604.66 元（占 15.30%）、25606.67 元（占 19.65%）；职员薪给费与工人工食费为经常费大项，两项合计各占 3、4、5 月经常费的 59.99%、55.63%、61.93%，分别占 3、4、5 月总支出的 27.89%、18.98%、24.24%。3、4、5 月公杂费、驻外各办事处经费分别为 4654.62 元（占 3 月全部支出的 4.13%，下同）、5652.19 元（占 4 月 3.51%）、6874.50 元（占 5 月 5.28%）；3、4、5 月抚恤费、补助费分别为 775.39 元（占 3 月全部支出的 0.69%，下同）、718.56 元（占 4 月 0.45%）、876.26 元（占 5 月 0.67%）；3、4、5 月还积欠费、息保管等费分别为 15510.25 元（占 3 月全部支出的 13.77%，下同）、17980.11 元（占 4 月 11.18%）、11662.58 元（占 5 月 8.95%）。

1936 年 3、4、5 月材料费分别为 19482.49 元（占 3 月全部支出的 17.30%，下同）、25636.73 元（占 4 月 15.94%）、23630.33 元（占 5 月 18.13%）；三个月材料费总计 68749.55 元，占三个月全部总支出的 17.01%。

1936 年 3、4、5 月运输费（含煤焦运输用费、材料运力费）分别为 40778.22 元（占 3 月全部支出的 36.21%，下同）、80321.62 元（占 4 月 49.94%）、56089.69 元（占 5 月 43.04%）。三个月运输费总计 177189.53 元，占三个月全部总支出的 43.84%。其中，3、4、5 月煤焦运输用费分别为 39439.39 元（占 3 月全部支出的 35.03%，下同）、78886.45 元（占 4 月 49.05%）、54507.32 元（占 5 月 41.83%）；3、4、5 月材料运力费分别为 1338.83 元（占 3 月全部支出的 1.19%。下同）、1435.17 元（占 4 月 0.89%）、1582.37 元（占 5 月 1.21%）（见表 4—43）。

由上可知，1936 年 3、4、5 月经常费、材料费、运输费三大项支出中的职员薪给费、工人工食费、材料费（含木料、灯料费）、煤焦运费合计各占 3、4、5 月总支出的 80.21%、83.97%、84.19%，用于销售人员工资、产品销售与产品销售渠道建设及生产改造方面的支出极小。

表4—43　　　　萍乡煤矿支出款项分类实际比较（1936）　　　（单位：元）

类别	款项	3月	4月	5月
薪给费	专员薪俸	320.00	320.00	320.00
	一般职员薪食	5836.63	5601.00	5656.57
	小计	6156.63	5921.00	5976.57
工食费	工人工食	23932.85	23151.21	24078.18
	临时工	836.57	948.39	634.33
	包工	76.50	43.05	36.45
	炼焦工食	2.28	—	41.96
	炼壁	135.37	133.48	137.02
	奖赏	261.27	328.53	278.73
	小计	25244.84	24604.66	25206.67
材料费	灯油费	3637.65	3503.51	3599.07
	箕篾费	906.33	881.00	921.47
	土电灯费	271.05	291.59	411.45
	木料	11495.03	12327.42	13469.22
	机料	1837.97	7944.66	4372.10
	杂料	1334.46	688.55	857.02
	小计	19482.49	25636.73	23630.33
煤焦运输用费	矿方起卸力费	1631.89	2573.47	1869.79
	矿方押运费	272.73	322.10	293.33
	湘鄂路押运费	1058.23	2221.58	1476.10
	煤焦转运费	36476.54	73769.30	50868.10
	小计	39439.39	78886.45	54507.32

续表

类别	款项	3 月	4 月	5 月
材料运力费	木料运力费	1183.79	1083.01	1343.38
	机杂材运力费	155.04	352.16	238.99
	小计	1338.83	1435.17	1582.37
公杂费	文具	180.45	157.93	165.78
	邮电	46.79	59.36	35.10
	杂支	136.25	160.03	394.12
	旅费	245.20	514.02	30.40
	交际费	803.36	957.41	739.03
	小计	1412.05	1848.75	1364.43
息保管等费	息金	6263.23	6912.52	5360.83
	保管费	2255.00	2129.34	918.67
	佣金	2291.52	4694.62	3943.65
	汇水	52.30	121.50	81.10
	小计	10862.05	13857.98	10304.25
抚恤费	残废伙食	234.05	231.00	252.65
	故员伙食	133.30	129.00	133.30
	伤工伙食	269.54	258.56	258.71
	恤丧医药费	81.50	43.00	174.60
	小计	718.39	661.56	819.26
补助费	地方补助费	57.00	57.00	57.00
	小计	57.00	57.00	57.00

续表

类别	款项	3 月	4 月	5 月
驻外各办事处经费	株洲采木所经费	339.55	331.77	340.33
	长沙办事处经费	414.77	357.69	303.54
	武昌堆栈经费	969.40	1116.30	2170.82
	汉口办事处经费	1518.85	1997.68	2695.38
	小计	3242.57	3803.44	5510.07
还积欠费	还前任积欠	4648.20	4122.13	1358.33
	小计	4648.20	4122.13	1358.33
合计		112602.44	160834.87	130316.61

资料来源：《江西萍乡煤矿》，第35—36 页。原文表注：其间有应收未收，应支未支，或手续未清尚未出账，或以年度开支各项款目，概未列入。

　　根据《1936 年3、4、5 月收入款项实际比较表》①，1936 年3、4、5 月，煤、焦总收入分别为 115199.03 元、124536.15 元、104591.77 元；煤（含洗粉、洗块、毛煤、煤泥）分别收入 95560.87 元（占煤、焦全部收入的82.95%，下同）、104446.98 元（占 83.87%）、86234.12 元（占 82.45%）；焦炭分别收入 19638.16 元（占煤、焦全部收入的 17.05%，下同）、20089.17 元（占 16.13%）、18357.65 元（占 17.55%）；煤的部分，洗粉3、4、5 月收入分别为 62128.21 元（占煤的全部收入的 65.01%，下同）、75682.37 元（占 72.46%）、62932.69 元（占 72.98%）；洗块3、4、5 月收入分别为 32542.96 元（占煤的全部收入的 34.05%，下同）、27064.64 元（占 25.91%）、22225.80 元（占 25.77%）；毛煤、煤泥合计3、4、5 月收入分别为 889.7 元（占煤的全部收入的 0.93%，下同）、1699.97 元（占 1.63%）、1075.63 元（占 1.25%）。

---

① 《江西萍乡煤矿》，第34 页。

1936年3、4、5月，杂项总收入[①]分别为1446.54元（占3月萍乡煤矿全部收入116085.87元的1.25%）、1318.40元（占4月萍乡煤矿全部收入125473.48元的1.05%）、2138.30元（占5月萍乡煤矿全部收入106460.04元的2.01%）；其中，电灯费收入分别为529.35元、612.52元、547.70元。其余为房租等收入（见表4—44）。

表4—44　　　　　萍乡煤矿收入款项实际比较（1936）　　　　（单位：元）

类别	款项	3月	4月	5月
煤焦价	洗粉	62128.21	75682.37	62932.69
	洗块	32542.96	27064.64	22225.80
	焦煤	19638.16	20089.17	18357.65
	毛煤	330.00	1318.90	805.60
	煤泥	559.70	381.07	270.03
	小计	115199.03	124536.15	104591.77
杂益	电灯费	529.35	612.52	547.70
	房租	124.98	139.47	317.77
	杂项	232.51	185.34	1002.80
	合计*	1446.54	1318.40	2138.30
总计[②]		116085.87	125473.48	106460.04

原文表注：其间有应收未收，应支未支，或手续未清尚未出账，或以年度开支各项款目，概未列入。*杂益中各月"电灯费、房租、杂项"总和小于"合计"，"合计"也是资料中的，所以，本表保留"合计"。这说明"杂益"中有不便罗列的细微项目收入。

资料来源：《江西萍乡煤矿》，第34页。

---

① 《江西萍乡煤矿》，第34页。

② 原文资料3月为"116085.87"，如按煤、焦总收入分别为115199.03元，加上杂项收入1446.54元，本应为116645.57元。资料4月为"125473.48"，5月为"106460.04"，本书计算按照原文资料。

　　至 1936 年 3、4、5 月，各月总收入分别 116085.87 元、125473.48 元、106460.04 元，三个月总收入 348019.39 元；各月分别支出 112602.44 元、160834.87 元、130716.61 元①，三个月总支出 404153.92 元，收支相抵亏损 56134.53 元，收入为支出的 86.1106%。4 月较 3 月收入增长 8.0868%，而支出增长 42.8343%。5 月较 4 月收入降低 15.1534%，支出降低 18.7262%。

　　扣除非生产性收益（电灯费、房租、杂项），1936 年 3、4、5 月，各月分别收入 115199.03 元、124536.15 元、104591.77 元，合计 344326.95 元，占各该月总收益的 99.236%、99.253%、98.245%。3、4、5 各月洗粉、洗块分别占该月生产性收益（售煤焦收入）的 82.1805%、82.5038%、81.4199%，洗粉、洗块三个月合计收益占萍乡煤矿三个月生产性总收入的 82.0664%；3、4、5 各月焦煤分别占该月生产性收益（售煤焦收入）的 17.0472%、16.1312%、17.5516%，焦煤三个月合计收益占萍乡煤矿三个月生产性总收入的 16.8691%；3、4、5 各月毛煤、煤泥分别占该月生产性收益（售煤焦收入）的 0.7723%、1.365%、1.0284%，毛煤、煤泥三个月合计收益占萍乡煤矿三个月生产性总收入的 1.0644%。

　　1934 年萍乡煤矿产煤 227064 吨、焦 14562.72 吨，3、4、5 月共亏损 84696.87 元，月均亏损 28232.29 元，如以全年月均产煤 18922 吨为标准计算，则吨煤平均亏损 1.492 元；1936 年产煤 260650 吨、焦 15229.578 吨（为推算，见前文），1934 年如以 1936 年 3、4、5 月共亏损 56134.53 元，月均亏损 18711.51 元，同样以全年月均产煤 21721 吨为标准计算，则吨煤平均亏损 0.861 元，为 1934 年月均吨煤亏损额的 57.71%。这说明，至 1936 年，官办萍乡煤矿不仅产量在增加，而且吨煤亏损率也在下降。但是，从收支必须平衡这一企业经营的原则上看，至 1936 年，官办萍乡煤矿仍然是入不敷出，生产增长不大，且生产越多亏损越大。由于材料中 1936 年的经常费、材料费、运输费项下所包含子项目有所不同，缺乏两个不同时期煤焦的售价，以及煤焦销量与库

---

　　① 《江西萍乡煤矿》，第 34—36 页。原文注："其间有应收未收，应支未支，或手续未清尚未出账，或以年度开支之各项款目，概未列入。"

存等数据，所以，本书无法证明 1936 年亏损率的下降是由于吨煤成本的下降所致，还是由于煤焦炭销量增大，库存减少，抑或售价提高等因素起了作用，甚或是偶然的情况，因此，虽然 1937 年、1938 年的产量都有继续增长，也不能肯定其亏损率就一定也随之继续下降甚至扭亏为盈。当然，即使答案是肯定的，由于 1937 年以后中国已处于遭受日本全面侵略的局面，中国抗战物资缺乏，导致物价上涨，这自然不能算是官方对萍乡煤矿"管理"有方的结果。

总而言之，官办萍乡煤矿的资本效益是极其低下的。

第五章

与地方小煤窑的竞争

西方列强打开中国国门以前，清政府依然实行单向的重农政策，没有近代工矿业，对小煤窑也悉听民间开采。[①] 萍乡煤矿开办前，萍乡煤炭"完全自由开挖"[②]，虽然小商小井大多依附于几家巨绅，仰仗其庇护，且煤炭资源、开采、贸易绝大部分也被士绅和山主占有与垄断，但其"垄断"与"占有"是基于土地私有权、土地自由转让及小煤窑"自由竞争"的结果。出于双方资本对利益最大化的追逐，汉阳铁厂驻萍乡煤务局与萍乡小煤窑联盟未能尽如人意，类似"公司+农户"的合作以 1898 年萍乡煤矿的建立戛然终止。萍乡煤矿建立后，上至中央，下至地方，晚清与民国历届政府均对萍乡小煤窑业采取了"清剿"、"整顿"交替的打压政策，萍乡煤矿也在此政策下形成了其在萍乡乃至部分时期在以武汉为中心的我国中部地区的煤炭行业龙头老大的地位（以供给汉阳铁厂为标志）。但是，从长期的趋势看，萍乡小煤窑业并没有因为"清剿"和"整顿"而停止发展，相反，它们始终"见缝插针"，"顽强"生存，且越来越成为萍乡煤矿的巨大竞争对手。企业间存在竞争是正常的，以正常的手段进行正当的竞争也是企业经营和产业健康发展的需求。然而，如上章所述，官办萍乡煤矿完全没有市场营销的战略意识与安排，所以，在"管理"、"维持"的经营目标下，在营

[①] 清乾隆时期，沿袭前朝鼓励民间开矿政策，并组织了一次全国规模的煤炭资源勘查活动，促进了煤炭事业的发展，出现了我国古代煤炭开发史上的高潮时期。当时规定："各省产煤之处，无关城池龙脉、古昔陵墓、堤岸通衢者，悉弛其禁，该督抚酌量情形开采。"《大清会典事例》卷 951，转引自梁华《清代矿业投资政策演变分析》，第 89 页。

[②] 《萍乡安源煤矿调查报告》，第 224 页。

销方面，官办萍乡煤矿不是全力对外拓展产品市场，而是把视线转向"家门口"，偌大一个萍乡煤矿集中主要的营销精力向地方小煤窑发动了攻势，与小煤窑展开了残酷的竞争，甚至依赖对地方小煤窑的打击来生存。因此，从某种意义上说，萍乡煤矿的出现，打造了"萍煤"的品牌，极大地促进了近代萍乡煤业的发展，但正是由于包括小煤窑在内的萍乡煤业的整体发展，反过来又愈来愈"制约"着萍乡煤矿的"发展"。当然，之所以出现这种"后果"，归根结底其主要责任并不在小煤窑，而在"求大求全"和"维持""管理"型的萍乡煤矿自身。

第一节　矿区争夺

一　近代萍乡小煤窑业的发展[①]

（一）小煤窑数量

安源"矿区"及其附近诸山，煤层浅露，易于所取，"故土井触目皆是，但井口井名及井主常有变易"[②]。

1929 年 4 月，萍乡煤矿派甘养和调查了萍乡安源附近各土井情形。就土井设立的时间，根据调查，1920 年 1 口，1923 年 3 口，1924 年 15 口，1926 年 4 口，1927 年 13 口，1928 年 29 口，1929 年 9 口，其中处于看守状态（暂停）者 4 口，计 74 口。

1929 年 6 月，江西省政府派周敏、周作恭对萍乡安源附近土井状况进行了一次调查。根据调查，1918 年设立 3 口，1921 年 2 口，1923 年 4 口，1924 年 6 口，1925 年 2 口，1926 年 7 口，1927 年 9 口，1928 年 20 口，1929 年 14 口，设立时间不确定者 5 口，计 72 口。从表面上看，两者统计小煤窑总数只相差两口（停工口数，6 月比 4 月增加 10 口），似乎萍乡煤矿附近只有 70 多口土井（见表 5—1）。

---

① 下文关于 1929 年小煤窑的数据，除特别注明外，均来源于《萍乡安源煤矿调查报告》，第 211—224 页。

② 《萍乡安源煤矿调查报告》，第 224 页。

表5—1　　　　　　　**萍乡煤矿周边小煤窑数量统计（1929）**　　　　（单位：口）

设立时间	1918	1920	1921	1923	1924	1925	1926	1927	1928	1929	不确定	小计
4月统计		1		3	15		4	13	29	9		74
6月统计	3		2	4	6	2	7	9	20	14	5	72
合计	3	1	2	5—6	17—18	2	11	18—19	39—45	19—22	5	122—134

注：合计数量已减去完全相同、或可能为合伙经营、或产权发生转移者数量。

资料来源：《萍乡安源煤矿调查报告》，第211—224页。

　　但仔细比较两份调查中小煤窑的设立时间、井名、井主、井址，便可发现两份调查中，只存在三种情况可能是对同一煤窑的相同统计。一是设立时间、井名、井主、井址完全相同者；二是同一年份设立了同一名称，但井主姓名不同的两个煤窑（这种情况可能是合伙经营，两份调查登记的是不同的合伙井主姓名）；三是不同年份设立了同一名称，但井主姓名不同的煤窑（这种情况可能是同一煤窑发生了产权转移）。完全相同、或可能为合伙经营、或产权发生转移者具体如下。

　　1923年设立者：4月调查与6月调查中，"张崇德即福禄井，在麻田山矿界内开挖炼焦"完全重叠；另一天紫山（天兹山）德顺井虽重名，但两份调查的井主不同，一为天紫山吊颈坡陈章林，一为天兹山罗贵福，既可认为是两口完全不同的煤窑，也可认为是煤窑产权发生了转移，或为合伙经营。因此，1923年设立的煤窑数量，合计两份调查结果应为5—6口。

　　1924年设立者：4月调查中"刘文村即三才井，在锡坑矿界内开挖油煤"，与6月调查井主姓名与井名、井址相同，但6月调查的开挖时间为1923年；4月调查中"易燕花即正福井，在麻田山矿界内开挖油煤"，与6月调查的停工的麻田山正福井"易燕化"应为同一人，即同一井；4月调查的"甘林权即三和井，在小坑矿界内开挖油煤"，与6月调查的1925年小坑三和井"甘林权"，应为同一井；4月调查的"林升伯即宝藏兴，在武公岭矿界内开挖油煤"，与6月调查中的武公岭宝藏兴"贾义彬"有重叠情况，宜作两井，或产权发生转移，或为合伙经营。因此，两份调查 1924 年设立的煤窑合计数量应为 17—18 口。

　　1927 年设立者：4 月调查的"苏斐章即福崇井，在紫家冲矿界内开挖油煤"，与 6 月调查完全相同；"张何细即泰鑫井，在霸善冲矿界内开挖油煤"，与 6 月调查中完全相同；"苏保古即福昌井，在石壁冲矿界内开挖油煤"，与 6 月调查中完全相同；"五光裕即地顺井，在紫家冲矿界内开挖油煤"，与 6 月调查的 1926 年紫家冲地顺井"王玉成"有可能产权发生转移，或为合伙经营。因此，两份调查 1927 年设立的煤窑合计数量应为 18—19 口。

　　1928 年设立者：4 月调查的"张成光即荣华井，在天兹山矿界内开挖油煤"，与 6 月调查完全相同；"吴善科即生财井，在紫家冲矿界内开挖油煤"，与 6 月调查完全相同；"陈洪章即隆顺井，在紫家冲矿界内开挖炼焦"，与 6 月调查完全相同；"刘石生即合胜井，在高坑冲近局管仁顺井矿界内开挖炼焦"，与 6 月调查完全相同；"杨洪连即德利井，在王家源矿界内开挖油煤"，与 6 月调查的王家源杨洪连"得利井"应为同一井；"张其寿在王家源矿界内开挖油煤"，与 6 月调查的王家源同华井张其寿可能为同一井；"周新成即德盛井，在王家源开挖炼焦"，与 6 月调查的王家源周新成"得盛井"可能为同一井；"王茂盛即森盛井，在王家源矿界内开挖油煤"，与 6 月调查的王家源森盛井的"彭文山"，或产权发生转移，或为合伙经营；"杨其古即仁和井，在紫家冲矿界内开挖油煤"，与 6 月调查的紫家冲仁和井"周义栋"，或产权发生转移，或为合伙经营；"彭长子即兴隆井在王家源矿界内开挖油煤"，与 6 月调查的 1926 年的王家源兴隆井"彭才生"，或产权发生转移，或为合伙经营。因此，两份调查 1928 年合计的煤窑数量应为39—45 口。

　　1929 年设立者：4 月调查的"甘兆平即协丰井，在石壁冲矿界内开挖油煤"，与 6 月调查完全相同；"施岩桂即珍利井，在王家源矿界内开挖油煤"，与 6 月调查的 1928 年设立的王家源施岩桂珍利井应为同一井；"甘欣宗即合森井，在石壁冲矿界内开挖油煤"，与 6 月调查的1927 年设立的石壁冲甘欣宗合森井应为同一井；"黄之山即合记井，在龙家冲近局管星顺井矿界内开挖炼焦"，与 6 月调查的龙家冲合记井

"彭正扬"，或产权发生转移，或为合伙经营。因此两份调查 1929 年合计的煤窑数量应为 19—22 口。

有此前文所述三种重叠情况的煤窑共 12—24 口。因此，1929 年 4 月与 6 月两份调查合计 146 口，除去三种可能发生了重叠统计的情况，两份调查合计有不同煤窑 122—134 口（以两次统计的总和 146 口，减去可能重叠的 12 或 24 口），其中停工者 19 口，在生产者应为 103—115 口。由此可见，萍乡煤矿"矿区"或周边的小煤窑确实可用"林立"抑或"星罗棋布"来形容。

以下依据上述 1929 年 6 月的调查资料，再对 1929 年 6 月所调查的 1918 年至 1929 年新设立的安源附近小煤窑的各项数据进行计算与分析，并以两份调查合计实有从事生产的煤窑的最大数 115 口为基数，对 1929 年 6 月时安源附近小煤窑的工程、技术、产品、产量、工人人数、工人工资、煤焦售价、煤窑资本等进行全面估算。

（二）工程技术

54 家记录了煤窑的煤质与煤层厚度。其中属于大槽者 6 家，厚二尺至丈余，平均约五尺；三夹槽者 14 家，最厚者三尺，最薄者五寸，平均约一尺五寸；二夹槽者 2 家，最厚者五尺，最薄者二尺六寸，平均约三尺八寸；一夹槽者 14 家，最厚者二尺，最薄者五寸，平均约一尺一寸；油泥槽者 12 家，最厚者六尺，最薄者七寸，平均约二尺九寸；其他扫边槽、千重皮小槽、麻姑槽、砚子槽、黄壁槽、打铁槽各 1 家，最厚者七尺八寸，最薄者尺余，平均约二尺八寸。根据计算，22 家煤窑有工程进度记录，每位工人每月平均挖掘进度最多者为 5.5556 米（资本只有 300 元，工人 4 名，日产煤 2 吨，人均 0.5 吨，为上章所计算 1934 年萍乡煤矿工人日均产煤约 0.18 吨的 2.78 倍），最少者为 0.0271 米（为资本最大者，1918 年设立，资本 10000 元，42 人，日产煤 8 吨，人均 0.19 吨，与 1934 年萍乡煤矿工人日均产煤量基本相同）。22 家每日工程进度平均为 0.8087 米，其中高于平均进度的有 6 家。

（三）产品、产量

1. 煤产量

煤窑生产常有变动，大抵每年秋冬各井工作人员数与产量俱增，春夏则相反，售价亦随时季而异。根据计算，各土井合计日产（烟）煤

323 吨，焦每月约 1000 吨。[1] 由此估算，1929 年 6 月（30 天）共产烟煤 9690 吨。不包括煤窑与安源间的运煤、焦力夫，煤窑工人共计 1706 名，均是日班工作，无夜班。[2] 即 1929 年 6 月，每个工人月产煤 5.68 吨，日产 0.1893 吨（与 1934 年萍乡煤矿工人日均产煤量基本相同）。具体如下：

1929 年（指煤窑设立时间，下同）10 家日产煤 32 吨，最多者 8 吨，最少者 1 吨，平均每家 3.2 吨；1928 年 15 家日产煤 134 吨，最多者 20 吨，最少者 2 吨，平均每家 8.93 吨；1927 年 7 家日产煤 33 吨，最多者 10 吨，最少者 2 吨，平均每家 4.71 吨；1926 年 6 家日产煤 29 吨，最多者 8 吨，最少者 2 吨，平均每家 4.83 吨；1925 年 2 家日产煤 7 吨，最多者 4 吨，最少者 3 吨，平均每家 3.5 吨；1924 年 4 家日产煤 31 吨，最多者 10 吨，最少者 3 吨，平均每家 7.75 吨；1923 年 3 家日产煤 21 吨，最多者 8 吨，最少者 5 吨，平均每家 7 吨；1921 年 1 家日产煤 4 吨；1918 年 2 家日产煤 12 吨，最多者 8 吨，最少者 4 吨，平均每家 6 吨；没有设立年份记录者 1 家，日产煤 20 吨。

上述有产量记录者合计 51 家，其煤的日均产量最多者 20 吨，最少者 1 吨，相差悬殊。51 家平均 6.33 吨，为最多者的 31.65%，最少者的 633%，同样相差悬殊。这 51 家，日产煤 323 吨，年产煤 116280 吨（按每月 30 天计算），平均每家年产煤 2280 吨，以此为标准并萍乡煤矿附近实有 115 家煤窑计算，则 1929 年 6 月时，萍乡煤矿附近小煤窑煤的年产量为 262200 吨。按煤的炼焦率在 30%—50%（下文的估算）计，262200 吨煤可年炼焦 78660—131100 吨。

2. 焦炭产量

1929 年（指煤窑设立时间，下同）有炼焦者 3 家，合计日产煤 14 吨，炼焦无定数；1 家日产煤 4 吨，尽炼焦；1 家日产煤 2 吨，计划炼焦。1928 年 2 家均日产煤 20 吨，日出焦 10 吨，月出焦 300 吨；1 家日产煤 10 吨，日炼焦 5 吨，月出焦 150 吨（根据产业与出焦数，上述三家吨煤出焦率可估计为 50%）；1 家日产煤 8 吨，月产焦 30 吨；1 家日

① 《萍乡安源煤矿调查报告》，第 225 页。
② 同上。

产煤 16 吨，月出焦 60 吨；1 家日产煤 4 吨，尽炼焦；4 家合计日产煤
19 吨，炼焦无定数；1 家日产煤 2 吨，计划炼焦。1927 年 2 家合计日
产煤 13 吨，尽炼焦。1926 年 1 家日产煤 8 吨，月炼焦 40 吨，1 家日
产煤 3 吨，尽炼焦。1924 年 1 家日产煤 3 吨，月炼焦 30 吨；2 家合
计日产煤 18 吨，尽炼焦。1923 年 1 家日产煤 5 吨，月炼焦 40 吨；1
家日产煤 8 吨，炼焦无定数。1921 年 1 家日产煤 4 吨，尽炼焦，可得
焦三成。1918 年 1 家日产煤 8 吨，月炼焦 60 吨；1 家日产煤 4 吨，
计划炼焦。

　　根据上述数据可知：①吨煤出焦率，最低者为 30%，最高者为
50%；②有炼焦记录的煤窑有 28 家；③其中，有固定月炼焦产量的煤
窑 9 家，月炼焦量 1010 吨[①]，炼焦无定数的煤窑 8 家，月产煤量为
1230 吨，尽炼焦煤窑 7 家，月产煤量为 1380 吨，计划炼焦的煤窑 3 家，
月产煤量为 240 吨；④炼焦无定数、尽炼焦、计划炼焦的煤窑的月产煤
量合计 2850 吨，最低可月出焦量约为 414 吨（按尽炼焦者 1380 吨，出
焦率 30% 计），最多月出焦量为 1425 吨（按炼焦无定数、尽炼焦、计
划炼焦的 2850 吨全部用于炼焦，且出焦率为 50% 计）；⑤所有 28 家煤
窑的月产焦量为 1424—2435 吨，年产焦量为 17088—29220 吨；⑥51 家
产煤的煤窑有 28 家生产焦炭，以此比例计算，则 115 口煤窑最少有 63
口生产焦炭，年产焦 38448 吨，如果这 115 口煤窑均按前文比例生产焦
炭，则可年产焦 120011 吨。这一估算结果在上文（煤产量）估算年产
焦 78660—131100 吨的范围之内。如果是年产焦 38448 吨，则还剩余
134040 吨煤［（78660-38448）×100÷30］用于销售，即年产 262200 吨
煤中，有 134040 吨作为普通煤销售，128160 吨煤加工成焦炭后销售，
煤的深加工（炼焦）率为 48.88%。如果年产焦 120011 吨，则还剩余
22178 吨煤［（131100—120011）×100÷50］用于销售，即年产 262200
吨煤中，有 22178 吨作为普通煤销售，240022 吨煤加工成焦炭后销售，
煤的深加工（炼焦）率为 91.54%。

---

　　① 1929 年 6 月的《调查》估计每月焦约 1000 吨（《萍乡安源煤矿调查报告》，第 225
页）。本书统计的固定月炼焦量与这个数字基本一致，但原文约 1000 吨的数量显然没有计入
炼焦无定数、尽炼焦、计划炼焦的煤窑的焦炭产量。

（四）工人人数、工人工资、工人贡献率

1. 工人人数

1929 年（指煤窑设立时间，下同）11 家共有工人 154 名，最多者 40 人，最少者 2 人，平均 14 人；1928 年 15 家工人 759 名，最多者 150 人，最少者 2 人，平均 51 人；1927 年 8 家工人 192 名，最多者 30 人，最少者 6 人，平均 24 人；1926 年 5 家工人 157 名，最多者 66 人，最少者 3 人，平均 31 人；1925 年 1 家工人 12 名；1924 年 5 家工人 170 名，最多者 56 人，最少者 10 人，平均 34 人；1923 年 3 家工人 73 名，最多者 30 人，最少者 15 人，平均 24 人；1921 年 1 家工人 20 名；1918 年 2 家工人 59 名，最多者 42 人，最少者 17 人，平均 29 人；没有设立年份者 1 家，工人 95 人。

合计 52 家煤窑，工人 1691 名[1]，最多者 150 人，最少者 2 人，相差巨大，平均每家 33 人。以此平均数为基准，以实际存在 115 家小煤窑计，则 1929 年 6 月，萍乡煤矿附近小煤窑估计有 3740 位工人。

2. 工资水平

1929 年（指煤窑设立时间，下同）6 家有工人工资记录者，大小工平均日工资最多者 700 文，最少者 550 文，平均 650 文；1928 年 13 家有工人工资记录者，大小工平均日工资最多者 670 文，最少者 550 文，平均 614.62 文；1927 年 5 家有工人工资记录者，大小工平均日工资最多者 750 文，最少者 600 文，平均 664 文；1926 年 3 家有工人工资记录者，大小工平均日工资最多者 800 文，最少者 550 文，平均 667 文；1925 年 2 家有工人工资记录者，大小工平均日工资均为 600 文；1924 年 5 家有工人工资记录者，大小工平均日工资最多者 650 文，最少者 600 文，平均 636 文；1923 年 2 家有工人工资记录者，大小工平均日工资最多者 680 文，最少者 650 文，平均 665 文；1921 年 1 家有工人工资记录者，大小工平均日工资 650 文；1918 年 1 家有工人工资记录者，大小工平均日工资 650 文。

上述 1918—1929 年 11 年间先后开设的煤窑中，共记录了 38 家工

---

① 1929 年 6 月《调查》附注有工人 1706 人，与其原文所有有工人数的 52 家煤窑的工人数总和 1691 人略有出入。《萍乡安源煤矿调查报告》，第 225 页。

人的日工资。其中，大小工平均日工资最多者 800 文，最少者 550 文，后者为前者的 68.75%，相差超过 1/3。38 家大小工日工资全部平均为 637 文，为最多 800 文的 79.63%，最少者 550 文的 115.82%，相差 1/5—1/6。说明除极少数煤窑间工人工资相差悬殊外，绝大部分煤窑工人的工资待遇相差不大。

3. 工人贡献水平

1929 年（指煤窑设立时间，下同）10 家有工人日均产量记录（指既有日产量记录，又有工人人数记录者），最高者 0.5 吨，最少者 0.125 吨，平均 0.2105 吨；1928 年 15 家有工人日均产量记录，最高者 1.0 吨，最少者 0.083 吨，平均 0.1765 吨；1927 年 7 家有工人日均产量记录，最高者 0.3333 吨，最少者 0.0909 吨，平均 0.1719 吨；1926 年 5 家有工人日均产量记录，最高者 0.6667 吨，最少者 0.1212 吨，平均 0.1847 吨；1925 年 1 家有工人日均产量记录，0.25 吨；1924 年 4 家有工人日均产量记录，最高者 0.5 吨，最少者 0.1786 吨，平均 0.2541 吨；1923 年 3 家有工人日均产量记录，最高者 0.3333 吨，最少者 0.2667 吨，平均 0.2877 吨；1921 年 1 家有工人日均产量记录，0.2 吨；1918 年 2 家有工人日均产量记录，最高者 0.2353 吨，最少者 0.1905 吨，平均 0.2034 吨；

上述 1918—1929 年 12 年间先后开设的煤窑中，共记录了 48 家工人的日均产量。其中，最多者 1.0 吨，最少者 0.083 吨，后者为前者的 1.19%，相差巨大。48 家工人日均产量全部平均为 0.2003 吨，为最多的 20.03%，最少的 241.33%，也是相差巨大。说明各煤窑工人日均产量相差巨大，远高于其日均工资的差距，煤窑工人的工资水平与其对井主的贡献大小即生产效率无关。

（五）煤焦售价

1. 安源吨焦价格

1929 年设立的煤窑有 2 家记录了安源吨焦价格，焦价均为 4 元，力钱（指从井口至安源各经销商处的人力运费）最高为 2 元，最低为 1.6 元，平均 1.8 元；总价最高为 6 元，最低 5.6 元，平均 5.8 元。1928 年 7 家，焦价最高者 5.7 元，最低为 2.9 元，平均 3.871 元；力钱最高为 3.7 元，最低为 1.6 元，平均 2.57 元；总价最高为 9 元，最低

4.8元，平均6.63元。1927年1家，焦价3.5元，力钱1.8元，总价5.3元。1926年2家，1家焦价2.9元，力钱1.5元，总价4.4元；1家只记录总价7元，总价平均5.7元。1924年3家，焦价最高者5.6元，最低为3.7元，平均4.43元；力钱最高为3.7元，最低为1.8元，平均2.75元；总价最高为9.3元，最低5.5元，平均7.4元。1923年1家，焦价4.4元，力钱2.6元，总价7元。1921年1家，焦价4元，力钱2元，总价6元。1918年1家，焦价4元，力钱与总价无记录。

上述各家焦价最高5.7元，最低2.9元，最低者为最高者的50.88%，17家（未计入1918年成立的这一家）总平均3.89元；力钱最高3.7元，最低1.5元，最低者为最高者的40.54%，16家总平均2.15元；总价最高为9.3元，最低4.8元，最低者为最高者的51.61%，17家总价总平均为6.26元

2. 安源吨煤价格（煤价+力钱）

1929年设立的煤窑有3家记录了安源吨煤价格，煤价最高者2.8元，最低为1.5元，平均2.1元；力钱最高为2.6元，最低为2元，平均2.4元；总价最高为5.4元，最低为4元，平均4.5元。1928年9家，煤价最高者2.3元，最低为1.6元，平均1.914元；力钱最高为2元，最低为1.3元，平均1.66元；总价最高为4元，最低为3.4元，平均3.7元。1927年2家，煤价最高者2.4元，最低者为1.8元，平均2.1元；1家记录力钱为1.5元，1家记录总价为3.9元。1926年3家，煤价最高者2.3元，最低者为1.9元，平均2.1元；1家记录力钱为1.5元，总价最高为4.5元，最低3.4元，平均3.95元。1925年2家，煤价最高者2.8元，最低为2.7元，平均2.75元；力钱最高为2元，最低为1.3元，平均1.65元；总价最高为4.8元，最低4元，平均4.4元。1924年1家，煤价2.1元，力钱1.3元，总价3.4元；1家块煤2.8元，末煤1.85元，无力钱与总价记录。1923年2家，煤价最高者2.2元，最低为1.9元，平均2.05元；力钱均为2元；总价最高为4.5元，最低4.2元，平均4.35元。1921年1家，煤价2元，力钱2元，总价4元。1918年1家，煤价2元，力钱与总价均无记录。

上述各家煤价最高2.8元，最低1.5元，最低者为最高者的53.57%，24家总平均2.124元；力钱最高2.6元，最低1.3元，最低

者为最高者的 50%，20 家总平均 1.75 元；总价最高为 5.4 元，最低 3.4 元，最低者为最高者的 62.96%，22 家总价总平均为 4.025 元。

3. 井口煤价（每百斤价格）

1929 年设立的煤窑有 2 家记录了井口煤价，均为 200 文。1928 年设立的有 7 家记录了井口吨煤价格，2 家块煤价最高者 600 文，最低为 400 文，平均 500 文。2 家末煤价最高者 400 文，最低为 300 文，平均 350。5 家洗煤价最高者 400 文，最低为 200 文，平均 280 文。1927 年设立的有 3 家均为 200 文。1926 年设立的 1 家 300 文。1924 年设立的 1 家 400 文。1918 年设立的 1 家 300 文。无设立年份者 1 家，350—400 文。

上述有井口煤价者共计 15 家（不包括无设立年份者），11 家洗煤最高者 400 文，最低者 200 文，最低者为最高者的 50%，平均 296 文。2 家末煤最高者 400 文，最低为 300 文，最低者为最高者的 75%，平均 350 文。2 家块煤价最高者 600 文，最低为 400 文，最低者为最高者的 66.67%，平均 500 文。

（六）煤窑资本

以"元"为资本单位的煤窑共有 14 家，以此为例进行分析（其他的为以串、吊为资本单位者，共 19 家，最多者 4000 余串，最少者仅 300 串）。

1929 年设立者 2 家，1 家 1000 余元，40 名工人，每位工人平均占用资本 25 元，日产煤 8 吨，平均日产吨煤占用资本 125 元，其资本占有率[①]为 3125%，安源吨煤净价 2 元，安源吨焦净价 4 元；1 家 500 余元，6 名工人，每位工人平均占用资本 83 元，日产煤 2 吨，平均日产吨煤占用资本 250 元，资本占有率为 20750%，无煤焦售价。

1928 年设立者 7 家，1 家 3000 元，工人 120 名，每位工人平均占用资本 25 元，日产煤 10 吨，平均日产吨煤占用资本 300 元，资本占有率为 7500%，安源吨煤净价 1.6 元，安源吨焦净价 3.7 元；1 家 1000 余元，工人 110 名，每位工人平均占用资本 9 元，日产煤 20 吨，平均

---

① 计算方法：资本占有率＝每位工人平均占用资本数×平均日产吨煤占用资本数×100%。资本占有率得数越小，说明该煤窑资本利用率越高。

日产吨煤占用资本 50 元，资本占有率为 450%，安源吨焦净价 3.7 元；1 家 1500 元，工人 70 名，每位工人平均占用资本 21 元，日产煤 10 吨，平均日产吨煤占用资本 150 元，资本占有率为 3150%，安源吨焦净价 5.3 元；1 家 1800 元，工人 53 名，每位工人平均占用资本 34 元，日产煤 16 吨，平均日产吨煤占用资本 112.5 元，资本占有率为 3825%，安源吨焦净价 3.6 元；1 家 600 元，工人 20 名，每位工人平均占用资本 30 元，日产煤 5 吨，平均日产吨煤占用资本 120 元，资本占有率为 3600%，安源吨煤净价 2.1 元，安源吨焦净价 3.9；1 家 300 元，工人 4 名，每位工人平均占用资本 75 元，日产煤 2 吨，平均日产吨煤占用资本 150 元，资本占有率为 11250%，安源吨煤吨焦净价无记录；1 家 200 元，工人 2 名，每位工人平均占用资本 100 元，日产煤 2 吨，平均日产吨煤占用资本 100 元，资本占有率为 10000%，安源吨煤吨焦净价无记录。

1926 年设立者 1 家，亏 3000 元，无工人数、安源吨煤吨焦净价记录，日产煤 3 吨，平均日产吨煤占用资本 1000 元。

1925 年设立者 2 家，1 家 1100 元，工人 12 名，每位工人平均占用资本 92 元，日产煤 3 吨，平均日产吨煤占用资本 367 元，资本占有率为 33764%，安源吨煤净价 2.8 元；1 家 1000 余元，无工人人数记录，日产煤 4 吨，平均日产吨煤占用资本 250 元，安源吨煤净价 2.7 元。

1924 年设立者 1 家，1400 元，工人 56 名，每位工人平均占用资本 25 元，日产煤 10 吨，平均日产吨煤占用资本 140 元，资本占有率为 3500%，安源吨焦净价 5.6 元。

1918 年设立者 1 家，10000 元，工人 42 名，每位工人平均占用资本 238 元，日产煤 8 吨，平均日产吨煤占用资本 1250 元，资本占有率为 297500%，安源吨煤净价 2 元，安源吨焦净价 4 元。

上述 14 家中，资本最大者 10000 元，最小者 200 元，总资本 26400 元，平均 1885.71 元/家，高于此数者 3 家，占总数的 21.43%；有工人人数记录的 12 家，平均每位工人占用资本最大者 238 元，最小者仅 9 元，平均每位工人占用资本为 41.87 元（共计 535 人，资本 22400 元），高于此数者 5 家，占总数的 41.67%；14 家平均日产吨煤占用资本最大者 1250 元，最小者 50 元，平均日产吨煤占用资本 256.31 元（14 家共

计日产煤 103 吨），高于此数者 4 家，占总数的 28.57%；12 家资本占
有率最差者为 297500%，最优者为 450%，后者为前者的 0.15%。总平
均为 33176%，高于此数者 2 家。

二　矿区之争

萍乡煤矿的矿界到底在哪里？"矿区"究竟有多大？"自有安源煤
矿以来，矿讼频兴，屡经勘查，迄无定案"①。萍乡煤矿"矿区"之
争，成为近代萍乡煤矿与地方小煤窑间基本矛盾之所在。

湖南是近代中国最早办矿的省份，开平（开滦）煤矿则是我国最
早以西法开采的煤矿，所以，《湖南矿务奏定章程》和《开平成例》便
成了清末建矿的法律依据。萍乡煤矿成立后，张之洞、盛宣怀也"援
照开平"成例。在必须保护萍乡煤矿和控制小煤窑的理由中，张之洞、
盛宣怀在呈光绪帝的奏折中列举了两大理由。一是"冶铁炼钢……事
关中国大局"，铁厂因经费难筹乃"遵旨招商承办"，而"熔铁非焦炭
不可，连年因本厂无就近可恃之煤"，"一旦各国有事，又动辄禁煤出
口，将来恐虽出重价而不可得"，"铁厂利钝之机，全视萍煤为枢转"②。
其逻辑推理的结果，在国家经济命脉与能源安全战略的层面上，中央政
府必须予萍乡煤矿以全力的支持和保护。二是"惟中国商情，向多见
小利而忘大局。诚恐萍煤运道开通，经营有绪，复有商人别立公司，纷
树敌帜，多开小窿，抬价收买，以坏我重费成本之用，甚或勾引外
人"，所以"拟请嗣后萍乡县境，援照开平，不准另立煤矿公司。土窿
采出之煤，应尽厂局照时价收买，不准先令他商争售，庶济厂用而杜流
弊，相应请旨饬下江西巡抚饬属申禁，此铁厂全局利钝所系"③。由此，
对小煤窑进行控制，树立萍乡煤矿在萍乡的行业垄断地位也就十分
"合情合理"了。张、盛奏折获得了光绪帝的完全认可，"着德寿陈宝
箴转饬地方文武妥为保护"，"随时申禁，以重矿务"④。

---

①　《萍乡安源煤矿调查报告》，第 226 页。
②　《鄂督张之洞铁路督办盛宣怀会同奏办萍乡煤矿折》，载《江西近代工矿史资料选
编》，第 438—439 页。
③　《中国煤炭志·江西卷》，第 590 页。
④　《萍乡煤炭发展史略》，第 122 页。

作为地方政府，1898 年，萍乡县告示"保护机矿建设"，并依据《湖南矿务奏定章程》和《开平成例》，规定："遇有大矿用机器开采者，依脉十里内，无论何人之业，均不得另开窿口……并禁止商人别立公司及多开小窿，抬价收买"，"凡有违禁私开，或将废井重复开采，希冀扰乱矿章者，由地方严拿治罪……未归并之井，造具清册，准其挖卖烧煤，自烧枯块，不准砌炉炼焦，并不准私炼粗炭"[①]。在保护机矿（相对于土窑之称）的旗帜下，萍乡煤矿先后购得 1700 余亩地段，萍乡煤矿矿区初定，由此开始了与其他小煤窑间的萍乡煤矿"矿区"之争。

对于"矿区"之争，官方 1935 年 1 月发表的《萍乡安源煤矿调查报告》有比较详细的评述，其主要内容如表 5—2。

表 5—2　　　　　　　萍乡煤矿矿区扩张情况（1898—1935）

年份	矿区	土井
1898	"所谓安源机矿矿区原有光绪二十四年奏案十里为界之限定"	
1901	"曾由机矿委员会同土井公庄以一零八零步为一里，草率丈定四至，逾限已多，然最东亦不过王家源"	"在此范围中仍有未收买之土井，而当时土井多在王家源之东锡坑高坑张公塘一带"
1912	"江西军政府在王家源以东至高坑一带，收买土井山田，购地绵亘十余里……设立江西省萍乡煤矿总局……决定招商承办。"后未果	
1914	"汉冶萍公司安源机矿总平巷隧道已过紫家冲，展至王家源，并测量立椿，着着向高坑发展。乃安源根据光绪三十二年张赞宸上盛宣怀原禀及附图，谓已扩大矿区（原禀以杜绝外人垂涎为由，大事收买十里区域内外之土井，并按照前大矿十里小矿三里合并总计五零四方里五零六，自划为矿区，但曾郑重载明：猪头山一带，非正脉所在，有开在机窿前之十五口土井，仍任继续开采云）"	"惹起土井反对，纷纷呈请省府要求清界，经省议会议决，咨省转部，令安源县代表会测，并由省议会派代表代表江西官矿参加"

---

① 《萍乡市地方煤炭工业志》，第 130 页。

续表

年份	矿区	土井
1916—1918 年 4 月	"会测事毕，省委技术员不得各代表同意，竟擅与安源矿签绘矿图，划定矿区，举全部四区煤田而囊括之制成，径呈省部"	"引起各代表激烈反对，致该图始终不能成立"
1919	"又经省议会决议再度派员会勘，迨抵矿实测，安矿当局竟擅自封闭土井，四出运动，百方阻扰，又因不发测勘费，全案陷于停顿，安矿五百方里之矿区因未成立"	"土井矿照也无从核准，官矿区域亦不能厘定矣"
1935	"安源煤矿亦竟劳我赣省府派员管理维持矣"	"土井多数停闭"

资料来源：《萍乡安源煤矿调查报告》，第 226—227 页。

在这里，连官方所派调查人员也认为："考之卷宗，纠纷之起，皆由于汉冶萍公司机矿非法扩张矿区之故。"[①]

但值得注意的是，《调查报告》虽然认定矿区之争的根源在于萍乡煤矿的非法扩张，但它却并不觉得有何不合适，反而认为十分有必要清除萍乡煤矿"矿区"内的所有小煤窑，因为只要"矿区解决，则原有土井销路，每日约二百吨，全归萍乡煤矿，对于现在小规模采掘之萍乡煤矿，即可维持稳定，以待全部大计之完成"[②]。而所谓"全部大计"则是"实施大规模采掘计划，集中冶炼兵工制造于萍乡，定萍乡为华南工业中心"[③]。所以，为了这种与张之洞、盛宣怀不相上下的"宏伟蓝图"，不仅"矿区"内的小煤窑要清理，就是整个萍乡的小煤窑都最好要"消灭"，因为"萍乡境内，除安源机矿外，土井林立，

①《萍乡安源煤矿调查报告》，第 226 页。在"道理"上，萍矿与小煤窑争夺"矿区"实际上是处于两难境地的。一是萍矿位于王家源以东至高坑一带的矿区正是地方小煤窑集中的区域，而这个地区并非属于萍矿的产权，所以，要清理其小煤窑，"理"不在萍矿；二是王家源以东至高坑煤区虽不是萍矿"矿区"，但却为"江西省政府"所购。1928 年后，萍矿由江西省政府官办，因此，萍矿"自然"可开发这块煤区，但是，又因江西省政府始终"不敢"把萍矿"据为己有"，只称"接管"，即在产权上，萍矿始终是独立的商办资产，所以，虽然王家源以东至高坑煤区是江西省政府的资产，却不是萍矿的资产。这也是官办萍矿时期，萍矿资产所有人与官方各自"心有灵犀"，始终都没有说出的"难言之隐"。
②《萍乡安源煤矿调查报告》，第 228 页。
③ 同上书，第 227 页。

历史之深长者上溯有清。此种土井之存在，对于现在之安源煤矿，及将来发展大计划之实行，在销售工程上妨碍甚大（以王家源各土井为最）"①。

《萍乡安源煤矿调查报告》向江西省政府所建议的"划清矿区"的目标与措施，给人的印象是：成为"华南工业中心"仅是"理想"，而借此名义完全"霸占""矿区"，进而"掠夺""矿区"土井每日约 200 吨的销路，一刀切地管理萍乡煤业，以最省事的方法"维持"奄奄一息的萍乡煤矿才是"现实"。

第二节　权力营销

张之洞曾经说过："年来派员驻萍采运，购煤甚多，用款甚巨，于地方穷民久已同沾利益，惟是土法开采，仅得汪处之煤，稍深水多，无法去水，即将旧窿废弃，另行开挖。小民手胼足胝，终岁仆仆，所得无多。用力甚苦，劳而无功，情殊可悯。若仿西法用机器开采，出煤之多，何止于十倍，而挑挖民夫，转运船户，皆相应而增。国家以引兴利，小民即以此养生，理所必然，毫无疑义。"② 在张之洞的眼里，有了萍乡煤矿就再也用不着有萍乡的小煤窑了，有了萍乡煤矿，萍乡的"小民"就可高枕无忧地"养生"了，张的这种经济思想和社会治理思想毫无疑问是不切实际的。

在近代，萍乡煤矿一直与萍乡小煤窑存在着激烈的竞争。打着保护机矿（相对于土窑之称）的旗号，萍乡煤矿对地方小煤窑和土煤经销商采取了持续的"打压"政策。但是，这种打压在长时态上并没有起到任何效果，萍乡煤矿日益衰落，而小煤窑、土煤经销商则"顽强"生存与发展。

进入 20 世纪 30 年代，表面宏大的萍乡煤矿在与小煤窑的竞争中已处弱势地位，萍乡煤矿对外运量、销量，以及绝对吨价售价吸引力均不

---

① 《萍乡安源煤矿调查报告》，第 211 页。

② 《张之洞札恽积勋查勘萍乡煤矿文》（1896 年 6 月 28 日），载《汉冶萍公司档案史料选编》（上），第 177 页。

如小煤窑。近代萍乡煤矿与株萍铁路、粤汉铁路湘鄂段管理局互为大客户，互为依存，但后者对前者的依存度越来越低，前者对后者的依存度则越来越高。

1932 年，萍乡煤矿每日向路局售洗煤 200 吨（如全年每日均能售路局售洗煤 200 吨，则年折合原煤 121667[①] 吨，占 1932 年萍乡煤矿产煤 192115 吨的 63.33%），后减为 160 吨、140 吨，最后减至 100 吨。1933 年底，经萍乡煤矿专员何熙曾接洽，在 100 吨的基础上，每月加销临时煤 1000 吨。在销量减少的同时，销路局的吨煤价格也从 7.75 元减至 7.50 元。但 1934 年 3 月新专员陈国屏到任时，又取消了临时煤（如全年每日只能售路局售洗煤 100 吨，则年折合原煤 60833[②] 吨，占 1934 年萍乡煤矿产煤 227062 吨的 26.79%），而且价格降到 7.25 元/吨[③]。即 1934 年比 1932 年固定销量减少 50%，吨煤价格减少 6.45%。与此同时，1934 年春，路局与土煤商汉安萍公司订立每日销用土煤 40—100 吨的合同，并呈经铁道部指令核准[④]，汉安萍得到的，正是萍乡煤矿失去的。土煤商汉安萍公司售路局的销量几与萍乡煤矿平起平坐。而在路局对萍乡煤矿的销售（运输定价）方面，路局所定萍乡煤矿焦煤运费，则"比国内任何铁路均更高昂"[⑤]。

表面上，1932 年至 1934 年，萍乡煤矿对路局的销售依存度[⑥]降低了 57.70%，有利于企业抗风险能力的提高。但如把各类产品均换算成原煤，萍矿 1934 年仅 3、4、5 三个月就滞销原煤 34459.93 吨[⑦]，滞销

---

① 《萍乡矿务局志》，第 76 页。

② 同上。

③ 《呈江西省建设厅转呈铁道部暨转咨湘鄂路局勿用该路多数员工反对购用之质劣土煤最低限度须恢复每日销本矿煤斤一百四十吨原案》（1934 年 3 月）（以下简称《一百四十吨原案》），载《萍矿》，第 82 页。《函复湘鄂路局关于洗煤减价未便照办并请恢复从前洗煤销额文》（1934 年 6 月 6 日），载《萍矿》，第 95 页。

④ 《一百四十吨原案》，载《萍矿》，第 83 页。

⑤ 《函请湘鄂铁路管理局减轻焦煤运费文》（1934 年 4 月 18 日）（以下简称《减轻焦煤运费文》），载《萍矿》，第 89—90 页。

⑥ 计算方法：（100%-1934 年萍矿总产量与对路局总销量比 26.79%）÷1932 年萍矿总产量与对路局总销量比 63.33%×100%。

⑦ 《萍矿每月煤焦出产之比较表》、《萍矿自用煤焦月别比较图》、《收支概况表》，载《萍矿》，第 137、138、132—134 页。表内产量、自用量均由笔者根据原文图示目测估计。

量占三个月全部原煤产量 68061.95 吨[1]的 50.63%。更说明萍乡煤矿对路局销售依存度的降低，对萍乡煤矿而言，是致命的打击。

　　萍乡煤矿的路局份额被萍乡小煤窑占去大半，这本是市场竞争的结果。但在萍乡煤矿看来，小煤窑及土煤经销商的竞争手段十分不地道，"无所不用其极"[2]，主要有：在萍乡煤矿"矿区附近，私井林立"[3]，遍地开花；大都不申请或无法申请到矿权，"违法私采"，整体经营成本低；"无机器洗选"[4]，生产成本节省；利用萍乡煤矿"为官办性质，接洽销煤，完全用正当手续，从不稍事贪缘[5]，加之主持迭经易人，未能临时注意"之机，"奸商猾贾以绝好机会，不异卑鄙龌龊，百般钻营，施展其欲取姑与之伎俩"[6]，收买路局采购人员，建立销售渠道；以次充好，"表面价格低廉"，实质经路局自身 1933 年"化验结果"，土煤大都"杂质较多，炉底易烧结，时需清炉烧汽，车机易受损伤。其燃烧力量，与本矿煤洗煤比较，最高为七与十比，最低为六与十比，即土煤十吨，等于本矿洗煤六吨至七吨"。即"土煤十吨总价为五十七元，本矿洗煤六吨为四十三元五角，七吨为五十元零七角五分。故实际上，用本矿洗煤十吨，可省六元二角至一十三元五角"[7]；收买保护伞，并从中获利，"各土井井主，刁狡异常，地方劣绅土棍，又复阴为护符"[8]，"最近萍乡三号桥剿匪煤捐收款主任段慎行，又为土煤商向萍乡县府呈请豁免每吨二角之剿匪捐，该路局，亦随同函请免征，并派员代为请求"，该局"从不协助政府、不协同本矿抑制违法土煤"[9]；损人利己，破坏萍乡煤矿生产，"萍乡煤矿机窿几成为各土井汇水渊渠，损失

---

[1]　根据第四章《萍乡煤矿产量统计表（1934 年 1—6 月）》，载《萍矿》，第 137 页。表内产量均根据原文图示目测估计。1934 年 3、4、5 月萍矿各类煤焦换算成毛煤产量总计分别为 21157.05 吨、23342.76 吨、23562.14 吨。

[2]　《呈江西省建设厅为土井为害恳转呈布告严禁并尽量予以实力援助》（1934 年 4 月 9 日）（以下简称《实力援助》），载《萍矿》，第 84—85 页。

[3]　《江西省政府布告》（1934 年 5 月），载《萍矿》，第 73—75 页。

[4]　《一百四十吨原案》，载《萍矿》，第 82 页。

[5]　本指攀附上升，后喻攀附权贵，拉拢关系，向上巴结。

[6]　《一百四十吨原案》，载《萍矿》，第 82 页。

[7]　《恢复从前洗煤销额文》，载《萍矿》，第 94 页。

[8]　《实力援助》，载《萍矿》，第 84—85 页。

[9]　《一百四十吨原案》，载《萍矿》，第 83—84 页。

甚巨，尤恐地层陷落，压倒机窿，萍乡煤矿二千余矿工，发生危险"①。
诸如此类，不胜枚举。

　　面对"神通广大，从此土煤成本愈廉，售价愈减，销额愈广"② 的
小煤窑和土煤经销商，至 20 世纪 30 年代，为维持经营，萍乡煤矿不得
不加大对湘鄂段管理局这一大客户的营销。萍乡煤矿利用党、政、军的
力量，对铁路施行性价比营销、情感营销、依存度营销、竞争对手直接
打击营销，这些营销举措的本质均为权力营销。由于萍乡煤矿与湘鄂段
管理局隶属不同部门、区域，更主要由于其大客户营销战略的非市场营
销性质，萍乡煤矿大客户权力营销彻底失败。

　　一　性价比营销

　　在萍乡煤矿看来，萍乡小煤窑与土煤经销商售路局表面吨煤价格较
之自身低廉，是路局不断减少采购自身产品的主要原因。路局局长给铁
道部的呈文说："萍煤山价，上等三元四角，中等三元一角，下等二元
五角。"③ 而铁道部又以此为依据，责难路局"何以路局用煤斤，取价
七元"，指令"仰即切实商减"。路局的另一依据是，萍乡煤矿洗煤在
武汉售价每吨不过 10 元左右，除去每吨 4.59 元的运费，则"安源市
价，每吨当不致超过五元"。所以萍乡煤矿售路局 7.25 元/吨的萍乡离
岸价仍"实属异常昂贵"④。

　　对此，萍乡煤矿认为，"安源萍煤，绝对无此低廉山价"，并进而
指出，路局所指山价"想系依照四乡违法私采""之土井井口煤价"，
"此种私煤，系土人在地面所采掘"，所以自然比萍乡煤矿机器开采的
便宜。然而即便土煤便宜，各煤栈在各井口收买私煤，也均须用人力挑
至安源集中装车，"远者二十余里，近者十余里，每工人每次仅挑百斤
左右，每担脚力，远者二角余，近者一角余，平均每吨脚力约合二元
余"，如加上煤税、剿匪捐、办事人薪食等开支，则"土毛煤一吨山

---

① 《赣粤闽湘鄂剿匪军西路总司令部布告》（1934 年 4 月）（以下简称《总司令部布
告》），载《萍矿》，第 75—76 页。
② 《一百四十吨原案》，载《萍矿》，第 83 页。
③ 《萍矿》，第 94 页。
④ 同上书，第 92 页。

价，亦合五元以上"，然而路局不将上述各种费用计入山价，"竟以私煤井口价目，径行呈报，亦何怪铁道部指令减价"①。

　　萍矿进一步反问："果如贵局所报山价，可以不计其他用费，何以贵局订购汉安萍土煤，出价五元七角？且何以订销每日四十吨至一百吨之多？销期到六个月之久？"换句话说，如果路局明知上等土煤的萍乡离岸价不过3.4元/吨（前文所指"上等"煤），却仍与汉安萍订立5.7元/吨的合同，那么肯定有问题。如路局认为萍乡煤矿的洗煤照安源市价不过5元，那么，岂非"本矿钜量资本机器选煤之净煤，反不若未经洗选之混杂土煤？"而且，"汉口为各处煤斤集中销场，价格时有涨落，无一定标准"②，所以不能以萍乡煤矿一时的10元/吨煤价作为决定萍乡煤矿洗煤萍乡离岸价不超过5元/吨的标准。至于为何萍乡煤矿售路局的洗煤萍乡离岸价必须在7.25元/吨以上，那是因为："本矿毛煤成本，每吨合五元余，而毛煤一吨，只洗选得洗煤百分之六十。故洗煤成本，每吨须合七元余。"③更何况从来纵使市场煤价有时陡增，路局也从不给萍乡煤矿"加价分文"④。还有，路局同时也购买湖南醴陵矿洗煤，价格为7.20元/吨⑤，但其完全使用人力洗选，与萍乡煤矿比较，其"灰分更多，品质更劣"⑥，然而其每吨也不过比萍乡煤矿"低价五分"而已。

　　另外，萍乡土煤只是表面上价格更低廉。根据"贵路去年化验结果"，其燃烧力，"土煤十吨，等于本矿洗煤六吨至七吨"⑦。由此计算，土煤十吨总价57.00元，萍乡煤矿洗煤六吨43.50元，七吨50.75元。所以购买萍乡煤矿洗煤十吨，实际上较之土煤省6.20—13.50元，即每吨"可省八角九分余"⑧，比土煤更便宜。而且，土煤产地不一，质色百殊，即同一车装运之煤亦不能一律，又无机器洗选，"故杂质较多，

---

① 《萍矿》，第94页。

② 同上。

③ 同上书，第92页。

④ 《一百四十吨原案》，载《萍矿》，第84页。

⑤ 《萍矿》，第94页。

⑥ 同上。

⑦ 《恢复从前洗煤销额文》，载《萍矿》，第94页。

⑧ 《萍矿》，第82页。

炉底易烧结，时需清炉烧汽，车机易受损伤"①。对此质量问题，萍乡
煤矿认为路局实际是清楚的，所以其员工"极端反对销用土煤"，并
"曾于前旧两年，数次向该路局呈请□土煤而用本矿洗煤，并由该路一
二三四各段，各派代表，环向该路局请愿"，而且，事实上路局领导也
是承认的，才会在萍乡煤矿专员何熙曾提出要求后，"每月加销本矿临
时煤一千吨"②。为此，萍乡煤矿要求路局"最低限度，须恢复日销本
矿洗煤一百四十吨原案"③，并"务希取消此议，保持原价"④。

　　另一方面，萍乡煤矿又为路局的大客户。萍乡煤矿认为，路局对自
己运费"比国内任何铁路均更高昂"⑤。"查自路矿分离以来"，虽经一
度九折，1933 年 4 月 1 日起，又在九折基础上，再打八折，但吨公里
运费，自安源至株洲煤仍为二分八厘一毫余，焦三分六厘五毫余；至长
南煤一分九厘一毫八，焦二分七厘一毫余；至新河煤一分九厘六毫余，
焦二分七厘余；至鲇鱼套九厘三毫余，焦一分二厘九毫余。而平汉铁路
煤炭的吨公里运费，丰乐镇至玉带门七厘四毫余，临城及石家庄至玉带
门各六厘七毫余；津浦铁路中兴五厘，华东七厘；北宁铁路开滦二厘三
毫余，北票六厘六毫余；胶济铁路鲁大七厘六毫余，其他七厘三毫余，
最高为八厘零四丝，低者为二厘三毫四丝，五厘至七厘为最普通。⑥ 所
以，萍乡煤矿要求路局"最低限度，须于原九扣八折之外，查照国内
各铁道煤焦每吨每公里普通价格，略予以折扣实收，关于安源至株洲及
长南运费原额过高，尤宜减少"⑦。

---

① 《萍矿》，第 82 页。
② 同上。
③ 同上书，第 84 页。
④ 《恢复从前洗煤销额文》，载《萍矿》，第 94 页。
⑤ 《一百四十吨原案》，载《萍矿》，第 83—84 页。
⑥ 《萍矿》，第 89 页。
⑦ 《减轻焦煤运费文》，载《萍矿》，第 90 页。根据实业部统计处《华北五省煤矿数量
及产量概况统计》，《实业统计资料》1936 年第 1 卷第 3 期，第 52—63 页；中央调查统计局特
种经济调查处编《敌寇对沦区矿产之侵略》，载《第六、七年倭寇经济侵略》，出版单位不
详，1945 年版，第 58 页，文中"中兴"、"鲁大"、"华东"、"北票"、"开滦"，应为各煤企
的简称。如中兴为（山东）泽县枣庄中兴煤矿公司，（鲁大）为山东淄川鲁大公司，华东为
（江苏）华东煤矿股份有限公司，北票为（热河）北票煤矿公司，而开滦即为（河北）开滦
矿务局。

二　情感、依存度营销

萍乡煤矿对于路局的情感营销、依存度营销主要体现在两个说法上。一是着重强调萍乡煤矿与路局的历史与现实情感；二是着重强调路局对萍乡煤矿的依存度，指出"路矿相依"①，密不可分。

在萍乡煤矿看来，路局所有株萍路"完全为从前汉冶萍公司运销本矿煤焦所建筑"②，以前与萍乡煤矿同归汉冶萍管辖，只是迭经变故，该路收归铁道部管辖，才致路、矿分离。但是，"敝矿煤焦，非萍株路无以运销，萍株路非运敝矿煤焦，亦甚困难"，所以，路、矿虽名义上分离，然历史上，经营上，均有相互利用的必要，双方利益，"均宜兼顾，庶足以维久远"③。退一步说，从前因煤焦价格较高，萍乡煤矿员工生活、矿用材价亦更低廉，所以运费虽贵，尚可勉强维持，现在煤焦价目日渐低落，员工生活及矿用料价又复继长增高，如路局还坚持如此"特别高昂之运费"，则萍乡煤矿势必入不敷出，势将停业，到时"贵局亦将减少每年数十万元之固定运费，两败俱伤，固不仅敝矿受损也"④。

有鉴于此，萍乡煤矿推心置腹地指出，路局"从不协助政府、不协同本矿抑制违法土煤"，"讵忍奖励土煤摧残本矿乎"；若是"采用土煤，果有莫大之利益，亦属情有可原，乃考其实际，非徒无益，而反受损，又何必舍此取彼？"⑤就洗煤售价而言，萍乡煤矿 7.25 元的价格也是在 1932 年以前路局每日销用萍乡煤矿洗煤 200 吨，而且价格在 7.75 元的情况下，"因贵路经济稍感困难，本矿本路矿相依之旨，减价为七元五角，再减为七元二角五分，本矿既竭尽互济之绵薄"，又因此"亏折成本，受损不小"⑥；另外，就是"从前日煤北煤，相继涌到，醴煤亦随之产生，均未能拒销本矿煤斤"，现在路局岂能"因土煤而减低销额或减价"⑦；至于运价，萍乡煤矿不仅未能获得任何优惠，"所谓路矿

---

① 《一百四十吨原案》，载《萍矿》，第 84 页。
② 《萍矿》，第 83 页。
③ 同上书，第 89—90 页。
④ 《减轻焦煤运费文》，载《萍矿》，第 90 页。
⑤ 《萍矿》，第 83 页。
⑥ 同上书，第 92 页。
⑦ 同上书，第 83 页。

相依，反成损此益彼，所谓历史渊源，事实关系，反不如漠不关之他处路矿"①；还有，就是与萍乡煤矿一样，路局"已为国家营业机关，应从大处着眼，鉴于有相依相助关系，实有维持本矿之义务"②；而且，"兹幸贵局长新管路政，维持敝矿，素具热忱"，"用敢本路矿互济之义"③；最后，萍乡煤矿销煤，除路局成案相沿，煤斤有一定数量，兑款有一定期限外，其他客户均无历史渊源，"全凭临时招揽"，如若路局定要压制萍乡煤矿销路，则萍乡煤矿"固无整理希望，苟因此而止营业"，"国产亦将受损失不少矣"④。在经营极端困难的情况下，萍乡煤矿对路局的情感、依存度营销足见功底，又拉又打、且吹且贬，还兼自抛自弃与对上逼宫之策，可谓威逼利诱无所不用其极。

三　对手打击营销

直接打击竞争对手，是营销的一种方法与战略。面对自己主要竞争对手之一的，"神通广大，从此土煤成本愈廉，售价愈减，销额愈广"⑤的萍乡小煤窑与土煤经销商，萍乡煤矿利用党、政、军力量，尤其是军权，对其进行直接的打击——封杀。

1934 年 1 月，萍乡煤矿专员何熙曾即"呈奉驻安六十二师司令部核定查封步骤二项"，命令与萍乡煤矿最有妨碍的同华等 18 个小煤窑，于 1934 年 2 月 15 日以前一律停业，与萍乡煤矿次有妨碍的福胜等 16 个小煤窑，于 1934 年 8 月 15 日以前一律停业，且在停业前，不得妨碍萍乡煤矿生产。查封的"各项办法，由六十二师司令部布告各井井主一体周知；并以党字第四三一号训令饬本处遵照施行"⑥。

何熙曾去职后，新任专员陈国屏"下车伊始，即以土井有碍萍乡煤矿机窿，呈请层宪查封"⑦。陈认为："整理萍乡煤矿，首在禁绝本矿区内有害机窿之土井，查封土井，首重实力。"但由于萍乡煤矿自矿

---

① 《减轻焦煤运费文》，载《萍矿》，第 90 页。
② 《萍矿》，第 83 页。
③ 《减轻焦煤运费文》，载《萍矿》，第 90 页。
④ 《萍矿》，第 83 页。
⑤ 《一百四十吨原案》，载《萍矿》，第 83 页。
⑥ 《江西省政府布告》（1934 年 5 月），载《萍矿》，第 73—75 页。
⑦ 《萍乡市地方煤炭工业志》，第 50 页。

警队枪支被缴后，虽有巡查队，但"完全赤手空拳，实力薄弱已极"，"以本处本身力量，万难封禁"。1934年4月9日，陈即呈请江西省建设厅严禁小煤窑"并尽量予以实力援助"①。1934年4月，赣粤闽湘鄂剿匪军西路总司令部应江西省建设厅电请，并经江西省政府转饬遵照，"电令第六十二师陶师长照办"②。1934年5月2日，江西省建设厅向萍乡煤矿转发江西省政府"准予撰发布告严禁，并已电令危专员抽派保卫团一中队赴矿镇摄"③的指令。同日，萍乡煤矿在"六十二师留防部队，尚未奉到此项命令"的情况下，即"商请第二区行政皆察专署派保卫团二班"，会同萍乡煤矿考工、采煤、事务三股员工30余人，前往萍乡黄家源、紫家冲、张公塘、沙子界一带，将从前六十二师查勘列在第一期查封，及其附近变更名目近来新知的未取得矿权，且对萍乡煤矿最有妨害的各小煤窑，予以封闭。④

面对萍乡煤矿的封杀，小煤窑利用何曾熙与新任专员陈国屏交代期迫之机"迁延观望"，至陈1934年3月1日到职后，列在第一期应封的18井，"逾期已久，迄未停业"。当萍乡煤矿经二次呈请六十二师司令部指示办法，并蒙批交师部党政处袁专员召集各井主"切实开导"后，第一期应封各井"有十六井，或被水淹塌，或已自动停挖"，但"惟同华公和两井，开采如故，并有聚众抗封情事"，以致"停业各井，亦胡尤效之，纷纷启封，或变更名目，稍移地点，借口不在十八井之列"⑤。萍乡煤矿"只得再请危专员派保卫团一班，协同职处巡查队，及采煤股员工，前往黄家源地方，将启封私井，二次封闭"，并当场扣留公义井当事人钟恒兴、钟瑞兴。结果导致"土井工人数百，蜂拥而起，意图掳捉职处员工，以资交换。幸保卫团彭分队长极力镇摄，未酿巨祸"⑥。

小煤窑"兵至则封，兵去复开，为各私井唯一贯技"。由于"不能

①　《实力援助》，载《萍矿》，第84—85页。

②　《总司令部布告》，载《萍矿》，第75—76页。

③　《江西省政府指令据呈为私井为害恳请布告严禁区并予实力援助等情指令知照文》（建字第二零六零号）（1934年5月2日），载《萍矿》，第71页。

④　《呈江西建设厅奉西路总司令部省政府令发布告严禁私井及遵令布告请队会同查封情形一并呈请察核备案》（1934年5月12日）（以下简称《察核备案》），载《萍矿》，第86—88页。

⑤　《江西省政府布告》（1934年5月），载《萍矿》，第73—75页。

⑥　《会同查封》，载《萍矿》，第86—88页。

派队常驻矿区，长期协封。□念前途，深感困难"①。至1934年6月，被封各井，停止营业者固多，而日停夜掘或公然修理窿道意图续采者，亦属不少。矿区"被封私井，不过十余处"，"未封土井，超过已封者数倍"。安源市收买土煤栈厂，计有汉安萍公司、和兴、黄少记、旭日四家。三道栈及萍乡县城亦有收买土煤机关，"目前由湘鄂铁路运销湘鄂两省土煤，沿途不绝"②。萍乡煤矿的封杀无止无境，实际以失败告终。

萍乡煤矿认为，其销量减少、售价低落、成本加大的全部责任均在粤汉铁路湘鄂段管理局与萍乡煤矿周边地方小煤窑和土煤经销商，并由此构成其三大权力营销目标和三大权力营销方法。三大权力营销目标：一是作为供给方，大客户粤汉铁路湘鄂段管理局加大对萍乡煤矿煤炭的购买量并维持煤价；二是同时作为需求方，粤汉铁路湘鄂段管理局降低对萍乡煤矿的运价；三是作为国老大，全面封杀威胁萍乡煤矿销路的周边小煤窑。三大权力营销方法：一是要求省级及中央政府指令粤汉铁路湘鄂段管理局接受萍乡煤矿所提一切要求；二是要求省级及中央政府动用一切权力力量，封杀竞争对手——萍乡小煤窑；三是陈情萍乡煤矿与湘鄂路唇齿相依的利害关系，陈情实现三大目标是维持萍乡煤矿不至于停产的唯一方法。

但是，在与湘鄂路局的关系上，"最低限度，须恢复日销本矿洗煤一百四十吨原案"③的请求没有下文；煤价方面，路局根本不理会萍乡煤矿所谓的萍乡煤矿洗煤与土煤的性价比，反而以土煤价为参照标准，告知萍乡煤矿"现奉部令严饬商减，势在必行"④，运费也没有降低，而且在1934年4月20日原合约期满后，铁道部指令路局只同意原运价"准予继续展期六个月"⑤。对小煤窑，也由于"兵至则封，兵去复开，

---

① 《察核备案》（1934年5月12日），载《萍矿》，第86—88页。
② 《江西省第二区行政督察专员公署布告》（1934年6月21日），载《萍矿》，第76—77页。
③ 《一百四十吨原案》，载《萍矿》，第84页。
④ 《函复湘鄂路局关于洗煤减价未便照办并请恢复从前洗煤销额文》，载《萍矿》，第92页。
⑤ 《训令驻湘办事处、驻汉办事处、本矿事务股准湘鄂路局函知煤焦运费奉部令继续展期六个月等因仰即知照文》（1934年4月20日），载《萍矿》，第96页。

为各私井唯一贯技。不能派队常驻矿区，长期协封。□念前途，深感困难"①，封杀的目标未能实现。

姑且不论萍乡煤矿煤价与其他煤企的性价比，只论萍乡煤矿为江西省属企业，路局为位于湘鄂的中央部属企业，动用的部队为远非江西一省府可自由控制的赣粤闽湘鄂剿匪军西路总司令部，各方单位性质不同、隶属部门不同、级别不同、所在行政与经济区域不同，更由于萍乡煤矿对大客户营销战略的非市场营销性质，所以在作为铁路运输部门的路局对萍乡煤矿的依存度越来越低的情况下，萍乡煤矿对路局这一传统大客户的营销上，虽然采取了权力营销这一最高层次的营销战略，但仍遭遇了彻底的失败。在20世纪30年代，萍乡煤矿仅把销售的努力重点放在向老客户提高煤炭售价②和限制当地小煤窑的生产上，可以说，萍乡煤矿完全没有意识到创新营销战略的重要性，完全缺乏市场营销战略。

萍乡煤矿封杀小煤窑的唯一理由是小煤窑威胁到萍乡煤矿的安全生产。由于萍乡民众素以煤炭为生活燃料，而且民众购买量也大，所以萍乡煤矿在封杀小煤窑的同时，提出和实施了三项善后办法。一是允许被封各井井主，"得另觅与本矿无碍之地点继续业务"；二是由萍乡煤矿"设烧煤井，供给附近村落居民烧煤"；三是由萍乡煤矿烧煤井"酌量尽先雇用""被封各井之工人"③。但由于民众称汉冶萍三公司时期发给烧煤的价格比市价低廉，所以也同样要求此时的萍乡煤矿烧煤井煤价比普通市价特别减低。萍乡煤矿认为，在小煤窑未封之前，地方民众所需烧煤，均照普通市价购买，现在由萍乡煤矿售发烧煤，则要求比市价低廉，"显系被封井主挑拨一部分民众故意与本矿为难"。更由于地方需购烧煤区域户口无从稽考，若烧煤价格低于普通市价，则人们即全假名购买烧煤，然后贩卖于各煤栈。所以萍乡煤矿认为："有碍土井，不过陷害一部分机窿，而烧煤减价，实足致全矿死命。"最后，由于烧煤井为善后要务不能不办，而烧煤价格应一律按照普通市价售卖，不得增多减少，

① 《察核备案》（1934年5月12日），载《萍矿》，第86—88页。
② 但萍乡煤矿最高层又"从不稍事夤缘"亲自拜访路局领导，专员何熙曾是"派员接洽"，专员陈国屏更是与大客户公函往来或径直状告至双方上级。《一百四十吨原案》（1934年3月），载《萍矿》，第82页。
③ 《江西省政府布告》（1934年5月），载《萍矿》，第73—75页。

"倘敢故意煽惑，挟嫌捣乱者，一经查实，定予从严究办，决不宽贷"①。

进入20世纪30年代，萍乡煤矿对外运量、销量，以及绝对吨价售价吸引力均不如小煤窑。萍乡煤矿利用一切可资利用的党、政、军权力，对小煤窑进行封杀，但遭遇失败。萍乡煤矿与小煤窑竞争的结果是，萍乡煤矿不仅与小煤窑及土煤经销商的矛盾越来越大，而且与萍乡民众的关系也越来越恶劣。萍乡煤矿与小煤窑均在相互的残酷竞争中艰难生存。

第三节　与小煤窑资本效益的比较

一　产量、运量、销量比较

按照"洗煤是由窿出毛煤约百分之六十洗成，焦是由洗煤约百分之七十炼成"②的比例进行换算，萍乡煤矿1934年1—6月共产原煤127252.05吨，平均日产703.05吨。1934年萍乡煤矿全年共生产煤炭227062吨③，可知1934年前六个月的总产量大于后六个月的总产量，代表了1934年的最高生产水平。

"安源三号桥煤商不下数十家"，"专收小煤窑所出之煤焦，由井主包力送至安源过秤，以十六两小秤千斤双秤即二千斤为一吨"④。据丰盛富煤窑经理黎鉴尧1934年9月16日调查⑤，安源一带各煤窑（除萍乡煤矿自身土井）所产煤焦全由安源各煤业公司供销，"各煤业公司每日约共销煤焦一百五十吨，焦占三分之一约五十吨。土法炼焦约得六成，即炼焦五十吨共需用煤七十余吨，加上每日销售的煤炭百吨，共二百余吨"⑥。原文的计算虽然略有不严谨之处，如"土法炼焦约得六

---

① 《江西省第二区行政督察专员公署布告》（1934年6月21日），载《萍矿》，第76—77页。

② 《萍矿每月煤焦出产之比较表》（1934年1—6月），载《萍矿》，第137页。洗块、大块也按此比例，也作为洗煤换算成毛煤。

③ 《萍乡矿务局志》，第76页。

④ 《萍乡安源煤矿调查报告》，第225页。

⑤ 《萍乡安源煤矿调查报告》发表于1935年1月，原文为"本年九月十六日"，笔者推测为1934年9月16日。

⑥ 《萍乡安源煤矿调查报告》，第225页。

成，即炼焦五十吨共需用煤七十余吨"，按此比例应为用煤约 83 吨，
但这也基本描述出了萍乡煤矿周边小煤窑的产品日销量。

1934 年 1—6 月，萍乡安源车站合计运输萍乡煤矿煤类① 16905.00
吨（折合原煤 28175.00 吨）、焦炭 12276.00 吨（折合原煤 29229.00
吨）（见表 5—3），合计原煤 57404.00 吨，月均 9567.33 吨；运输萍乡
"土井"（以下简称小煤窑）煤类 21672.00 吨（折合原煤 36120.00
吨）、焦炭 2563.00 吨（折合原煤 6102.00 吨），合计原煤 42222.00 吨，
月均 7037 吨，如加上"萍乡全县民众烧煤完全向土井购买，以每日百
余吨计算，每月总数在三四千吨，又萍乡车站每日运出青山浦土煤在二
百吨以上"②，则小煤窑月约运、销量合计约 17000 吨。1934 年 1—6 月
小煤窑原煤总产量不清楚，但是，就月均运量、销量而言，小煤窑为萍
乡煤矿的 242.27%，小煤窑远胜于萍乡煤矿。

表 5—3　　　　　　安源车站运输萍乡煤矿及土井煤焦比较
（1934 年 1—6 月）　　　　　　（单位：吨）

		1 月	2 月	3 月	4 月	5 月	6 月	合计
煤类	本矿	2980.00	735.00	4135.00	2870.00	4040.00	2145.00	16905.00
	土井	5093.00	2706.00	4802.00	3954.00	4155.00	962.00	21642.00
比较本矿	增	2113.00	1971.00	667.00	1084.00	115.00		5950.00
	减						1183.00	1183.00
焦炭	本矿	1150.00	1810.00	2166.00	2570.00	2440.00	2140.00	12276.00
	土井	640.00	274.00	543.00	356.00	328.00	422.00	2563.00
比较本矿	增							
	减	510.00	1536.00	1623.00	2214.00	2112.00	1718.00	9713.00

资料来源：《安源车站运输本矿及土井煤焦比较表》（1934 年 1—6 月），载《萍矿》，第
192 页。

① 萍乡煤矿一般均销售洗煤，所以本书假设资料中所指"煤类"为洗煤，在计算中把
"煤类"、"焦炭"均折合成"原煤"，以便比较。
② 《安源车站运输本矿及土井煤焦比较表》（1934 年 1—6 月），载《萍矿》，第 192 页。

二 吨煤价格、成本、利润比较

根据资料计算①，1934 年萍乡煤矿洗统②：3 月销售 2271.35 吨，收入 18180.77 元，均价 8.004 元/吨；4 月销售 531□.20 吨，收入 41101.19 元，均价 7.733 元/吨；5 月销售 4281.36 吨，收入 34282.41 元，均价 8.007 元/吨。3、4、5 月洗统总销售 11867.91 吨，总收入 93564.37 元，总均价 7.884 元/吨。萍乡煤矿 1934 年 3、4、5 月生产性收入③分别为：46507.37 元、90588.20 元、56501.05 元，三个月合计 193596.62 元，月均 64532.21 元，洗统占 48.33%，近半壁江山。

对于粤汉铁路湘鄂路局，萍乡煤矿在销量减少的同时，其洗煤吨价也从 7.75 元减至 7.50 元。至 1934 年 3 月陈国屏到任时，价格又跌至新低 7.25 元/吨。④ 即 1934 年 3 月比 1932 年，萍乡煤矿售路局吨煤价格下降 9.35%，比 1934 年 3—5 月萍乡煤矿洗统对外销售总均价少 0.634 元/吨。1934 年 3—5 月洗统均价包括以离岸价售路局的部分⑤和以到岸价或离岸价售与其他客户的部分。当时路局收萍乡煤矿洗煤吨公里运费"自安源至株洲二分八厘零八丝，至长沙一分九厘一毫七丝，至鲇鱼套九厘三毫二丝"⑥。这一价格是"数年前，虽经过一度九折，去年（指 1933 年）四月一日起，复于原九折之外，再加八折"后的价格，即越远越优惠。萍乡煤矿"洗煤，现时运销汉市，每吨价值不过拾元左右，其中本路运费一项，占有四元五角九"⑦。如按武昌 10.00 元售价减去运费 4.59 元，则萍乡煤矿售其他客户的吨煤萍乡离岸价至多应为 5.41 元。根据计算⑧，萍乡煤矿 1934 年 3、4、5 月总支出分别为

---

① 《收支概况表》，载《萍矿》，第 132—134 页。
② 本书"洗统"一律理解为洗煤。
③ 《收支概况表》，载《萍矿》，第 132—134 页。
④ 《一百四十吨原案》，载《萍矿》，第 82 页。《函复湘鄂路局关于洗煤减价未便照办并请恢复从前洗煤销额文》（二三、六、六）（1934 年 6 月 6 日），载《萍矿》，第 95 页。
⑤ 路局所购洗煤，历在安源收货。《恢复从前洗煤销额文》，载《萍矿》，第 92 页。
⑥ 《一百四十吨原案》，载《萍矿》，第 84 页。
⑦ 《恢复从前洗煤销额文》，载《萍矿》，第 92 页。
⑧ 《萍矿支出款项分类实计比较表》、《收支概况表》，载《萍矿》，第 131—134 页。

94550.11 元、86035.78 元、98692.14 元，月均产量吨煤成本（月总支出÷月原煤总产量，即一定产量的总支出比，与实际销量无关）分别为：4.469 元、3.686 元、4.189 元，3、4、5 月合计总支出 279278.03 元（三个月总支出÷三个月原煤总产量），平均产量吨煤成本 4.10 元。若在武昌销售，每吨可赚 1.31 元（计算方法：武昌价 10 元/吨－平均产量吨煤成本 4.10 元/吨－至武昌运费 4.59 元/吨），若按每吨 7.25 元的离岸价售与路局，则每吨可获利约 3.15 元（计算方法：售价 7.25 元/吨－平均产量吨煤成本 4.10 元/吨），以每日 200 吨（年 73000 吨）、140 吨（年 51100 吨）、100 吨（年 36500 吨）计，则萍乡煤矿仅此一项即可各收入 229950 元/年（月均 19162.50 元，占萍乡煤矿 1934 年 3—5 月月均收入 64532.20 元的 29.69%）、160965 元/年（月均 13413.75 元，占萍乡煤矿 1934 年 3—5 月月均收入 64532.20 元的 20.79%）、114975 元/年（月均 9581.25 元，占萍乡煤矿 1934 年 3—5 月月均收入 64532.20 元的 14.85%）。由于运费的关系，以 7.25 元/吨的离岸价售与路局，可比以 10.00 元/吨的武昌价售给其他客户多赚 1.84 元/吨（计算方法：售路局吨煤利润 3.15 元/吨－武昌吨煤利润 1.31 元）。所以，以每日售路局 200 吨（年 73000 吨）、140 吨（年 51100 吨）、100 吨（年 36500 吨）计，则萍乡煤矿仅此一项即可各多收入 134320 元/年、94024 元/年、67160 元/年。

根据第四章表 4—33 产量统计[①]，1934 年 3、4、5 月萍乡煤矿月均产量吨煤收入分别为（计算方法：平均吨煤收入＝月生产性总收入[②]÷月总产量）：2.198 元、3.881 元、2.398 元，三个月月均产量吨煤收入 2.844 元。以各月产量吨煤收入减去前文各月产量吨煤成本，得出 3、4、5 各月月均吨煤利润分别为：－2.271 元、0.195 元、－1.791 元。1934 年 3、4、5 月月均产量吨煤利润－1.259 元，即每生产原煤一吨，亏损 1.259 元。即由于产品严重滞销，平均每月通过销售产品，可为每

---

　　① 根据第四章《萍乡煤矿产量统计表（1934 年 1—6 月）》，载《萍矿》，第 137 页。表内产量由由笔者根据原文图示目测估计。1934 年 3、4、5 月萍乡煤矿各类煤焦换算成毛煤产量总计分别为 21157.05 吨、23342.76 吨、23562.14 吨。

　　② 见前两段内容。1934 年 3、4、5 月萍乡煤矿月生产性总收入分别为 46507.37 元、90588.20 元、56501.05 元。

月所生产的产品收回 2.844 元/吨的成本，而售路局则可每月固定收回
7.25 元/吨的成本，从路局收回总生产成本的能力是整体销售收回总生
产成本能力的 254.90%。可见，路局这一客户对萍乡煤矿至为重要。

　　而小煤窑方面，自 1934 年 2 月 28 日起，萍乡土煤商汉安萍公司与
路局订立的每日销用土煤 40—100 吨的合同生效，其吨煤价格为 5.70
元。[1] 如按路局局长呈铁道部文"萍煤山价，上等三元四角，中等三元
一角，下等二元五角"[2] 计算，其算术均价为 3 元/吨，如按萍乡煤矿
陈专员所言"即以山价言，各煤栈在各井口收买之私煤，均须用人力
挑到安源集中装车，远者二十余里，近者十余里，每工人每次仅挑百斤
左右，每担脚力，远者二角余，近者一角余，平均每吨脚力约合二元
余。加以煤税，剿匪捐，办事人薪食等开支，土毛煤一吨山价，亦合五
元以上"[3] 的标准计算，汉安萍售路局的平均每吨利润约为 0.70 元。以
每日 40—100 吨（年 14600—36500 吨）计算，则年获利 10220—25550
元，其获利能力仅为萍乡煤矿 1934 年 3 月后日售路局 100 吨获利
114975 元/年的 8.89%—22.22%，远低于萍乡煤矿对路局售煤的利润
水平。但是，从总的售价看，王家源各煤窑每吨出窿及洗费 2 元，剿匪
捐 0.15 元，由井口运至安源车站每斤双秤运费 1.60 铜元，即每万斤双
秤（即每 10 吨）需运费 22.20 元。上述成本合计，每万斤双秤 43.70
元，在安源售 48.00 元，故每 10 吨可得利 4.30 元，每吨 0.43 元，[4] 如
以 1929 年 115 家小煤窑年合计产煤 262200 吨计，其年利润在 112746
元，平均每家 980.4 元，以上述以元为单位计算投资的 14 家煤窑平均
每家资本为 1885.71 元计（萍乡部分煤业公司资本情况见表 5—4），资
本的年收益率为 51.99%，其资本收益率可谓很高，[5] 而不是如官办萍
乡煤矿那样持续处于资本收益率呈负增长的状况。

① 《一百四十吨原案》，载《萍矿》，第 83 页。
② 《恢复从前洗煤销额文》，载《萍矿》，第 92 页。
③ 《萍矿》，第 94 页。
④ 《萍乡安源煤矿调查报告》，第 226 页。
⑤ 当然，即使如此高的资本收益，也需 2 年收回投资，如果煤窑碰上透水等矿难，则投
资只能"打水漂"了。

表5—4　　　　萍乡安源部分煤业公司资本调查（1934年9月16日）（单位：元）

名称	经理人	资本	名称	经理人	资本	名称	经理人	资本	名称	经理人	资本
汉安萍	萧肇玉 张汉臣	30000	乾丰		10000	鼎丰	黄汉章	1000	慎康	黎鼎华	2000
旭日	姚集彬	10000	辅生	刘善章	5000	合丰	段慎行	2000	云记	李国材	600
富源	罗朋来	2000	同利	钟云卿	1000	三益	杨国香	2000	集益	谭瑞卿	800
湘安	廖国贵	1000	民生	邹绍厚	600	元记	廖家开	1000	馀成	邹鹿平	3000
谦和	罗秋华	1000	亿中	刘贵顺	500	瑞记	董光生	200	冯璋		1000

注：根据上表材料计算，1934年9月萍乡安源部分煤业公司的资本共计74700元（《萍乡安源煤矿调查报告》，第225页。原文统计为73700元），以日销煤200吨计，日吨煤销售占用资本373.5元。

资料来源：《萍乡安源煤矿调查报告》，第225页。

由上可知，从由路局这个大客户获得利润的能力而言，如按小煤窑的萍乡离岸价约5.00元/吨计算，1934年3月后，萍乡煤矿远高于土煤商汉安萍公司。即失去路局这个客户，对小煤窑和土煤经销商将不会产生生存问题，但如萍乡煤矿失去路局这个大客户，则就将遭受巨大的损失。为此，官办萍乡煤矿"理所当然"地把"抢夺"路局当作营销的"头等"大事。

第四节　与小煤窑产能规模的比较

1893—1896年，铁厂"收买萍邑煤炭已不下数百万担"[1]。此"萍邑"应指安源一带，以400万担计，则至少年均50000吨（有的小煤窑并不把煤焦售与汉阳铁厂），据前文可知，1895年安源小煤窑为265

[1]　《萍乡市地方煤炭工业志》，第98页。

口，则平均每家年均产煤 188 吨，参照 1945 年萍乡全境小煤窑为安源小煤窑数的 4.76 倍比例估算（该年全县小煤窑 500 余口，安源 105 口，① 以下简称"按 1945 年比例"），可知 1893—1896 年整个萍乡境内小煤窑年均约 1260 家，年均产煤约 236000 吨。

从萍乡煤矿建矿起至 1903 年，"计收并商井 276 口"②，至 1906 年（包括 1903 年之数），"共收商井 321 口"③，除留下 15 井由萍乡煤矿自采以供民用外，萍乡煤矿界内已无一口私井④。"321 口"仅为萍乡煤矿并吞之数，不包括萍乡煤矿自开 15 口以及矿界外煤窑。事实上，远未竣工的萍乡煤矿（1907 年竣工）也根本离不开小煤窑。1898—1905 年，萍乡煤矿共产煤 610000 吨、焦 563000 吨。⑤ 依萍乡煤矿一般原煤得焦率 42% 计，563000 吨焦折合原煤即为 1340476 吨，多出萍乡煤矿自产量 730476 吨，这多出的部分即应是收购来的小煤窑煤，其为萍乡煤矿自产煤的 1.1975 倍，则 1898—1905 年萍乡小煤窑年均约在 1313 家，年均约产煤 433290 吨⑥，为萍乡煤矿该时期年均（76250 吨）的 5.68 倍。这说明：第一，至 1905 年，萍乡煤矿还十分倚重小煤窑提供煤炭用于炼焦；第二，小煤窑的原煤产量超过还未完全竣工的萍乡煤矿；第三，虽然萍乡煤矿购买小煤窑原煤，但不能认为这是原来萍乡煤矿成立前"公司+农户"模式的延续；第四，该时期小煤窑的发展是在萍乡煤矿垄断的阴影下，在政府的允许下，由于萍乡煤矿的需要获得的，但垄断之下仍存在"市场的手"，使得小煤窑业寻找一切机会，在风云变幻中"见缝插针"，发展壮大自己。

自 1906 年起，萍乡煤矿已无须购买小煤窑的煤用来炼焦。1908 年，

---

① 《萍乡市地方煤炭工业志》，第 3 页。
② 《萍乡煤炭发展史略》，第 221 页。
③ 同上书，第 223 页。
④ 同上书，第 130 页。
⑤ 《萍乡矿务局志》，第 76 页。
⑥ 计算：(1) 1903 年止，萍乡煤矿收安源附近小煤窑 276 口，为安源小煤窑最低数；(2) 八年中萍乡煤矿收小煤窑煤 730476 吨，为安源小煤窑产量最低数，以其除以 8，再除以 276，得单个小煤窑年均产量最低数为 330 吨；(3) 以 276 乘以 4.76（萍乡全县小煤窑数量与安源附近小煤窑数量之比），得 1313.76，为八年全县年均小煤窑数；(4) 以 1313.76 乘以 330，得八年萍乡全县小煤窑年均产量最低数 433540.8 吨。

萍乡煤矿完全建成。1906—1911 年，萍乡煤矿共产原煤 3917818 吨、焦 806242 吨[①]，各平均年产 652970 吨、134374 吨。按前记萍乡煤矿一般原煤得焦率 42% 比例计算，用于炼焦的原煤只约占原煤总产量的 49%，萍乡煤矿产能已远超过铁厂需求，垄断使投资者牢牢地把控了对自身需求的供货渠道。

　　1912 年，中日"合办"汉冶萍风潮时，萍乡煤矿"一度停止大工"，"各土井复行活跃"。1918 年一战后，萍乡煤矿减产，矿界内外土井再度兴起。据汉冶萍 1919 年 8 月调查，界内复有土井 60 口。[②] 1926 年，北伐兴起，汉冶萍对萍乡煤矿接济断绝，员工纷纷去职，开采土井，萍乡煤矿四周土井"蒸蒸日上，盛极一时"，采煤工人"常麇集万余人"[③]。根据前文可知，1929 年，安源附近在采小煤窑 115 口，有产量记录的 51 家日产原煤 323 吨，小煤窑平均每家年产煤 2280 吨，平均每家 33.5 位工人，每位工人年均产原煤 68 吨。以此标准及 1945 年的煤窑数比例（该年全县小煤窑数为安源小煤窑数的 4.76 倍），则 1919 年 8 月仅上述 60 口的年产量即在 136800 吨以上，1919 年萍乡全县小煤窑至少 285 家，产原煤 649800 吨，为萍乡煤矿 1919 年（794999 吨）的 0.82 倍。1926 年至少 1420 家（计算方法：萍乡煤矿周边"常麇集万余人"÷平均每家 33.5 位工人 = 298.5 家；298.5 家×4.76 倍 = 1420 家），产煤 3237600 吨，为萍乡煤矿 1926 年（75715 吨）的 42.76 倍。1929 年，至少 547 家，产煤 1247160 吨，为萍乡煤矿 1929 年（233311 吨）的 5.35 倍。这说明：第一，小煤窑资本具有强大的快速发动力、聚焦力和经受打压后的自我疗伤、自生能力；第二，建立在政府翼护下的萍乡煤矿所获得的超经济行业性、区域性行政垄断，一旦失去政府这个靠山或时局发生动荡，直面现实的市场竞争时，即无法与从市场经济中诞生出来的小煤窑一争高下。有趣的是，每当萍乡煤矿衰落，萍乡地方政府就加强对萍乡煤业的管理，这刚好成为其时小煤窑业发展的外在反应。1914 年，萍乡县公署设置科室，煤业由一科兼管，

---

① 《萍乡矿务局志》，第 76 页。
② 《萍乡市地方煤炭工业志》，第 50 页。
③ 同上。

而此前并无管理机构，1919 年后，由民政科兼管。① 小煤窑甚至再次成为萍乡煤矿的倚靠，"保安储煤公司"即是一例。

时至 1928 年，萍乡煤矿已千疮百孔，蒋介石中央政府、湘省政府失去对萍乡煤矿的兴趣。1928 年 5 月，株萍铁路湘东大桥被洪水冲断，萍乡煤矿煤焦无法外销，"停工待毙"②。驻萍湘军、萍乡地方政府、萍乡地方绅商、萍乡煤矿组织"保安储煤公司"，以拯救萍乡煤矿。保安公司额定资本 50 万元，招得现款 7 万元，出票币约 4 万元，专事承销萍乡煤矿煤炭，萍乡煤矿则出煤还款，后因萍乡煤矿欠保安公司多至 4 万余元，导致公司无法运转和继续筹资。③ 农矿部、交通部互相推诿，湖南"财政困难，无力接济"，在农矿部"湘东大桥在江西范围内，应由江西省维护"④的要求下，1928 年 12 月，以"维持"萍乡煤矿名义，赣省才"接管"萍乡煤矿。1932 年 6 月，萍乡煤矿裁员 800 余名，转入小煤窑 617 人⑤，且萍乡煤矿"工人大都以推运土井煤斤为副业"⑥，小煤窑已成为萍乡煤矿工人维持生计所在。

1933 年，安源附近"土井林立"，"历史之深长者上溯有清"⑦，萍乡煤矿东南、东北两区，"只有土井采掘"，"东南区土井特多"⑧。该年，仅安源各煤业公司每日运销安源附近小煤窑煤炭即"二百余吨"⑨，以此数，年 335 天（年休 30 天）计，则其年销煤在 67000 吨，已为萍乡煤矿该年原煤（172874 吨）的 38.76%。再按 1929 年、1945 年标准计，则 1933 年小煤窑至少 140 家，产煤 319200 吨，为萍乡煤矿该年的 1.85 倍。1934 年，由于萍乡煤矿与政府的查封，小煤窑"只千数百人而已"⑩。根据 1929 年每家 33 人，年人均产煤 68 吨，且把"千数百

---

① 《萍乡市地方煤炭工业志》，第 121 页。
② 《萍乡煤炭发展史略》，第 30 页。
③ 同上。
④ 同上。
⑤ 《萍乡安源煤矿调查报告》，第 171 页。
⑥ 同上书，第 172 页。
⑦ 同上书，第 211 页。
⑧ 同上书，第 28 页。
⑨ 同上书，第 225 页。
⑩ 《萍乡市地方煤炭工业志》，第 50 页。

人"估计为 1400 人，则 1934 年萍乡煤矿附近小煤窑年产原煤量在
95200 吨左右。再按 1945 年比例估算，该年萍乡小煤窑至少 200 家，
产原煤 456000 吨，① 仍较 1933 年有发展，为萍乡煤矿该年（227062
吨）的 2 倍。1939 年，萍乡煤矿奉命关闭后，小煤窑乘隙而起。1940
年，安源小煤窑星罗棋布。抗战胜利后，小煤窑更为兴旺，1945 年，
萍乡境内小煤窑达 500 余家，安源周边即有 105 口，较大者三处，日产
达 500 余吨。② 仍按 1929 年标准估算，105 家可年产原煤 239400 吨，
全县 500 家可年产 1140000 吨。1947 年，政府也曾发出布告整顿土井，
禁止乱采乱挖，但无甚收效。③ 据调查，82 家小煤窑就有职工 4100
人，④ 平均每家 50 人（为 1929 年平均人数的 149%）。由于 1945—1948
年小煤窑持续发展，即使按 1945 年的产量（1140000 吨）作为 1948 年
萍乡小煤窑产量，也至少为萍乡煤矿 1948 年（123005 吨）的 9.27 倍
（见表 5—5）。1949 年 6 月萍乡解放前，交通陷于瘫痪，兴盛一时的小
煤窑纷纷倒闭，由 1945 年的 500 余家减为 58 家，工人 320 人。⑤ 按
1929 年标准估算，58 家可年产煤 132240 吨，按 1929 年人均年产量标
准估算，320 位工人可年产原煤 21760 吨，此时赣西煤矿（其前身即萍
乡煤矿）则已完全停工。

表 5—5　　萍乡全县小煤窑与萍乡煤矿产量对比（1893—1948）
（含煤务局、萍宜矿务利和有限公司、赣西煤矿时期）（单位：吨）

年份	1893—1896	1898—1905	1919	1926	1929	1933	1934	1948
a	236000	433290	649800	3237600	1247160	319200	456000	1140000
b	1260	1313	285	1420	547	140	200	500

① 而据江西《经济旬刊》，1934 年，萍乡小煤窑 300 余个，年产约 24 万吨（《中国煤炭志·江西卷》，第 22 页），与本书估算有较大差别，本书理解其仅为对安源附近小煤窑的估计。
② 《萍乡煤炭发展史略》，第 38 页。
③ 《萍乡市地方煤炭工业志》，第 3 页。
④ 同上书，第 127 页。
⑤ 同上。

续表

年份	1893—1896	1898—1905	1919	1926	1929	1933	1934	1948
c		76250	794999	75715	233311	172874	227062	123005
a：c		5.68 倍	0.82 倍	42.76 倍	5.35 倍	1.85 倍	2.01 倍	9.27 倍

注：1893—1896 年、1898—1905 年为年均。a 为全县小煤窑产量；b 为全县小煤窑数量；c 为萍乡煤矿产量。

资料来源：萍乡煤矿产量数据来源《萍乡矿务局志》，第 76 页。1911 年之前小煤窑数据，依据相应资料统计小煤窑口数、汉阳铁厂驻萍乡煤务局与萍乡煤矿收购小煤窑煤炭数量，及 1945 年萍乡煤矿周边小煤窑数量与萍乡全县小煤窑数量比例，估算而成；1911 年之后小煤窑数据，依据相应资料统计安源小煤窑口数、人数、产量，及 1929 年安源小煤窑平均每窑年均产能（2280 吨）、平均每窑工人数（33 人）、平均每位工人年产原煤数（68 吨）、1945 年萍乡煤矿周边小煤窑数量与萍乡全县小煤窑数量比例，估算而成；1929 年小煤窑数据依据《萍乡安源煤矿调查报告》，第 211—224 页。

第六章

资本与产业链的制约

第一节　国内外资本的"输血"与"抽血"

资本是经办企业的必要和首要条件，没有相应规模的资本，所谓企业经营即为一句空话。企业资本，一般分为自有资本和外来资本两大类，在自有资本短缺的情况下，融资便成为企业筹集资本的重要途径。"融资难"是近代中国企业普遍存在的问题。对于近代萍乡煤矿来说，资本的稀缺成了制约其创办与发展的重要因素，其资本的稀缺主要表现在自有资本的缺乏、融资渠道的狭窄、融资利率的高昂和归还借资期限的压力上。

一　商办时期的资本筹集

（一）国内"官利"资本的筹集

近代官利制是近代我国资本市场广泛运用且非常重要的一种融资、投资、资本管理与资本收益分配机制和解决近代企业融资难问题的主要渠道之一。"所谓官利，即经营者不论收益如何，均须向股东按其出资金额支付的"年利，"除去所有支出和官利后，其剩余作为红利或余利，也分配给股东"①，官利也称官息、正息、股息或股利。"官利者，无论有无赢利，均须配发，此为中国古来风习。按此习惯，在合股即合作经营中，各资本持有人无论经营收益的有无，均得月利七八厘乃至一

---

① 西山栄久：《支那商人の本質（一~十）》（七），《大阪時事新報》1925 年 1 月 16—29 日。

分的收益，若仍有剩余，则称之为余利，留出积累即公积后，此剩余部分才看作纯收益即红利，在资本持有人和资本使用者间进行分配"，"中国官民把它也用在股份公司上"①。

　　萍乡煤矿最早的资本即主要来源于向盛宣怀名下企业的官利资本横向融资。萍乡煤矿"创办之初，尚未招集商股"②，其作为"创始老股"的首次入股"计为汉阳铁厂二十万两，招商局十五万两，铁路总公司十五万两，香记等户十万两，共六十万两"，而作为"续招老股"的二次入股为"电报局二十二万两，招商局八万两，香记等户十万两，共四十万两"③。这共计 100 万两库平银的资本虽是以入股的形式进入萍乡煤矿的，但"除香记等户的 20 万两可能来自民间资本"，"其余 80 万显然""源于盛宣怀"在自有企业内部的"通筹"④。1901 年 7、8 月间，萍乡煤矿第一次正式对外招收商股。在《招股章程》中，萍乡煤矿对自己进行了"上市包装"，其曰："该矿煤质之佳，尤胜于开平"，"本为湖北铁厂急需焦炭而设"，"又合轮船、铁路之用"，且"钦奉谕旨：'萍乡煤矿现筹开办，请援照开平禁止商人别立公司、及多开小窿、招价收买。着德寿即饬所属，随时申禁，以重矿务等因。钦此。'钦遵在案"。并"创办两年有余，经之营之，规模业已粗具，矿务已见成效"。而"据洋总矿师赖伦估计机矿工程、铁路总公司洋参议李治估计萍醴路工，总共约需股本库平银三百五十万两"。"是则除已收得股本库平银一百万两外，尚须添招股本库平银二百五十万两。"⑤ 为造成股票奇货可居的表象，《招股章程》说："除已允江西众绅商留起五十万两，轮船招商总局一百万两外"，只对外"净应添招商股本规银一百四十万两"⑥。然而，在时隔三年多后的 1905 年 1 月，张赞宸在其《奏报萍乡煤矿历年办法及矿内已成工程》中的《股本来源和收支情况》

---

①　丁々生：《株式会社経営（一〜四）（三）・支那人に適せざる事情》，《中外商業新報》1920 年 5 月 19—22 日。

②　《汉冶萍公司》（二），第 250 页。

③　《股本来源和收支情况》，《奏报萍乡煤矿历年办法及矿内已成工程》（1905 年 1 月），载《汉冶萍公司档案史料选编》（上），第 204 页。

④　李江：《汉冶萍公司股票研究》，《南方文物》2007 年第 4 期。

⑤　《汉冶萍公司》（二），第 250 页。

⑥　同上书，第 251 页。

一文中，只字未提 1901—1904 年招收有任何商股，由此判断，1901 年的招股行动以完败而告终。

在清末，官利资本虽说主要由游资构成，但实际上并不是任何资本都可以自由进入"公司"成为官利资本的，它们中的大部分都是有"血缘"关系的，非亲则带故。盛宣怀曾言："敢于冒昧承办（汉阳铁厂），所恃招商、电报、铁路、银行皆属笼罩之中，不必真有商股，自可通筹兼顾。"[1] 正是一言道破——"肥水不流外人田"。所以，当汉阳铁厂需要资金时，盛宣怀首先想到的是自家的其他企业。1896 年，盛宣怀接手汉阳铁厂后就发行了一次股票，招得资本 100 万两，其中，轮船招商局 25 万两、电报局 22 万两、古陵记 3.65 万两、南洋公学堂 0.6 万两、中国通商银行 62.85 万两、萍乡煤矿 10 万两、上海广仁堂 2 万两、钢铁学堂 3.9 万两，[2] 已身陷借款利息"泥坑"的萍乡煤矿也向汉阳铁厂参股了 10 万两，这种企业融资的心态毫无疑问地严重阻碍了萍乡煤矿的发展，使得萍乡煤矿（包括盛宣怀名下的其他企业）不能充分地筹集到足够的资本用于企业建设，而只能在关联企业中以极小的规模进行拆借。结果，直至 1908 年萍乡煤矿全面建成，盛宣怀欲成立汉冶萍时，"汉厂（冶矿在内）、萍乡煤矿老股，库平银二百万两，照折银元，换给新股票"[3]。这说明，自萍乡煤矿创办之日起至建矿完成，均只有这 100 万元资本。

如第二章所言，由于萍乡煤矿及其相关联的汉阳铁厂超大规模建设，导致它们的产能严重过剩，资本效益极其低下，致使萍乡煤矿和汉阳铁厂无法给官利资本如约派发官利。根据筹集官利资本时的规定，汉厂股票每股"第一年至第四年，按年提息八厘。第五年起提息一分"，并且特别说明"办无成效，额息必不短欠"[4]。萍乡煤矿每股"按年官利一分，闰月不计"[5]。如上述股份均从 1899 年起算，[6] 则至 1904 年底

---

[1] 《汉冶萍公司》（二），第 538 页。

[2] 代鲁：《再析汉阳铁厂的"招商承办"》，《近代史研究》1995 年第 4 期。

[3] 《汉冶萍公司档案史料选编》（上），第 231 页。

[4] 孙毓棠编：《中国近代工业史资料》第 1 辑下册，科学出版社 1957 年版，第 832 页。

[5] 《汉冶萍公司档案史料选编》（上），第 237 页。

[6] "至所收股本，乃二十五年以后事"，《股本来源和收支情况》，《奏报萍乡煤矿历年办法及矿内已成工程》（1905 年 1 月），载《汉冶萍公司档案史料选编》（上），第 206 页。

的 6 年间所支付官利为本金的 50%（创始老股为 60%，续招股为
35%），即相当于年利率 8.33%（创始老股为 10%，续招股为 5.83%）。
在不进行官利派发的情况下，两矿厂把官利强行转为新的股本，让股东
"画饼充饥"。汉阳铁厂自 1896 年后，历年未付官利转为股本的就高达
"白银 79 万余两"①。截至 1907 年，"萍乡煤矿资本五百数十万，只有
股份一百五十万，余皆借款"②。且这一百五十万股本中还包括五十万
两官利股③（据"查前奉督办宪盛谕，创始老股六十万两，每股派给息
股六十两，共三十六万两。续招之股四十万两，每股派给息股三十五
两，共十四万两"④）。不仅如此，到了 1907 年，萍乡煤矿还规定，
100 万两的两次老股官利，截至光绪三十三年（1907 年）十二月底止，
"不再派利，于息折内盖戳注明"⑤。

　　当萍乡煤矿及其关联企业由于资金严重缺乏，盛宣怀不得不对外筹
集官利资本时，因为企业经营已经出现困难和无法发放官利的局面，所
以，这时盛宣怀想对外多招集官利资本也已不可能了。如第三章所述，
为给汉阳铁厂筹集资金，萍乡煤矿于 1908 年刚一建成，盛宣怀便迫不
及待地把具有赢利能力的萍乡煤矿与大冶铁矿、汉阳铁厂合并组建了汉
冶萍公司。1909 年，汉冶萍发行股票，正式对外招收商股，计划招股
2000 万元，但是，直至 1913 年，实际仅招得约 1000 万元。⑥

　　汉冶萍公司历年收进股本情况如表 6—1 所示。

　　萍乡煤矿官利资本（当然也包括其所有的其他资本）运作的不规
范还表现在资本收益者的错位上。其一，1908 年汉冶萍成立前，铁厂、
萍乡煤矿是完全相互独立的两家企业。但是，铁厂及与铁厂相关联的用
户对于萍乡煤矿产品实行低于市价的廉价购销政策，导致萍乡煤矿资本
运作的最终受益者实际上并非萍乡煤矿投资人，而始终是铁厂的投资

---

　　①　张忠民：《近代中国公司制度中的"官利"与公司资本筹集》，《改革》1998 年第3 期。
　　②　《汉冶萍公司档案史料选编》（上），第 204 页。
　　③　同上书，第 205 页。
　　④　《股本来源和收支情况》，《奏报萍乡煤矿历年办法及矿内已成工程》（1905 年 1 月），
载《汉冶萍公司档案史料选编》（上），第 205 页。
　　⑤　同上。
　　⑥　《汉冶萍公司档案史料选编》（上），第 400 页。

人。其二，"铁厂历年亏耗……萍乡煤矿盈余"①，萍乡煤矿被并入汉冶萍后，使得本可由萍乡煤矿投资人独享的资本收益被汉冶萍所有投资人均沾。1906年，萍乡煤矿焦炭价格"为开平焦炭的50%和进口洋焦的42%"②，"由于使用萍乡焦炭代替开平焦与洋焦，到本年（1906年）止，汉阳铁厂8年间共节约银300多万两"③。此300多万两本应为萍乡煤矿投资者的利润。"开办十多年，该矿还未获得过利润……其原因之一就是对铁政局的煤焦价格远比市场低廉。"④ 1918年，汉冶萍更加明确规定"萍乡煤矿产品按前两年平均价格售给公司"⑤的让利销策。萍乡煤矿不规范的资本运作机制，直接导致企业丧失资本市场信誉，使其无法进行持续的融资活动，严重影响企业资本运作战略的实施，并产生资本运作与资本收益间的恶性循环。至于1928年萍乡煤矿被政府接管后，更无萍乡煤矿投资人的资本收益可言。

表6—1　　汉冶萍历年收进股本统计（1898—1913）　　（单位：银元万元）

年份	股金性质	股金
1898	老股	50.475（合库平银33.65万两）
1899	老股	37.5（合库平银25万两）
1900	老股	38.115（合库平银25.41万两）
1901	老股	22.5（合库平银15万两）
1903	老股	50.3852（合库平银33.59万两）
1904	老股	12（合库平银8万两）
1905	老股	44.025（合库平银29.35万两）

---

① 《汉冶萍煤铁厂矿有限公司注册商办第一届说略》，《东方杂志》1909年第8期。
② 《中国煤炭志·江西卷》，第15页。
③ 同上。
④ 《南京博览会各省出品调查书》，第1314页。
⑤ 《中国煤炭志·江西卷》，第17页。

续表

年份	股金性质	股金
1907	老股	45（合库平银 30 万两）
	老股加股	100
	预收轨价，拨作农工商部公股	138
	老股 1907 年底止利息拨作股本	98.84175
1908	新股	163.15825
1909	新股	313.583565
1910	新股	122.68347
1911	新股	8.955235
	湖南公股	72.48
	1911 年股息拨作股本	62.775403
1912	1912 年股息拨作股本	38.661385
1913	1913 年股息拨作股本	113.531125
	合计	1532.670383

资料来源：《汉冶萍公司档案史料选编》（上），第 577 页。

（二）外资银行资本的借入

但是，100 万两的资本对"求大求全"的萍乡煤矿建设来说显然是不够的。在自有资本严重不足的情况下，盛宣怀首先想到的是举借外资。1899 年，萍乡煤矿向德商礼和洋行借款 400 万马克，1905 年、1907 年先后向日本大仓组借款 30 万日元和 170 万日元。其中，400 万马克"约合 130 万两"[①]库平银，200 万日元以 1905 年 1 日元折合库平银 0.722 两标准[②]计 144.40 万两库平银，两相外债总计约 274.40 万两库平银。

---

① 《再析汉阳铁厂的"招商承办"》，第 194 页。
② 同上。

还付时间从 1900 年 1 月 1 日至 1911 年 1 月 1 日止。按此计算，礼和借款前 2 年的利息为 56 万马克，后 10 年利息 133 万马克，共计利息 189 万马克，[①] 年均利息 15.75 万马克，所有利息为本金的 47.25%。而实际上，所谓"现银"100 万马克礼和并未立即借与萍乡煤矿，直至 1902 年 8 月 7 日，双方又为此 100 万马克另签合同，该补充合同的本息还付时间与利率与前合同相同，也为常年七厘，分 8 年均摊，共需付息 49.589726 万马克，[②] 年均利息 6.1987 万马克，息为本金的 49.5897%。

由于银行借款需要资产抵押，盛宣怀便以其名下的轮船招商局财产作保，对此，当时清廷内部产生了不少议论，担心"主权"外溢与丧失。为此，张之洞出面"力排众议"，全力维护盛宣怀，他说："但购办机器，营造铁路、轮驳，需款至紧，事当未成，利尚有待。华商之股，未易立时招集，盛宣怀当因机器各件，多由德商礼和洋行垫购，为数已巨，故与该行议借四百万马克，分十二年摊还，统由萍乡煤矿公司商借商还。惟向来借用洋款，必须给以办矿事权，并须分得矿中余利。此次盛宣怀议明，萍乡煤矿仍归自办，仅给借息七厘。彼既无办矿之权，又无余利可得，不得不照商例，切实保借，因将招商局产业以为作保之据。"以招商局"上海洋泾浜一处栈房产业作保"，"兹查礼和借款，前三年[③]不还本，后十年每年摊还四十万马克，约合银十三万两左右。预计此矿三年后，每日至少出煤一千吨，一年出煤三十万吨，每吨提银五钱，已足敷归还本利"。"查该少卿盛宣怀此次以招商局保借礼和洋款，实因商股一时难集而萍乡煤矿所关于铁政甚巨，不得不力图其成，核计借款本息。每年止摊还十余万两，为数不巨，必能清还。盛宣怀综核素精，断无将成本数倍借款之商局运与外人之理。""办理萍乡煤矿并未轻许抵押，不致有碍大局。"[④] 然而，实际的情况是："及二十

---

① 《萍乡煤矿公司与上海礼和洋行借款合同》（1788 年 4 月 8 日），载《汉冶萍公司》（二），第 99 页。

② 《汉冶萍公司》（二），第 282—285 页。

③ "三年"字样可能是《汉冶萍公司档案史料选编》录入错误，应为"二年"。

④ 《张之洞奏查明招商局保借洋款扩充萍矿有益无碍折》（1899 年 7 月 24 日），载《汉冶萍公司档案史料选编》（上），第 227 页。

五年，始借礼和洋行德银四百万马克，除四分之三仍暂存礼和，以备代购机器料物之用外，仅只现银三十余万两。以还前欠，尚有不敷，而一年两期。转瞬即届应还息本之日率，又由息借，以为应付。"① 礼和借款的利息对萍乡煤矿而言至为沉重。

日元借款方面，合同规定："息金：周年以七厘五毫计算，即每百元按年七元五角。每年分两次付息，以东历五月底及十一月底为期。""借款年限：此项借款以七周年为期，前三年只付息金，后四年本利按期分还，其年月载在借票，兹开列于后。再此项借款，亦可于三年后将本金全数先还，或先还半数，惟须在四个月前知照大仓，至其息金亦即以还本之日为止。""借款担保：萍乡所借日本金元二百万元，以矿局所有生利之财产物件均作为借款抵押，及至借款本利还清之时为止。再俟萍乡煤矿还清礼和借款，位次便以大仓为第一。萍乡煤矿亦切实声明，不将已报之产再抵别款。"② 按此计算，200 万日元利息为：前三年只还息时期共计息 45 万日元，还本息四年计息 37.5 万日元，共计息 82.5 万日元，年均利息 11.7857 万日元，息为本金的 41.25%。在这里，作为抵押担保的财产已是萍乡煤矿自身"所有生利之财产物件"。

根据以上萍乡煤矿（创办者）的自有资本和外来资本的数量可知，萍乡煤矿创办时的主要资本是外国资本，并由此承担了高额的利息负担和抵押风险。

（三）国内银行钱号的短期借款

除了开办资本多来源于外部资本外，萍乡煤矿日常经营中的周转资金也更多和更频繁地依赖于向各金融机构的短期借款，"查萍乡煤矿开办之初，并未领有资本，起首用款，即皆贷之庄号"③。自 1898 年创设至 1904 年底，萍乡煤矿短期借款如表 6—2 所示。

---

① 《汉冶萍公司档案史料选编》（上），第 205 页。

② 《萍乡煤矿向日本大仓组订借日金二百万元合同》（1907 年 5 月 1 日），载《汉冶萍公司档案史料选编》（上），第 229 页。

③ 《汉冶萍公司档案史料选编》（上），第 205 页。这里的"未领有资本"应理解为"无需归还的资本"，因前文所说的盛宣怀为萍乡煤矿筹集的 100 万两老股资本是作为"官利"资本进入萍乡煤矿的，所以不是"领有资本"。

表6—2 **萍乡煤矿短期借款**（1898—1904） （单位：库平银两）

金融机构名称	借入金额	金融机构名称	借入金额
通商汉行	95429.460	和丰庄	19096.200
协成号	36068.200	载昌记	9370.100
道胜行	131971.440	庆安庄	3744.290
仁太庄	34431.242	颐记号	6775.500
元大庄	131310.220	福记	5034.500
惠怡厚庄	83900.000	升记	4685.100
大仓行	262639.700	张凯记	1885.260
万丰隆庄	33389.130	萍乡官钱号	120000.000
豫康庄	4259.600	归并各商井厂分期付价，尚欠金额	81000.000
合计			1064989.942

资料来源：《股本来源和收支情况》，《奏报萍乡煤矿历年办法及矿内已成工程》（1905年1月），载《汉冶萍公司档案史料选编》（上），第205页。

表6—2各金融机构所在地理区位虽然不清楚，但从其有的欠款低至千余两的数额可知，萍乡煤矿借款对象已经相当广泛且"饥不择食"。

当然，企业经营存在账务往来是很正常的，有借入，一般也有贷出（可看作企业存款），萍乡煤矿也是如此。但是，萍乡煤矿的贷出大多数只能体现为账面资金而已，因为其大部分是不能提取使用的，而且有部分是用来准备支付的款项。至1904年底，萍乡煤矿存款如表6—3所示。

表6—3 **萍乡煤矿短期存款**（1898—1904） （单位：库平银两）

序号	项目	金额
1	存汉阳铁厂结欠	785784.710
2	存汉冶萍驻沪总局抵还礼和洋行本息	95900.000

续表

序号	项目	金额
3	存大冶铁矿局	2968.264
4	存马鞍山矿局	12494.058
5	存萍乡官钱号资本	9583.344
6	存萍乡官钱号五届盈余	49085.824
7	存上海、南京、安庆、汉口、武昌等处， 售出生煤焦炭尚未收回价款	39635.500
8	存萍乡矿运醴陵、湘潭、武汉在途生煤焦炭，约值	201400.000
9	存萍乡总局及各井厂并醴陵、湘潭、岳州、 汉阳等外局备用经费及挑力水脚等款，现银钱洋三项	38961.000
	合计	1235812.7

注：原文合计表述为"共计结存库平银一二三五七七七.七两"。

资料来源：《股本来源和收支情况》，《奏报萍乡煤矿历年办法及矿内已成工程》（1905 年 1 月），载《汉冶萍公司档案史料选编》（上），第 205 页。

由表 6—3 信息可知，100 多万两的存款中，实际的可使用者只有存在萍乡官钱号的五届盈余约 5 万两；第九项实际是正常经营必备款；第二项也为待支出款项；而第七项实为买方拖欠；第五项为萍乡煤矿自身所办萍乡官钱号的准备金，是不能动用的；第三、四项则为盛宣怀所属企业的内部账务往来；第七项不是现款；最大头的是第一项，在汉阳铁厂自身资金一直不足的状况下，这种资金与其说是萍乡煤矿在铁厂的存款，不如说是萍乡煤矿对铁厂的"贡献"。

根据《股本来源和收支情况》的统计，至 1904 年底，萍乡煤矿"该存两抵，实结该库平银三八一三五二〇.九七六两"。而其中，"七年之间，所付庄号及礼和息银、并老商股息，共已有一百五十余万两之巨"[①]。实际利用资本在 231 万两库平银左右，利息占总资本的

[①] 《股本来源和收支情况》，《奏报萍乡煤矿历年办法及矿内已成工程》（1905 年 1 月），载《汉冶萍公司档案史料选编》（上），第 205 页。

39.37%。"至所收股本，乃二十五年以后事，且系陆续零文，指作还款，不能应时济用"①，"势不得不辗转挪移，以为扯东补西之计。借本还息，则息银即变本银，庄号月结，月滚越多"②，远未竣工的萍乡煤矿在其创办过程中就已为外来资本的利息大为拖累，受到资本的严重制约。

由上可知，自有资本缺乏对萍乡煤矿经营的影响是巨大的。创建初期，萍乡煤矿日常经营即已出现严重亏损。至1906年，"共投入资金六百万两"，"固定资本，占五百万两，余下一百万两作运转资本"，"一年总支出约一百二十万两，总收入约不到七八十万两，所以不免每年仍有三四十万两的亏损"③。至1912年，萍乡煤矿举欠债务"合计六百七十六万九千两"④，其中内债欠上海、汉口等各钱庄银659万6400余两。"以欧战甫终，而萍乡煤矿已创巨痛，不可复振。自是以降，几全恃借债维持，且曾一度停顿。"⑤ 至1934年，萍乡煤矿共投资"二千余万元"，1934年，"近则积欠日本本利已达三千万元"⑥。此后，萍乡煤矿更加贫困交加，根本谈不上有什么官利资本的收益可言（见表6—4、表6—5）。

表6—4　　　　　　　　　　**汉冶萍债务统计**（1913）

性质	金额
官款	规元480万两
公债票押款	规元250万两
预收生铁、矿石价款	日元2173.0283万元
应还各款	规元402.6万两

---

① 《汉冶萍公司档案史料选编》（上），第205页。
② 同上。
③ 《四十三年十二月在汉口领事馆调查》，《日本炭砿誌》（增订2版），第113页。
④ 《漢冶萍の窮状》，《大阪朝日新聞》1912年9月19日。
⑤ 《萍乡安源煤矿调查报告》，第2页。
⑥ 《江西近代工矿史资料选编》，第451页。

续表

性质	金额
合计	规元 1132.6 万两；日元 2173.0283 万元

注：原文注："招募股本及所填息股，截至癸丑年第六届止，共计收洋一千五百三十二万六千五百五十元。因系股本，与债款有别，故未列入册内。"（第 578 页）原文注："查预收生铁、矿石价款，应共计日金三千零七十三万零二百八十三元，内有一九一三年十二月二日所订之合同扩充工程费九百万元，尚未收到，故暂未列入单内。"

资料来源：《汉冶萍公司档案史料选编》（上），第 578 页。

表6—5　　　　　汉冶萍历年利息支出（1896—1913）　　　　（单位：万两）

	汉阳铁厂、大冶铁矿	萍乡煤矿	合计
债息	452.6491447	532.9039629	985.5531076
股息	226.5468149	184.6124501	411.159265
合计	679.1959596	717.516413	1396.7123726

资料来源：《汉冶萍公司档案史料选编》（上），第 581 页。

二　官办时期的融资活动

如前文所述，官办时期官方对于萍乡煤矿的政策是"维持"政策，所以，从根本上决定了官方对萍乡煤矿投资的性质也同样为"救济"性投资。而且，与其说是"投资"，不如说是"维持"性拨款。因此，其"投资"的额度可想而知，那是绝对的微弱。

前文已经论及，江西省政府于 1928 年接管萍乡煤矿时，只"派专员何熙曾携款五万元来矿接收"，这对一个"工人五千人"，即使"伙食仅发三分之一"，每月开支仍"约十万元"[①] 的超大型企业来讲，简直是"杯水车薪"。所以，不到一年，至 1929 年 9 月，萍乡煤矿即"积欠省府及建设厅垫借之款约达二十万元"。1929 年 10 月后，江西省

---

① 《萍乡安源煤矿调查报告》，第 18 页。

改派商人萧家模为专员，空手前往萍乡煤矿维持，依然"成绩甚劣，亏负颇巨"，至 1930 年底，"亏空竟至三十余万元"，"每日产量激减为二三百吨"①。1931 年 5 月，董伦为专员，"因省库奇绌，只得先由建设银行拨款二万余元，派员持赴萍乡煤矿，暂为接济"②。后来的专员董伦弃职后，1932 年 5 月，经省务会议通过，"拨江西公路处基金三万元为周转金"，并"限期归还"③，委何熙曾为正专员，刘文艺为副专员来矿。1934 年 3 月，新专员陈国屏依旧口袋空空走马上任。根据资料，自 1928 年至 1934 年前后约六年间，官方共向萍乡煤矿拨款一次，即为接收时的 5 万元，算是"见面礼"。1932 年的 3 万元则明确说明要限期归还的周转资金，其他 1929 年的约 20 万元同样为垫借款。之后，因赣省政府"无法"提供资金维持萍乡煤矿，于 1938 年与资源委员会合办萍乡煤矿，其时赣省的合办出资也只有 30 万元，且不是现金，而是以资产作股。因此，江西省政府对萍乡煤矿严格意义上的"投资"只有区区 5 万元，加上各类借、垫之款也不过二三十万元。

较之赣省政府的"小气"，中央政府也没有"财大气粗"，在 1938 年资委会与赣省政府合办萍乡煤矿前，中央是没有给萍乡煤矿一分钱的。而就是为了抗战经济战略的需要，其为"合办"的出资也只有 50 万元。

"押款所以必要，是因周转不灵。"④ "萍乡煤矿向无基金，如一旦经济周转不灵，即常以存煤抵借高利之款以应开支，其借抵之利息竟有高至月息四分以上者。种种无谓之剥削，损失无数。"⑤

1931 年 5 月，新专员董伦所带 2 万元资金对于萍乡煤矿来说"杯水车薪，无济于事。复商得汉商协隆公司，垫款销煤，藉能周转"⑥。1931 年 6 月，八方井透水后，"是时政府方面，也限于财力，而协隆公司已垫款至十万余元，无力再继。董专员复召沪商慎昌恒煤号，继续垫

① 《萍乡安源煤矿调查报告》，第 18 页。
② 《萍矿今昔观》，载《萍矿》，第 163 页。
③ 《萍乡安源煤矿调查报告》，第 19 页。
④ 同上书，第 190 页。
⑤ 《江西萍乡矿》，第 34 页。
⑥ 《萍矿今昔观》，载《萍矿》，第 163 页。

款”，至9、10月，"接济告绝，慎昌恒煤号也亏垫四万余元。罗掘既穷，继以董吴个人垫款"①。1932年底，董伦去职后，以至员工"临时向安源商会借钱买米，勉强渡过旧历年关"②。至1934年，萍乡煤矿依然商借。在该年3月的《收支概况表》的备注中，写着"尚约亏欠四万八千元之谱，此款一部份系江西建设银行萍乡办事处借来现款及期票，其余系长沙、汉口各行庄借款及汉口煤焦押款"③ 的字样。

商借大多是抵押借款，"在代还旧欠以外之押款，则纯系因煤斤滞销，开支迫切，以存栈煤斤向银行或商号抵押借款，以资周转"④。

其办法大抵系就某堆栈指定堆存煤焦，由堆栈开具栈单，连同保险单，交付质权人之银行或商号，由其派人驻栈监查，薪金（四五十元）由矿负担。该项煤焦之出进，皆段由此人监视，矿方若卖出此项煤焦，则须先交赎煤费，按押得煤价连同利息，一并算清。抵押煤价每公吨洗煤在长沙可押六元五角至七元五角，机焦可押十一元之谱。每公吨洗粉洗块在汉口可押九元，机焦十三元，随市价而定。价值跌落，仍须补足，利息则自一分二厘至一分五厘不等，期限大约皆系半年，此外尚有保管费（所有煤焦质地变异，事变发生，质权人概不负责）每吨每月一角至四角五分（农工银行），手续费（经手卖出时）每吨二角至三角。⑤

根据表6—6可知，每次借款或每次能借到的款项并不多，而且有时萍乡煤矿还不能直接借到款项，须由第三方介绍商借，如1933年7月6日向振新社所借5万元，根据材料推断，它即是通过汉口玉和、汉

---

① 《萍矿今昔观》，载《萍矿》，第164页。
② 《萍乡安源煤矿调查报告》，第19页。
③ 《收支概况表》（1934年3月），载《萍矿》，第132页。
④ 《萍乡安源煤矿调查报告》，第185页。
⑤ 同上。

大煤公司进行的。① 萍乡煤矿基本每半年即要以煤焦为抵押品，循环向金融机构借款，而且所借并不多，均以光洋5万元为限。"以现光洋五万元为限"，是贷方给萍乡煤矿的最高贷款额度，还并非一定就一次性贷给5万元。至1932年、1933年时，萍乡煤矿仍有员工数千人，如此的借款额度和频率，足见萍乡煤矿流动资金的"捉襟见肘"，且还有"拆东墙补西墙"之嫌。另外，三次借款的利息虽然逐次有较大降低，但其最低者的年息仍达一角四分四厘，即年利率达14.4%，② 以常年押借款5万元计，则萍乡煤矿每年的押借款利息支出在0.72万元。但是，除利息以外，押借款还有其他支出，如看管人的工资、保险费、仓储费用等，所以因押借款导致的费用较利息数为多（见表6—7）。

表6—6　　　　　　　官办萍乡煤矿抵押借款合同比较　　　（单位：元、%）

时间	借款方	抵借金额	利息（月息）	期限	抵押品
1932年7月30日	湖南省银行	以现光洋五万元为限	一分五厘	五个月	以洗煤为抵押品。计每吨抵借光洋陆元五角之谱

① 因萍乡煤矿流动资金严重缺乏，有时连煤焦运费也无法支付，所以萍乡煤矿只好委托第三方代为运输。"此中须注意者，即协记联益两家运量，实包含萍乡煤矿煤斤。因湘鄂路对于定期定量之运输，有给予回佣办法，规定期限一年，运费总额以十五万元起码，押金至少七千五百元。车辆尽先充分拨给。协记联益即以此种办法托运，其代萍乡煤矿运煤之条件为代垫运费。1932年11月间所订协记联益两公司代垫长短途煤焦两万吨合同所规定：协记联益先期共缴一万元为代垫运费之用，陆续缴清，不计利息，在运额满足时，或在中途双方认为必要时，依公司之请求，即以现款或现存煤焦付给之，其煤焦价应照萍乡煤矿在矿售煤焦，或在长南鲇鱼套两处售煤焦之最低价，如萍乡煤矿在汉口如数发还现款，不论何时，均可解除此约云。"《萍乡安源煤矿调查报告》，第102页。

② 1930年，全国22省钱租地价比为上等水田10.3%，中等11.3%，下等12%；上等旱地10.3%，中等11%，下等11.5%。（陶直夫：《中国地租的本质》，载《中国农村经济记》，上海黎明书局1934年版，第266页。）两类总平均11.1%。1934年，据国民政府主计处调查，山东等省钱租地价比虽高达15%以上，但17省平均为11%。（严中平主编：《中国近代经济史统计资料选辑》，科学出版社1955年版，第309页。）1933年，中央研究院社会调查所对银行放款给上海7等省市纱厂的年利率进行的调查，最低6%，最高20%，"取息高至二分的固然少见，但低至七八厘以下的亦实属罕有，大抵均在10%—12%左右"。（吴承禧：《中国的银行》，商务印书馆1934年版，第58页。）20世纪30年代，中国的"通商大埠，活期存款的年息，普通仍在四五厘之间，定期存款，一年的多为七厘，二年八厘，亦有高至一分左右的"。（《中国的银行》，第60页。）

续表

时间	借款方	抵借金额	利息（月息）	期限	抵押品
1932年11月16日	长沙谦和庄	以现洋五万元为限	一分三厘	六个月	处产各种机焦油煤。机焦每吨抵押现光洋十一元。油煤每吨抵押现光洋七元五角，若煤市再疲，得随时减为每吨洋七元
1933年7月6日	振新社	以现银洋五万元为限	一分二厘	六个月	武昌鲇鱼套萍矿本栈内所有堆积种种煤焦。按照市价以七折质押押借，计洗煤洗块每吨一律作价九元，焦煤每吨作价十三元
1933年7月6日	汉口玉和、汉大煤公司（乙方）	乙方允向银主介绍息借银洋五万元	一分二厘	六个月	以甲方煤焦抵押，由甲方自运至武昌鲇鱼套本栈。按照市价以七折质押。洗煤洗块每吨各押洋九元，机焦每吨押洋十三元。至于押款手续，悉照乙方介绍甲方与银主所订合约为准

资料来源：湖南省银行、长沙谦和庄、振新社资料来源《萍乡安源煤矿调查报告》，第185—190页。汉口玉和、汉大煤公司资料来源《萍乡安源煤矿调查报告》，第183页。

表6—7　　　　官办萍乡煤矿押、借款息佣保管等费支出分析

时间	总收入	总支出	押借款息佣保管等费	年押借款息佣保管等费占月均总支出的百分比
1932年5月—1934年2月	96010.75	93700.31	1050.00	1.12
1934年3月	46776.17	94550.11	1616.90	1.71

注："息佣保管等费"指因押借款发生的利息、佣金、抵押煤焦的各种保管费用等。

资料来源：1932年5月至1934年2月资料来源于《萍乡安源煤矿调查报告》，第179—181页。1934年3月资料来源于《萍矿》，第132页。

　　表面上，每月因押借款所产生的费用只占萍乡煤矿月均总支出的1.12%—1.71%，但是，由于萍乡煤矿对于所借之款并非均能按期归还，而所有押借款均为"每月结算一次，由出质人按月付息，如到期

不付，质权人即将此项利息充作原本，计算复利"①。所以，一旦利滚利，其实际月均应该支付的押借款息佣保管等费用就远远超过表6—7中所反映出的1.12%或1.71%的成本比例。

官办时期萍乡煤矿经常拖欠到期押借款项不还，有时还以自身需要资金进行维持、整顿为理由，拒绝归还甚至拒不承认押借款。《萍乡安源煤矿调查报告》的作者就对何熙曾于1932年5月至1934年2月第二次任萍乡煤矿专员时大量归还萍乡煤矿旧欠的做法表示非常不满，甚至因"此种旧任欠款，大半无有根据，即该矿专员呈厅亦有谓无案可稽者"②，而肯定其有贪腐、渎职行为。该调查报告作者认为："萍乡煤矿至今仍在呼穷叫窘之中，工程未修，伙食不加，原因何在？则无端损失之故也。""在支出项下押款代还旧欠一项，本不当列入经费之内，此种费用，完全系经济宽裕时之额外支出，不应置工程不顾，伙食不加，而先付此不急之需。"而且作者还特别指出"以前无此项支出"③。而此项损失到底有多少呢？因"只计代还煤商之款"，其"至少之数"④ 如表6—8所列。

表6—8　　　　　官办萍乡煤矿归还旧欠整体情况
（1932年7月—1933年7月）　　　　（单位：元）

代还煤商旧欠损失（木商旧欠有移交款相抵， 多有根据，所余无多，不计）	18458.78
押款费用损失	8969.00
利息损失	17253.21
合计	44680.99

资料来源：《萍乡安源煤矿调查报告》，第182页。

萍乡煤矿经常性欠借不仅多，而且范围广，就表6—8中代还煤商

---

①　《萍乡安源煤矿调查报告》，第188页。
②　同上书，第182页。
③　同上书，第182—183页。
④　同上。

旧欠 18458.78 元所涉及的机构就有 11 家之多，平均每家 1678.0709
元，最多者 5000 多元，最少者则仅 100 多元。具体如表 6—9 所示。

表 6—9　　　　　　　官办萍乡煤矿归还旧欠细分情况
（1932 年 7 月—1933 年 7 月）　　　（单位：元）

裕丰	500.00	汉口煤商，售汉大公记五百吨煤每吨扣一元
和盛	3000.00	九江煤商
唐玉和即玉和公司	1470.00	汉口煤商，在株洲售煤价内每吨扣两元
德昌盛	1000.00	
福记	788.26	
协隆	5855.72	
邱发记	1996.80	
汉大	1750.00	汉口煤商，前任定煤款
谦和分庄	924.00	
袁包记	174.00	
集成堆栈	1000.00	长沙还董伦任内欠栈租

资料来源：《萍乡安源煤矿调查报告》，第 183 页。

　　归还欠款成了萍乡煤矿"无端"的"损失"，可见其"人穷志
短"。实际上，萍乡煤矿不是说不还借款，在何熙曾第二次去职，陈国
屏上任后在财务上采取的第一项举措就是下达《训令驻汉办事处、驻
湘办事处、武昌堆栈凡本年三月一日以前账目应归何前任负责清理仰即
遵照办理文》，规定："本处为划清界限起见，凡本年（1934）三月一
日，在本任未接事以前，所欠各户帐目应由何前任负责清理，不得代付
分文。"[①] 按理说"瘦死的骆驼比马大"，但官办时期的萍乡煤矿早已今
非昔比，其在资本市场的融资能力和融资信用均已很低。所以，借款虽

————————————

　　① 《萍矿》，第 95 页。

能对萍乡煤矿起到"输血"的作用，但由于官办萍乡煤矿自身早已丧失自我"造血"的能力，加上利率的高昂，就是每次区区 5 万元的周转金①本利也已让萍乡煤矿苦不堪言，经常得忍受利息"抽血"之痛，② 以致何曾熙在"一年之中需要借款多至二十余万元"③。

通过对湘鄂路局的"权力营销"，曾一度成为官办萍乡煤矿扩大销售（第四章已有详述）和筹集日常维持资金的重要途径。关于萍乡煤矿销售湘鄂路局的比重及其对于萍乡煤矿重要性的变化，《萍乡安源煤矿调查报告》有一较为系统的叙述，其言：

> 官办以前，萍乡煤矿煤炭除自用之外，虽供株萍粤汉（民国以后）两路用煤，但所占成数甚少，无关轻重。十四年汉冶萍停止大工，所产煤斤，除自用外，实以供给两路为主，此种情势，迄二十一年上半期犹无多大变更，当时除路局用煤外（每日二百吨洗粉），其余皆以生煤直接输出（块煤甚少）［中略］二十一年六月后，湘鄂路局用煤由二百吨继续减至一百六十吨一百二十吨，二十二年五月又减至一百吨，多出之煤，不得不另谋销路，又值日煤倾销，竞争剧烈，以夹石四成之统煤，无从获得买主，大有非洗不可之势。故以后每日出煤除自用四五十吨外，尽数付洗，再以一部分洗煤炼焦。此时输出售卖之煤，以洗统为主，洗块机焦次之，此二十一年至二十二年三月前后之情形也。④

---

① 关于萍乡煤矿每月必需周转金的数额，《萍乡安源煤矿调查报告》曾有较明确的计算："每日必须支付之现款只有伙食灯油箕篾及木料运费两共约一千余元，其销路稳定，运输通畅，只须一二万元回转，即可维持顺利，此前员工临时维持会所以成功也。湘鄂路局每日一百吨之烧煤价款七二五元，前系隔日由汉汇安源，现因款缺改十日发支票，期间又自十至二十余日不等，故木料机料等亦必二十八日至三十日之期票。就湘鄂路现有趋势观之，恐将来更将拖延，只此一项，每月即须准备周转金五万余元。"《萍乡安源煤矿调查报告》，第181 页。
② 在 1932 年 12 月，萍乡煤矿即通过江西省建设厅转告公路处已无法归还其于 1932 年 5 月所借 3 万元周转金，最后通融的结果，萍乡煤矿只好以原来自产的，价值 9 万余元的五座钢桥充抵其本金加利息"三万一千一百九十七元七角"了事。（《萍乡安源煤矿调查报告》，第191 页）根据计算，7 个月利息共 1197.9 元，其月息还算是低的，为 5 厘 8 毫。
③ 《萍乡安源煤矿调查报告》，第 191 页。
④ 同上书，第 126 页。

　　至官办时期，湘鄂路局售煤所获资金有时几乎成为维系萍乡煤矿的"生命通道"（见表6—10）。专员萧家模因增员而资金不继后，于1930年12月间，与湘鄂路局订约，"每日交路局统煤二百吨，路局在长沙东站日拨洋一千元，以作萍乡煤矿经费"。此时，萍乡员工近4000人，"每日只赖此一千元"维持最低生活保障和生产，"除发给职工伙食每人二角外，余购木材三四百元，并应付杂支，每日不敷二三百元"①。1931年12月，董伦去后，江西省政府"因时局关系"，也"无暇顾及萍乡煤矿"，矿事由员工自动组织临时维持会，维持现状，"并继前任订售湘鄂路局每日洗煤二百吨，得价洋一千五百元，量入为出，差能维持"②。

表6—10　　　　　　　萍乡煤矿月均售湘鄂路局收入

（1932年5月—1934年2月）　　　　（单位：元、%）

项目	销量、吨价	收入	比重
湘鄂路局洗粉煤价（山价）	2940吨，每吨7.25	21315.00	41.11
运售洗粉煤价（山价）	683吨，每吨6.37	4350.71	8.39
运售洗块煤价（山价）	793.50吨，每吨5.32	4221.42	8.14
运售机焦煤价（山价）	2053.20吨，每吨10.70	21969.24	42.37
总收入		51848.44	100

资料来源：《萍乡安源煤矿调查报告》，第179—181页。原表注："不含运输费、杂费的售价。"

　　至1933年8月，"三月之久，煤无销路"，何熙曾"接管逾八十日，用款不下二十余万元，除收路局煤价八万余元暨省政府拨款三万元银行押款约四万元合尚不及十六万元"，"周转困难，已达极点"，"维持能力已竭"③。由此可知，依靠售湘鄂路局每日的收入已成为萍乡煤矿的"生命线"。

---

①　《萍矿今昔观》，载《萍矿》，第163页。
②　《萍乡安源煤矿调查报告》，第19页。
③　同上书，第191页。

第二节 下游产业链与同业竞争的制约

企业的创建，必须以产业链的支撑为首要前提。产业链既分纵向产业链，如上下游产业，也分横向产业链，如同行业及为企业产供销提供服务的交通运输产业等。

一 下游产业链的制约

上下游产业链的缺失或不健全，必将严重制约企业的发展，甚至置企业于死地。一般而言，企业产品种类越多，产能越大，其上下游产业链也需越广越深。

通过图6—1，更可对以煤业为视角中心的萍乡煤矿创办前中国产业链的状况有更加直观和深入的了解。

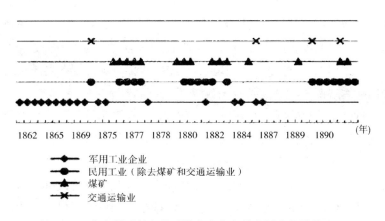

图6—1 萍乡煤矿创办前以煤业为中心的中国产业链状况

资料来源：梁华：《清政府早期所办近代工业体系演进示意图》，《清代矿业投资政策演变分析》，《西北师范大学学报（社科版）》2006年第6期。

经过对图6—1的分析，可得出下面五个基本判断：一是军用工业企业的发展早于近代煤业的发展，但恰在1875年中国近代煤业起步时，作为煤业下游重要产业链组成部分的军用工业企业却停止了它增长的步伐；二是近代煤业与民用工业的发展基本同步；三是近代煤业的发展与交通运输业的发展几乎没有重叠；四是最重要的是，上述四大产业的产业增长均时断时续，且整体发展停滞的时段明显长于持续发展的时段；五是各产业自身发展的非可持续性本身，即标志着该产业发展的非良性化，各上下游产业发展速度的非重叠性，也使产业发展缺乏原料供给保障、产品销售市场、交通运输等的配套服务和结构优化。近代萍乡煤矿的创办与发展就严重地受到这种不健全、不发达的产业链的制约。

　　煤业与钢铁业的关系密不可分。近代中国，能生产符合冶炼钢铁所需煤焦的企业寥寥无几。因此，相对而言，在近代中国产业链中，煤业制约钢铁业，"煤，乃为较铁更重要的物资"[1]。时至1936年——近代中国煤炭产量最高的年份，[2] 英国拟以200万英镑于广东兴建钢铁厂，其煤焦供应即计划以广东省内乳源狗牙洞、乐昌杨梅山煤矿为主，再"以广东曲江、广西贺县、江西萍乡、山东平泉、河南六河沟为补充来源"[3]。此足见近代中国煤焦供应产业链之脆弱，以及保障煤焦供给对于钢铁企业的极端重要性。但是，反过来，钢铁等企业也极大地制约着煤企。当钢铁厂等煤焦消用大户数量少、产量低，尤其是煤业整体产能远远大于钢铁等企业煤焦需求时，煤企的命运就掌握在钢铁等企业的手中。根据图6—1可知，这种现象在1898年萍乡煤矿创办之前，就已在中国初露端倪。

　　近代中国钢铁业一直不发达，钢铁企业除汉阳铁厂外，只有上海和兴钢铁厂、山西保晋铁厂、汉口扬子机器公司等数家华资钢铁厂，以及由日资控制的本溪湖煤铁公司、鞍山制铁所等。至20世纪20年代末，汉冶萍公司所属汉阳、大冶铁厂相继停产后，我国近代民族大型钢铁业基本处于停滞状态。萍乡煤矿原就为汉阳铁厂而设，所以，下游产业链对萍乡煤矿的制约，主要即表现为早期汉阳铁厂和其后汉冶萍公司对萍乡煤矿产品需求量的狭小上。

---

① 《支那の鉱物界（一~五）（三）》，《中外商業新報》1912年8月28日—9月。注：原文缺少日期。

② 薛毅：《近代中国煤矿发展述论》，《河南理工大学学报（社科版）》2008年第4期。

③ 《製鋼業にまづ投資 南支鉄道網へ触手 暗躍の跡 排日の旋風》，《東京日日新聞》1936年6月12日。

从统计资料看，汉冶萍的生铁产量至 1914 年一直占中国西式钢铁产量的百分之百。从 1915 年开始，东北的本溪湖煤铁公司方有生铁出产，是年产量不足 3 万吨，至 1927 年汉冶萍解体前夕，其每年所出也不过四五万吨（其间只有 1919 年为例外的 7 万多吨）。鞍山制铁所则迟至 1919 年才开始产铁，至 1927 年的八年间销至关内者总共不过 6 万吨。此外，汉口的扬子机器厂从 1920 年至 1923 年的三年间也只产生铁 3.8 万吨。由此可知，即使到了 20 世纪 20 年代，我国机制生铁市场的绝大部分份额一直是由汉冶萍垄断。至于机制钢货，本、鞍二厂炼钢是在 30 年代之后，即使上海合兴钢厂自 1920 年开始投产，每年约产钢 3 万吨，仍不及汉冶萍相应年份的钢产量。[①] 这份统计，让人清楚地感觉到近代中国煤业下游产业链的薄弱，因为钢铁产业的薄弱，即意味着所有与钢铁有关的重工业、化学工业、国防产业的稀缺，也就标示着作为这类企业上游产业的大型煤企前途的渺茫与暗淡。

然而，健全的产业链不是一朝一夕可以建立的。萍乡煤矿在严重缺乏下游产业链的状况下，仅为保障汉阳铁厂的煤焦供给，即以超大产能规模起步，从其投资的那一刻起，从产业链的角度，就已注定了它与汉阳铁厂同样多舛甚至失败的命运。

根据资料计算，1908—1911 年，汉冶萍共产生铁 353548 吨，[②] 销 220582 吨，[③] 自用、滞销率合计 37.61%；钢 150379 吨，[④] 销 98416 吨，[⑤] 自用、滞销率计 34.55%。1919—1927 年，汉冶萍共产生铁 957429 吨[⑥]（1926 年、1927 年未产），销 539169 吨[⑦]（其中 1927 年未销），自用、滞销率计 43.69%；钢 90099 吨[⑧]（1923—1927 年未产），销 24519.1 吨，[⑨] 自用、滞销率计 72.78%。1912—1918 年的数据无法

---

① 代鲁：《汉冶萍公司的钢铁销售与我国近代钢铁市场（1908—1927）》，《近代史研究》2005 年第 6 期。
② 同上。
③ 同上。
④ 同上。
⑤ 同上。
⑥ 同上。
⑦ 同上。
⑧ 同上。
⑨ 同上。

统计，但日本始终是汉冶萍的用铁大户，根据汉冶萍对日生铁销量的变化，可基本判断 1912—1918 年汉冶萍产品的自用、滞销率。1912—1918 年，汉冶萍生铁总产量为 1919—1925 年的 84.78%，1912—1918 年售日本马丁铁 237149 吨①，占该期公司生铁总产量 811697 吨的 29.22%；1919—1925 年售日本马丁铁 527054 吨②，占该期公司生铁总产量 957429 吨的 55.05%；由此判断，1912—1918 年汉冶萍产品的滞销率应不低于 1919 年后的水平。由于近代中国钢铁产业自身下游产业链的不健全，以及汉阳铁厂产品质差价高（与同类进口产品相比），导致汉冶萍钢铁产品并没有出现如创办者所想象的大好市场，结果，汉冶萍成为东亚钢铁之王的勃勃雄心荡然无存。除萍乡煤矿外，近代汉阳铁厂、大冶铁矿最后竟都沦为日本钢铁企业的附庸（其 20 年中所生产的钢轨仅仅够铺设萍乡至汉口的煤焦运输铁路而已，何论整个中国的铁路网建设），而这又严重地影响到萍乡煤矿的销售和生存（见表 6—11 至表 6—15）。

表 6—11　　　　　　近代中国铁路里程建设统计　　　　（单位：公里）

年份	里程
1895	360
1911	9620
1915	9740
1920	11030
1928	13040
1936	21036

资料来源：《中国近代经济史统计资料选辑》，第 180 页。

---

① 代鲁：《汉冶萍公司的钢铁销售与我国近代钢铁市场（1908—1927）》，《近代史研究》2005 年第 6 期。
② 同上。

表6—12　　　　汉冶萍钢铁总产量、外国进口量、
全国出口量比较（1908—1927）　　（单位：万吨、%）

汉冶萍总产量	外国进口量	进口量与汉冶萍产量比	全国出口量	全国出口量与汉冶萍产量比
262.3316 （1908—1925）	540.8237	206.16	279.1933	106.43

资料来源：代鲁：《汉冶萍公司的钢铁销售与我国近代钢铁市场（1908—1927）》，《近代史研究》2005年第6期。

表6—13　　　　汉冶萍钢铁总产量、出口日本量
比较（1911—1925）　　（单位：万吨、%）

汉冶萍钢铁总产量	汉冶萍出口日本马丁铁	汉冶萍出口日本马丁铁与汉冶萍钢铁总产量比	全国马丁铁出口量	汉冶萍出口日本马丁铁与全国出口量比
225.1366	78.3367	34.80	177.4283	44.15

资料来源：代鲁：《汉冶萍公司的钢铁销售与我国近代钢铁市场（1908—1927）》，《近代史研究》2005年第6期。

表6—14　　　　汉冶萍钢轨及附件销量
统计（1908—1927）　　（单位：万吨、公里、%）

销量	与汉冶萍钢铁总产量比	年均销量	总可铺设铁路里程	占1928年止中国铁路总里程比	年均可铺设铁路里程
9.8416	4.37	0.49208	1083	8.31	54

注：关于钢轨用钢量，张之洞认为"干路钢条每码只四十五磅，似太单，似须六七十磅者方好"。（《张之洞致洪钧电》（1890年1月15日），载《汉冶萍公司档案史料选编》（上），第64页。）1912年，汉冶萍也有一计算："只以钢轨及轨之附属品而论，每一英里需用……共一百四十六吨二三。"[《汉冶萍煤铁厂矿有限公司董事报告》，《公司股东常会议案》（1912年4月13日），载《汉冶萍公司档案史料选编》（上），第259页。]本表即以每英里需用钢轨146.23吨，并每英里约为1.609公里的标准计算。另，原文并未说明146.23吨是英吨还是公吨，但因其相差不大，所以对形成整个汉冶萍所产钢轨究竟能铺设多少里程的概念无伤大雅。1928年中国铁路总里程为13040公里。严中平：《中国近代经济史统计资料选辑》，第180页。

资料来源：代鲁：《汉冶萍公司的钢铁销售与我国近代钢铁市场（1908—1927）》，《近代史研究》2005年第6期。

表6—15　　　　　　大冶铁矿出口日本统计（1900—1928）　（单位：万吨、%）

年份	出口量	占八幡制铁所矿石需求量百分比
1900	1.5	36.3
1901	7.0	70.1
1911	12.0	
1912	29.2	
1900—1928	589.7	

资料来源：1900年、1901年、1911年、1912年数字来源于〔日〕川崎勉《日本钢铁业的发展与特点》，昭和三十七年版，第8页，1900—1928年数字来源于《中国近代史工业资料》第3辑，第507—508页，均转引自车维汉《日本八幡制铁所侵掠大冶铁矿述论》，《辽宁大学学报》1995年第5期。

根据汉阳铁厂自己的统计，1902年、1903年、1904年、1905年、1906年、1907年、1908年、1909年一月、1909年二月、1909年闰二月，其吨铁用焦量分别为1.54吨、1.65吨、1.75吨、1.57吨、1.45吨、1.2吨、1.5吨、1.12吨、1.05吨、1.04吨，[1] 平均每炼铁一吨用焦1.387吨，并呈明显下降趋势（1909年二月为1902年的68.18%），"且厂中收炭时，扣除炭中所含潮湿，则炉中用炭时亦应扣除，实则尚不到一吨"[2]。1902年、1903年、1904年、1905年、1906年、1907年，汉阳铁厂共用焦355244.8吨[3]，同期萍乡煤矿共产焦597000吨，[4] 则1902—1907年铁厂用萍乡煤矿焦炭为萍乡煤矿焦炭产量的59.50%，这意味着专为汉阳铁厂而设的萍乡煤矿有40.50%的焦炭无法被汉阳铁厂消化。1908—1925年，汉冶萍共产钢铁2624316吨，[5] 依1909年初每炼铁一吨平均用焦1.07吨的技术水平计，则需用焦2808018吨，而同

① 《李维格在第一届股东大会上的报告》（1909年5月16日），载《汉冶萍公司档案史料选编》（上），第250—251页。

② 同上书，第251页。

③ 同上书，第250—251页。

④ 《萍乡矿务局志》，第76页。

⑤ 同上。

期萍乡煤矿共产焦 3428116 吨，萍乡煤矿对铁厂焦炭滞销率为 18.01%。这说明：第一，萍乡煤矿对于早期汉阳铁厂和汉冶萍的焦炭销售整体上是滞销的；第二，汉冶萍组建前滞销非常严重，汉冶萍时期则基本以销定产，滞销率下降一半以上，但仍存在滞销，而这剩余部分必须另找其他买家，否则就要库存。

　　如从早期汉阳铁厂和汉冶萍公司对萍乡煤矿全部产量的需求角度看，则萍乡煤矿产能的过剩显得同样严重甚至更为严重。

　　同样以早期汉阳铁厂和汉冶萍的钢铁产量为能耗参数，经计算可知，1902—1907 年萍乡煤矿共产原煤 1275000 吨（见图 6—2），[1] 按照前文所述萍乡煤矿通常原煤得洗煤率 60%，洗煤炼焦率 70% 计，其原煤得焦率为 42%，则 1275000 吨原煤共可炼焦 535500 吨，较同期铁厂用焦 355244.8 吨多出 180255.2 吨，萍乡煤矿此期产能过剩率为 33.66%。[2] 根据另一份材料，1907 年，"萍乡煤输出到大冶铁矿及汉阳

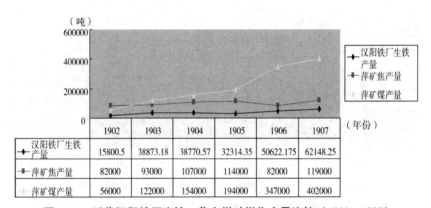

（吨）	1902	1903	1904	1905	1906	1907 （年份）
汉阳铁厂生铁产量	15800.5	38873.18	38770.57	32314.35	50622.175	62148.25
萍矿焦产量	82000	93000	107000	114000	82000	119000
萍矿煤产量	56000	122000	154000	194000	347000	402000

图 6—2　近代汉阳铁厂生铁、萍乡煤矿煤焦产量比较（1902—1907）

资料来源：汉阳铁厂生铁产量来源于《李维格在第一届股东大会上的报告》（1909 年 5 月 16 日），载《汉冶萍公司档案史料选编》（上），第 250—251 页。萍乡煤矿煤焦产量来源于《萍乡矿务局志》，第 76 页。

---

①　《萍乡矿务局志》，第 76 页。

②　这个数字比前文所计算的 40.50% 少 6.84 个百分点，那是由于 1898—1905 年萍乡煤矿曾大量收购萍乡小煤窑煤焦。1898—1905 年萍乡煤矿共产原煤 610000 吨，但焦炭产量却有 563000 吨之多，按原煤 42% 的得焦率计算，563000 吨焦炭需用原煤 1340476 吨，较萍乡煤矿自产 610000 吨，多出 730476 吨，这 730476 吨即为小煤窑产品。

铁厂的生煤为 6370 吨、焦 11606 吨"①，这个数字与上文所引材料《李维格在第一届股东大会上的报告》中 1907 年汉阳铁厂共用焦 74514.25 吨②的数字有很大差距，对此，本书推测 74514.25 吨中应包括萍乡煤矿此前在武昌煤栈和铁厂的存焦，且上文关于萍乡煤矿对于汉阳铁厂焦炭市场的分析所取数额为较大的 74514.25 吨，而非 11606 吨，所以，这对上文分析结果的准确性并无影响。反而，11606 吨与 74514.25 吨两个数字的差距却进一步佐证了本书关于萍乡煤矿焦炭严重滞销的论断，即库存的 62908.25 吨（74514.25－11606＝62908.25）实际就是 1907 年以前的滞销产品。这一结论，又可从另一条材料得到佐证。"该煤矿（指萍乡煤矿）近来产量显著增加，已超出汉阳铁政局的需求量"③，由于滞销，1908 年萍乡煤矿库存焦炭"十万吨"④。1908—1925 年，萍乡煤矿共产原煤 13384315 吨（见图 6—3、表 6—16），折合焦炭 5621412 吨，超过同期汉冶萍用焦量（2808018 吨）2813394

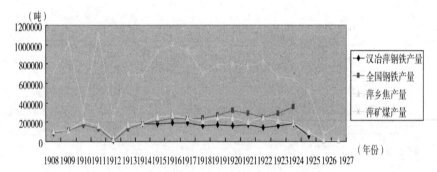

图6—3　汉冶萍公司钢铁、煤、焦产量对比（1908—1927）

注：1926—1927 年全国的钢铁产量数据材料不全，所以未列入图中。

资料来源：钢铁产量来源于代鲁《汉冶萍公司的钢铁销售与我国近代钢铁市场（1908—1927）》，《近代史研究》2005 年第 6 期；煤产量、1908—1924 年焦产量来源于《萍乡矿务局志》，第 76 页；1925—1927 年焦产量来源于《萍乡安源煤矿调查报告》，第 66 页。

---

① 《四十一年十一月二日沙市帝國領事館報告》，载《日本炭砿誌》（增訂 2 版），第 16 页。

② 《李维格在第一届股东大会上的报告》（1909 年 5 月 16 日），载《汉冶萍公司档案史料选编》（上），第 250 页。

③ 《南京博覽會各省出品調查書》，第 1305 页。

④ 《汉冶萍煤铁路矿厂概略》，《东方杂志》1909 年第 8 期。

吨,则此期萍乡煤矿产能过剩率达49.95%。这说明,汉冶萍时期萍乡煤矿对焦炭的产量虽有所控制,但其整体原煤产量却较早期汉阳铁厂时更有加大,以至据于汉冶萍需求的滞销更为严重,一半的产量要在汉冶萍以外进行销售或被积压。

表6—16　　**汉冶萍公司钢铁、煤、焦产量对比（1908—1927）**　（单位：吨）

	汉冶萍钢铁产量	全国钢铁产量	萍乡焦产量	萍矿煤产量
1908	89036	89036	105281	702447
1909	113405	113405	118134	1017843
1910	169509	169509	215765	332914
1911	131977	131977	166062	1115614
1912	10510	10510	29834	243923
1913	140150	140150	176824	693411
1914	186722	186722	194413	687956
1915	183944	213382	249164	927463
1916	193034	242255	266418	992494
1917	192353	231324	239797	946080
1918	166148	241114	216012	694433
1919	170946	271913	249015	794999
1920	163707	318646	244919	806331
1921	170665	289790	206087	772971
1922	149710	247202	254973	827870
1923	159896	287685	208918	666739
1924	179128	357100	190100	648527
1925	53476		96400	512300

续表

	汉冶萍钢铁产量	全国钢铁产量	萍乡焦产量	萍矿煤产量
1926			11400	75715
1927			8000	

资料来源：钢铁产量来源于代鲁《汉冶萍公司的钢铁销售与我国近代钢铁市场（1908—1927）》，《近代史研究》2005 年第 6 期；煤产量、1908—1924 年焦产量来源于《萍乡矿务局志》，第 76 页；1925—1927 年焦产量来源于《萍乡安源煤矿调查报告》，第 66 页。

二 同业竞争

由于煤业下游产业链的微弱，导致近代中国煤业间的同业竞争异常激烈。1875—1891 年，中国开办的西式大型煤矿达 15 家之多（见表 6—17），它们中不少（7 家）是直接为特定的下游企业服务的，但更多者（8 家）则没有固定的客户，只是应煤焦需求迅速增长的大环境而生。

表 6—17　　　　近代中国西式煤矿统计（1874—1894）

开办年份	煤矿名称	经营性质	创办者	开办原因
1875	直隶磁州煤矿	官办	直隶总督李鸿章	机器制造局和轮船招商局用煤
1875	湖北煤铁总局	官办	直隶候补道盛宣怀	机器制造局和轮船招商局用煤
1876	台湾基隆煤矿	官办	两江总督沈葆桢	福州船政局、军工厂等用煤
1877	安徽池州煤矿	官督商办	杨德、李振铨	
1877	直隶开平煤矿	官督商办	直隶总督李鸿章、买办商人唐廷枢	军工厂和轮船招商局用煤
1879	湖北荆门煤矿	官督商办	直隶候补道盛宣怀	机器制造局和轮船招商局用煤
1880	山东峄县煤矿	官督商办	安徽寿春候补知县	
1880	广西富川煤矿	官督商办	叶正邦	
1882	直隶临城煤矿	官督商办	纽秉臣	

续表

开办年份	煤矿名称	经营性质	创办者	开办原因
1882	江苏徐州煤矿	官督商办	知府胡恩燮	
1883	安徽贵池煤矿	官督商办	徐润	
1884	北京西山煤矿	官督商办	吴炽昌	
1887	山东淄川煤矿	官办	张曜	
1891	湖北大冶煤矿	官办	湖广总督张之洞	汉阳铁厂用煤
1891	马鞍山煤矿	官办	湖广总督张之洞	汉阳铁厂用煤

注：安徽池州煤矿，由杨德、李振铨创办，初创时资本 10 万两，其中上海招商局投资 3 万余两，1883 年计划增资，在采煤之外，拟开采金属矿，1891 年因亏折停办；安徽贵池煤矿，系唐廷枢、徐润利用轮船招商局资金，为吞并池州煤矿而设，旋因 1883 年徐润破产，煤矿改由商人徐秉诗接办，规模很小。

资料来源：张国辉：《洋务运动与中国近代企业》，中国社会科学出版社 1979 年版，第 185—187 页。转引自梁华《1874—1894 年清政府所办近代煤矿简表》，《清代矿业投资政策演变分析》，《西北师范大学学报（社科版）》2006 年第 6 期。

近代意义上的中国煤业，起始于在华外国资本和洋务企业对中国煤炭的需求与开发。第一、第二次鸦片战争后，以在华外国远洋轮船、兵舰为代表的运输业、军事设施急需大量煤炭供给。[1] 1858 年，仅上海一地，输入的煤炭就有 2.9 万多吨，[2] 1862 年更猛增至 15.9 万吨，这些煤炭大都来自英国、澳大利亚和日本，只有极少量来自台湾。[3] 时至 1864 年，据美国驻清公使蒲安臣估计，当时"中国沿海的（外国）轮船每年耗煤达 40 万吨，费款约在 400 万两"[4]。而据中国海关统计，

[1] 第二次鸦片战争之后，通商口岸从五口陡然增加到十六口，外国机制品沿海、沿江长驱直入中国内陆，往来的外国轮船越来越多，以通商口岸为中心形成的城市经济圈所消耗的煤炭数量也相应增加。

[2] 卿汝楫：《美国侵华史》第 2 卷，生活·读书·新知三联书店 1956 年版，第 118 页。

[3] 《英国驻华领事报告》（1865 年），转引自《清代矿业投资政策演变分析》，第 91 页。

[4] 《美国侵华史》第 2 卷，第 118 页。

1867 年，包括焦炭在内的洋煤，进口 11.3 万吨，1869 年为 12.6 万吨。[1] 洋煤自海外而来，其价必高。1872 年，上海市场英国煤吨价 11 两，澳大利亚煤 8 两，只有日本煤因质量较差，每吨 5.5 两。[2]

中国煤炭需求市场之旺盛与煤价之昂贵，迫使外国资本急欲开发中国煤炭资源，以就近解决"燃煤之急"。洋务派也因自身所需，屡屡奏请开办西式大型煤矿。1867 年，曾国藩即建议："挖煤一事，借外国挖之器，兴中国永远之利。"[3] 1868 年，上海英国商会正式向英国驻清公使提出："鉴于廉价的燃料对于轮船企业的成败极为重要，中国各处的煤矿（应）自由开放，以利外国的竞争。"[4] 在内外需求的作用下，1869 年，清廷与英国签订《新修条约善后章程》，对应相应的通商口岸，同意开发台湾基隆、江苏句容、江西乐平三处煤田并对外供应。[5] 另一边，1865 年，江南机器制造局成立，1873 年，轮船招商局投入营运，为供两局之需，1875 年，直隶磁州煤矿、湖北煤铁总局同时创办。1875 年，成为中国近代煤业创始之年。近代中国西式煤矿从此从无到有，逐渐增多。继 1875—1891 年洋务派先后开办的上述 15 家西式煤矿之后，规模不等的民族资本近代型煤矿便如雨后春笋般地涌现。

由上可知，与"开国"前的传统煤业相比，近代中国煤业开始产生重大的变化，并形成了相应的鲜明特点。其一，消费用途构成发生重大变化，由以生活为主的消费向生活、生产消费并重的局面转变（当

---

① 杨端六、侯厚培：《六十五年来中国的国际贸易统计》，中央研究院社会调查所 1931 年版，第 47 页。转引自《清代矿业投资政策演变分析》，第 91 页。根据 1864 年蒲安臣的估计数量，中国海关这个统计应未包括也无法包括外国舰船从外国至中国时在外国上煤自用的数量。

② 《英国驻华领事报告》（1865 年），转引自《清代矿业投资政策演变分析》，第 91 页。

③ 《夷务始末·同治朝》第 55 卷，第 15、16 页。转引自薛毅《近代中国煤矿发展述论》，《河南理工大学学报（社科版）》2008 年第 4 期。

④ 严中平：《中国近代经济史》下册，人民出版社 1989 年版，第 1395 页，转引自薛毅《近代中国煤矿发展述论》，《河南理工大学学报（社科版）》2008 年第 4 期。

⑤ 当时实际只开采了基隆煤矿，对句容、乐平煤田的开采并未付诸实施。基隆煤矿实际也是兴建于 1875 年，次年成立台湾矿务局，1878 年投产出煤，最高年产量 54000 多吨。在 1884 年爆发的中法战争中，守将刘铭传为断绝法国轮船的煤炭供应及法国对台湾煤矿的染指意图，下令破坏了基隆八斗子煤矿的矿井和机器设备，并将约 15000 吨存煤注入石油悉数烧毁。至此，多年经营的煤业破坏无遗。中法战后，由于台湾政局不稳，恢复生产后的官矿经营不善，时任巡抚的邵友濂于 1891 年封闭了基隆煤矿。甲午战争后，该矿落入日本手中。

然，生活性的煤炭消费始终多在产煤区，非产煤区的生活性煤炭消费一直不普及）；其二，消费者结构发生重大变化，生产性消费者主体，由传统手工冶金生产消费向近代大型工矿业生产消费转变；其三，主要消费区域发生重大变化，在传统生活用煤区以外，迅速形成了以开放港口城市为中心的众多新的煤炭集中消费区；其四，煤炭供给主体发生重大变化，传统小煤窑仍以供给生活用煤为主，而利用西方近代技术兴建的西式煤矿则主要以供给工矿企业需求为主；其五，煤炭产品种类发生重大变化，主要应钢铁企业冶炼钢铁的需要，焦炭成为煤炭供给市场的重要产品之一。

外国资本是近代中国资本市场的重要组成部分，面对中国政府的诸多政策限制，它们大打"擦边球"，纷纷走曲线投资的路线，以各种手段与中国人"合办"经营，进入中国各经济领域，煤业方面也是如此。历届近代中国政府虽然均严格限制外资进入煤业（包括其他矿业），但近代化这一进程一旦启动，政府对于经济活动的意识形态和法规政策，在微观上就显得力不从心，近代中国重要大矿如开滦、抚顺、本溪湖、焦作等煤矿均为外国资本所控制。仅 1895—1913 年，外资在华开办的煤矿就有 32 家（总投资约 4997 万元）[①]。如成立于 1877 年的开平煤矿，在 1900 年时，即因其督办为使煤矿获得外国势力的保护而被英商骗购，直至 1911 年才以中英合办开（平）滦（州）煤矿的形式表面赎回。外国资本所控制的煤矿更显实力和竞争力，开平（开滦）煤矿就一直是萍乡煤矿的强大劲敌。不仅如此，外国煤，尤其是能源缺乏的日本的煤炭也曾长期主宰近代中国的煤市。

到 1914 年第一次世界大战爆发前夕，"东北的煤炭业为日资所垄断，华北为英资所垄断，山东为德资所垄断，长江流域为英法所垄断"[②]。这时中国煤业市场上已形成这样的格局："日本煤和抚顺煤在东北的势力不断扩张，开滦在华北维持着独占的局面，在上海、广州、香港等地，开滦煤与日本煤及抚顺煤平分秋色，其势力互有消长。"[③] 从第一次世界大战期间到 30 年代初，开滦和日资达成协议，"共同控制

① 薛毅：《近代中国煤矿发展述论》，《河南理工大学学报（社科版）》2008 年第 4 期。
② 丁长清：《从开滦看旧中国煤矿业中的竞争和垄断》，《近代史研究》1987 年第 2 期。
③ 同上。

并瓜分了山东、上海及长江流域和华南沿海等中国主要煤业市场。但并未完全垄断全中国的煤业市场。在华北京汉铁路北段，先有临城、井陉，后有山西大同以及其他小矿与开滦煤竞争。在津浦路南段，则有峄县中兴煤矿、山东其它煤矿以及大通、淮南煤矿与开滦煤竞争。开滦与井陉、临城以及中兴煤矿之间，也曾出现过竞争、联合、再竞争、再联合的局面"[1]。1932 年"开滦和日本主要煤矿以及满铁间维持了 17 年的远东煤业市场协定宣告结束"[2]。从 30 年代初开始，由于中国人民抵制日货和中国政府对外煤进口税率的提高，日本煤和其他外国煤（如印、澳等）进口都很少。日煤输入中国剧减，还因为日本为了平衡国内市场，对煤的产销实行了严格的控制。日本控制下的我国东北煤矿如抚顺煤矿等也主要为了适应当地市场的需要而减少了对关内的输入。至1937 年抗日战争爆发这一段时间里，"在中国煤业市场上主要的既不是开滦与日本煤以及日本控制的中国煤矿间的竞争，也不是英日对中国煤业市场的联合垄断，而是开滦企图和中国有势力的银行联合起来兼并控制中国境内的许多中小煤矿，以垄断中国主要煤业市场（除东北外）了"[3]。

另一方面，传统小煤窑遍地开花，不计其数，加上下游产业链的微弱，便决定了整个近代中国煤焦市场"僧多粥少"的基本格局。所以，总的来说，在整体趋势上，近代中国煤业不断向前发展，但却始终处于产业不振而又竞争残酷的状态。

萍乡煤矿也处于这种竞争中，具体情况见表 6—18、表 6—19。

表 6—18　　　　　　　萍乡煤矿与近代中国大型煤矿
产量比较（1898—1936）　　　（单位：万吨、%）

时间	萍乡煤矿	萍乡煤矿年均产量	全国大矿	全国大矿年均产量	萍乡煤矿与全国大矿比
1898—1907	135.9	13.59	1181.11	118.111	11.51

---

① 丁长清：《从开滦看旧中国煤矿业中的竞争和垄断》，《近代史研究》1987 年第 2 期。
② 同上。
③ 同上。

续表

时间	萍乡煤矿	萍乡煤矿年均产量	全国大矿	全国大矿年均产量	萍乡煤矿与全国大矿比
1908—1927	1364.3379	68.2169	20930.9	1046.545	6.52
1928—1936	182.4537	20.2727	19186.4	2131.8223	0.95

注：原资料中 1898—1907 年的全国大矿缺 1900 年数据，除去 1900 年的产量，1898—1907 年的总数字为 1063 吨，本书以其 9 年的平均数估算 1898—1907 年 10 年的产量为 1181.11 万吨，并以此与萍乡煤矿这 10 年的产量相比较。

资料来源：萍乡产量《萍乡矿务局志》，第 76 页。全国大矿产量为赖特估计数，〔澳〕赖特：《中国经济和社会中的煤矿业：1895—1937》，丁长清译，东方出版社 1991 年版，第 15—16 页。

表 6—19　　　进口煤占整个中国煤市场总量的比重（1901—1937）　（单位：%）

年份	进口煤与整个中国煤市场总量比
1901—1905	55
1906—1910	33
1911—1915	19
1916—1920	11
1921—1925	10
1926—1930	13
1931—1935	6
1936—1937	2

注：根据表 6—18 可知，进口煤虽然逐年迅速减少，但由于整个中国大型煤矿的年均产量却在增加，加上主要的大矿均为外国资本所控制，所以，进口煤的锐减反映出的并不是外国资本在中国煤市的退出，而意味着外国资本由直接向中国输出煤炭产品向直接在中国生产、销售中国煤炭资本战略的转型。当然，"九一八"事变以后，日本直接占领中国东三省包括其所有煤炭资源，从资本运作的角度，这更是无本的买卖和资本主义国家资本战略的"最高"境界。

资料来源：《中国经济和社会中的煤矿业：1895—1937》，第 64 页。

至 20 世纪，一般大型煤企"皆与铁道业有密切的关系"，均以铁路为销售大户，仅"供给汉阳府制铁事业的萍乡县为唯一例外"①。其"焦炭主要用于大冶铁矿和汉阳铁厂"②。但是，根据上文分析，早期汉阳铁厂和汉冶萍公司根本无法完全消化萍乡煤矿所产煤焦和全部产能，所以，萍乡煤矿只好放弃原来专供汉阳铁厂焦炭产品的初始目标，改为寻求更多的"外部"市场，而且"另筹稳着。改为多售生煤，减炼焦炭"③的政策，参与到瓜分近代中国煤业市场的大军之中。

但是，如上所述，萍乡煤矿产品有着广泛和强大的竞争对手而且市场十分有限。仅从钢铁企业来看，1908—1924 年全国的钢铁产量为 3541720 吨，④ 仅比同期汉冶萍钢铁产量 2570840 吨多出 970880 吨，假使生产这些钢铁的企业所用焦炭均全部使用萍乡煤矿产品，且同样以每炼铁一吨平均用焦 1.07 吨的标准计算，那么其用焦也不过 1038842 吨，萍乡煤矿依然有 1616605 吨的焦炭剩余。⑤ 由于焦炭用途特殊，其下游产业链又非常短缺，且存在"势力范围"的竞争（中国北方市场完全是开平焦炭的天下）。所以，萍乡煤矿只能也非常乐意把汉阳铁厂以外的销售市场瞄准为长江下游，因为上海、南京、镇江等地是当时中国最大的用煤市场。然而，由于开平、外国煤炭的竞争，刚刚成立并急于消化巨大产能的萍乡煤矿在迅速突入长三角后，又在短短的两年内急败而走，甚至完全放弃了参与瓜分长三角这块煤市"蛋糕"的念想。

据日本领事馆调查，⑥ 输入上海的萍乡煤矿焦炭市场占有率，从 1909 年上半年至 1910 年上半年由 38% 急降至 4%，且后者总销售也只有 3560 吨而已；1909 年，在输入南京的中国煤中，萍煤只占"六分之

---

① 《支那地質調查局監督ヴィケーチング報告 支那の炭田》，《台湾日日新報》1916 年 8 月 15 日。

② 《四十一年十一月二日沙市帝国领事馆报告》，载《日本炭砿誌》（增订 2 版），第 16 页。

③ 《汉冶萍煤铁路矿厂概略》，《东方杂志》1909 年第 8 期。

④ 因无 1925 年全国钢铁产量的完整数据，所以只比较 1908—1924 年各方产能。

⑤ 1908—1924 年萍乡煤矿共产煤 12872015 吨，折合焦炭 5406246 吨，以其减去 2750799 吨（同期汉冶萍冶炼钢铁 2570840 吨的用焦量）和 1038842 吨，结果即为 1616605 吨。

⑥ 《日本炭砿誌》（增订 2 版），第 27 页。

二"，且"只是在开平煤供给不足时作为补充而输入"①；而镇江，"日本松浦煤及越南煤眼下几乎独占镇江市场"②。对此，连汉冶萍公司股东常会也在 1910 年就承认："其沪镇宁芜之销数骤绌者，其大原因有二：以言焦炭则铜元停铸，以言生煤则日本与开平竞争也。此后萍乡煤矿范围必在汉口及汉口以上之地段，至粤汉铁路与萍株铁路联轨后则更无论矣。"③ 由此可知，萍乡煤矿"煤炭的销路极其狭小，仅长沙、湘潭、武昌、汉口等地"④。

然而，汉口、武昌、汉阳三镇一年的用煤量也只有"四十五万吨"⑤，且"湖南手工采掘煤窑……其数量一年为二百五十万吨"⑥，而萍乡小煤窑均能炼焦，显然，萍乡煤矿煤炭也无法尽销汉口、长沙经济圈，萍乡煤矿的销售最后又只好步步退回"原形"，以为汉冶萍"服务"为主。

表 6—20　　　　　萍乡煤矿煤、焦销售状况（1908—1910）　　　（单位：吨、两、%）

	1908 年	1909 年三个季度	1910 年三个季度	1910 年为 1909 年的百分比	1910 年为 1908 年的百分比
铁厂用焦	70075	75580（100773）	122009（162679）	161	232
铁厂用煤	47980	62455（83273）	71913（95884）	115	200
铁厂煤焦价	981550	109564（1460853）	1637396（2183195）	149	222

① 《四十二年九月十六日付报告》，载《日本炭砿誌》（增訂 2 版），第 28 页。1904—1913 年，开平煤平均每年销往上海则达 135908.9 吨。孙海泉：《唐廷枢时代开平煤矿的投资环境及其优化》，《中国经济史研究》2001 年第 1 期。

② 《四十二年九月十六日付报告》，载《日本炭砿誌》（增訂 2 版），第 30 页。

③ 《公司第二届股东常会报告》（1910 年 12 月 18 日），载《汉冶萍公司档案史料选编》（上），第 256 页。1923—1924 年开滦煤矿输入上海"1061873 吨煤，占该年输入上海的各种煤数量的 47.87%"，1924—1925 年也达"602802 吨，占该年输入上海的各种煤的 23.33%"。1923—1924 年输入上海的日本煤"占 27.11%"，到 1924—1925 年时"则上升到 43.96%"。丁长清：《从开滦看旧中国煤矿业中的竞争和垄断》，《近代史研究》1987 年第 2 期，第 6 页。

④ 《四十三年十二月在汉口领事馆调查》，载《日本炭砿誌》（增訂 2 版），第 115 页。

⑤ 《四十二年九月二十日附领事馆报告》，载《日本炭砿誌》（增訂 2 版），第 21 页。

⑥ 《四十一年十一月二日沙市帝國領事館报告》，载《日本炭砿誌》（增訂 2 版），第 16 页。

	1908 年	1909 年三个季度	1910 年三个季度	1910 年为 1909 年的百分比	1910 年为 1908 年的百分比
汉岳长株[a] 销焦	9543	10005（13340）	16108（21477）	161	225
汉岳长株销煤	69746	11724（156321）	158292（211056）	135	303
汉岳长株焦煤价	489247	72887（971833）	1016154（1354872）	139	277
沪镇宁芜[b] 销焦	9550	4136（5515）	4034（5379）	98	56
沪镇宁芜销煤	25440	13602（18136）	10841（14455）	80	57
沪镇宁芜焦煤价	253000	11060（147467）	93010（124013）	84	49

注：表中括号中数字为本书按季度平均推算的全年数字。

a. 指汉口、岳阳、长沙、株洲。b. 指上海、镇江、南京、芜湖。

资料来源：《公司第二届股东常会报告》（1910 年 12 月 18 日），载《汉冶萍公司档案史料选编》（上），第 255 页。

对表 6—20 中信息进行分析，可做表 6—21。

表 6—21　　　　萍乡煤矿焦炭市场比较（1908—1910）　　（单位：吨、%）

年份	汉阳铁厂焦炭销量		汉岳长株焦炭销量		沪镇宁芜焦炭销量		三大市场合计占该年萍矿焦炭总产量[a]的百分比
	焦炭销量	占三大区域市场总销量的百分比	焦炭销量	占三大区域市场总销量的百分比	焦炭销量	占三大区域市场总销量的百分比	
1908	70075	78.59	9543	10.70	9550	10.71	84.70
1909	100773	84.24	13340	11.15	5515	4.61	101.26
1910	162679	85.83	21477	11.33	5379	2.84	87.84

注：a. 1908 年、1909 年、1910 年萍乡煤矿分别产焦 105281 吨、118134 吨、215765 吨。《萍乡矿务局志》，第 76 页。

资料来源：根据《公司第二届股东常会报告》（1910 年 12 月 18 日），载《汉冶萍公司档案史料选编》（上），第 255 页资料制作。

依据表6—21可知，1908—1910年间，汉阳铁厂的用焦量虽然在增加，但萍乡煤矿焦炭在汉岳长株市场的销量却几乎原地踏步，而在沪镇宁芜市场销量则在本来就不大的情况下更加萎缩，以至几可忽略不计。

依据表6—22可知，1908—1910年间，汉阳铁厂的洗煤用量不仅小，而且极不稳定，在汉岳长株市场的销量则表现为下降的趋势，而在沪镇宁芜则迅速萎缩。在1908年时，沪镇宁芜为萍乡煤矿最大的洗煤销售市场。而至1910年，汉阳铁厂的洗煤用量在大幅减少时，反而成为该年萍乡煤矿洗煤的最大客户。

表6—22　　　　　　萍乡煤矿洗煤市场比较（1908—1910）　　（单位：吨、%）

年份	汉阳铁厂洗煤销量		汉岳长株洗煤销量		沪镇宁芜洗煤销量		三大市场合计占该年萍矿洗煤总产量[a]的百分比
	洗煤销量	占三大区域市场总销量的百分比	洗煤销量	占三大区域市场总销量的百分比	洗煤销量	占三大区域市场总销量的百分比	
1908	47980	21.12	83273	36.66	95884	42.22	83.79
1909	69746	15.96	156321	35.76	211056	48.28	98.91
1910	25440	43.84	18136	31.25	14455	24.91	

注：a. 由于萍乡煤矿一般不对外销售原煤，所以原文材料虽然没有注明，但本书理解《公司第二届股东常会报告》（1910年12月18日）中所指"煤"应为洗煤。因此，本表"萍乡煤矿洗煤总产量"，指该年萍乡煤矿原煤总产量按60%折合成洗煤的数字减去该年萍乡煤矿焦炭总产量按70%折合成洗煤后的数字的产量，即把原煤洗成洗煤，而部分洗煤又炼成焦炭后剩余的洗煤数量。1908年、1909年、1910年萍乡煤矿分别产原煤702447吨、1017843吨、332914吨（《萍乡矿务局志》，第76页），折合洗煤分别为421468吨、610706吨、199748吨，其各年焦炭折合洗煤分别为150401吨、168762吨、308236吨，两者相减后，1908年、1909年、1910年"萍乡煤矿洗煤总产量"分别为271067吨、441944吨、-108448吨。1910年焦炭折合成洗煤后的数量大于其该年实际洗煤产量，说明1910年部分炼焦洗煤和对外洗煤销售的均为1910年前的库存。

资料来源：根据《公司第二届股东常会报告》（1910年12月18日）《汉冶萍公司档案史料选编》（上）第255页资料制作。

表 6—23　　　　　　　　　　萍乡煤矿与其他煤矿在武汉

煤价比较（1934）　　　（单位：元/吨、%）

煤矿	矿内成本	至武汉运费 （不含运输杂费）	合计	比较
中原煤矿	2.44	4.97	7.41	100
六河沟煤矿	5.00	5.71	10.71	144.54
萍乡煤矿	6.50	5.75	12.25	165.32

资料来源：《萍乡安源煤矿调查报告》，第 92 页。

"萍乡煤矿原以年产百万吨为度，故各项工程均系大规模之设备。嗣因种种影响，产量日减，而工程方面大都维持原状，因之开支较大，成本增高，对外不易竞争。"① 至 20 世纪 30 年代初，在武汉整个煤市中，"萍乡机矿土井所有运出之煤，估计所占不过百分之四十"②，甚至"只占十分之二"③了。

三　官办时期客户分析

萍煤最宜炼焦，自汉阳铁厂停工后，"因国内销路有限，以致时常停炼"④。至官办时期，萍乡煤矿的主要客户已只有湘鄂铁路、六河沟铁厂、汉阳兵工厂、湖北航政处、湖南电灯厂、湖南黑铅炼厂、安庆电灯厂、南昌合记等少数几家企业。

1934 年时，湘鄂铁路本身即"月月亏损"，其日用煤量"乃由二百吨降为一百六十吨"，且这仅仅 160 吨市场萍乡煤矿也无法独占，其中"部令萍乡煤矿供量减为一百吨"，而"醴矿供应六十吨"⑤。但即使如此，湘鄂路仍是萍乡煤矿的第一大客户。每日 100 吨的销量折合成原煤后（按原煤得洗煤 60%，年 365 天计）为 60833 吨，占萍乡煤矿 1934

① 《江西萍乡煤矿》，第 34 页。
② 《萍乡安源煤矿调查报告》，第 93 页。
③ 同上书，第 95 页。
④ 《江西萍乡煤矿》，第 19 页。
⑤ 《萍乡安源煤矿调查报告》，第 140 页。

年全年原煤产量 227062 吨[1]的 26.79%。

六河沟铁厂,[2] 至 1934 年时已为"现今中国硕果仅存之冶铁厂",因其产品也无下游产业链,所以,除炼铁外,只好"自己翻砂制造暖气管片,谋生铁之直接出路",境况"似甚困难"[3]。铁厂因只有一座炼铁炉,所以每年须停工三个月,以便修补,"每日出产一百吨,每年实产生铁二万七千吨"[4]。如按此数且吨铁耗焦 1.45 吨标准计算,[5] 则理论上萍乡煤矿每年可销铁厂焦炭 39150 吨,折合原煤 93214 吨,占萍乡煤矿 1934 年全年原煤产量的 41.05%,这对官办时期的萍乡煤矿来说实可成为其最大的客户。但是,此时萍乡煤矿由于"系搜寻旧日遗存及薄层劣煤,故煤质甚劣,灰分(即夹杂页岩又称壁石)多至四成"[6]。再加上焦炉长期得不到应有的维护,致使焦炭的质量已大不如从前。萍乡煤矿机焦不仅"含灰实高,挥发分亦不轻"[7],且"硬度不足","长途搬运之后,碎粉甚多,此种碎粉,只能卖与烧石灰窑者,另无用途"[8],反而六河沟铁厂原业主六河沟公司煤矿"所炼之焦,且较萍乡煤矿机焦为佳"[9](见表 6—24、表 6—25)。

表 6—24　　　　　　　　萍乡煤矿机焦质量比较 (1933)

	水分	挥发分	固定炭分	灰分	硫黄	硬度	分析年月
萍矿机焦	5.46	3.03	73.45	18.06	0.60	差	1933 年 3—8 月总平均

----

① 《萍乡矿务局志》,第 76 页。

② 前身为扬子铁厂,在汉口谌家矶,有一百吨熔铁炉一座,1922 年开炉,不久被河南六河沟公司收购,合并于六河沟煤矿,后又与煤矿分立,在上海总公司之下另组织厂管理处。《萍乡安源煤矿调查报告》,第 141 页。

③ 《萍乡安源煤矿调查报告》,第 141 页。

④ 同上书,第 142 页。

⑤ 1934 年,六河沟铁厂每英吨生铁需萍乡煤矿焦 1.40—1.50 英吨(《萍乡安源煤矿调查报告》,第 143 页),1 英吨折合 1.016 公吨,由于英吨与公吨相差不大,且此份材料中的生铁单位与焦炭单位均为英吨,所以本书折其中,以 1.45 吨为此时标准六河沟铁厂吨铁耗焦标准。

⑥ 《萍乡安源煤矿调查报告》,第 43 页。

⑦ 同上书,第 62—63 页。

⑧ 同上书,第 63 页。

⑨ 同上书,第 143 页。

	水分	挥发分	固定炭分	灰分	硫黄	硬度	分析年月
六河沟焦	1.42	2.64	78.14	17.80	0.59	好	1933 年 8 月新焦

资料来源：《萍乡安源煤矿调查报告》，第 143 页。

表6—25　　　　萍乡煤矿机焦炼铁能耗比较（1933—1934）　　（单位：英吨）

	每英吨生铁需要焦量	每月生产需要焦量	每炉生产普通生铁
萍矿机焦碎块多	1.40—1.50	4000	70
六河沟焦	1.10	3700	108（出口质匀）

资料来源：《萍乡安源煤矿调查报告》，第 143 页。

因此，六河沟铁厂"厂中主持工务者多不喜用"萍乡煤矿焦炭，但由于"黄河桥与政治问题"，六河沟焦"常使接济中断"①，且"大江以南唯萍乡煤矿生产机焦"，所以，铁厂"不得不酌用萍焦"，"同时采用之磁县中和焦"②。除了质量的原因外，由于成本高，萍乡煤矿焦炭在价格上也没有优势。"从前扬子铁厂用六河沟焦炭每吨价十元五角"，但自历年战乱以来，仅平汉路运六河沟焦自丰乐镇至汉口每吨十元，"故每英吨焦运至铁厂价格竟高至二十元"，而较六河沟为近的萍乡煤矿其"机焦卖价则自每英吨二十元减至十九元"③，如按六河沟焦英吨铁耗焦1.10英吨，而萍乡煤矿机焦英吨铁耗焦1.40—1.50英吨的比例计，则萍乡煤矿机焦卖价应在14.67—15.71元之间六河沟铁厂才合算，显然，在性价比上，萍乡煤矿焦炭要比六河沟焦炭高出4.29—5.33元。结果，萍乡煤矿机焦只能成为铁厂在六河沟机焦因交通运输问题无法及时供给时的补充产品，实际占六河沟铁厂用焦总量的比例并不高。如1933 年 7 月 29 日签订的一份合同即"每吨银洋拾九元正"④，"以五

---

① 《萍乡安源煤矿调查报告》，第 143 页。
② 同上书，第 144 页。
③ 同上书，第 143 页。
④ 同上书，第 145 页。

千吨为定额"，"平均每月双方均应收交壹千七百吨左右"①，即使双方长年购销水平保留在这个数，那么萍乡煤矿年销六河沟铁厂的焦炭也只在 15300 吨左右（按一年 9 个月的生产期计算），仅为铁厂全年用焦约39150 吨的 39%，折合原煤（36429 吨）占 1933 年萍乡煤矿原煤总产量 172874 吨的 21.07%。

汉阳兵工厂购用萍乡煤矿煤焦，原为由专员何曾熙持江西省政府主席熊式辉信函到南京与军政部订立合同所致，该合同规定为期半年，至1933 年 6 月止，"共购三千公吨"，皆在汉阳码头交货，但"半年内如因兵工厂制品增减，可通知萍乡煤矿增减煤焦供量"②。合同价格为洗粉每公吨 14.30 元，块煤每公吨 18.00 元，机焦每公吨 22.80 元。至1934 年，兵工厂煤焦用量为洗粉每月 800 吨，块煤每月 30 余吨，焦月均约 300 吨（机焦 120 吨，其他为土焦）。③ 因原文材料中并未明确指出上述煤焦均由萍乡煤矿提供，所以，假设每月的洗粉 800 吨、块煤30 余吨、机焦 120 吨均用萍乡煤矿产品，均折合为原煤，则其年用量在 19833 吨，占 1934 年萍乡煤矿全年原煤产量 227062 吨的 8.73%。不过，兵工厂以锅炉烧煤方法试验各种烧煤的比例用量（以发生电量为准）后，得出的性价比是萍煤"较六河沟煤为贵"④，为此，萍乡煤矿只好将原有售价减低为洗粉 12.50 元/吨，机焦 20.50 元/吨，⑤ 以保市场。

湖北省航政处也是萍乡煤矿的重要客户，在 1934 年时，其各渡轮每月共用萍乡煤矿洗煤 700 吨，折合原煤 14000 吨/年。⑥

至 1934 年，湖南电灯厂每月用煤 2000 吨，其所购萍煤为洗粉，吨价 8.90 元，"因竞争之故，萍煤由元记公司（五金号）代售"，"每吨订明给予回佣四角"，但"电灯厂本年已存万余吨，无须再购，故自今年八月起长沙停售洗煤"⑦。文字虽短，但却非常能说明官办萍乡煤矿

---

① 《萍乡安源煤矿调查报告》，第 144 页。
② 同上书，第 147 页。
③ 同上。
④ 同上。
⑤ 同上。
⑥ 同上书，第 149 页。
⑦ 同上书，第 150 页。

市场的狭小和销售平台的欠缺。一是萍乡煤矿此时在长沙的洗煤客户（最少是大客户）只有电灯厂一家，对其停止供货则意味着萍乡煤矿停止甚至退出长沙洗煤市场；二是就这么一家客户也不是萍乡煤矿自己直接客户，对其销售必须经过中间商，萍乡煤矿的销售命运自然被他人多拿捏一分，利润也少去一分。

1934 年，湖南黑铅炼厂，"为长沙焦炭惟一销场"，"前购萍乡煤矿机焦数批，合同于七月期满，现在续议，尚可订购两千吨"，但"因价格关系，八月尚未商妥"①。黑铅厂用焦"每月二〇〇至三〇〇吨"，"现在除用萍乡煤矿机焦外，尚用少数土焦"。据厂中总工程师称："机焦缺点在火力不均，在局部凝集之弊，土焦之弊则硬度太差。"② 另外"该厂烧煤本可全用萍乡煤矿洗煤，因嫌每吨价八.九〇元太高，且省府令购醴陵煤，故未多用"③。

安庆电灯厂销煤合同系萍乡煤矿与安徽建设厅所订，1933 年 4 月间一次订购洗块"三千公吨"，供货期为 8 个月，平均每月 374 吨，吨"价洋一四.四〇元，以汉口煤价合算，只当洗粉之价（洗粉一二.五〇元加运费一.六〇元，加下力两角共一四.三〇元），若以普通煤行市折算，则大吃亏，然较之卖与湖北航政处之块煤每吨尚多一元"④。可知，萍乡煤矿为多销产品回笼资金，已经丧失了销售环节成本核算的财务原则。

1932 年 10 月至 1933 年 7 月底，萍乡煤矿"在南昌共销约二千吨，九江销约一千五百吨，合共占洗煤一年中销数二成四"⑤。南昌所销，"一年不过五万吨，承销者为合记商号，承销以一年为期"，"专售萍乡煤矿烟煤洗煤（块三成粉七成），价定为每英吨十六元"，"并将议销南浔铁路之一千五百吨除外，其他南昌九江概由其一手销售"⑥。

综合分析上述材料可知，因下游产业链的缺失和煤业内部的竞争，

---

① 《萍乡安源煤矿调查报告》，第 151 页。
② 同上书，第 150—151 页。
③ 同上书，第 151 页。
④ 同上书，第 153 页。
⑤ 同上。
⑥ 同上。

近代萍乡煤矿除短时间内达到长三角外，其销场主要仅辐射湖北武汉、湖南长沙等几个大城市，且长时间以汉阳铁厂和汉冶萍为唯一的大客户，区域销售范围和固定客户非常有限。竞争的激烈，致使北方煤矿、湖南地方煤矿，甚至各地小煤窑均成了萍乡煤矿的竞争大敌，萍乡煤矿所签合同均为短期合同，甚至是拾遗补阙的临时性合同，销量小，有时"湘汉赣存煤焦甚多，已达四万余吨。售价一层更难预料"①。市场十分不稳定。

第三节　交通运输的制约

一　矿路依存度的变迁

"矿"指萍乡煤矿，"路"指萍乡煤矿用于产品运输的水路（萍乡萍河至武汉水路）与铁路（株萍铁路、粤汉铁路）。萍乡煤矿自筹办至1939年因日军侵赣自毁拆迁，其与水路、铁路的运输依存度不断发生变数，也由此带来萍乡煤矿与株萍铁路、粤汉铁路间互为营销大客户的依存度的巨大变化。

1898年6月，萍乡煤矿在安源正式动工建矿。萍乡煤焦运至汉阳，汉阳的机器设备运至萍乡，均通过水路节节驳运。自萍河至禄口，计程300余里，全系溪流，河道浅窄，且有土坝100余座，仅能行驶小舱，名曰倒划，装载甚少。出禄口，达湘江，亦多浅滩。直至过洞庭，入长江，方畅通无阻，运输相当艰巨，其船只多为民船。此时的萍乡煤矿几乎百分之百依靠水路运输（含部分路段陆上转运）。

1899年6月，为供应汉阳铁厂用煤，萍乡煤矿自行出资兴建从萍乡宋家坊萍河边至安源的萍安铁路，通车后，萍乡煤矿生产的煤焦，通过萍安路运至宋家坊河边，装上小船，再运至湘潭过大船转汉口，并在湘潭窑湾设转运局，在醴陵、长沙、岳州设稽查局（后改转运局仍兼稽查）。因航线每逢冬季，洞庭湖以上水浅滩多，不能畅运，又在岳阳

---

①　《江西萍乡煤矿》，第36页。

江湖汇口的城陵矶设堆栈和转运局，每年 3 月至 9 月为水运时期，或用铁驳或用民船，"铁驳大者一次拖载一千八百吨，小者五六百吨，每次可发一千吨"①，将煤焦赶上栈，秋、冬水涸，再驳运汉阳。萍乡煤矿由此出现铁路运输，但绝大部分仍依赖水上交通。

1901 年 7 月，詹天佑任工程师，决定将萍安铁路展修至醴陵。1902 年 11 月，萍醴路通车。1903 年 11 月，醴陵至株洲段动工。1904 年底，萍安铁路延抵株洲，称萍潭铁路，此后，盛宣怀将萍安铁路归并官路萍株铁路，撤销湘潭转运局及醴陵稽查局，设株洲转运局，所有民船轮驳，均在株洲受载。在株洲至洞庭间，购置深水拖轮和浅水拖轮多艘，两种拖轮分段行驶。萍醴路、萍潭路的先后开通，使水路运输节节向汉口方向收缩，水路与铁路分段承担了萍乡煤矿的运输任务。萍乡煤矿对水上运输的依存度首次整体下降。

1907 年，萍乡煤矿建矿完成。1908 年 3 月，汉冶萍公司成立。1909 年粤汉铁路长沙株洲段通车，株萍路从此与粤汉铁路相衔接，株萍路收归国有，为湘鄂路之一部，从此，萍乡煤矿煤焦可由矿山直达长沙，但公司仍保留水上运输系统。1909 年，萍煤销额增大，将株洲转运局移设汉口一码头。1909—1911 年间，汉冶萍设立汉阳运输所，统一管理汉冶（汉阳铁厂至大冶铁矿）、汉湘（汉阳铁厂至湖南株洲）两线轮驳运输。1910 年，邮传部奏准改萍潭铁路为萍株铁路，1911 年长沙株洲铁路全面完工。萍乡煤矿对水上交通的依存度再次整体下降。

辛亥革命后，汉冶萍公司又将汉冶、汉湘两线分办。1912 年，萍株铁路移交湖南交通司管理，更名为株萍铁路。1913 年，大冶铁矿设大冶铁厂开炉炼铁，又由武昌运萍煤抵大冶。1914 年，萍乡煤矿煤焦归宝丰公司包销，复将运销局由汉口撤回汉阳。1916 年，株洲积存煤焦较多，遂与路局订立短期运煤合同，由株洲运煤至长沙豹子岭，避过湘江长沙上段栈滩数处，每日运煤焦约 400 吨，并在豹子岭设转运局。1917 年，于湘阴县虞公庙租地设立堆栈一处，同年，改组运输所，再次将汉冶、汉湘两处轮驳归并。1917 年 11 月，湘省独立，派员接管株萍铁路。1917 年，株萍铁路改由交通部管理。1918 年 9 月，武昌至长

---

① 《萍乡安源煤矿调查报告》，第 95—96 页。

沙铁路竣工通车。1919 年,粤汉铁路湘鄂段通车。至此,萍乡煤矿煤炭可全程通过铁路直运武昌以供汉阳铁厂,汉冶萍即与路局订立长期运煤合同,但是,此时汉冶萍仍然没有放弃水上运输。此后,萍乡所产煤焦部分由株萍、粤汉两路联运直达武昌,每日运煤焦 600 吨,为萍乡煤矿产量的一大半,余下部分仍由株洲装船运至汉阳。由于水运数量减少,公司先后撤销豹子岭转运局、虞公庙堆栈,并将长沙、岳州等局酌量收缩。汉阳转运局,始设汉阳新矶头,只办理转运,后因萍乡煤矿产量提高,除供应汉阳铁厂外,还对外销售,由转运局兼办销务,乃将转运局改名运销局。自此,萍乡煤矿对铁路运输的依存度整体超过水路运输。

1920 年 6—8 月,外省军队驻萍,互争铁路,交通断绝 80 余日,萍煤不能外运,8 月,湘赣两省议定铁路分段管理,营业收入及机工两处并车队员工的支出按湘六赣四比例分配。至 1921 年,公司汉冶航线备有楚富、楚强、汉兴、汉顺、汉发、汉利、萍丰、萍达等 8 艘拖船及钢驳 31 艘;汉湘航线备有萍福、萍寿、萍通、薛富、萍强、萍安、萍顺、萍元、萍亨、萍利、萍员、萍发、萍兴等 13 艘拖轮及木驳船 144 艘,另有运利、祥临、汉平等机动拖轮。因汉湘航线长约千里,全程分四段,株洲至湘潭归株洲转运局管辖;湘潭至芦林潭,归长沙转运局管辖;芦林潭至宝塔洲,归岳州转运局管辖;宝塔洲至汉阳由运输所直辖。1923 年 9 月,湘战又起,株萍路断绝 20 余日。进入 20 世纪 20 年代,由于政局的动荡,萍乡煤矿对铁路运输的高依存度已出现负面效应。

1927 年 1 月,湖北省政府因汉冶萍公司未清缴所欠债捐,将其轮驳全部扣留"没收抵债",[1] 由湖北建设厅管辖,[2] 萍乡煤矿管理委员会一度索求无效,直至 1933 年底才发还。据债捐处统计,湖北建设厅接管以后至 30 年代,已垫付汉冶萍轮驳工饷修理等费达 140 万元。按萍乡煤矿的计算,"现在[3]租金按照八折每日一千二百七十五元每年以三百日计,五年收入,亦有一百九十一万余元。两抵实收五十万,则此

---

① 《萍乡安源煤矿调查报告》,第 85 页。

② 同上书,第 96 页。

③ 指 1933 年。

项轮驳每年约赢利十万元，略可抵偿欠债而已"。但是，木驳 90 余只，自接收以后，"失修渗漏，盖垫各板，皆糟烂不堪，而每月保管费乃需一千六百余元，即年需二万元，若加修理化为有用，又非款项不可"①。由于其维护费用高昂，萍乡煤矿要利用旧有残旧轮、驳恢复水上运输，也已成为无利可图的运输方式，"而株萍铁路亦于 1928 年经交通部令归并湘鄂铁路为湘鄂路之第四段自安源至武昌之徐家棚合为一整个干线"。可知，自 1927 年起，汉冶萍自建的水路运输系统便彻底退出萍乡煤矿运输舞台，"以株萍铁路为唯一出路"，之外，"只有车运株洲再由民船运汉之一途"②。萍乡煤矿对铁路的运输依存度可以说立即升至100%，铁路成为萍乡煤矿对外运输的唯一选择，③ 从运输的角度，萍乡煤矿已完全受到铁路的制约。

1928 年 5 月，株萍铁路湘东大桥被洪水冲断，煤炭不能外运，萍乡煤矿 5000 多工人立即生活无着。萍乡煤矿对铁路运输的绝对性依存已成为制约萍乡煤矿发展的瓶颈。

1937 年 9 月，浙赣铁路全线通车，株萍路正式成为浙赣线的一部分，株萍之名废止。萍乡煤矿对粤汉铁路的依存度首次出现下降的局面，但此时由于日本已发动全面侵华战争，萍乡煤矿难以通过浙赣线向东部拓展营销渠道，故萍乡煤矿实质性降低对路局的依存度的空间已然有限。1939 年 3 月，日军陷南昌，南昌至株洲段铁路被破坏。4 月 7日，萍乡煤矿奉令停工。此后，直到抗战全面胜利，萍乡煤矿对路局的运输依存度复归零点。

二　铁路的制约

（一）商办时期的运输

萍乡煤矿（后来为汉冶萍）自正式建矿起，就开始了建设自己的煤焦运输船队，至 1905 年，已粗具规模（见表 6—26）。

---

①　《萍乡安源煤矿调查报告》，第 99 页。

②　同上书，第 85 页。

③　新中国成立前，萍乡小煤窑均无汽车。1934 年，湘赣公路虽建成通车，但整个萍乡只萍乡煤矿有几辆汽车。汽车运输煤炭数量甚少。《萍乡市地方煤炭工业志》，第 106 页。

表 6—26	萍乡煤矿自有船舶 （1905）
船舶类型	数量
深水轮船	萍富、萍强、祥临、振源等大小四号
浅水轮船	萍元、萍亨、萍利、萍贞等四号
钢驳船	四号，每号装煤焦三百来吨
大木驳船	三号，每号装煤三百余吨
小木驳船	十七号（内装煤焦一百吨者两号，余均装三十吨至五十至六十吨）

资料来源：《汉冶萍公司档案史料选编》（上），第 209 页。

但是，由于轮船往返武汉时间长，萍乡煤矿仍必须借助民间小船运输力量，"雇用民船运输一直是萍乡煤矿运往武汉的一支重要力量"[①]。1924 年，安源运至株洲的 28 万吨煤焦中，其中"轮运约三万吨，民运约六万吨，车运约十六万五千吨"。1925 年，17 万吨中，"轮运只一万吨，民运约四万余吨，车运约七万七千吨"[②]。可以看出，"即使是在公司购置了大量的轮驳后以及湘鄂铁路开通，民运仍在公司的运输中占很重要的一部分"[③]。

至 1912 年，汉冶萍有钢驳 24 艘，木驳 160 艘，轮船 17 艘；1917年拖轮 27 艘，钢轮 30 余艘，木驳 180 多艘，总载重量为 3.6 万吨。[④]但是，由于铁路运输的完备，到北伐前夕的 1924 年、1925 年，铁路运输占了萍煤运输的大部分。"综合以上两年观之，汉湘一线，粤汉车运异常发达，竟超运额百分之六十，而轮运仅及百分之十。"[⑤]可知，如前文所指出，铁路运输的出现与完备，使得水上运输的地位显著降低。

（二）官办时期的运输

水上运输由于铁路的存在，其地位虽然降低，然而，由于铁路运输

---

① 闫文华：《汉冶萍公司萍矿煤焦运往汉厂的运输方式考察》，《中国矿业大学学报（社科版）》2009 年第 3 期。

② 《汉冶萍公司档案史料选编》（下），第 656 页。

③ 闫文华：《汉冶萍公司萍矿煤焦运往汉厂的运输方式考察》，《中国矿业大学学报（社科版）》2009 年第 3 期。

④ 同上。

⑤ 《汉冶萍公司档案史料选编》（下），第 656 页。

为他人所控制，而且铁路车皮经常被征用，所以，水上运输从企业运输保障的角度上看，还是不可缺少的。"自安源由铁路车运至株洲，再由株洲装轮驳运赴武汉"，这样的"水路运输，比较便宜，在减轻成本上，自有相当注意之价值"①。但是，"自运轮为鄂省没收及株萍运费加高后，成本太昂，因之停止"②。

不过，在自有水上运力停止后，官办时期的萍乡煤矿对恢复民间力量的水上煤焦运输（实际为铁路运输加水上运输）还是做过一点尝试。1933年3—7月间，萍乡煤矿曾由水路运机焦约5000吨至汉，其需费与陆运比较如下。车运：由安源至武昌鲇站加装卸上下力约每公吨6.53元（减价时）；水运：车运由安源至株洲每吨3.28元，水路株洲至武昌鲇栈每吨2.51元，押运关税等费每吨至多约0.5元，计每公吨6.29元。因此，水运每吨便宜0.24元。但是，尝试的结果，"惟为数甚微，不敌转装所生之损失"③。1934年，萍乡煤矿有时也在水深时雇用商驳运输煤炭，但只"有日清十余艘，太古十艘，怡和十六艘而已"④。水浅时则雇用每只载重十五六吨的民船，由民船运至芦林潭再换铁驳至汉，"株洲至芦林潭三百三十里，民船运载，每吨最贵一元六角"⑤，吨公里运价0.014元，由于没有整体运量的规模效应，这一价格实际已比下文所记全程由铁路运输的价格（0.0113吨公里）还要高出23.9%。所以，官办时期的萍乡煤矿运输只好"几全为陆路车运"⑥。

萍乡煤矿为湘鄂铁路的大客户，但路局对萍乡煤矿运费标准比国内任何铁路均更昂贵。

　　　　兹查自路矿分离以来：
　　　　贵局所定敝矿焦煤运费，比国内任何铁路，均更高昂，数年
　　　前，虽经一度九折，去年（1933）年四月一日起，复在九折之外，

① 《萍乡安源煤矿调查报告》，第95页。
② 同上。
③ 同上书，第96页。
④ 同上。
⑤ 同上书，第99页。
⑥ 同上书，第86页。

再加八折。实际上，每吨每公里运费，自安源至株洲煤二分八厘一毫余，焦三分六厘五毫余，至长（沙）南煤一分九厘一毫余，焦二分七厘一毫余，至新河煤一分九厘六毫余，焦二分七厘余，至鲇鱼套煤九厘三毫余，焦一分二厘九毫余，比较平汉铁路煤斤运费，丰乐镇至玉带门七厘四毫余，临城及石家庄至玉带门各六厘七毫余，未免昂贵过巨。即较之津浦铁路中兴五厘，华东七厘，北宁路开滦二厘三毫余，北票六厘六毫余；胶济路鲁大七厘六毫余，其他七厘三毫余，亦已超过极多。①

上则材料显示，铁路对萍乡煤矿实行的是运途越远越优惠的政策，但因文中给出的吨公里运价没有标明各煤矿具体运程的长短，所以，材料虽然能给人一种运价差距悬殊的感觉，但却无法进行更理性化的比较。为此，表6—27所提供的数据则可解决这个问题。

表6—27　　　　　　　萍乡煤矿与其他煤矿"煤"铁路
吨公里运费比较（1934）　　（单位：公里、元、%）

煤矿名称	矿场至车站	车站至武汉	轻便铁路每吨运费	宽轨铁路公里数	宽轨铁路到武汉每吨运费	宽轨铁路吨公里运价	比较
井陉煤矿	至南河头20里，南河头至石家庄44公里	931	0.4255	975	7.54	0.0078	100
临城煤矿	至鸭鸽营28里	873	约0.50	873	6.74	0.0078	100
磁县怡立煤矿	至马头镇40里	756	0.80	756	5.84	0.0078	100
六河沟煤矿	至丰乐镇18公里	721		739	5.71	0.0078	100
中原煤矿	至新乡50公里	594		644	4.97	0.0078	100
萍乡煤矿	安源	509		509	5.75	0.0113	144.88

注：原表格中还注明"平汉运费以每公吨公里0.00773计"。
资料来源：《运输》，江西省政府经济委员会丛刊第五种：《萍乡安源煤矿调查报告》，第92页。

① 《减轻焦煤运费文》，载《萍矿》，第90页。

根据表 6—27 可知，在长距离市场的运输中，萍乡煤矿的吨公里运价明显高于其他煤矿，几乎多出 50%。究其根本原因有两个：一是虽然各煤矿对于武汉市场来说都是长距离运程，但在六个煤矿中，萍乡煤矿距武汉的距离毕竟还是最近的，为井陉的 52.21%，中原的 79.04%，所以，萍乡煤矿吨公里的优惠没有其他煤矿高也在情理之中；二是实际上，其他五个煤矿距武汉的距离也是有很大差距的，所以，在达到一定里程的长距离运输中，距离的长短已经是相对的决定因素了，在萍乡煤矿的运价上，起最后定价作用的应该是"断头路"的因素。

粤汉路是一个"断头路"（至 20 世纪 30 年代初，仍只修通北边的湘鄂路和南边的广昭路，直至 1936 年才全线贯通），而连接至湘鄂路的株萍路也为"断头路"（直至 1937 年 9 月浙赣线贯通，接至粤汉线，这一"断头路"的历史才宣告结束）。"断头路"无疑极大地限制了该路段的运量，在铁路维护成本无法大量降低甚至铁路出现亏损[①]的情况下，"路方成本资贵，运费因之高昂"[②]，其吨公里运价就必然较其他运输更为繁忙的线路为高。

经对表 6—28、表 6—29 分析和比较可知，无论株萍路还是湘鄂路，其日均总收入都是很低的，而仅就煤炭运输量而言，1932 年湘鄂路的运输量还较 1929 年下降许多（株萍路与湘鄂路虽然不是同一段铁路，但经由株萍路运往湘鄂两省的货物必然经过湘鄂路，所以，两段铁路的货运量实际均可同质性地反映出这一相连铁路的业务繁忙程度）。1933 年，湘鄂路的煤运收入又比 1932 年下降一半以上，该年湘鄂路煤运收入"每月不及二万元"[③]。

有时，湘鄂路也采取低价招揽客户的措施（见表 6—30、表 6—31），如 1933 年。但是，由于各种货物的销售总量与市场价格并不因铁路运费的降价而有多少增长，所以，运费的降价无法使铁路达到薄利多

---

① 如 1933 年，"路局每月亏损，上半年六个月中，短少至二十八万元之多，多因煤运减少（1932 年每月平均煤运四万六千元，1933 年每月不及二万元），职员薪水欠八个月"。《萍乡安源煤矿调查报告》，第 94 页。

② 《萍乡安源煤矿调查报告》，第 86 页。

③ 同上书，第 94 页。

销的目标，反而使其绝对收入减少。"长短途减价三个月结果：短途虽增二千余元，长途则减少二万余元。"[1] 这种情况下，再加上萍乡煤矿运输对铁路的绝对依赖，所以，铁路对于萍乡煤矿的运价自然要较其他铁路对于其他煤矿为高。

表6—28　　　　　　　**株萍路月均货运统计（1929）**（单位：万吨、元、%）

货运吨数	货运收入	总收入	货运收入与总收入比	运输煤炭吨数	运输煤炭运费收入	煤炭运费收入与货运总收入比	煤炭运费收入与总收入比
4.5	11.3万余	24.5万余	46.12	2	6万余	53.1	24.49

资料来源：《萍乡安源煤矿调查报告》，第93页。

表6—29　　　　　　　**湘鄂路月均货运统计（1932）**（单位：万吨、万元、%）

货运收入	总收入	货运收入与总收入比	运输煤炭吨数	运输煤炭运费收入	煤炭运费收入与货运总收入比	煤炭运费收入与总收入比
13.3835	24.4668	54.7	1.1142	4.6078	34.42	18.83

资料来源：《萍乡安源煤矿调查报告》，第95页。

表6—30　　　　　　　　**安源至株洲每吨运费变化**　　　　　　　（单位：元）

	1908—1919年	至1924年	至1931年	至1932年底	至1936年
煤	0.60—0.72	1.80	3.50	2.80	2.52
焦	1.04	2.34	4.55	3.6432	3.279

资料来源：1908—1932年来源于《萍乡安源煤矿调查报告》，第87页。1936年来源于《江西萍乡煤矿》，第33页。

---

[1] 《萍乡安源煤矿调查报告》，第95页。

表6—31   安源至武昌每吨运费变化   （单位：元、%）

	1934	1936	下降幅度
煤	4. 5966	4. 00	12. 98
焦	6. 308	5. 69	9. 79

资料来源：1934 年来源于《萍乡安源煤矿调查报告》，第 88 页。1936 年来源于《江西萍乡煤矿》，第 33 页。

第七章

时局与应对

所谓"时局"，一般指一定区域、一定时期内的政治局势。"时局"是变化的，而导致"时局"变化的因素有很多，主要包括政府的意识形态、法规、政策，政治人物的个人意志、政争、内外战争，等等。近代萍乡煤矿，在其创办、发展以至走向衰亡的过程中，均重复地经历了由上述各类型因素所引发的不同"时局"，并对"时局"主动或被动地做出了相应的反应。时局对萍乡煤矿的发展、生存的影响是巨大的，从企业经营的外部因素来看，可以说，萍乡煤矿因时局而"生"，也因时局而"亡"。

第一节　对辛亥革命的应对

如前文所言，萍乡煤矿是晚清洋务运动和汉阳铁厂的产物，由于晚清政府和一些有识之士"奋发图强"思想的作用与影响，在晚清时期，萍乡煤矿、汉阳铁厂、大冶铁矿都是政府的"宠儿"、"宝贝"。然而，随着时代的"进步"，到了民国，汉、冶、萍的政治命运却"江河日下"，"恩宠"不再，甚至成了政府的"弃儿"（如汉阳铁厂在 1925 年后即基本停产，成为一座废厂，直到抗战兴起并在侵华日军逼近武汉之际，国民政府才考虑把汉阳铁厂的设备拆迁至四川以应"军需"）。

"恩宠""不恩宠"，"关照""不关照"，这对企业经营来说本是"身外之物"，企业可以也应该可以依据企业经营本身的规律得以存续或消亡。然而，在近代中国，如果一个企业不能得到政府的"恩宠"与"关照"，那么，该企业则往往会变成政府"特别保护"的对象，成为政府的"割肉猪"、"摇钱树"、"提款机"，甚至以"国有资产流失"等借口被要求"收归国有"，如此等等。这些，都是汉冶萍在其"老主人"清王朝消亡，进入民国后经历过的，而作为汉冶萍一分子的萍乡煤矿自然也没有逃脱相同的命运。

武昌起义后，许多清廷官员认为："此次鄂事（指武昌起义）决裂由于川民之变，其致变之由，由于收回铁路国有之政策，而主持此事者，则邮传部尚书盛宣怀也。"他们把一次由于历史规律所必然引发的资本主义代替封建主义的革命的起因归结于盛宣怀一个人和一个具体的铁路政策，实属有点可笑。而且，他们还毫无根据地认为："该尚书嗜利忘义，人言啧啧，咸谓该尚书，主持此事，另有假公济私，攫中金偿私债之计划。"值得注意的是，在这里这些人说的只是盛有"假公济私，攫中金偿私债"的"计划"，而没有证据证明盛实际的贪污行为。这些人甚至认为："即使该尚书无此隐情，当此新政创办之时，民心易惑，国是易淆，该尚书竟悍然不顾，操切如此，其误国殃民之罪，实已不可胜诛。"进而要求"将该尚书立予罢斥，以快人心而清乱源"。① 这种判断大有"欲加之罪，何患无辞"的味道，说白了，原来的"大功臣"，到了平息民愤的时候转身即成了国家的"罪人"。盛宣怀为清政府背了一个大大的"黑锅"。为稳住局势，在武昌起义后不到半个月，清政府即发布上谕宣布："盛宣怀受国厚恩，竟敢违法行私，贻误大局，实属辜恩溺职。邮传部大臣盛宣怀着即行革职，永不叙用。"② 清廷天真地以为牺牲盛氏一人就能挽救整个大清朝和封建主义的命运。由此，盛氏个人和汉冶萍（此外还有盛氏其他资产）的命运也瞬间沉浮。

所谓"铁路国有"、"川民之变"，即指因清廷颁布铁路干线收归国有政策而于1911年5月引起全国保路风潮一事。

---

① 《御史王宝田奏折附片》，载中国史学会主编《辛亥革命5》，上海人民出版社、上海书店出版社2000年版，第410页。

② 佚名：《清末实录·外十一种》，北京古籍出版社1999年版，第11页。晚清铁路国有相关问题的研究曾是中国近代史研究的一个热点，已有不少研究成果，因本书关心的是萍乡煤矿的问题，所以，本书只能也只愿涉及作为萍乡煤矿最高领导人盛宣怀与铁路国有政策有关的问题，从而说明时局对萍乡煤矿的直接或间接的影响及盛宣怀的应对。

如第二章所述，在举办汉阳铁厂时，晚清政府已把大兴铁路作为振兴中国的重大国策，为多方筹集资金，全速推进铁路建设，并为摆脱借款筑路的资本运作模式和外国资本的控制，维护中国的利权，1903 年 12 月，商部奏定《重订铁路简明章程二十四条》，决定引进中国民间资本于铁路事业。为此，《章程》规定："各省官商，自集股本请办何省干路或支路，须绘图贴说，呈明集有的实股本若干万，详细具禀。听候本部行咨该官商原籍地方官，查明其人是否公正，家资是否殷实，有无违背定章各情。俟咨复到部，以定准驳。"① 新规实行后，一时间，修路之风大兴。全国共有 16 省先后办起了 20 家铁路公司，其中大部分均为商办，且多数计划宏大，以兴修干线为己任。但是，直至 1911 年，商办干路除沪杭甬铁路沪杭段外，其余均无多大进展，尤其是川汉、粤汉两路。从资金上看，湖北境内粤汉、川汉铁路需款 3600 万元，而实收股本仅 212 万元；湘路公司预收 2000 万元，实际筹资 652 万元。在修建里程方面，川汉路由川、鄂两省分修，川路长约 1500 公里，至 1911 年，仅建成可通行工程列车线路 17 公里及连工程列车都开不进的线路 46 公里，鄂路长约 600 公里，仅完成少量土方。粤汉路全长 1095 公里，由鄂、湘、粤三省分办，至 1911 年，鄂路仅完成少量土方，湘路建成 51 公里，粤路建成 97 公里。② 而在路款管理方面，也有很大漏洞，1910 年，川路公司发生倒账案，川路公司在上海存银 350 万两，管款员施典章即挪用营私倒账 200 万两。③

这种状况的出现，使铁路新政远未达到预期效果。对此，早在 1908 年，清政府就开始筹划铁路国有政策，该年光绪帝发布上谕："铁路为交通大政，绅商集股，请设分公司，奏办有年，多无起色，坐失大利，尤碍交通。"并派员赴各地方民营铁路公司调查股款、勘查工程，规定"倘所集股资不敷尚巨或备存意见，推诿误工，以致未能如期完

---

① 曾鲲：《中国铁路现势通论》，中国铁路学社 1945 年版，第 395 页。

② 陈晓东：《清政府铁路"干路国有政策"再评价》，《史学月刊》2008 年第 3 期，第 46—47 页。

③ 《邮传部奏请惩办川汉铁路上海管款员施典章倒骗巨款案》（1911 年 6 月），载戴执礼编《四川保路运动史料》，科学出版社 1958 年版，第 76—79 页。

竣，即由该部会同该管督抚另筹办理"①。但由于铁路国有涉及外国在华权益及地方政府与地方资本利益，所以，清政府对铁路国有政策的施行采取了相对慎重的态度，给了民间资本三年的缓和与退出时间，这是值得肯定的。

1911年5月9日，清政府颁布"铁路干线收归国有"上谕，宣布："干路均为国有，定为政策。所有宣统三年以前，各省分设公司，集股商办之干路，延误已久，应即由国家收回，赶紧兴筑。除支路仍准商民量力酌行外，其从前批准干路各案，一律取消。"②

铁路国有政策正式实行后，1911年5月20日，身为邮传大臣的盛宣怀即与英、德、法、美四国银行团正式订立了《湖广铁路借款合同》，借款600万英镑，年息5厘。以往铁路借款都得存入债主指定的外国银行，而本合同规定，借款的半数可存入中国银行，且"中国材料及经在中国各厂制造之货物，若质料、价值与德、英或他外洋材料相同者，自应尽先购买，以鼓励中国工艺"③。这表明，借款中有一半可以用来购买中国钢铁等产品。

但是，铁路国有政策还是引发了全国性的保路风潮，其中以四川最为激烈。为此，清政府大怒，派兵弹压。1911年9月7日，川督赵尔丰诱捕四川省咨议局议长蒲殿俊等反对铁路国有的川绅领袖，酿成成都血案。血案发生后，同盟会乘势发动起义，后来，尽管清政府多方退让，仍无济于事，最终爆发武昌起义。

特别值得注意的是，清政府最早宣布将实行铁路国有政策的是1908年，正好是汉冶萍公司正式成立的年份，所以说，铁路国有政策的出台与主管清廷铁路建设的盛宣怀有密切的关系或是由其主持的并不为过，但这并不表示铁路国有政策本身有什么问题。铁路建设需要庞大的资本、技术、人才、土地征用等各个方面的全力支持，尤其把铁路国

---

① 《光绪三十四年九月丙午条》，载朱寿朋《光绪朝东华录》卷220，中华书局1958年版，第1050页。

② 中国史学会：《中国近现代史资料丛刊——辛亥革命》第4卷，上海人民出版社1963年版，第339页。

③ 王铁崖编：《中外旧约章汇编》第2册，生活·读书·新知三联书店1959年版，第461页。

有政策放在当时整个世界走向国家垄断资本主义的历史大背景和国家发展战略的层面去看，在 20 世纪初中国实行铁路国有政策无疑是正确的。面对"主子"的无情抛弃，革命党，湖北、湖南、江西等盛宣怀资产相关各省地方政权的"虎视眈眈"，在当时的时局下，盛除了远走，恐怕别无"生路"。盛被革职的消息一经传出，日、美、德、法、英五国公使便争先恐后表示要护送他出京，盛最后到了与汉冶萍关系最密切、路途最近的国家——日本，这不能不说是作为近代中国最为成功之一的企业家的悲哀，萍乡煤矿（包括整个汉冶萍）也从此开始了其不断被人"宰割"的命运。盛宣怀的"外逃"，使得萍乡煤矿（乃至整个盛氏资产）在某些人的眼里便成了"无主"的财产，以至人人"垂涎"，恨不得顷刻间据为己有。

　　1912 年，民国肇兴，临时政府经济十分困难，汉冶萍（此外还有轮船招商局等大型企业）便成了新政权的"提款机"。于是，作为临时政府的大总统，孙中山要求盛宣怀中日"合办"汉冶萍，① 以

---

　　①　关于中华民国临时政府时期汉冶萍向日本借款和中日"合办"汉冶萍的问题，一度成为汉冶萍研究和孙中山研究领域的一个热点，出现了不少研究成果。

　　大多数研究认为，是由盛宣怀提出中日合办汉冶萍的。例如："更有甚者，盛宣怀还想借帝国主义的力量保护自己的利益，避免辛亥革命的冲击。1911 年武昌起义后，盛宣怀逃往日本。次年他向日本正金银行借款三百万日元，以大冶矿山、铁路及其他业作抵押。""盛宣怀同时还与日本订立了《汉冶萍中日合办特别合同》草约。此议后虽因遭到股东及国内舆论的反对而未能得逞，但 1913 年盛宣怀从日本回国后，再次以公司的财产作抵押向日本大举借债，将自己的利益与帝国主义的利益更紧密地联在一起。"赵晓雷：《盛宣怀与汉冶萍公司》，《史学月刊》1985 年第 6 期。

　　另外，研究汉冶萍的重要著作全汉升的《汉冶萍公司史略》（文海出版社 1972 年版）也认为，是在盛宣怀逃往日本后由日方向盛提出中日合办汉冶萍的，"因为日本对汉冶萍公司早有觊觎之心，日本正金银行董事小田切万寿之助即乘盛氏被国人遗弃的时机，邀请他东渡日本，予以热烈的欢迎和殷勤的招待，同时提出汉冶萍公司由中、日合办的要求。"（第 154 页），该书只字未提孙中山的责任。

　　还有，作为研究汉冶萍的重要著作武汉大学经济学系编《旧中国汉冶萍公司与日本关系史料选辑》（上海人民出版社 1985 年版）中有关这次中日合办汉冶萍的目录即直接反映了作者们的观点，如"辛亥革命时期盛宣怀和日本帝国主义阴谋中日合办公司"、"辛亥革命初期盛宣怀等和日本帝国主义的勾结"、"日本帝国主义同盛宣怀乘南京临时政府财政困难之机策划实现公司的中日合办"，此书的观点很有为伟人讳，而把中日合办汉冶萍的责任完全归于盛宣怀和帝国主义日本的味道。（转下页）

此由汉冶萍向日本借款 500 万日元再转借与临时政府。对此，孙中山的理由是：

> 非不知利权有外溢之处，其不敢爱惜声明（名）冒不韪而为之者，犹之寒天解衣付质，疗饥为急。先生等盖未知南京军队之现状也。每日到陆军部取饷者数十起。军事用票，非不可行，而现金太少，无以转换，虽强迫市人，亦复无益。年内无巨宗之收入，将且立踣。此种情形，寓宁者俱目见之。召盛而使募债事，仍缓不济急。无论和战如何，军人无术使之枵腹。前敌之士，犹时有哗溃之势。弟坐视克（黄兴）兄之困，而环现各省，又无一钱供给。以言借债，南北交相破坏，非有私产，无能为役。似此紧急无术之

接上页注①：当然，也有把中日合办的首要责任归于政府，并同时把盛宣怀描述成与孙中山"不谋而合"或"半推半就"者。例如："南京临时政府利用逃往日本的盛宣怀与日本人的关系，'欲为汉冶萍筹款'，并'将此意告盛'。""日本财团乘机分别向南京临时政府和盛宣怀提出'中日合办'汉冶萍的借款条件。""盛宣怀觉得中日'合办'汉冶萍对行将破产的公司经济有利可图。""面对如此局面，盛宣怀很希望通过中日'合办'来挽救残局。"陈潮：《辛亥革命期间中日合办汉冶萍事件初探》，《历史教学问题》1986 年第 4 期。

不过，黄德发认为，中日合办汉冶萍的主要责任在孙中山，其研究的结论是："事实表明，由于日本财团、南京临时政府和汉冶萍公司三方面的合力作用才导致《汉冶萍公司中日"合办"草约》的签订，说'合办'完全是由盛宣怀与日本人的合谋，南京临时政府在这事件中只是受骗上当，是不符合历史事实的。平心而论，孙中山、黄兴等人始终是起着积极的主导作用。"黄德发：《汉冶萍公司中日"合办"事件试探》，《中山大学学报论丛》1988 年第 4 期。

此外的专文还有：孙立田：《民初汉冶萍公司中日"合办"问题探析》，《历史教学》1998 年第 3 期；杨华山：《论南京临时政府期间汉冶萍"合办"风波》，《学术月刊》1998 年第 11 期，两文均主张是孙中山政府先提出中日合办汉冶萍的。

本书比较认可黄德发关于中日合办汉冶萍问题的论证，但对其所做出的结论则不能完全认同。本书认为，只得出"孙中山、黄兴等人始终是起着积极的主导作用"的结论是不彻底的，彻底的有关责任问题的结论应该是：在孙中山的政治压力下，盛宣怀被迫同意中日"合办"汉冶萍，孙中山在该事件上负有完全责任。而且，黄文是从到底谁要为中日"合办"汉冶萍风波负主要责任的角度进行研究的，而本书则是在孙中山应为中日"合办"汉冶萍问题负完全责任的基础上，论证时局对企业（萍乡煤矿）经营的影响和企业的应对，为此，表面上本书也是在追寻中日"合办"汉冶萍问题的责任者，但本书最终要得出的结论却是：中华民国临时政府所造成的"时局"严重地损害了企业（萍乡煤矿）的利益，孙中山统一中国，建立资产阶级政权的政治目标反而使其阶级基础——资产阶级遭受毁灭性的打击，反过来这甚至成为孙中山临时政府垮台的根本原因。所以，本书关于中日"合办"汉冶萍研究的目的也与现有的相关研究完全不同，当然，这也是本书本节点研究意义之所在。

际，如何能各方面兼顾？①

从中可以看出，临时政府对其控制区域的控制权非常脆弱，根本不能直透地方，导致政权极不稳固，其主要表现在：一是军队不为所控，随时都有"哗溃"的可能；二是收不上税收，"强迫市人，亦复无益"。由这个材料完全可以判断，是孙中山先要求盛宣怀中日合办汉冶萍，而不是盛宣怀投孙中山之所想，主动先提出中日合办汉冶萍，从而转借500万日元与临时政府的，其根据就是在孙中山要求盛宣怀向日本借款前就已经"召盛而使募债事"，但孙仍感"缓不济急"，为此，更直接又能立即救急的显然就是"借钱"。

除此之外，还有一条材料也可作为重要证据。那就是，1912年1月27日上海三井物产会社经理山本条太郎在致孙中山信件中提到的内容：

孙逸仙博士尊鉴：谨向阁下证实下列来往电报：

一九一二年一月二十五日中午十二时二十分发往尊处下列电报：

接东京电，阁下致盛电未切要害。敝处已电复东京云：阁下已授全权予三井与盛谈判，请遵行。如本月底各项条件未能为盛所接受，谈判即作破裂论，贵政府即可对汉冶萍及盛氏产业采取必要步骤。请阁下将此点电盛、何。三井。

一九一二年一月二十六日上午八时五十分收到尊处一月二十五日下午八时二十五分发出之下列电报：

已遵来示各点电盛。

[中略] 汉冶萍业务经理王阁臣于一月初即在日本，今晨返沪，午后曾来访。王急于了解中日合办汉冶萍公司的想法是如何产生的。我告诉他，阁下（指孙中山——本书注）与胡汉民先生均曾提及此事。汉冶萍中日合办的设想，是去年十二月底我与阁下晤

---

① 《孙文大总统复总统枢密顾问章炳麟函》（1912年2月13日），载武汉大学经济学系《旧中国汉冶萍公司与日本关系史料选辑》，上海人民出版社1985年版，第307页。

谈，议论到浙江铁路时提起的。①

这条资料清楚地显示了孙中山与日本合作"设局"请盛宣怀"入瓮"的脉络。因为当时"汉冶萍业务经理王阁臣"与盛宣怀同时在日本，王不知"中日合办汉冶萍公司的想法是如何产生的"，显然盛宣怀也不知，而且，王向山本打听合办的来龙去脉很可能就是受盛的指示而为。

为怕盛宣怀不就范，在山本此函发出的当日（27日），黄兴就向在日本的盛宣怀发去了威胁电报。黄警告盛宣怀："前电谅悉。至今未得确切回答，必执事不诚心赞助民国。兹已电授全权于三井洋行直接与执事交涉，请勿观望，即日将借款办妥，庶公私两益，否则民国政府对于执事之财产将发没收命令也。其早图之，盼复。"②（实际上，此前孙中山政权已没收了盛氏老家的部分资产。③）黄兴的这份电报早于孙中山对章炳麟的复函，说明自一成立，临时政府就有了"要求"盛宣怀通过中日合办汉冶萍以为政府筹款的计划，而盛宣怀则一直在回避。在此情况下，黄兴直接亮出了"请勿观望"的底牌：如你"敬酒不吃"，不同意"合办"，那就"吃罚酒"，干脆没收你的资产。

以上材料证明，中日合办汉冶萍不仅是孙中山政府（或说是孙中山与黄兴会更准确些）的主意，而且是孙逼着盛宣怀干的（因此，说是"要求"盛宣怀中日合办汉冶萍那是"客气"了），在这种情况下，盛宣怀除照办外，已经没有了其他出路。

然而，孙中山中央政府"要求"汉冶萍中日合办的做法，虽然使盛宣怀可利用外国资本"合办"之名，吃个以后政府再也无法"没收"汉冶萍的"定心丸"，从而使其在中日合办汉冶萍的问题上"假戏真做"，处于成败两可的境地，但是，这一做法却大大"得罪"了各路有识之士和各地方势力及那些一心想把汉冶萍据为己有者。因此，当孙中

---

① 陈旭麓、顾廷龙、汪熙：《上海三井物产会社致孙中山函》，载《辛亥革命前后——盛宣怀档案资料选辑之一》，上海人民出版社1979年版，第237页。

② 《黄兴致盛宣怀电》（1912年1月26日），载陈旭麓、顾廷龙、汪熙《辛亥革命前后——盛宣怀档案资料选辑之一》，第235页。

③ 全汉升：《汉冶萍公司史略》，文海出版社1972年版，第155页。

山合办汉冶萍的消息泄露后，立即遭到来自中央、湖北、湖南、江西、汉冶萍公司等各利益攸关方及社会各界的强烈反对，"一石激起千层浪"。

1912 年 1 月，以刘成禺为代表的参议院参议员即提出了《关于中日合办汉冶萍公司质询案》，指出孙中山所为乃"既失政府信用，又足激变民心，应请公决。警告政府，另议善法"①。

1912 年 2 月 9 日，总统府枢密顾问章太炎致信孙中山，对孙的中日合办行为表示深感震惊，其曰：

> 闻人言公与克强、盛宣怀、松方正义四人，订立合同，以汉冶萍公司抵款千万，半作政费，半入公司，不胜诧绝。大冶之铁，萍乡之煤，为中国第一矿产，坐付他人，何以立国？公司虽由盛宣怀创办，而股本非出一人，地权犹在中国，纵使盛宣怀自行抵押，尚应出而禁制，况可扶同作事耶？此等重要事件，不经议会通过，而以三人秘密行之，他日事情宣布，恐执事与盛宣怀同被恶名，自是无容足于中区之地，如何不思久远而冒昧为此乎？前日汉民言速召盛宣怀归作财政顾问，鄙意绝对赞成，所以然者，彼于商界犹有信用，令募公债，足以济一时之急，较之公司抵款，利害直相去霄壤。谓宜决意废约，召归盛氏，弃瑕录用，使募军糈，等之可以得饷，何必令国丧主权，身冒不韪耶？转瞬袁氏政府将成，以执事之盛名，而令后来者指瑕抵隙，一朝磋跌，自处何地？及今事未彰布，速与挽回，是所望于深思远计之英也。②

同月 13 日，在孙复函（前文所引《孙文大总统复总统枢密顾问章炳麟函》）并了解了孙的"以解衣付质为比"后，章也以"昔人云：'日暮途穷，故倒行而逆施之'"的比喻不留情面地指责孙，并言："甚非所望于执事也"，表示了对孙的严重失望。不仅如此，章还认为

---

① 《南京临时政府参议院参议员刘成禺》，载《旧中国汉冶萍公司与日本关系史料选辑》，第 337 页。

② 《章太炎致孙中山信函》（1912 年 2 月 9 日），载马勇编《章太炎书信集》，河北人民出版社 2003 年版，第 419—420 页。此文后于 1912 年 3 月 6 日登于《大共和日报》。

孙的合办举措太没有必要，且是十分缺乏战略的考量。章在该日的同一
回信中说：

> 临时政府成立以来，不过四十余日，公私费用，当非甚乏。军
> 队聚于江苏者，苏、浙二军皆由本省发饷，扬州徐宝山一军则就地
> 筹饷耳。独有徐、林、柏、粤与海军诸兵舰，乃由中央政府资之，
> 时期既短，兵数亦非甚多也。其妄自增练者，自有禁制，名不登于
> 伍符，何能相聚索饷耶！苏路所以贷临时政府者盖一百七十万，季
> 直所筹闻亦一百三十万，其他广肇公所及诸商人报效亦不下百万，
> 军用手票犹不在此数也。综计所得四十日中，足以养十万兵而有
> 余，市朝之费亦无不给矣。今日抵招商，明日合汉冶。迩者南浔铁
> 路，又复见告，需此巨资，不知何用。[中略] 克强总率六师，军
> 储宜豫，岂当素无规画，视钱币如泥沙，形绌势穷，然后以国产与
> 敌。执事虽谅克强之困，奈舆论不直何？奈国命将覆何？诚令军需
> 匮乏，当开诚布公，商之于实业部，告之于参议院，人情爱国，自
> 有乐为扶助者。今谋事冥昧之中，借资奸诪之手，亚洲良冶，坐以
> 与人。斯乃秘密结社时之所行，而不可用之于抚世长民之日也。
> [中略] 今以私卖国产自点，令名十年之功恶为灰土。①

在这里，作为下属，章先把孙之所为隐讳地说成是孙受了盛的蒙
骗，但其实章对孙是很了解的，章没有点名地指出就是孙提出了中日合
办汉冶萍的主意，所以章又说出了下列一番话，并严词要求孙下"罪
己诏"，否则即将与孙"割席"绝交。章曰：

> 若翻然改图，下书罪己，听参议院评其可否，夫亦知非执事之
> 本心，而特为盛宣怀所玩弄耳。[中略] 何必强拂舆情，以冒天下
> 之不韪哉！[中略] 若遂不悟，身处密迩，不能被发入山，而于大

---

① 《章太炎致孙中山信函》（1912 年 2 月 13 日），载马勇编《章太炎书信集》，河北人
民出版社 2003 年版，第 420—421 页。

事无所匡救，惟有要求割席，期不负罪于天下。①

通过上面冗长的材料可知，以孙中山为最高权力代表的新政权对于新政权下的国家经济建设，尤其是对于企业的生死是十分不在乎的，说其"随意而为"也不为过。

孙中山合办汉冶萍之举不仅引起许多在朝者的震怒和反对，更招致来自汉冶萍的强力抗争。

1912 年 2 月 2 日，在汉冶萍股东叶景葵致股东聂云台的电报中，叶就高呼："今汉冶萍引日资合办，是不啻举全国钢铁业拱手授诸外人，危险何堪设想！"② 25 日，股东成戴瑞等在上海《申报》发表致滞留日本的盛宣怀的公电："屡见报载，阁下拟以汉冶萍厂矿与日人合办，殊深骇异。查公司向章，不准掺入洋股。阁下既未商各股东开会议决，辄以私人资格擅与外人订约，不独国权，亦我等血本所关，断难承认，而全国舆论哗然，鄂、湘、赣三省人民起而反抗，将恐激成变端，我等同受其累，决不甘心。望即迅速取消，勿稍延迟，致贻后悔。"③ 26 日，公司董事会也向盛宣怀发出公电："闻汉冶萍乡煤矿厂有与日本合办之约，各股东疑虑，群来诘问。董事会并未与闻此事，当即诘问办事员，见合同第十条内载明，须俟股东会议过半数赞成，方行照办。是未经会议，此合（约）并无效力。接各股东来函，均以此事有损国权、商业，极不赞成，应请照合同第十条取消。"④

① 《章太炎致孙中山信函》（1912 年 2 月 13 日），载马勇编《章太炎书信集》，第 422 页。实际上，提出要辞职的远不止章太炎一人，实业总长张謇也递交了辞呈。1912 年 2 月 12 日，张謇致电孙中山、黄兴："汉冶萍事，曾一再渎陈，未蒙采纳；在大总统自有为难。惟謇身任实业部长，事前不能参预，事后不能补救；实属尸位溺职，大负委任。民国成立，岂容有溺职之人，滥竽国务？谨自劾辞职，本日即归乡里。特此驰陈。"上海社会科学院历史研究所编：《辛亥革命在上海史料选辑》，上海人民出版社 1966 年版，第 1019 页。湖北省参议员刘成禺等也纷纷辞职。"湖北参议员刘成禺、张伯烈、时功玖等，攘臂起诉，极言政府擅断擅行，愤极辞职，立回湖北原籍，运动本省临时省议会，另行组织临时国会，与南京临时参议院抗衡。"蔡东藩、许厪父：《民国演义》（合订本），上海文化出版社 1983 年版，第 42 页。

② 《旧中国汉冶萍公司与日本关系史料选辑》，第 326 页。该电于同月 28 日刊公开于上海《申报》。

③ 《辛亥革命前后 盛宣怀档案资料选辑之一》，第 255 页。

④ 《汉冶萍公司档案史料选编》（上），第 336 页。

3 月 22 日，汉冶萍公司召开临时股东大会，各股东代表"慷慨陈词"，湖南代表熊希龄认为"合办之害，约有四端"：

> 一曰丧权。［中略］日人权利思想最为发达，利之所在，丝毫不让。苟公司若与合办，将来相形见绌，中国股东遇事不问，所有一切公议之权，必均操于日人之手，可无疑矣。试观开平公司自中英合办后，中国股东曾一过问否？此股东之丧权也。
>
> 二曰糜费。公司获利在于去冗员而节冗费，今草合同第五、六条，办事职员华日各一，是较从前用人经费加一倍矣。
>
> 三曰失利。［中略］草合同第三条，公司股东盈亏共认，不定官利，并将旧章各股东应得之官息而去之。试思我国资本家力量薄弱，均恃官息以为生计，一旦失其俯仰，将必低价押售，股票跌落。所谓华股只售于中国之人者，其人非他，即盛氏也。彼起低价收买，而遂其托拉斯之欲望。倘公司任意浪费，获利日微，必又以所收买股票，概押于日本股东之手，公司将无复为中国有矣。
>
> 四曰酿祸。汉冶萍厂矿隶属于三省管辖之下，彼处土人性质强悍，稍有谣传，即起暴动。在满清时代均借官力弹压，［中略］今者合办议起，全国人心异常公愤，三省尤为激烈。昨见报载传单，有宁可轰毁之宣言，万一险遭不测，非仅我辈股东损失无着，若因此而起中日之恶感，甚非国家及个人之福也。①

最后，经投票，股东大会"全体反对"②，一致宣告《草约》无效。

经过朝野的努力，孙中山最后不得不放弃中日合办汉冶萍的计划，萍乡煤矿也得以保全。③

---

① 《旧中国汉冶萍公司与日本关系史料选辑》，第 337—339 页。

② 同上书，第 339 页。

③ 说中日合办汉冶萍事件是孙中山一手造成（黄兴只是帮办），除章太炎所说有孙、黄、盛"三人秘密行之"的证据外，连时任临时政府副总统的黎元洪也未知其事也是一个有力的证据。黎曾在咨参议院的材料中说："侧闻汉冶萍公司改办密约。"《旧中国汉冶萍公司与日本关系史料选辑》，第 337 页。还有，如章太炎所言，孙中山要用于借款的企业远不止汉冶萍一家，盛宣怀的招商局也在孙的视野之内，且孙是"以兵力强迫招商局押借外款"的。《南京临时政府参议院参议员刘成禺》，载《旧中国汉冶萍公司与日本关系史料选辑》，第 337 页。

在为新政府筹款的过程中，孙中山之所以看中汉冶萍（抑或说盛宣怀）为借款中间人的原因还有："盛氏自行抵押，亦无法禁制。该矿借日人千万，今加借五百万，作为各有千五百万之资本。夫中国之矿产甲于五洲，竞争发达，当期其必然，否则专为盛氏数人之营业，亦非无害。"[①] "今日所见为独占无二者，他日当使竞争而并进；于众多矿中，分一矿利与日人，未见大害，否则以一大资本家如盛氏者专之，其为弊亦大。"[②]

如果前面说孙中山是考虑到军队急需用款而不得不通过他人借款，是出于政治因素的话，那其情或可理解（合情但仍不合理），但如孙中山因为汉冶萍曾向日本借过钱，他就可以要求汉冶萍向日本转借 500 万日元的话，这显然是十分霸道的。至于什么中国矿产"专为盛氏数人之营业"则既不符合当时的现实（如煤矿就远不止萍乡煤矿一家，比萍乡煤矿成立更早，在当时更大的还有开平煤矿、抚顺煤矿等等），其"以一大资本家如盛氏者专之，其为弊亦大"显然也不尽然。在这里，孙中山的经济思想似乎是主张"自由竞争"，而非"垄断"，但如果考虑到汉、冶、萍本质是晚清时期中国资本（因汉冶萍从创办之始就明确规定不允许外国资本进入其股份之中）与外国资本在华钢铁、煤炭市场竞争的产物，且 20 世纪初国际资本早已进入"垄断"阶段（政治经济学一般称之为"垄断资本主义"阶段或"帝国主义"阶段）的话，那么，孙中山要人为地以政治权力的手段打破中国仅有的一家钢煤垄断企业的话，显然是政治对"经济规律"的不尊重，是相当地"不合时宜"的。说严重一点，这是一个新政权在自挖自己本来就已十分薄弱的"经济基础"的"墙脚"。

诚然，如汉冶萍研究大家全汉升所认为的那样，"盛宣怀赞成汉冶萍公司中、日合办的原因，一方面由于他的铁路国有政策得罪国人，另一方面因为他的家乡江苏（盛氏祖籍江苏武进）谣传他在邮传部尚书任内，和各国订立借款，收回扣银数百万两，以致他在苏州的产业被

---

① 《孙文大总统复总统枢密顾问章炳麟函》（1912 年 2 月 13 日），载《旧中国汉冶萍公司与日本关系史料选辑》，第 307 页。

② 《孙文大总统复实业部长张謇函》，载《旧中国汉冶萍公司与日本关系史料选辑》，第 308 页。

'发封充公'"。"此外，汉冶萍公司最大的股东是盛宣怀，其他大股东有满清皇室要员奕劻、载洵和载涛等，故南京临时政府成立后，由于政治立场不同，公司的产业难免有被没收的可能。在这种情形下，盛氏自然愿意把公司改为中、日合办，希望凭借日本人的势力，把他个人在公司的利益保存。"① 所以，关于盛宣怀及汉冶萍高层欲借助日本势力以维护自身经济利益的问题，是确实存在的（盛宣怀本人在辛亥革命爆发后跑往日本寻求避难本身就是最强有力的举证），这与开平煤矿在义和团运动中，其督办希望借助英国人的势力以保全资产的做法如出一辙，正是旧中国政局动荡及外国势力干犯中国经济主权的典型案例。然而，如果在企业经营者做出有违民族利益的行为时，政府也以此为"榜样"进而效仿，则就是一个民族和企业更大的悲哀，这即是清政府倒台后，走向了资本主义道路的中国企业在新的时局下的一般命运。

如果说关于汉冶萍是否可以中日合办的争论只是在汉冶萍全局上、在宏观方面对作为集团一子公司的萍乡煤矿产生了间接影响的话，那么，伴随合办风波而起的，主要在湘赣两省间发生的对萍乡煤矿的争夺，则是地方政权对商办萍乡煤矿企业产权的直接干涉。

辛亥革命爆发后，除了"合办"汉冶萍问题外，更为广泛、涉及面更大的还是关于汉冶萍是"官办"还是"商办"的争论（与之相关的是汉冶萍是盛宣怀个人的资产还是盛宣怀与众多股东的资产，以及如果是"官办"企业，那到底是中央政府的企业还是汉、冶、萍所在省份的企业的争论和抢夺）。

封建的清政府倒台，资产阶级的政权在中国初创，这是几千年来中国的新事物。自然，由清政府"官办"出来的汉阳铁厂、大冶铁矿（这里不能笼统地说汉冶萍，因为萍乡煤矿除其早期的汉阳铁厂驻萍乡煤务局时期由汉阳铁厂出过资外，萍乡煤矿的正式创办完全是盛宣怀商办的）的"官办"色彩，在人们的心目中并不会消退，其"官办"的股份到底是如何处理的，处理清了没有，就成了部分利益集团要解决的问题。

如第三章所述，盛宣怀与清政府协商的结果是，汉阳铁厂（包括

---

① 全汉升：《汉冶萍公司史略》，文海出版社 1972 年版，第 155 页。

大冶铁矿）的官方投入不用盛宣怀归还，但汉阳铁厂自官督商办起每生产钢铁一吨，即向清政府缴税银一两，以至永远。中华民国政府建立后，对于汉冶萍（包括所有原清政府有投资或向其贷过款项的企业与个人），在法理上其应向清政府缴纳的捐税，是否仍有义务向推翻了旧政府的新政府缴纳原定比例的捐税，就是一个问题。当然，因为中华民国政府向国内外宣布承认继承旧政府的一切权利与义务，[①] 所以，汉冶萍是有义务向新政府缴纳铁捐的，对此，汉冶萍事实上也给予了承认。但是，在汉冶萍是否一直是"官办"企业、"国有"财产上，当时的舆论是有分歧的，这成了辛亥革命后汉冶萍要与中日合办事件同时处理的重大的甚至也同样关系到其生死存亡的问题。

持汉冶萍是"国产"论调最强烈者，当属湖北省，然而仔细分析其关于汉冶萍"国产"的言论的本质，实为"省产"论。其经典陈述在 1912 年 2 月湖北省临时议会致湖北省军政府的文件中。其言：

> 现闻盛宣怀贿通赵凤昌等，组织汉冶萍公司股东会。［中略］查前清时代，汉冶萍之厂全系盛氏承办，不闻有股东之说。武昌起义即行宣布盛氏之罪，将该厂作为公有，不闻有股东呈明所有股份之文。南京临时中央政府拟与日人合办，当时只有孙文、黄兴、盛宣怀与日人某订立草约，不闻有股东从而干涉之。参议院鄂省议员与鄂军政府据理愤争，又不闻有股东向参议院陈情，向鄂军政府道谢者。总观各项情形，股东会之发生，纯系盛宣怀之诡计。［中略］盛氏此时必假造股票，贿人充当股东，或添借外款，例填年月，今三厂亏累巨万，公家不敢接收。应重申盛氏之罪，凡盛氏经手亏款，均由盛氏自行偿还。如盛氏欠有外债，应照会外人拘回押追。
>
> 三厂系鄂、湘、赣三省精华所在。前清时代，汉、冶两厂鄂省只投资本，未收利益，其出品物经盛氏售与外人者甚多。民国成

---

① 如 1912 年 1 月 5 日，孙中山在《对外宣言书》中公开声明：革命前清政府与各国"缔结的条约"、"所借之外债及所承认的赔款"、"让与各国国家或各国个人种种之权利"，"民国均认为有效"，"亦照旧尊重之"，并"承认偿还之责，不变更其条件"。《孙中山全集》第 2 卷，第 10 页。

立，三省人士自应极力保持，以备军民之大用。乃闻赵凤昌等电请取消鄂军政府所派汉、冶两厂监督。本省都督发实业司查复，据实业司呈云："查汉冶厂确系该公司之业，纯粹商办。"并云："两厂监督取消后，一切善后事宜，应请责成属司办理，以示统一而资保护。"等情。该司员等不察取消合办之电争，系鄂省都督与此间议会全体及各部处职员之公议，擅自呈复，于盛氏承办三省所有之厂矿而认为商办，以欺蒙都督。应请贵议会公决，咨请都督取消认汉冶萍为商办之电文，及取消汉冶厂监督之谕饬，加派委员驰赴两厂，切实办理，宣布盛氏之诡计，并治实业司欺蒙之罪，以谢鄂人，而示大公。

[中略]查盛宣怀为民国罪人，前此经理汉冶萍三厂没收作为公产，并由贵军政府派员充汉冶两厂监督，全国皆知，业经成为定案。且南京政府借款抵押之时，迭次缄电争执，均系鄂政府与鄂人士双方并进。惟时事机危迫，风潮所激，震撼全国，绝不闻有一公司股东出作鄂人后盾，是该三厂完全为盛氏私人承办，毫无疑义，乃盛氏复燃死灰诡计百出，胆敢于共和时代行此鬼蜮伎俩，竟串捏股东多人，伪造股票，倒填年月，朋分伙骗，以为桑榆收拾之计。在盛氏，择肥噬惯，自计诚为得策，独不解贵军政府，前既以公文嘱本议会向南京政府争议汉冶抵款，此次何以独徇该私人等一面之词，并不知会本议会，进行取消监督。

窃[查]汉冶既收作公产，为鄂人所有，财权鄂人应共享之。本议会负鄂人代表，公产所在，未容屏不与闻，予取予求，贵军政府似未能独作主张。该司生为鄂籍，未能于梓乡实业有所尽力，仅以没收之公产，拱手而奉之他人，非丧心病狂必不出此。查满清权吏每有纳强邻重贿，不惜牺牲本国权利为敌人贡献者。该实业司率意朦禀，恐不免有此情事，应请切实权究，尽法惩治，以儆官邪。当场表决，众议佥同。据陈前情，除电赣省议会外，相应[备]文咨请。为此合咨贵军政府，请烦查照，希即将承认汉冶萍为商办之电文，并撤退汉、冶两厂监督之谕饬，一并收回成命。仍希加派委员，驰赴两厂，切实办理，以兴实业，并治该实业司欺诈之罪，以谢鄂人。①

　　在这份咨文中，盛宣怀领衔"商办"汉冶萍成了"承办"汉冶萍，汉冶萍股票、股东及其股东大会成了盛宣怀的"鬼蜮伎俩"，当然，盛本人更是成了"民国罪人"和"共和时代"的欺名盗世之辈，而禁止鄂省接管汉、冶两厂的实业司也肯定吃了盛宣怀的贿赂，理应法办。最重要的是"汉冶既收作公产，为鄂人所有，财权鄂人应共享之"。恐怕这就是湖北省争夺汉、冶的根本目的。

　　对此，盛宣怀感到十分吃惊："最可奇者，《神州报》《公揭》竞言：汉冶萍不是纯粹完全商办公司。试问：汉冶萍若不是商办，安能仗着股东会名义废此已核准之草约乎?"②

　　由上述种种对于汉冶萍的争夺可知，在政府或政治派别及利益集团看来，资产不一定具有阶级的属性，任何资产本质上都是政治权力者的资产，"资产"阶级的政府或政治代表未必为"资产"的阶级服务。

　　中日"合办"汉冶萍成为导火索，在湖北省与中央争夺汉、冶两厂矿的同时，赣湘两省也开始了"接管"萍乡煤矿的争夺。③ 湖南都督

①　《湖北省临时议会咨军政府文》（1912年约2月下旬），载《汉冶萍公司》（三），第220—222页。

②　《盛宣怀致李维格函》（1912年2月29日神户），载《汉冶萍公司》（三），第219页。

③　其实，最先挑起对萍乡煤矿争夺的是湖北省。民国临时政府成立后，时任副总统兼鄂督的黎元洪在派员接管汉、冶两厂矿的同时，也派员前往萍乡接管萍乡煤矿。其理由是："萍矿前经盛宣怀收归铁政局公产"，所以，"敝处已札委叶懋康、邹绅梦麟前往接办"，并请湘督谭延闿"转访醴陵等县妥为弹压保护"。谭得知后，便立即劝说黎放弃此举，其谓曰："萍乡煤矿曾经设有汉冶萍煤铁商股甚多，系属公司性质，未可以为公产派人接办。且江西前电尚称萍乡煤矿应归赣主持，尊处派人接收之举请即作罢。至盛宣怀股本应如何没收，已派人调查，俟查明后电商办理。"并且，谭还出主意道："萍矿为汉冶萍公司之一部分，全局凭据尚在盛氏掌中，股东亦多数居沪，若进行占领，消息传出，盛氏素倚外援，必将全权寄托洋商。股东知识有限，更将股票转售外人。如此即蹈甲午后开平覆辙，殊非保全之道。鄙意不如暂时不动声色。汉阳铁厂、大冶铁矿则由尊处派人，萍矿则由敝处派人，均暗地运动联络。俟将盛氏股份调查清楚，先将其股份充出，然后再以股东名义邀集众股东，晓以利害，实行保全之策，较为有益。汉冶萍为中华实业完全之区，义须尽力保护。闿既有所见，不得不据情以告。如蒙采纳，尊处委派接办之人如已出发，可否电湘转告折回之处。"谭的主张与其说是力保萍矿不被"没收"，不如说是与湖北在幕后瓜分汉冶萍。对于谭的"瓜分"建议，黎慨然接受，黎称："萍煤尊拟办法甚是，敝处前委萍绅叶懋康即应取销。但叶已首途，请尊处转饬回鄂销差。"［《谭延闿咨黎元洪文》（1912年2月上旬，长沙），载《汉冶萍公司》（三），第205—206页。］谭的建议得到副总统的许可，这便成了湖南与江西力争萍矿的"尚方宝剑"。

谭延闿的策略是：只争萍乡煤矿的管辖权，而不争萍乡煤矿的具体经营权，即仍然承认萍乡煤矿为商办企业，仍然由原萍乡煤矿股东经营萍乡煤矿。这表面上看上去是对"产权"的尊重，实则却并非如此。因为据派出的人汇报，谭了解到萍乡煤矿"开支每月有十万余金之巨，以湘、鄂、赣各省财力，当此军饷外债紧迫之际，合谋尚不能支。如再划分省界，则糜烂何堪设想"。谭向副总统黎元洪呈报的这个信息既是事实，也是他希望湖北、江西两省"知难而退"。而且，谭派出的人到达萍矿后，"适以该矿总办林志熙赴沪筹款"，"林志熙系股东公举，热心毅力均属可嘉，当此经济缺乏之时，尚能担任赴沪筹款，极力维持"。"如依鄂电派员接办，则林君乘此机会脱身事外，而接办之人复无财力以持其后，则该矿必不能保。"为此，谭认为"惟有与鄂、赣会商，认该矿为完全商股办法，公家有维持之责，查问之权，而不必实行干涉，仍令林君竭力维持。庶湘、鄂、赣三省不致互有妨害，且能保全该矿于不败之地"①。

然而，江西却不买谭的账，江西认为：

> 萍乡煤矿大半为盛宣怀私产，又在江西境内，理宜归赣管理，前屡电达在案。湖南光复虽在南昌先，萍乡煤矿虽暂归湖南，然全赣光复后理应拨还。譬如田家镇及华阳镇等处，皆浔（指江西九江，接壤湖北、安徽）军所光复，所耗饷项亦甚多，然事后仍各拨还鄂、皖。盖公义所在，断不能因其有利，遂攘他人之物为己有。今贵省近宣告各省，并设分售处，欲将萍乡煤矿永据为湘有。人或劝截留湘需用之物之过浔者以为报复，此诚不值一哂。然江西贫困，筹款甚难，骤失此大利，更难支持。除一面电中央政府及各省公判外，合请贵省顾大义，勿贪私利，速饬将萍乡煤矿归还江西，并先电复。②

在江西都督李烈钧的这份函件中，表面为"公义"，然字里行间所

---

① 《谭延闿咨黎元洪文》（1912 年 2 月上旬，长沙），载《汉冶萍公司》（三），第206 页。

② 同上书，第207 页。

见者皆为"利来"、"利往"，偌大一个萍乡煤矿成了两省都督刀俎下的"鱼肉"，相互间在（辛亥）革命胜利后开启了瓜分"势力范围"的盛宴。

然而，湖南根本不理会江西"威逼利诱"，谭延闿的理由是：

> 敝省起义之初，以萍乡界连湘省，煤矿工人近万，饥溃堪虞。维时赣省尚未独立，叠据萍乡土绅、湘界矿东禀请保护，以保安宁。敝省为顾全大局起见，不分畛域，于万急之际，勉拨五万金与该矿订立借款合同，以济眉急。该款将煤作抵，即借此煤以济鄂省军用。[①]

> 该矿得此煤款，分发工食，始得解危。此项军用煤吨尚系向之价购，以维完全公司性质。是敝省于该矿并无丝毫权利思想，专尽借款义务，已可概见。至各省商埠分销，本系该公司向来所有，并非敝省现在设立。而敝省所以派员赴各省报告者，诚以煤米为军用要品，叠准鄂省来电，须防敌人乘间助买，致误军机，是以派员报告，统一办法，以便稽考。札文具载湘、鄂各报，并未有现设分销字样。

> 总之，敝省于萍乡煤矿，一方面因其为实业商务公司权限，只以保护为止。正与九江各界视为筹款大利所在，用意相反。诚恐贵□（督）未悉内中底蕴，爰将往来电文及筹议办法文稿，粘单咨明贵□（督），请烦查照，以免淆惑。[②]

湘省的理由远比赣省"大义凛然"。然而，赣省之所以能如此强硬，也是因为从副总统黎元洪那里得到了"许可证"。[③] 对于如何分割汉冶萍，黎称："汉冶萍公司中日合办既经取销，应由赣鄂积极筹办，

---

① 《谭延闿咨李烈钧文》（1912 年 2 月上旬，长沙），载《汉冶萍公司》（三），第 207 页。

② 同上书，第 208 页。

③ 1912 年 2 月，清帝退位后，孙中山随之辞职，袁世凯当选为临时大总统，3 月，袁推唐绍仪出任国务总理，抵南京组织新内阁，接收临时政府。4 月 1 日，政府迁往北京。在袁政府中，黎元洪仍担任副总统。结合前面材料可知，黎成了一个"好好先生"，既答应湖南对萍矿的诉求，又同时答应江西的主张。

以杜觊觎。"① 这无疑激励着各方对汉、冶、萍的争夺。于是，赣省不顾湘省的反对和萍乡煤矿已在湘省势力掌控下的现实，决定："拟于萍乡设立分银行，筹备公股投入萍乡煤矿公司，以为扩张地步。［中略］查萍厂在江西行政区域之内，又为出产丰富之矿区。公利所在，自应共谋整顿。非再派今该员驰往萍乡煤矿实地调查，无以筹善后而策进行。"② 并且表示："各处极端反对，我（李烈钧）仍一意坚持到底，不为其危言所动。"③ 李（烈钧）称：

> 我省既发难端，必须坚持心力，切实进行，务求□□矿之主体，握一切管理之权，不可畏难中止。④

> 此事关系赣省主权，诚非浅鲜，务希坚持定议，以保全本省财权、地权为要。⑤

面对赣省于 1912 年 9 月初的强行接管，汉冶萍自是竭力反对，并指出其接管即为没收。对此，李烈钧致函汉冶萍辩称：

> 萍乡煤矿赣省委员东（应为"投"）资代办，原为维持治安，继兴实业，与股东资本并无妨碍，迭经宣布，谅所共晓。［中略］但既投资代办，自不得不与矿局接洽清理，以期贯彻。是接办与否，实投资代办事实上便利问题，非矿局全部材料没收问题，又何至如来电所虑千余万资本尽付东流？［中略］总之，萍系赣省行政区域，矿务既有范围，地方治安所在，未使放弃责任，而公司股本所系办，决不能稍涉侵损。此时矿局既未克继开大工，赣省接收代办又与股东权利无碍，贵董可不必感惑于人言，可即通知矿局由

---

① 《李烈钧咨汉冶萍公司股东会文》（1912 年 6 月 29 日，南昌），载《汉冶萍公司》（三），第 286 页。
② 同上书，第 287 页。
③ 《江西都督府政务会议第十一次议案》（1912 年 8 月 24 日，南昌），载《汉冶萍公司》（三），第 322 页。
④ 同上书，第 323 页。
⑤ 《李烈钧致丁立中电》，载《汉冶萍公司》（三），第 323 页。

欧、周二经理接收开工。此后权利如何分配,新旧如何清理,或归国有,或仍旧□,贵董尽可派员赴萍,与该经理等协商,敝处必无不乐受商议。总期实业发达,服东确增利益,贵董事等似无庸过虑也。①

为此,汉冶萍只好求助于湖南都督谭延闿。谭电慰萍乡煤矿"湘省断难漠视"②,并直接召见赣省委派的萍乡煤矿正副经理欧阳彦谟、周泽南和致电李烈钧:"萍乡煤矿为公司产业,非得股东承认,政府未可遽行干涉。"③且电欧阳彦谟、周泽南,武力相言:"去年光复时,萍乡煤矿系湘省全力维持,现在赣省如此举动,必启争端,祸不独萍乡一隅;应静候李都督电示和平解决,切勿暴动。"④在赣省派人前往接管的同时,9月初,湘军进驻安源。谭电其一旅长指示:"湘省保护该矿,已及一年。断不能未经商允股东,径交他人收办,该旅长务须严重交涉,非经股东代表将办法商妥,万勿将该矿交出。"⑤湘赣间为了争霸萍乡煤矿,在安源展开了直接的交锋。

湘赣"兵临城下"背后,是萍乡煤矿、汉冶萍总公司方面对湘赣、中央政府和社会各界的大量工作。其中,萍乡煤矿对江西省政府的交涉最为艰难,但又最为强硬和最为圆通。9月10日,萍乡煤矿电赣督解释:"尊电所称萍乡煤矿在贵省行政区域之内,未便放弃一节。窃谓行政界说,自以为弹压保护为限。若派员干涉,即侵及营业自由范围,有碍公司权利。如贵省意在投资,自可向公司购买股票,与工商部等股分,同享权利,无须以行政名义取矿代办。"⑥并告以公司将派员前往南昌直接交涉。对于赣省借口黎元洪"指示"接管萍乡煤矿的行为,汉冶萍也回复李烈钧:"查汉冶萍厂矿公司,工商部与湘省俱有公股,

① 《复赵凤昌电》(1912年9月7日),载徐辉琪编《李烈钧文集》,江西人民出版社1988年版,第86页。
② 彭江流主编:《萍乡近现代史撷录》,出版单位不详,1992年版,第41页。
③ 《谭延闿致公司董事会电》(1912年9月4日),载《汉冶萍公司档案史料选编》(上),第287页。
④ 政协萍乡市文史资料研究委员会办公室编:《萍乡文史资料》第1辑,出版单位不详,1984年版,第72页。
⑤ 同上书,第74页。
⑥ 同上书,第73—74页。

本年股东会正议续招新股，筹备进行。准咨前因，具见贵都督维持商业，以冀众擎共举，苦心调护，感佩至股。除电萍乡煤矿，俟周君泽南抵萍妥为招待外，相应咨复贵都督查照。"① 湖南股东代表龙籲瑞等也向社会呼吁："赣省强夺萍乡煤矿，非经股东承认，不能擅自割弃。"②

萍乡煤矿、汉冶萍总公司、湘省的反对与呼吁起到了作用。北洋政府工商部在获悉情况后，于9月10日电赣督，谓萍乡煤矿问题已提交国务会议，并即派部员来萍调查，并指责："赣督有既侵人民财产之自由，复碍国家行政之统一。希严电撤回该委（指赣省派往萍乡煤矿的所谓正副经理），静候中央解决。"③

这样形势已对赣省极为不利。9月11日，萍绅也会同湘军旅、团长将有关函电持示欧、周磋商。12日下午，赣省终于同意和平解决萍乡煤矿问题，不再做武力接收打算。赣督李烈钧于当日电李培之、谢安国（两人为谭所指令解决萍乡煤矿问题的湘军旅、团长）、欧阳彦谟、周泽南称："矿事和平解决，湘、赣益敦于好。皆由贵旅长、团长，深明大义，一力协助，实业前途，增进无量，电到无任感佩。至此后如何进行，如何防范，凡有借重之处，该总、协理务宜悉心妥商，彼此接洽，保收完全效果，是所至盼。"④11月，黄兴也来赣斡旋，矿争风波始得消停。

在湘赣两省争夺萍乡煤矿的过程中，赣省还做了第二套方案并进行了部分实施，具体情况是，赣省政府在紧邻萍乡煤矿机矿外围设立了官办江西省萍乡煤矿（非商办汉冶萍萍乡煤矿），"以13.7万元在高坑一带收购土井、山田，绵延约10余里，计划投资200万元进行开采，以与汉冶萍公司竞争"，并竟根据前朝法规（1907年的《矿务章程》），"限定汉冶萍煤矿面积不得超过960亩"⑤。后因李烈钧于1913年5月下台，赣省萍乡煤矿未成。1913年12月，江西省军政府召开特别行政

① 《汉冶萍公司咨复李烈钧文》（1912年7月），载徐辉琪编《李烈钧文集》，第71页。
② 《萍乡文史资料》第1辑，第74页。
③ 同上。
④ 同上。
⑤ 《中国煤炭志·江西卷》，第16页。

会议，再次提出将萍乡煤矿改为"公办"，也未果。① 可以说，此次湘、赣两省对萍乡煤矿的争夺以湘省的胜利而告终，商办萍乡煤矿也因有湘省政府的直接武力保护才得以存续，而未被赣省接管。

第二节　对北洋政府的应对

在孙中山准备将汉冶萍中日合办之时，袁世凯是反对的。在江西省欲将萍乡煤矿收归省有的过程中，作为大总统，袁世凯也是从根本上表示反对的。② 但后来在 1915 年 1 月 18 日日本向袁提出"二十一条"欲将汉冶萍改为中日合办时，③ 袁却慨然应允。④ 于是，商办汉冶萍的命

---

① 《中国煤炭志·江西卷》，第 16 页。

② 根据《汉冶萍公司档案史料选编》（上），在袁世凯担任总统后，汉冶萍与北洋政府进行了为保障其产权的密切联系，这些联系的核心目的就是汉冶萍不被各省瓜分，而袁世凯本人是明确反对地方政权没收或瓜分汉冶萍的，袁在汉冶萍呈请其勒令议会取消没收汉冶萍一案的呈文中即批示："汉冶萍煤铁厂矿系股份公司，成案具在，既属股东财产，自应按法保护，饬工商部迅速咨行湖北都督、民政长查明办理。"[《公司董事会致北洋政府大总统、工商部电》（1912 年 8 月 13 日）]，这条材料说明，并非如有关研究说的那样，袁世凯在孙中山临时政府时期是为了反对孙中山才反对中日合办汉冶萍的，因为此时的袁世凯已经是总统，已经掌握了整个中国的政治大权。

③ "二十一条"规定："日本国政府及中国政府，鉴于日本国资本家与汉冶萍公司现有密接关系，且愿增进两国共通利益，兹议定条款如左：第一款　两缔约国互相约定，俟将来相当机会，将汉冶萍公司作为两国合办事业；并允：如未经日本国政府之同意，所有属于该公司一切权利、产业，中国政府不得自行处分，亦不得使该公司任意处分。第二款　中国政府允准：所有属于汉冶萍公司各矿之附近矿山，如未经该公司同意，一概不准该公司以外之人开采；并允此外凡欲措办无论直接间接对该公司恐有影响之举，必须先经公司同意。"[《汉冶萍公司档案史料选编》（上），第 367 页。]虽然本书并无证据证明汉冶萍或盛宣怀是否直接或间接地参与了"二十一条"条款的策划，但从其关于汉冶萍的条款中，似乎可以看到有前述孙中山政府要没收汉冶萍和鄂、湘、赣等省争夺汉、冶、萍给汉冶萍带来的心理上的后遗症的影子。当然，不管是否如此，在近代，中国的企业，尤其是那些有外资进入的企业要由外国保护，甚至以国家间条约的形式获得产权保障，这是近代中国企业的可怜之处，也是政府腐败的写照，如果再考虑到外国的保护只是外国资本为了其自身利益而附带关心所关联企业的产权的话，则更是可悲，而且，这种现象在当时的中国并不在少数。

④ 结合孙中山开始要求中日合办汉冶萍，随后又在遭到举国反对后中止中日合办汉冶萍，以及袁世凯反对孙中山中日合办汉冶萍和反对地方政权没收汉、冶、萍的情况，可以知道，在近代，作为中央政府的最高领导人（不论他是谁），企业始终只是他们为谋求政治利益或说实现政治目的的薪火而已。这权且称之为资产阶级的阶级局限性吧。

运再次被中日两国政府置于"风口浪尖"之上。众所周知，"二十一条"一经泄露，其本身即立即遭到举国反对而没有实现，所以，"二十一条"中关于中日合办汉冶萍的条款也最终未能如袁、日之所愿（对此问题，学界已有许多成果，本书不做更多论述）。

第三节　对国民政府的应对

自湘赣"争夺之战"后，时隔十多年，1928年，赣省终于成功没收（所谓的"接管"）萍乡煤矿，这在本书第四章已有专门论述，在此不再做更多论述。这里只想对蒋介石掌权后关于汉冶萍和汉、冶、萍的不同命运作一简略叙述，以从宏观上清晰近代中国企业面临重大时局变化的命运转折。

蒋介石北伐的本质和直接结果，是建立了以蒋介石为首的中国新的中央政权。还在北伐初年的1926年12月27日，江西政治部特派汉冶萍公司萍乡煤矿监察委员白某到萍乡煤矿宣示了要将萍乡煤矿收归国有之意。在与萍乡煤矿负责人（凌善永）的交谈中，白云："萍乡煤矿偌大实业，停工至为可惜，且失业工人太多，亟须设法维持，江西政府不明真相，特派我来调查并进而筹划救济办法。"并希望萍乡煤矿从速开工，在凌回答"公司若暂时无办法如何"后，白立即说："国民政府当维持。"而当凌追问"'维持'二字作何解法"时，白即直接指出了是"将萍乡煤矿收归国有"，且认为这一做法"外国多有行之者"[1]。结果，在蒋介石于1928年底稳固建立南京国民政府时即同时宣告了由江西省政府对萍乡煤矿的正式"接管"，从此，商办萍乡煤矿的历史便被画上了句号。

然而，大冶铁矿的命运却不同，它没有被没收，[2] 究其原因不外是日本利益"抵制"的结果。

其实，广东国民政府于1926年7月开始北伐后，不仅派员"考

---

① 《汉冶萍公司档案史料选编》（下），第147页。

② 汉阳铁厂于1926年北伐开始后，就已没有生产，实际上已宣告倒闭，此后也没有恢复生产。

察"了萍乡煤矿，而且也"考察"了汉阳铁厂和大冶铁矿，武汉国民政府成立（1927年1月）后的3月7日，其交通部即根据"考察"的结果（经2月28日中央政治会议议决），宣布由交通部成立汉冶萍整理委员会。[①] 在同一份部令中，交通部命令："所有该公司现在各处材料及一切物件，概归整理委员会负责处理，无论何项人等勿得擅自移动。"[②] 3月11日，交通部颁布《整理汉冶萍公司委员会章程》，《章程》规定："本委员会承交通部之指挥、监督，对于汉冶萍公司一切整理事宜，有完全处理之权。"[③] 整理委员会的成立和《整理汉冶萍公司委员会章程》的颁布，标志着汉冶萍再一次沦落到任人"宰割"的处境。[④]

为切实进行"整理"，汉冶萍整理委员会颁布汉冶萍各厂矿组织大纲。根据委员会的《萍矿组织大纲》，"矿长暂由整理汉冶萍公司委员会专任委员兼任"[⑤]，并任命整理委员谌湛溪为萍乡煤矿矿长。[⑥]

其实，关于所谓"整理"的本质含义，政府也是"犹抱琵琶半遮面"一步一步地加以"明确"的。在1927年6月13日《整理汉冶萍公司委员会致汉冶萍公司函》中，出现了"本月十一日本会第三次会

① 《交通部令》（第1010号）（1927年3月7日），载《汉冶萍公司档案史料选编》（下），第148页。

② 《交通部布告》（第1010号）（1927年3月7日），载《汉冶萍公司档案史料选编》（下），第148页。根据该布告的内容还可知，在此之前交通部就已命令封存汉冶萍资产。"本部前以该公司停办既久，曾令行该公司饬将所有汉阳、大冶、萍乡、运输所四处所存一切已成未成材料及大小轮驳，悉数保存，在未经本部令准以前毋得擅自移动。"

③ 《汉冶萍公司档案史料选编》（下），第148页。

④ 《章程》虽然规定七人委员会中汉冶萍公司有两名代表，但显然已是"少数派"，而且《章程》特别规定，当"部派委员有三人就职时本会即行成立"［《整理汉冶萍公司委员会章程》（1927年3月11日），载《汉冶萍公司档案史料选编》（下），第148页］，即只有在政府委员占绝对优势的情况下，该委员会才会运作，而且，从"部派委员有三人就职时本会即行成立"的字面上还可知，即使汉冶萍公司抵制该整理，不派人参加委员会也丝毫不影响委员会一切决定的"合法性"，因为政府只要有三个委员在其中工作，一切都是"成立"的。当然，上面这些研究其实都是无关"紧要"的，因为整理汉冶萍已经成为"政治"，所以，对于中央政权的一切安排，汉冶萍公司本身都是毫无抵抗能力的。也正因为如此，在堂堂的《章程》中竟只字未提到整理汉冶萍的宗旨和目标。

⑤ 《萍矿组织大纲》，《整理汉冶萍公司委员会章程》（1927年3月11日），载《汉冶萍公司档案史料选编》（下），第149页。

⑥ 《汉冶萍公司档案史料选编》（下），第153页。

议议决，由本会接管汉冶萍煤铁厂有限公司各煤铁矿厂，全部实行整理"的表述，该表述中用了"接管"的字眼。而在同月 15 日的《萍矿管理委员会公告》（第一号）中，开篇即言："案奉中国国民党中央执行委员会函开：关于救济武汉煤荒，经商定由政府收管萍乡煤矿，以资救济，案经本会政治委员会第十四次会议议决，由财政部、交通部、劳工部组织萍乡（矿）管理委员会。"① 这里，"接管"变成了"收管"，当然，国民政府始终不肯说出"没收"两字。而且，收管萍乡煤矿的理由竟由空洞的"整理"变成了非常具体的"救济武汉煤荒"，而不再是"救济"萍乡煤矿或汉冶萍，大有没有政府，萍乡煤矿即不知道武汉的煤好卖的味道。

不过在汉冶萍和萍乡煤矿看来，无论是"整理"也好，"接管"也好，"收管"也好，实与"没收"无异，汉冶萍对于"整理"式的没收据理力争。

1927 年 6 月 24 日，汉冶萍一孙姓代表（该代表向委员会言明"本代表到会并非公司所派，系属非正式的"）列席委员会第四次会议（规定"只许列席无提议权及表决权"），在孙姓代表还没有说"整理"就是"没收"时，政府委员就自称"接管并非没收"。当孙姓质问"接管既非没收，然其字句过于囫囵，殊欠明了，应请修改"时，委员竟称："如此接管办法美国多行之。"②

整个汉冶萍公司，则直接将交通部告到国民政府，述说汉冶萍"系商办性质，应请收回成命"，对此，国民政府没有任何指示，只是要求既是"运动员"又是"裁判员"的交通部给一个理由了事。时任交通部部长孙科的解释是：

> 查汉冶萍公司因办理腐败，负债累累，行将破产，其所营大冶铁厂停工已久，萍乡煤矿亦积欠工资甚多，日前迭据各工人请求复工及设法救济各等情前来。当以该公司所营煤铁事业关系铁路需要，而粤汉路株萍一段尤与萍乡煤矿相依为命，倘任令长此废业停

---

① 《汉冶萍公司档案史料选编》（下），第 150 页。
② 《整理汉冶萍公司委员会第四次列席会议录》（1927 年 6 月 24 日），载《汉冶萍公司档案史料选编》（下），第 151 页。

工，不独置千万劳工于绝地，且影响于铁路方面者至深且切，该公司既无力维持工人生活计，为维持铁路需要及营业计，不得不起而代谋，爰拟组织整理汉冶萍公司委员会整理各煤铁厂矿，经提交中央执行委员会通过照办在案。查该会之设系整理汉冶萍各煤铁厂矿事务，以期营业复振不至陷于破产起见，其营业如有溢利，均用于巩固及发展煤铁厂矿事业，不作别用，与收归国有者截然不同。现该委员会正着手接管各煤铁厂矿分别整理，该公司不察，以为没收，电请收回成命，殊属误会。①

孙科致国民政府的解释是关于国民政府整理汉冶萍最详细也最为权威的解释，其口吻与辛亥革命后赣督李烈钧的说法几同一辙。其实，国民政府要求作为交通部长的孙科进行解释时，整理汉冶萍的决定早已在国民政府中央执行委员会通过，所以，国民政府要交通部再做出解释，毫无疑问是在找挡箭牌（即把交通部当挡箭牌使），在踢皮球。

汉冶萍公司在无奈的情况下，求助于自己的顾客日本制铁所和自己的贷款者日本横滨正金银行，希望日方出面干涉。汉冶萍总经理盛恩颐、副经理潘灝芬向日方诉苦道："查国民革命军规复武汉后，轮驳悉被扣留，厂存煤焦材料亦自由揽胜，又以砂捐事久未解决，深虞冶砂装运出口发生阻碍。[中略]似此凭恃强权非法行动，敝公司固受摧残，而于贵国债权亦受重大之侵害。[中略]恳惠于援助，以资挽救。"②

其实，国民政府早已知道汉冶萍与日本有密切的生意和资金往来，为此，在1927年6月13日把整理命令函达汉冶萍公司后的21日，委员会就把整理命令事项也函告了日本驻汉口总领事："本会遵奉国民政府交通部组织成立，所有汉冶萍公司各煤铁矿厂已同时接管。查大冶铁矿所产铁砂向多售与贵国商人，兹值本会接管之初，拟请由贵领事转知

---

① 《国民政府秘书处致汉冶萍公司函》（1927年8月4日）之附件《孙科呈国民政府文》，载《汉冶萍公司档案史料选编》（下），第154页。

② 《盛恩颐、潘灝芬致中井、儿玉函》（1927年8月27日），载《汉冶萍公司档案史料选编》（下），第154页。

贵国购买该矿铁砂商人迳到本会接洽，以便继续交易。"①

对于国民政府整理汉冶萍一事，日方向国民政府提出了"抗议"，时任日本驻汉口代理总领事田中正一于 1927 年 8 月致函国民政府代理财政部长张肇元称："查交通部所设之整理汉冶萍公司委员会，不取该公司同意，擅行派人强权占据萍乡煤矿，驱走职员，攫夺管理及财政各权，将公司千万成本之萍乡煤矿任意处置。[中略] 名曰整理，实系攫财。[中略] 接管大冶铁厂矿，是欲将该公司能于生产之财产一律侵夺以去。"田中甚至威胁说："该公司于敝国有债务关系，此事敝国绝难承认，即用武力接收，亦必坚持反对。[中略] 即速取消该会，将接管大冶厂矿之事停止进行。一面将所占等产业即日交还公司。"②

南京国民政府成立后，原武汉整理汉冶萍委员会随同武汉交通部并入南京国民政府交通部，汉冶萍公司继续被"整理"。而"整理"的结果，汉阳铁厂继续停办，大冶铁矿由于主要供给日本，依然维持了商办，而萍乡煤矿则如前述落得个被江西省政府接管的命运。

似乎本书一面赞同晚清政府的铁路国有政策，一面又对民国政府（自孙中山起至蒋介石）中日合办汉冶萍或汉冶萍的国有政策颇有微词，因而致使前后观点不一致。其实不然，本书对于近代中国企业商办

---

①《整理汉冶萍公司委员会致日本驻汉口总领事函》（1927 年 6 月 21 日），载《汉冶萍公司档案史料选编》（下），第 151 页。

②《田中致张肇元函》（1927 年 8 月），载《汉冶萍公司档案史料选编》（下），第 151 页。国民政府整理汉冶萍政策出台前后，不仅日本政府以强权干涉中国内政，日本国内媒体也大造舆论。如《大阪朝日新聞》于 1927 年 8 月 25 日发表署名六滩子的《漢冶萍の没收 财界六感》文章称："在整理委员会条例中，说明'委员会接受交通部的指挥监督，拥有处置汉冶萍公司的一切权力'。其目的是对公司进行整理、改革、保护、援助，以图发展，所以各职员、对外合同等，依旧在继续上进行监督。依我亲自从李厅长处听得的进行判断，依武汉政府的'大工业国营'主义来推论，所谓的'接管'，其实只不过是说得更好听的'没收'，这种解释是很自然的，对我国的经济界来说，其潜藏着不可忽视的巨大影响。""例如，存续的合同承认这，按合同销售了铁矿，其货款要支付给政府，稍有差错的话，如价格也许不知何时就有改变之忧。""总而言之，武汉政府，就是要把历来在上海仓库处理的资金移交到委员会的手中，以一心一意成为政府的财源，为筹集军费而走投无路的政府，丧失理智的做法。"《大阪每日新聞》1928 年 1 月 18 日也刊登名为《漢冶萍公司の問題 わが権利の蹂躪》的文章称："南京政府承认由（武汉国民政府）整理汉冶萍煤铁公司委员会作成的整理案，并继续把该公司的事务接入整理委员会，提高矿石价格，要求取消债务的利息。""南京政府……继承政治政权的国有方针……无视条约，践踏借款，执行国家资本主义。"诸如此类的报道很多，不一一列举。

（包括官督商办）还是官办并无孰优孰劣的一刀切的观点，而且，事实上也找不出完整的无懈可击的证据可以证明商办就一定比官办好，反之亦然。在上面的叙述中，本书其实一直在强调一个概念，那就是"产权"。产权，无论是在封建社会还是在资本主义社会，都是应该受到尊重和法律的保护的，因为只有这样，一个国家与民族的经济与社会才能获得发展，尤其是可持续发展。商办企业在该企业自愿和国家需要的基础上，可以以产权转让的方式改制为官办，相反，官办企业也可在民间资本需要和国家自愿的基础上，以产权转让的方式改制为商办或官商合办，甚至中外资本合办（对此，必须是在确保国家安全的前提下进行）。所以，晚清以产权转让的形式把铁路收归国有是可以理解的，[①]而民国后国家和地方政府完全以各种各样的借口强行干涉汉冶萍的经营，乃至实质性地没收汉冶萍的资产的行为，在本书中就自然受到否定的评价。

其实，在民国时期的汉冶萍的历次没收风波中，汉冶萍也一直在跟政府妥协（因为事实上，"民不与官斗"是近代以前中国几千年的社会法则，除向政府妥协外，企业是没有其他任何出路的），并屡次向政府指出：如果政府需要把汉冶萍国有化，如果政府以相当的价格进行购买，那么汉冶萍是完全可以"拱手相让"的。例如，在孙中山中日合办汉冶萍和鄂、湘、赣欲瓜分汉冶萍的风潮中，汉冶萍公司就提出了收归国有的申请，为此，汉冶萍公司还于 1912 年 8 月 12 日在上海召开了特别股东大会，经过投票，赞成收归国有者（所谓"甲说"）"八万六千九百八十五权"，赞成继续商办者（所谓"乙说"）仅"五千一百七十九权"[②]。在整理汉冶萍委员会正式出台前，江西政治部特派汉冶萍公司萍乡煤矿监察委员白某与萍乡煤矿负责人凌某的谈话中，凌某就明确告知白说："收归国有两种办法：（1）政府备价收归，如株萍铁路由政府出价向公司收归。查萍乡煤矿固定资本一千二百万元，债务一百

---

①　盛宣怀主持制定的川汉、粤汉铁路收归国有的具体办法是："大约以商股与公捐不同，实用与虚糜又不同，不得不稍示区别，或还现款，或给保利股票。"戴执礼编：《四川保路运动史料》，科学出版社 1958 年版，第 181 页。

②　《汉冶萍公司特别股东大会记录》（1912 年 8 月 12 日），载《汉冶萍公司》（三），第 315 页。

三十万元，政府能出此代价，我信公司股东亦愿将萍乡煤矿让渡。
（2）由政府没收。革命军兴系解除人民痛苦，政府将人民产业没收，
恐无此办法。"白某答曰："良是良是。政府以军事尚未收束，亦无此
巨款。"① 凌与白的这一问一答，自然地流露出了公司方愿意出让的策
略与对汉冶萍将被没收的担忧。而后来的事实也证明，"无此巨款"的
国民政府想吃的就是历史上多少政府都吃过的"霸王餐"。

　　然而，汉冶萍公司所谓的自愿"收归国有"，其实并非自愿。在
1912 年汉冶萍股东大会关于"甲说"、"乙说"的投票中，股东施子英
即一针见血地指出："议长项间所言：'甲说万一办不到（即指政府不
会出钱收购汉冶萍），即照乙说办理（即指股东们继续商办汉冶萍）'
云云。窃恐甲说办不到，则乙说更办不到。"② 汉冶萍公司清醒地知道，
在"各方面不能顾全大局"的情况下，申请收归国有乃是"计穷力竭，
但望收回股本，亦不得已之苦衷也"③。最后，正如日本驻汉冶萍公司
大冶技师西泽公雄所料："公司业已派遣代表与北京政府交涉，［中略］
但财政濒于穷乏之北京政府，依愚见看来，此际无论如何不会承认国有
请愿结局。"④ 在政府不愿出钱把汉冶萍收归国有，而汉冶萍又仍无法
摆脱被没收或瓜分的可能性的情况下，汉冶萍也考虑过与北洋政府
"官商合办"⑤，为此，公司在北洋政府的要求下，就"官商合办"问
题于 1914 年召开了股东大会，经投票，"赞成官商合办者十一万六千七
百一十权，反对者一百一十权"⑥。北洋政府在得知投票情况后，派出
代表到沪调查并与汉冶萍进行谈判，代表回京后向总统袁世凯做出了书

　　① 《凌善永致盛恩颐函》（1926 年 12 月 27 日），载《汉冶萍公司档案史料选编》（下），第147 页。
　　② 《汉冶萍公司特别股东大会记录》（1912 年 8 月 12 日），载《汉冶萍公司》（三），第315 页。
　　③ 《公司董事会呈北洋政府大总统、国务总理、工商部文》（1912 年 8 月 20 日），载《汉冶萍公司档案史料选编》（上），第 297、298 页。
　　④ 《西泽致小田切函》（1912 年 8 月 17 日），载《汉冶萍公司档案史料选编》（上），第297 页。
　　⑤ 《汉冶萍与矿务局商议条件》（1914 年 1 月），载《盛宣怀致公司董事会函》（1914 年 1 月 29 日），《汉冶萍公司档案史料选编》（上），第 308 页。
　　⑥ 《公司董事会致国务院、农商部电》（1914 年 3 月 7 日），载《汉冶萍公司档案史料选编》（上），第 309 页。《公司董事会呈国务院、农商部暨鄂都督、省长文》（1914 年 3 月 9 日），载《汉冶萍公司档案史料选编》（上），第 310 页。

面报告，农商部也向袁进行了汇报，[①] 但最后，袁不仅没有下文，还迅速转向了中日合办汉冶萍（前述"二十一条"）。

根据上述研究，本书完全可以得出一个结论，那就是：在近代的中国，每一次的改朝换代，都必然出现一次上层建筑对经济基础的严重干涉，同时带来一次新政权对全国财产的重新分配，政治洗牌的结果必然伴随经济上的洗牌，尽可能多地把国中财产"扒拉"进自己囊中，成为近代中国历次新政权乐此不疲的头等要务（在整个世界近代史上，在东西方各国的资产阶级革命与改革中，这一幕幕夺取政权后的新政权重新瓜分国中财产的历史连续剧好像都一直在上演着）。在这种见怪不怪的历史"怪圈"中，萍乡煤矿及至整个汉冶萍的命运就这样"被客观"了。

第四节 对工人运动的应对

可以说，萍乡煤矿的"一生"都伴随着轰轰烈烈的工人运动，而且萍乡煤矿是整个近代中国工人运动最为典型（典范）的企业，应无出其右者。"毛主席去安源"、"安源路矿工人俱乐部"、"安源路矿工人大罢工"，这些专有术语就是对近代萍乡煤矿工人运动的最高浓缩、概括与写照。[②]

萍乡煤矿创建初期，其工人的大多数便加入了当地的会党组织——

---

① 《曾述棨上袁世凯报告书》（1914 年 7 月 20 日），载《汉冶萍公司档案史料选编》（上），第 317 页。《农商部呈大总统文》（1915 年 2 月 4 日），载《汉冶萍公司档案史料选编》（上），第 320 页。在这里还需特别注意的是，在请求"官商合办"的同时，汉冶萍还提出"商家自办"（放在第一位）和"收归国有"（放在第二位），所谓"官商合办"只是作为最后的考量（放在第三位）（《曾述棨上袁世凯报告书》）。由此可见，汉冶萍的真实主张是，政府不要干预企业的经营，如果要干预就请出钱收购，但历史的"现实"是，在近代的中国，没有哪个政府会给放在自己案板上的肉掏钱的。

② 由于关于近代萍乡煤矿的工人运动，尤其是中国共产党领导下的萍乡煤矿工人运动的研究，已取得大量的成果，且研究相当成熟，相当规范，所以，本书只是作为本书不可缺少的部分而对萍乡煤矿的主要工人运动略加归纳而已（因此，本节所用材料基本来自《萍乡矿务局志》，未多花精力去搜寻其他材料），谈不上有独自的研究和创新的结论。但是，如把这个简要归纳的内容与此前各章节的研究汇合在一起，则可使人们对于近代萍乡煤矿的历史命运有一个从里到外的全面了解并由此获得比较深刻的印象。

哥老会，萍乡煤矿工人在哥老会的领导下进行了一系列的政治活动和经济斗争。

1901 年 5 月 19 日，安源会党响应义和团的反帝斗争，在萍乡遍贴布告，号召反对萍乡煤矿洋人，捣毁铁路、机器，结果萍乡煤矿德国矿师连夜逃往湘潭。为此，盛宣怀急电湖广总督、两江总督、江西巡抚，请求派兵保护，并缉拿会党首领。① 1906 年，同盟会派员到萍乡联络会党，拟把萍乡煤矿作为起义军根据地。同年 12 月，萍、浏、醴起义爆发，萍乡煤矿工人积极响应。起义旋即被镇压，会党首领被杀，萍乡煤矿起义领导遭通缉，100 余名工人被开除遣散。②

1905 年 5 月，因华、洋监工以工人做工贻误为名克扣工人工资，工人举行罢工，并砸烂洋屋（外国人住宅）和窿工公事房、职员住房，痛打监工，最后，萍乡煤矿被迫补发工人工资和被罚扣工资，"这是萍乡煤矿工人最早的一次罢工"③。事后，萍乡煤矿于 7 月请来驻防萍乡军队秋后算账，处决工人领袖两名，并开除了一批参与罢工和生病的工人。1906 年，萍乡煤矿为"节约经费"，将窿工三班制改为两班制，延长工时，并由此解雇了一批工人。6 月 23 日，窿工罢工；24 日，萍乡煤矿发放了解雇工人工资，同时请来军队镇压，工人被迫复工；8 月，罢工领袖被"枷责""游示"。④ 1913 年 5 月，餐宿处窿工为抵制工头克扣工资，纷纷起来与工头算工价，遭军警镇压。⑤

1913 年 10 月，东平巷总管德国人西礼夫特打伤工人易瑞林，工人罢工，西礼夫特被迫向工人道歉，并表示"以后谨遵守合同办事"⑥。五四运动前，萍乡煤矿工人写了一封长达 2000 字的《萍乡煤矿全体矿工为反对德国工程师致报馆函》，揭露、控诉德国矿师和监工欺压萍乡煤矿工人的行为。此信于 1919 年 1 月 3 日全文刊登于长沙《大公报》，引起社会各界强烈反响。⑦ 1919 年 6 月，德国监工乌生勃里克将采煤工

① 《萍乡矿务局志》，第 109 页。
② 同上。
③ 同上。
④ 同上。
⑤ 同上。
⑥ 同上。
⑦ 同上。

人汪大全打伤，总管西礼夫特怕中国工头刘增余做证并欲将该工头开除，结果，100 余名矿工在总平巷公事房前，100 余名矿工在乌生勃里克寓所门前，申斥洋人暴行。最后，为平公愤，汉冶萍总公司于同年 7 月将西礼夫特等三名洋人辞退出萍乡煤矿。①

1933 年 9 月，萍乡煤矿工人举行索饷罢工，江西省政府派员平息风波，并委国民党萍乡籍师长危宿钟主持矿事。② 1937 年 6 月，萍乡煤矿工人为改善生活，举行罢工。③

抗战爆发后，1938 年，国民政府资源委员会与江西省政府共同举办萍乡煤矿，新专员王野白到任后，一方面改革人事机构，取消只拿钱不干实事的"顾问"、"咨议"、"交际"等人的空头衔，裁减冗员；另一方面整顿劳动组织。为不使包工把头虚报冒领吃空额，对工人进行重新登记，照相领证，发牌记工，并据实适当地增加工人的工资。同时，取消免费住房、烧煤、用电等福利待遇。工人们对上述某些做法不理解，特别是对照相领证、发牌记工一项最为不满，认为是对工人的限制和人身的侮辱。2 月 4 日，矿局给工人照相，工人们把装有铜牌的箩筐扔进臭水沟，砸坏照相机。在被裁职员的煽动下，5 日，全矿罢工。提出恢复被裁职员工作，不许挂牌照相，不许取消工人福利等 13 条要求。历任萍乡煤矿"顾问"的萍乡大豪绅文仲伯串通被裁人员与包工头，暗中怂恿、支持工人的罢工斗争，并以萍乡煤矿全体员工的名义向资源委员会控告王野白，提出"驱逐王野白，保障工人权益"的口号，以期保护他们原有的利益。矿局发出《告全局工友书》，决定对被裁职员，按其原薪每人发三个月的遣散费，并从 2 月 21 日起，采煤大工每人每日增加工资 5 分，小工每人每日增加工资 2 分，普通工人每人每日增加 4 分，其余有特殊技术能力的人，也根据能力大小，酌量增加待遇。经反复解释和协商，员工代表对王野白所采取的整顿措施，表示理解和赞同。2 月 8 日，全矿复工。④

20 世纪 20 年代初，萍乡煤矿与株萍铁路（合称安源路矿）共有工

① 《萍乡矿务局志》，第 110 页。
② 同上书，第 15 页。
③ 同上。
④ 同上书，第 129 页。

人 13000 余人，其中，萍乡煤矿约有 12000 人。此外，安源矿区常有失业工人四五千人，"因此，安源是当时中国产业工人人数最多和最集中的地方之一，也是阶级矛盾和民族矛盾最为突出的地方，蕴藏着无限的革命潜力"①。

自 1921 年中国共产党成立后，萍乡煤矿就成了近代中国工人运动最重要的基地之一。毛泽东、刘少奇、李立三等直接领导了萍乡煤矿党团组织、工人组织的创建和工人运动。

1921 年秋，毛泽东到安源做了一次调查工作，他认为萍乡煤矿"是工人运动可能很快开展起来的地方"②。12 月，毛泽东与李立三等再次来到萍乡煤矿，宣传革命；同月，经萍乡县长批准，李立三在安源成立平民学校（工人子弟学校），并成立了共青团安源路矿支部。1922年 1 月，李立三创办工人实习学校（夜校），约 2 月，共产党安源路矿支部成立（8 月，更名为中共安源地方支部），这是共产党在全国产业工人中建立的第一个党支部。此后，党支部便集中力量组织工人俱乐部。5 月 1 日，以李立三为主任，安源路矿工人俱乐部正式成立。（见图 7—1、图 7—2）

图 7—1　萍乡煤矿安源路矿工人俱乐部礼堂

---

① 《萍乡矿务局志》，第 106 页。
② 同上。

图7—2　萍乡煤矿安源路矿工人俱乐部礼堂楼景

1922年冬或次年春，中共安源地委成立，李立三任书记，1923年4月，李立三调任中共武汉区委书记，朱少连接任安源地委书记。6月，朱参加中共第三次全国代表大会，为大会享有表决权的19名代表之一，并被选为中央执行委员，任驻湘委员。1925年1月，安源地委选派萍乡煤矿工人朱锦棠出席中共第四次全国代表大会，朱当选为中央执行委员会候补委员，任中央驻安源委员。1927年7月，安源地委改名为中共安源特区委，1927年"八七"会议后，安源特区委改为中共安源市委，此时，安源市委共有党员700余人，其中安源矿区党员130人。1928年3月，安源市委更名为萍乡县委。5月，安源成立市委，萍乡成立县委，同属湘东特委领导，其中，市委负责路矿和城区工作。6月，萍乡煤矿工人代表胡德荣出席中共六大。1929年2月，安源恢复党组织，仅找到党员6人。1930年3月，党员增至48人。1938年7月，增至110余人。1939年4月7日，萍乡煤矿封闭，中共萍乡煤矿组织活动自此中断（直至1948年7月恢复）。[①]

1922年7月，汉阳铁厂工人要求增加工资、反对解散工人俱乐部的罢工斗争取得胜利。由此，安源路矿俱乐部大受鼓舞，加入俱乐部的

---

① 《萍乡矿务局志》，第106—108页。

工人越来越多。9 月，萍乡煤矿打算以武力封禁俱乐部。这时，粤汉铁路工人举行罢工。11 日，刘少奇到达萍乡煤矿，与李立三一起准备领导路矿大罢工，李立三任罢工指挥部总指挥，刘少奇任俱乐部全权代表。13 日晚，路矿 13000 人同时罢工。萍乡煤矿请来军队准备镇压，但碍于形势未敢动手，且军队离矿而走。18 日，萍乡煤矿被迫答应俱乐部提出的十三条要求①，罢工取得胜利。② 大罢工后，俱乐部会员由原先的 700 人猛增至 12000 余人（其中萍乡煤矿约 11000 人）。③

　　1922 年 10 月，俱乐部将各处包工制改为合作制，即工头与工人合作承包生产工程，所得红利，工头与工人按比例分红，从而限制了包工头对工人的中间剥削。具体规定是：窿工处工头每月工资自 10 元起至 30 元止，工人工资照罢工时条约规定不变，其他消耗在合作账内开支，所得红利，工头占 15%，管班占 5%，余 80%，由工人平分。窿外按各处情形临时规定。萍乡煤矿工人在党的领导下，率先在全国打破了封建包工制。④

---

　　① 十三条是："（一）路矿两局承认俱乐部有代表工人之权。（二）以后路矿两局开除工人须有正当理由宣布，并不得借此次罢工开除工人。（三）以后例假属日给长工，路矿两局须照发工资；假日照常工作者须发夹薪，病假须发工资一半，以四个月为限，但须路矿两局医生证明书。（四）每年十二月须加发工资半月，候呈准主管机关后实行。（五）工人因公殒命，年薪在百五十元以上者，须给工资一年，在百五十元以下者，给一百五十元，一次发给。（六）工人因公受伤不能工作者，路矿两局须予以相当之职业，否则照工人工资多少按月发给半饷，但工资在二十元以上者，每月以十元为限。（七）路矿两局存饷分五个月发清，自十月起每月发十分之二；但路局八月份饷，须于本月二十日发给。（八）罢工期间工资，须出路矿两局照发。（九）路矿两局每月须津贴俱乐部常月费洋二百元，从本月起实行。（十）以后路矿两局职员工头不得殴打工人。（十一）窿工包头发给窿工工价，小工每月［日］一角五分递加至一角八分，大工二角四分递加至二角八分，分别工程难易递加。（十二）添补窿工工头，须由窿内管班大工照资格深浅提升，不得由监工私行录用。（十三）路矿工人每日工资在四角以下者须加大洋六分，四角以上至一元者照原薪加百分之五。"中共中央党校党史教研室选编：《中共党史参考资料（一）党的创立时期》，人民出版社 1979 年版，第 441—442 页。
　　② 《萍乡矿务局志》，第 111—112 页。
　　③ 《萍乡矿务局志》，第 114 页。路矿大罢工胜利后，俱乐部还代表永和煤矿、株洲转运局、湖南水口山等地工人向各自主管部门提出加薪要求，并一一取得成功。俱乐部在同年冬至次年春，还分别支援了大冶、开滦、唐山、京汉铁路等地工人的斗争。1922 年 11 月，俱乐部加入湖南全省工团联合会。12 月，与汉阳铁厂、大冶铁厂、大冶下陆铁矿、汉冶萍轮驳工会共同组织了汉冶萍总工会。《萍乡矿务局志》，第 115—117 页。
　　④ 《萍乡矿务局志》，第 113—114 页。

1923 年"二七"惨案①后，全国各地工会除广东外，陆续遭到封闭或遣散，萍乡煤矿当局曾向公司提议停工改组，即将萍乡煤矿故意关闭，将工人遣散，再重新召集工人开工。但这一提议未得到汉冶萍总公司的同意。②

1923 年 6 月，矿局给与职员工头有亲谊关系的少数工人增加工资，由此牵动多数工友要求照样增加工资，形成一场要求普遍增加工资的风潮。矿局对此一筹莫展，再三要求俱乐部帮助解决。7 月，矿局与俱乐部续订条件七条。其主要内容有："凡薪资每日在一元以上之工人，上年罢工时未增加工资者，照原薪增加百分之五；矿局每月津贴工人俱乐部经费一千元（原有二百元之津贴在内），从民国十二年七月起给；俱乐部对于矿局出产应竭力维持，其日均出产额达到二千三百吨以上；矿局所订工人通守规则，皆应共同遵守；以后工人如有事项，应由俱乐部主任团与矿局接洽，不得动辄聚众喧扰要挟，动辄罢工妨碍工作。"③

到 1924 年，萍乡煤矿已濒临破产边缘。当年 7 月起，开始拖欠工人工饷。据 1925 年 1 月 5 日长沙的《大公报》所载《萍矿索饷风潮》一文报道："自本年江浙战争发生后，萍乡煤矿工食即因汇兑不通，停欠未发，至今已有五六月未发过全月工食，纵发亦不过每人给矿票一二元。因此一般工人生活异常痛苦，枵腹时虞。且矿票较光洋每元须低水一二百文，工人工食受此钱水损失，亦复不少。"④ 工人俱乐部多次组织工人向矿局索取欠饷，矿局被迫答应于 1924 年 12 月 29 日发工饷半月，但到时又借故不发。年关在即，所许复又失信，工人对矿局大为不满。12 月 30 日，工人乘矿长召集各处处长开会的机会，包围会场，人数多达一两千人。至晚上 8 时，矿长被迫答应每人发矿票三元，再于五

---

① 1923 年 2 月 7 日，军阀曹锟、吴佩孚等镇压京汉铁路工人罢工的流血事件。1923 年 2 月 1 日，京汉铁路各站工会代表在郑州召开总工会成立大会。吴佩孚命令军警以武力进行阻挠和破坏，并封闭总工会会所。总工会即组织全路 2 万工人举行总同盟罢工，并将总工会移至武汉办公。2 月 4 日，总罢工开始，各站工人一致行动，全线所有客货车一律停开，长达千余公里的京汉线立即陷于瘫痪。2 月 7 日，曹锟、吴佩孚等派大批军警分别在长辛店、郑州和武汉江岸等处进行镇压，工人被杀 40 多人，伤 200 多人，被捕 60 多人，被开除 1000 多人。

② 《萍乡矿务局志》，第 117 页。

③ 同上书，第 117—118 页。

④ 同上书，第 119 页。

日内筹办半月欠饷。1925 年 1 月 5 日，矿局并未发放欠饷，且声明因公司亏损，要取消 1922 年大罢工十三条中规定的年终夹饷（计约 5 万元）。工人认为矿局有意破坏条约，群情激愤。15 日，在协商无果的情况下，工人开始罢工，最后取得胜利。①

"自秋收暴动以后，安源即在反革命势力之下，无论政治上经济上都予以工人以极端的压迫。工人生活十分痛苦！每日仅有伙食费一角或二角……因此工人经济斗争的要求十分迫切。市委即决定举行经济大罢工。"②1927 年 11 月 18 日，萍乡煤矿总罢工，千余工人包围总公事房，矿长谢某几乎丧命。矿局请调来一连军队镇压，也无结果。经过 8 天的斗争，矿局答应给工人工饷 8 角。③ 1927 年 12 月 5 日，安源市委根据湖南省委关于夺取湖南全省政权的计划，积极准备萍安总暴动。市委提出了"要饭吃，要饷发"等具有号召性的口号，同时宣布了暴动的重要目标：①夺取政权建立工农兵苏维埃；②没收萍乡煤矿归工人管理；③恢复萍乡煤矿总工会。12 月 11 日早，工人全体罢工。在党员的带领下，工人群众捉了矿警局长在内的三四十个职员，他们被愤怒的工人群众打得头破血流。16 日，反动当局枪杀了郭炳坤等 4 人，开除工人1000 多。④ 萍安暴动失败后，萍乡煤矿工人生活更加痛苦不堪。安源市委决定开展工人闹饷及失业工人要求复工的斗争。由于宣传发动不够，准备不充分，参加的群众不多，成为单纯的共产党员的斗争，每个失业工人只拿到矿局 1 元的救济费。⑤ 1930 年 2 月，安源特别区委领导萍乡煤矿工人再次举行索取欠饷罢工，坚持 5 天，取得部分胜利。⑥

萍乡煤矿工人运动的产生与发展有其自身的主观条件和客观因素，其结果促进了近代中国政治的发展，但在一定程度上，又对萍乡煤矿、汉冶萍乃至近代中国工矿业及中国工人运动的健康发展产生了某些负面影响。对此，刘少奇曾对 1927 年以前党领导下的萍乡煤矿工人运动，

---

① 《萍乡矿务局志》，第 119—120 页。
② 同上书，第 128 页。
③ 同上。
④ 同上。
⑤ 同上。
⑥ 同上书，第 14 页。

做出过如下评价：

> 党内关于1927年前，中国大革命的教训，我都是同意的，但有一点就是我认为在1927年前，我们还犯了"左"倾错误，尤其是在工人运动中，这一点我提出过多少次，被当作机会主义来批评我们。然而我的意见至今还保留。[①]
>
> 我开始工作就在一个历史长久而规模最大的产业安源矿山工作三年，将这一矿山每一角落的情形都弄得很清楚。我们在几万工人中，有绝对无限的信仰，工人是工作、生活大改善，地位大加提高，人皆称工人为"万岁"，工会有最高的权力，有法庭，有武器，能指挥当地警察及监狱等。即使这样，工人还不满足，还要更前进：（一）要求增加工资，但实际情形是不能加了；（二）工人自动将每日工作时间由十二小时减至四小时，很多工人自由旷工，这就使生产减一半；（三）工人不听管理人工头指挥，许多地方要危害产业的前途与工程；（四）工人要扩大工会的权力，审理非工人，管理非工会范围内的琐事。当时在"二七"事变以后，全国各地工会均遭解散，这一个工会很孤立的巍然存在，如海中孤岛，整个形势要求工会的方针暂时退却与防御，然而工人要求进攻，这种情形将我苦闷欲死。[②]
>
> 为了忠实于工人长期的利益，不能接受工人的要求——进攻。[中略]在工人中进行解释说不清，无法只得在会议通过后去阻止工人早下班，结果甚至工人和阻止下班的纠察队冲突；李立三亲自去阻止工人下班，工人要打他，逼得他痛哭流涕离开矿山；我批评工人不要过分，工人要打我，说我被资本家收买，气得我很难受。[③]

刘少奇同志说的这些情况，大概有的也适合对其他时期萍乡煤矿工

---

① 刘少奇：《关于大革命历史教训中的一个问题》，载长沙市革命纪念地办公室、安源路矿工人运动纪念馆合编《安源路矿工人运动史料》，湖南人民出版社1980年版，第690页。

② 同上书，第691页。

③ 同上书，第691—692页。

人运动的评价吧。①

第五节　对战争的应对

1926 年 7 月，北伐军直逼萍乡，萍乡煤矿工人积极"参加支援北

---

①　大概刘少奇的这些"言论"，也正是日后他被打为"工贼"的原因吧。另外，在这里可以顺带补充说明的是，前文着重提到的国民政府整理汉冶萍公司一事与共产党的一些关系。据相关史料记载，前文两次提到的江西政府政治部特派汉冶萍公司萍乡煤矿监察委员白某到萍乡煤矿调查，"系据湖南省党部特派委员刘义（刘系萍乡煤矿总工会主任）所具维持萍乡煤矿意见书，特派白君来矿，专以监察调查整理"［《凌善永致盛恩颐函》（1926 年 12 月 27 日），载《汉冶萍公司档案史料选编》（下），第 147 页］。而据时任日本驻汉口代理总领事田中正一的调查："昨据敝国农商部代表山县初男君由萍回汉面称，一般著名共产分子如刘义、刘少奇等，因不容于各省，群以安源为逃薮。月余以来，麇集安源之共产党已不及（下）千余人，借萍乡煤矿出产以资活动。名曰整理，实系攫财。现接上海该公司会计顾问吉川来电，整理委员会又有电告公司，派谌湛溪（亦是共产分子）接管大冶铁厂矿，是欲将该公司能于生产之财产一律侵夺以去。"［《田中致张肇元函》（1927 年 8 月），载《汉冶萍公司档案史料选编》（下），第 155 页。］刘义、谌湛溪均是整理汉冶萍委员会的委员，后谌湛溪于 1927 年 6 月被委员会任命兼任萍乡煤矿矿长、工程处长，刘义被任命兼任萍乡煤矿事务处长。［《整理汉冶萍公司委员会第四次会议录》（1927 年 6 月 24 日），载《汉冶萍公司档案史料选编》（下），第 151 页。］如果如田中正一所言，谌湛溪也是共产党，那么，"整理"汉冶萍公司一案就显然要更为复杂，因为这已经不是纯粹涉及国民党的事，还涉及共产党，而且共产党又显然在整理萍乡煤矿中占据主导和核心地位，乃至有谌湛溪、刘义与刘少奇等在萍乡煤矿"里应外合"拿下萍乡煤矿，与国民党争夺萍乡煤矿的可能。而这一切，又或可揭示另一个重大问题，那就是自北伐起，中国共产党就已经开始在经济战线上与国民党一争高下，共产党员深入地"潜伏"在了国民政府的经济领域（虽然北伐是国共两党合作的产物，但在蒋介石 1927 年四一二政变后，共产党已经不能公开活动了，所以，一直"潜伏"着的共产党员的重要性也就日益凸显）。因为本书对于谌湛溪的真实身份没有进行过多的考证，所以，在此，权当是只顾提出问题，而不解决问题吧。谌湛溪（1882—1958），名祖恩。1882 年生于平远州（今贵州织金县）一著名书香世家，少有"神童"之誉，后考入贵阳贵山书院。1899 年，保送入京师大学堂。1904 年，考取官费赴美国留学，获哥伦比亚大学矿冶系博士学位，被英国皇家学院评为世界探矿专家之一，并当选为英国皇家学会会员。1909 年回国后，受清廷之命考察各省矿源。先后任湖南板溪锑矿总工程师、长沙华昌公司总工程师、唐山煤矿局长、井陉煤矿局长及东南大学、厦门大学、唐山工学院教授、萍乡矿务局长、焦作煤矿工程师、烟筒山铁矿和石景山矿总工程师。1935 年，任贵州省政府建设厅长，时蒋介石为追剿红军到贵阳召集会议，谌以不阿附、拒行礼而开罪，被免去厅长职。1936 年 6 月，到云南个旧锡矿任总工程师。后又任交通大学、唐山工学院、贵州大学工学院教授直到 1949 年。1951 年调昆明工学院任教授。1956 年退休，1958 年因病逝世。　［2010 年 1 月 3 日，百度百科（http：//baike.baidu.com/view/2282818.htm？fr=ala0_ 1）］。

伐的运输队、爆破队、谍查队、救护队"①。9 月，北伐军在进攻武昌未果的情况下，叶挺独立团"决定采用地道攻城法"，"经与中共湖南省委联系，调集一百多名萍乡煤矿工人组成工兵大队前来帮助战斗"②。10 月 10 日，北伐军攻陷武昌。9 月 7 日，北伐军在萍乡煤矿工人的支持下"不费一枪一弹便夺下了萍乡城"。占领萍乡后，萍乡煤矿工人组织了 1000 多人的运输队、铁道队随军北上。北伐军攻打南昌时，攻城部队所需弹药送不上去，萍乡煤矿工人运输队采用井下爬行拖煤的办法抢运弹药，保证了前线阵地的弹药供应，使北伐军全歼孙传芳一个精锐师。孙传芳在败退的路上，破坏了南昌通往九江的铁路和桥梁，以阻止北伐军的追击。安源路矿工人组成的铁道队，在较短的时间里修复了南昌至九江的铁路，北伐军于 11 月 4 日攻克九江。③

早在 1925 年"九月惨案"后，萍乡煤矿工人就广布萍乡附近，仅"分散在湖南各地从事农民运动的萍乡煤矿工人共约千人"④。北伐军收复萍乡后，安源路矿工人俱乐部恢复，并改名萍乡煤矿总工会，"到会群众二万余人"⑤。此时，汉冶萍对萍乡煤矿的管理实际上已经"鞭长莫及"，后又随着国民政府对汉冶萍的"整理"，可以说，自北伐军于 1926 年 9 月进入萍乡后，汉冶萍就已经被迫放弃了对萍乡煤矿的经营，直至 1928 年底，萍乡煤矿被江西省政府"接管"。

1923 年"二七"惨案后，北洋政府交通部电令安源路矿当局封闭工人俱乐部，汉冶萍公司董事会会长孙宝琦也于同年 5 月致函赣军，恳请"迅将路矿工人俱乐部设法取消"⑥，但未得到响应。1925 年 4 月，萍乡煤矿请求公司汇款以发清欠饷，遣散工人。同年 9 月 14 日，盛恩颐在与湘赣两省督军密商并取得支持后前往萍乡煤矿，将 8 月份欠饷发清。21 日，湘赣军队到矿，解散俱乐部，开除工人 1200 人，并武力

① 《萍乡矿务局志》，第 124 页。
② 同上书，第 125 页。
③ 同上。
④ 同上。
⑤ 同上。
⑥ 同上书，第 123 页。

押送出境，随即宣布全矿停工，失业工人达 1 万以上。① 这即为"安地事件"，也称"九月惨案"。"九月惨案"后，奔赴广东的萍乡煤矿工人，大部分参加了国民革命军，"当时由共产党掌握的北伐军第三、四、六军中都有相当多的萍乡煤矿工人。特别是在第四军的叶挺独立团中，萍乡煤矿工人约为全团人数的三分之二"②。

1927 年蒋介石四一二政变后，"清党事起，共党遁走，乃由驻军督同地方成立临时清匪委员会，自首者达五百人之多，一时完全停工，湘政府拟加以整理，终以工潮及资本无着，归于无效，嗣后矿厂一部又复开工，维持员工生活，当时尚余工人五千五百九十人（内工三三〇〇人，外工一四六〇人，事务工人八〇〇人），每人每日仅领五分至一角之伙食费，尚无力按月发给，出煤滞销几至停工待毙"③。

1927 年 8 月 7 日，中共中央在汉口召开紧急会议（即八七会议），决定在湘鄂赣边区组织秋收起义。八七会议结束后，毛泽东作为中央特派员回到湖南，8 月 18 日，在长沙召开改组后的湖南省委第一次会议，讨论制订秋收起义计划，成立前敌委员会，毛泽东任书记。9 月初，毛泽东在江西安源张家湾召开军事会议，讨论秋收起义具体部署。参加起义的主力包括两个部分：一部分是没有赶上参加南昌起义的原国民革命军第四集团军第二方面军总指挥部警卫团（是叶挺独立团的新兵组建的）；另一部分是湖南平江和浏阳的农军、鄂南崇阳和通城的部分农民武装、安源煤矿的工人武装等，共约 5000 人，统一编为工农革命军第一师第一、二、三团。9 月 9 日，秋收起义首先在江西修水爆发，并向长沙挺进。10 月部队到达罗霄山脉中段即井冈山地区，得到当地武装袁文才和王佐的帮助，创建了中国第一个农村革命根据地。

秋收起义时，安源矿区有党员 500 余名，团员 400 多人。集结在这里的武装力量，有安源工人纠察队约 500 人，由中共党组织掌握的萍乡煤矿矿警队 200 余人。④ 9 月 5 日凌晨，安源市委指挥工人处决了矿警

---

① 《萍乡矿务局志》，第 124 页。
② 同上。
③ 《萍乡安源煤矿调查报告》，第 17 页。
④ 《萍乡矿务局志》，第 126 页。

队内的 8 名反动军官，把矿警队 300 多人、工人纠察队 600 多人和用梭
镖、大刀武装的人及萍乡、安福、莲花等地集结在安源的农民自卫军共
约 2000 人（其中萍乡煤矿工人约 1300 人），合编为工农革命军第一军
第一师第三团（后改称第二团）。① 9 月 9 日，安源路矿工人、长沙工
人赤卫队和近郊农民，按照起义计划，破坏了粤汉、株萍铁路。10
日，以萍乡煤矿工人为主的第二团在安源张公祠集合，举行起义。中
共中央 1927 年 12 月 15 日在致湖南省委的信中赞道："秋暴的事实告
诉我们，攻打萍乡醴陵浏阳血战数百里的领导者和先锋者，就是素有
训练的安源工人。""可以说秋收暴动颇具声色，还是安源工人的
作用。"②

　　1928 年，中共湖南省委机关迁至安源。1928 年，中共安源市委
"先后送了七八十名工人上井冈山"③。秋收起义中，起义军攻克醴陵县
城，成立革命委员会，由安源工人担任县长。④ 起义失败后，"安源市
委以较多的精力领导萍乡煤矿工人开展农村的革命斗争，组织工农武装
暴动，创造农村武装割据的新局面"⑤。

　　1930 年 5 月，黄公略部红六军（后改称红三军）到达安源，1000
余名萍乡煤矿工人参加了该部。1930 年 6 月下旬，彭德怀率红三军团
之一部路过安源，又有 1500 余名萍乡煤矿工人参加了红军。⑥ 1930 年 9
月下旬，毛泽东、朱德率领红一方面军从长沙市郊来萍乡安源。红一方
面军在安源期间，萍乡煤矿工人积极为红军修理枪支，帮助红军搜集弹
药，协助红军打土豪筹款，并从缴获的矿局金库中拿出约 10 箱银元交
给红军。同时又有 1000 多名萍乡煤矿工人参加了红军，其中 140 多名
工人挑上矿山用的炸药参军，在 10 月 4 日攻克吉安后，组成红一方面
军工兵连，成为我军最早的工兵部队之一。一批技术工人携带矿局的电

① 《萍乡矿务局志》，第 126—127 页。
② 同上书，第 127 页。
③ 同上。
④ 同上。
⑤ 同上书，第 128 页。
⑥ 同上书，第 127 页。

信器材参加红军，后组成了红军的第一个电话大队。①

1939 年 3 月 27 日，南昌陷落。国民党政府急令："萍乡煤矿局向为倭寇所垂涎，此次寇军南侵，应即从速准备迁移破坏。"②

萍乡煤矿的拆迁由第九战区司令部派员督导执行。该部拟具迁移办法五项：①机件先运祁阳；②存煤尽量西运；③壮丁除随迁技工外，余编运输队，老弱资遣；④派高级参谋赵铁公先往督办；⑤由战区司令部即派得力爆破队到萍，待机彻底破坏。萍乡煤矿根据上述各点，制定了拆迁程序：①赶运本矿和煤业公庄煤焦；②停工；③登记并编组随同撤退职工；④发给不随同撤迁职工遣散费；⑤拆运机料；⑥运送随同撤退职工；⑦爆炸窿巷及不能拆运的机料。4 月 7 日，萍乡煤矿全矿停工，由国民党第九战区所属陆军第三十三师三团三营和萍乡宪兵第一团第六连，分别派兵驻守井口、机械厂和洗煤台等地，全矿戒严，凭通行证出入。5 月 29 日，全局器材煤焦拆光运出，共运出五金器材 5155 吨，装车 162 辆；煤焦 26753 吨，装车 856 辆。后在广西全县设有煤焦、机料保管处。③

在拆运的过程中，第九战区薛岳派来的两个工兵连，在东平巷的三夹槽，南大巷大槽，北大巷的八方井、六方井四周凿掘洞口，安放了引线及炸药，并发布了立即炸毁矿井和厂房的通知，准备等待命令随时引爆炸毁。至 5 月拆迁基本完毕之时，薛又来电称："安源煤矿供应甚广，应予留下待命，于必要时再行破坏。"因此一念之差，矿井和厂房未遭炸毁和彻底破坏，被幸运地保留下来。④

---

① 《萍乡矿务局志》，第 127 页。对此，《萍乡安源煤矿调查报告》记载说："不久即值 1930 年五月半长沙之役（1929 年赤匪黄公略曾扰境三日），共匪经过安源三次，前后盘踞两月，大事杀戮，地痞乘机抢掠，职员逃避一空，矿上无人过问。""乃由安源商会会同少数职员组织职工临时委员会，极力维持直井等重要工程，员工每日伙食五分，而有只发一分二分者，艰难困苦。""赤匪去时，并带去千余赤化工人，及不少炸药，萧家模等事后大报损失，所有存煤料机器家具皆以损失称。闻当时且有主要职将汉冶萍时代全部金银器皿捆载而去者，1830 年底亏空竟至三十余万元，正窿风巷塌者甚多，每日产量激减为二三百吨。"《萍乡安源煤矿调查报告》，第 18 页。

② 《萍乡矿务局志》，第 69 页。

③ 同上。

④ 《萍乡煤炭发展史略》，第 205 页。

结束语

当今中国正处于一个建设经济社会的高歌猛进时期，成就巨大，然而问题也不少。其中，什么社会是"经济社会"？在世界历史上经济社会的出现起于何时，又将终于何时？中国历史上是否曾出现过经济社会？世界历史上最优化或最可持续发展的经济社会模型是什么？所有这些，恐怕都是我们少有甚至没有意识到或意识到却没有进行过深入思考和研究的问题，这些问题的重大不言而喻，回避或无视这些问题，必将为"经济社会"的建设带来令我们措手不及的障碍。

经过对近代萍乡煤矿及其相关问题的研究，本书认为，所谓建设"经济社会"的过程就是"近代化"的过程，也即"近代化的社会"就是"经济社会"。因此，世界范围内的经济社会的出现起始于以工业革命为标志的近代化初始时期，其存续时间则可能将与未来人类社会相伴随。自洋务运动以来，中国就起动了近代化的步伐，所以，虽然不能说以往的中国存在过"经济社会"，但可以肯定地说，在某种角度上，近代中国的历史就是一部中国人民建设经济社会的历史，我们对中国经济社会历史的研究可以而且完全有必要从近代开始。

萍乡煤矿始建于1892年，建成后，名列当时中国"十大厂矿"前三，获有"北有开平，南有萍乡"的美誉。1908年，盛宣怀把汉阳铁厂、大冶铁矿、萍乡煤矿合并成立汉冶萍煤铁厂矿有限公司，汉冶萍是近代中国唯一实现了煤、矿、钢、路联营的集团公司，也是当时中国最大的企业。更重要的是，与开平（开滦）等工矿企业不同，萍乡煤矿始终是近代中国建设经济社会过程中唯一的超大型的纯粹民族资本工矿业企业，除此之外，萍乡煤矿自其创建，不仅与作为近代中国重工业龙头的钢铁产业"同呼吸，共命运"，而且始终"沐浴"着近代中国政治、社会运动和各种战争的"洗礼"。近代萍乡煤矿可以说是近代中国与时局联系得最为紧密的企业，时局给予近代萍乡煤矿的巨大影响，是近代中国所有任何其他企业都无法比拟的。然而，正如本书绪论所言，除对工人运动的研究以及在对汉冶萍公司研究时一语带过外，以往学术界对近代萍乡煤矿的经济史研究几乎还是一片空白。不过，这却为笔者提供了一个大胆、放开去研究的机会。

笔者把对近代萍乡煤矿的研究置于对近代中国工矿业经济研究和近代中国经济社会建设研究的宏观思维框架中，架构出"绪论"、"萍乡煤矿的创建"、"商办萍乡煤矿"、"官办萍乡煤矿"、"与地方小煤窑的竞争"、"资本与产业链的制约"、"时局与应对"七大章，梳理了近代萍乡煤矿自其 1892 年创办至 1939 年因日军侵赣自毁共 48 年的历史，特别是就企业定位、体制、管理、资本运作、经营等对其在近代中国工矿业经济和近代中国经济社会发展过程中的地位与作用进行了全面系统的研究。

在研究中，笔者广泛收集中日文档案资料，经过对资料的深入分析与判断，认为从资本运作的角度，设立汉阳铁厂驻萍乡煤务局的 1892年应该是近代萍乡煤矿的创始年份，即近代萍乡煤矿的历史应从 1892年而不是通识的 1898 年（萍乡煤矿机矿开始建设之年）起算。下这种结论，绝不是简单地把一个企业的历史往前推进了几年，并给这个企业的"脸上""贴贴金"，而是对近代中国工矿业经济建设和近代中国经济社会建设历程负责任的科学态度的学术体现。

经过对大量有关近代萍乡煤矿的日本典藏档案、著作、期刊文献资料的鉴别与分析，本书发现，早在现今人们认为的近代中国乃至亚洲第一个"煤"、"矿"、"钢"集团公司——汉冶萍煤铁厂矿有限公司 1908年成立前的 1897 年，萍乡就已出现了萍宜矿务利和有限公司。利和公司以汉阳铁厂驻萍乡煤务局为依托，计划大规模开发萍乡地区丰富的铁矿资源（至今紧邻萍乡的江西新余钢铁公司仍是中国中西部地区重要的钢铁企业），以在萍乡形成"煤"、"矿"、"钢"三合一的工矿企业集群。但是，由于资本的缺乏和战略的缺失，盛宣怀创办的这个利和公司未能持久，在 1898 年萍乡煤矿机矿正式创办前即破产倒闭。至此，可能由江西萍乡肇始的近代中国经济社会建设进程中的中国集群化工矿业经济开发区建设的蓝图中途夭折，继而最终在具有长江水运优势的武汉建立了近代中国的首个集群化工矿业经济区，以集群化工矿业经济区建设带动中国内陆经济社会迅速发展的尝试由此失去了一次宝贵的机会。

近代萍乡煤矿之所以能够建成，与近代中国第一个近代化煤矿、近代中国最大的煤矿之一的开平（开滦）煤矿平起平坐，以及位于近代中国"十大厂矿"前三，与萍乡小煤窑的良性发展和支持是分不开的。由于研究萍乡煤矿的需要，本书研究了近代萍乡的小煤窑业状况，而这个研究又成了我国近代小煤窑业的首次系统研究。在研究中，笔者首次估算出了近代萍乡小煤窑的数量和产量，进而发现由于资本逐利的"天性"，小煤窑无法被人为（政策）消灭的事实，并得出大型煤企发展与小煤窑发展之间是相互促进关系的结论，这个根据实证研究得出的结论，对当今中国在经济社会发展过程中正确处理好大型国有煤企与"小煤窑"（在某种意义上即为民营煤企）的关系提供了不可多得的历史借鉴。

本书研究的最大贡献之一是，突破了以往主要对近代萍乡煤矿进行工人运动研究的框框，首次对近代萍乡煤矿进行了社会经济史的研究，并首次对近代萍乡煤矿进行了全面系统的研究，这种研究，极大地扩展了近代萍乡煤矿的研究范畴，使近代萍乡煤矿的研究向真正的学术研究推进了一大步。在系统的研究中，笔者首次从产业链的角度和企业可持续发展与国家可持续发展的关系角度对近代萍乡煤矿进行了全面深入的研究。作为结论之一，本书指出，适度的资本运作和拥有健全的上下游产业链是企业可持续发展的最根本战略安排。同时，本书强调，稳定的政治局面，安定的社会环境，当权者良好的法治意识，是企业获得可持续发展和国家获得可持续发展的根基所在，两个可持续发展间的关系，即工矿业经济可持续发展与经济社会可持续发展间的关系是互为依存的关系，无所谓孰轻孰重。另外，本书还十分肯定地指出，近代萍乡煤矿除其筹办期（即汉阳铁厂驻萍乡煤务局时期）与萍乡小煤窑进行了以"公司+农户"模式的适度资本运作经营外，其后一直"求大求全"，在以汉阳铁厂为龙头的下游重工业产业链不健全甚至缺失的情况下，近代萍乡煤矿自其机矿竣工之日起就出现了产能严重过剩局面。因此可以说，近代萍乡煤矿的企业经营是失败的，其悲剧的历史命运是由企业举办者的经营理念、经营水平以及国家当权者的执政理念、执政水平共同决定的（从某种角度说，遭受外来侵略也是国家当权者执政理念、执政水平的结果）。近代中国之所以没能崛起，即近代中国工矿业经济建设、近代中国经济社会建设没能可持续发展的原因之一，即在于企业经营者和执政者没能正确地处理好他们之间的关系。

本书重点分析研究了商办、官办两种不同体制下萍乡煤矿的企业特质，指出：无论何种体制下的企业，如要获得可持续发展，企业举办者就必须把企业打造成兼具"销售型"、"管理型"、"生产型"三大特质于一身的"综合型"企业，不可偏颇。然而，本书发现，在商办时期（1928 年前）萍乡煤矿并不具有"销售型"和"管理型"企业的特质，纯粹是一个为了生产而生产的"生产型"企业。而在官办时期（1928—1939），出于对工人运动和紧邻萍乡的井冈山革命根据地的惧怕，国民政府对萍乡煤矿采取的是"萎缩型"维持的经营策略，所以，官办时期的萍乡煤矿不仅不具有"销售型"企业的特质，而且也不是一个"生产型"企业，沦落成了一个为了管理而"管理"的"管理型"企业。由于近代萍乡煤矿始终不具有"销售型"企业的特质，所以，"权力营销"（含"性价比营销"、"情感营销"、"依存度营销"、"对手打击营销"）便成为近代萍乡煤矿产品销售和赖以生存的主要手段（这在商办时期就表现为对汉阳铁厂煤焦销售的垄断经营）。

由于近代萍乡煤矿是因汉阳铁厂而设，其后 1908 年盛宣怀又把汉阳铁厂、大冶铁矿、萍乡煤矿合并成立了汉冶萍煤铁厂矿有限公司，所以，对近代萍乡煤矿的研究必然要涉及对汉冶萍公司的研究。在研究中，笔者首次全面提出了"汉冶萍体制"概念，并对汉冶萍公司的企业定位问题，汉、冶、萍三厂矿的财务问题进行了首次研究或比较研究，得出了汉冶萍体制的本质是"商务化、集团化、国际化、买办化""四化"体制和"大锅饭"体制的结论。同时，本书指出，以销售能源、资源为主导的工矿业企业是没有发展前途的。本书是第一部对汉冶萍公司中的萍乡煤矿进行全面独立研究的专著，极大拓展了汉冶萍公司研究的框架，丰富了汉冶萍公司研究的内容。

参考文献

一　中文文献

（一）档案资料

陈旭麓、顾廷龙、汪熙：《上海三井物产会社致孙中山函》，载《辛亥革命前后——盛宣怀档案资料选辑之一》，上海人民出版社1979年版。

陈旭麓、顾廷龙、汪熙主编：《汉冶萍公司》（二），载《盛宣怀档案资料选辑之四》，上海人民出版社1986年版。

陈旭麓、顾廷龙、汪熙主编：《汉冶萍公司》（三），载《盛宣怀档案资料选辑之四》，上海人民出版社2004年版。

陈旭麓、顾廷龙、汪熙主编：《汉冶萍公司》（一），载《盛宣怀档案资料选辑之四》，上海人民出版社1984年版。

《汉冶萍煤铁厂矿有限公司商办第十二届帐略》（湖北省档案馆LS56-1-1297号）

《汉冶萍煤铁厂矿有限公司商办第十届帐略》（湖北省档案馆LS56-1-1295号）

《汉冶萍煤铁厂矿有限公司商办第十六届帐略》（湖北省档案馆LS56-1-1301号）

《汉冶萍煤铁厂矿有限公司商办第十三届帐略》（湖北省档案馆LS56-1-1298号）

《汉冶萍煤铁厂矿有限公司商办第十四届帐略》（湖北省档案馆LS56-1-1299号）

《汉冶萍煤铁厂矿有限公司商办第十五届帐略》（湖北省档案馆LS56-1-1300号）

《汉冶萍煤铁厂矿有限公司商办第十一届帐略》（湖北省档案馆 LS56-1-1296 号）

湖北省档案馆编：《汉冶萍公司档案史料选编》（上），中国社会科学出版社 1992 年版。

湖北省档案馆编：《汉冶萍公司档案史料选编》（下），中国社会科学出版社 1992 年版。

上海市档案馆编著：《旧中国的股份制（1868—1949 年）》，载《上海档案史料丛编》，中国档案出版社 1996 年版。

（二）文史资料

常世英主编：《江西省科学技术志》，中国科学技术出版社 1994 年版。

陈宝箴著，汪叔子、张求会编：《陈宝箴集》（上），中华书局 2003 年版。

戴执礼编：《四川保路运动史料》，科学出版社 1958 年版。

顾廷龙、叶亚廉主编：《李鸿章全集》（二）电稿二，上海人民出版社 1986 年版。

广西壮族自治区通志馆、广西壮族自治区图书馆：《清实录》，载《广西资料辑录》（六），广西人民出版社 1988 年版。

江西省对外经济贸易志编纂委员会编：《江西省对外经济贸易志》，黄山书社 1997 年版。

江西省社会科学院历史研究所编：《江西近代工矿史资料选编》，江西人民出版社 1989 年版。

江西省政协文史资料研究委员会、萍乡市政协文史资料研究委员会编：《萍乡煤炭发展史略》，出版单位不详，1987 年版。

刘少奇：《关于大革命历史教训中的一个问题》，载长沙市革命纪念地办公室、安源路矿工人运动纪念馆合编《安源路矿工人运动史料》，湖南人民出版社 1980 年版。

罗晓主编：《萍乡市地方煤炭工业志》，江西人民出版社 1992 年版。

马勇编：《章太炎书信集》，河北人民出版社 2003 年版。

萍乡矿务局志编纂委员会：《萍乡矿务局志》，出版单位不详，1998 年版。

上海社会科学院历史研究所编:《辛亥革命在上海史料选辑》,上海人民出版社 1966 年版。

孙毓棠编:《中国近代工业史资料》第 1 辑下册,科学出版社 1957 年版。

汪敬虞:《中国近代工业史资料(1895—1914 年)》第 2 辑下册,科学出版社 1957 年版。

王铁崖编:《中外旧约章汇编》第二册,生活·读书·新知三联书店 1959 年版。

伍廷芳等:《近代中国史料丛刊三编》(270),载《大清新编法典》全一册,文海出版社 1987 年版。

武汉大学经济学系:《旧中国汉冶萍公司与日本关系史料选辑》,上海人民出版社 1985 年版。

徐辉琪编:《李烈钧文集》,江西人民出版社 1988 年版。

严中平主编:《中国近代经济史统计资料选辑》,科学出版社 1955 年版。

佚名:《清末实录:外十一种》,北京古籍出版社 1999 年版。

政协萍乡市文史资料研究委员会办公室编:《萍乡文史资料》第 1 辑,出版单位不详,1984 年版。

中共中央党校党史教研室选编:《中共党史参考资料(一):党的创立时期》,人民出版社 1979 年版。

中国煤炭志江西卷编纂委员会编:《中国煤炭志·江西卷》,煤炭工业出版社 1997 年版。

中国人民政治协商会议湖北省委员会文史资料委员会编:《汉冶萍与黄石史料专辑》,载《湖北文史资料》1992 年第 2 辑,总第 39 辑。

中国社会科学院近代史研究所近代史资料编辑部:《近代史资料》(总 102 号),中国社会科学出版社 2002 年版。

中国史学会:《中国近现代史资料丛刊——辛亥革命》第 4 卷,上海人民出版社 1963 年版。

中国史学会主编:《辛亥革命 5》,上海人民出版社、上海书店出版社 2000 年版。

中国史学会主编:《洋务运动》(七),上海人民出版社 1961 年版。

朱寿朋：《光绪朝东华录》卷 220，中华书局 1958 年版。

（三）晚清、民国资料

安徽民政厅：《安徽民政月刊》1933 年第 1 期。

北京银行月刊社：《银行月刊》1928 年第 8 期。

陈维、彭戮：《萍乡安源煤矿调查报告》，出版单位不详，1935 年版。

《东方杂志》1909 年第 8 期。

河北省实业厅：《河北物价指数季刊》1934 年第 2 期。

河南省政府秘书处：《河南统计月报》1936 年第 9 期。

黄荫普、罗剑声等编辑：《广州批发物价指数汇刊》，国立中山大学出版部 1934 年版。

江西省政府萍矿管理处编：《萍矿》，出版单位不详，1935 年 1 月。

交通部铁道部交通史编纂委员会：《交通史　航政篇》第 1 册，出版单位不详，1935 年版。

刘洪辟修，李有均等纂：《昭萍志略》第 3 卷，成文出版社 1925 年版。

实业部统计处：《实业统计资料（华北五省煤矿数量及产量概况统计）》1936 年第 3 期。

实业部统计处：《实业统计资料》1937 年第 5 期。

实业部统计处：《实业统计资料》1936 年第 6 期。

实业部中央农业实验所：《农情报告》1937 年第 6 期。

吴承禧：《中国的银行》，商务印书馆 1934 年版。

杨端六、侯厚培：《六十五年来中国的国际贸易统计》，中央研究院社会调查所 1931 年版。

曾鲲：《中国铁路现势通论》，中国铁路学社 1945 年版。

浙江省商务管理局：《浙江商务》1936 年第 6 期。

中国经济情报社编：《中国经济论文集》第 2 册，生活书店 1936 年版。

中国统计学社湖北分社：《中国统计学社湖北分社社刊》，1937 年版。

中央调查统计局特种经济调查处编：《第六、七年倭寇经济侵略（敌寇对沦区矿产之侵略）》，出版单位不详，1945 年版。

朱洪祖：《江西萍乡煤矿》，出版单位不详，1937 年版。

（四）专著

蔡东藩、许厪父：《民国演义》（合订本），上海文化出版社 1983 年版。

丁长清、慈鸿飞：《中国农业现代化之路》，商务印书馆 2000 年版。

［澳］蒂姆·赖特：《中国经济和社会中的煤矿业：1895—1937》，丁长清译，东方出版社 1991 年版。

刘明逵：《中国工人阶级历史状况（1840—1949）》第 1 卷第 1 册，中共中央党校出版社 1985 年版。

南开大学经济研究所经济史研究室编：《旧中国开滦煤矿的工资制度和包工制度》，天津人民出版社 1983 年版。

彭江流主编：《萍乡近现代史撷录》，出版单位不详，1992 年版。

卿汝楫：《美国侵华史》第 2 卷，生活·读书·新知三联书店 1956 年版。

全汉升：《汉冶萍公司史略》，文海出版社 1972 年版。

（明）宋应星：《天工开物》，管巧灵、谭属春整理注释，岳麓书社 2002 年版。

张国辉：《洋务运动与中国近代企业》，中国社会科学出版社 1979 年版。

（五）论文

车维汉：《日本八幡制铁所侵掠大冶铁矿述论》，《辽宁大学学报》1995 年第 5 期。

陈潮：《辛亥革命期间中日合办汉冶萍事件初探》，《历史教学问题》1986 年第 4 期。

陈绛：《开平矿务局经济活动试析（1878—1900）》，《复旦学报（社科版）》1983 年第 3 期。

陈晓东：《清政府铁路"干路国有政策"再评价》，《史学月刊》2008 年第 3 期。

（清）陈明远著，余鸿模供稿：《谭黔四则》，《贵州文史丛刊》1996 年第 5 期。

代鲁：《汉冶萍公司的钢铁销售与我国近代钢铁市场（1908—

1927）》，《近代史研究》2005 年第 6 期。

代鲁：《再析汉阳铁厂的"招商承办"》，《近代史研究》1995 年第 4 期。

丁长清：《从开滦看旧中国煤矿业中的竞争和垄断》，《近代史研究》1987 年第 2 期。

胡尘白、汪少舟：《萍乡煤矿历史上的两次公司制实验：纪念萍乡煤矿建矿 100 周年》，《江西煤炭科技》1998 年第 1 期。

黄德发：《汉冶萍公司中日"合办"事件试探》，《中山大学学报论丛》1988 年第 4 期。

李江：《汉冶萍公司股票研究》，《南方文物》2007 年第 4 期。

李志英：《唐廷枢与轮船招商局、开平矿务局的资金筹措》，《北京师范大学学报（社科版）》1994 年第 2 期。

梁华：《清代矿业投资政策演变分析》，《西北师大学报（社科版）》2006 年第 6 期。

刘龙雨：《清代至民国时期华北煤炭开发：1644—1937》，博士学位论文，复旦大学，2006 年。

施友佃、杨波：《论中国近代股份企业的发展与"官利制"》，《福州党校学报》1995 年第 1 期。

孙海泉：《唐廷枢时代开平煤矿的投资环境及其优化》，《中国经济史研究》2001 年第 1 期。

孙立田：《民初汉冶萍公司中日"合办"问题探析》，《历史教学》1998 年第 3 期。

王鹤鸣：《安徽近代煤铁矿业三起三落》，《淮北煤炭师范学院学报（社科版）》1986 年第 3 期。

王玉茹：《开滦煤矿的资本集成和利润水平的变动》，《近代史研究》1989 年第 4 期。

薛毅：《近代中国煤矿发展述论》，《河南理工大学学报（社科版）》2008 年第 4 期。

闫文华：《汉冶萍公司萍矿煤焦运往汉厂的运输方式考察》，《中国矿业大学学报（社科版）》2009 年第 3 期。

杨华山：《论南京临时政府期间汉冶萍"合办"风波》，《学术月刊》1998 年第 11 期。

袁为鹏：《清末汉阳铁厂布局研究》，博士学位论文，武汉大学，
2001 年。

袁为鹏：《盛宣怀与汉阳铁厂（汉冶萍公司）之再布局试析》，《中
国经济史研究》2004 年第 4 期。

袁为鹏：《张之洞与湖北工业化的起始：汉阳铁厂“由粤移鄂”透
视》，《武汉大学学报（人文科学版）》2001 年第 1 期。

张忠民：《近代中国公司制度中的“官利”与公司资本筹集》，《改
革》1998 年第 3 期。

赵晓雷：《盛宣怀与汉冶萍公司》，《史学月刊》1985 年第 6 期。

二　日文文献

高野江基太郎：《日本炭砿誌（増訂 2 版）》［日］筑豊石炭鉱業組
合事務所 1911 年版。

《支那の鉱物界（一~五）（三）》，《中外商業新報》，1912 年 8 月 28
日—9 月。

《漢冶萍の窮状》，《大阪朝日新聞》1912 年 9 月 19 日。

南洋勧業会日本出品協会：《南京博覧会各省出品調査書》，（日）
東亜同文会調査編纂部 1912 年版。

政務局：《支那各省砿山一覧表．支那工商部砿務司調査》，アジ
ア歴史資料センター．外務省外交史料館，1913（索書号：
B02130236900，画像 3）。

西澤公雄：《大冶鐵山の沿革及現況》，《鐵と鋼》1915 年第 7 期。

《鉄鋼自給策の研究（一~十五）世界に於ける鉄鋼業の大勢 我製
鉄業の将来と其自給策［其十一］》，《中外商業新報》1916 年 5 月 15 日—
1916 年 5 月 29 日。

《支那地質調査局監督ヴィケーチング報告 支那の炭田》，《台湾日
日新報》1916 年 8 月 15 日。

東民生：《萍郷炭鉱概況》，《福岡日日新聞》1917 年 2 月 27 日。

丁々生：《株式会社経営（一~四）（三）・支那人に適せざる事
情》，《中外商業新報》1920 年 5 月 19—22 日。

《龍烟の鎔鑛爐》，《鐵と鋼》1924 年第 6 期。

《漢冶萍公司に於ける原料費》，《鐵と鋼》1924 年第 6 期。

服部漸：《支那製鐵業に就て》，《鐵と鋼》1924 年第 6 期。

西山栄久：《支那商人の本質（一～十）》（七），《大阪時事新報》1925 年 1 月 16—29 日。

六灘子：《漢冶萍の没収 財界六感》，《大阪朝日新聞》1927 年 8 月 25 日。

《漢冶萍公司の問題 わが権利の蹂躙》，《大阪毎日新聞》1928 年 1 月 18 日。

服部漸：《本邦製鐵鋼業の發達及び現状》，《鐵と鋼》1930 年第 1 期。

《製鉄所を見る（上・中・下）》，《東京朝日新聞》1933 年 4 月 6—8 日。

《製鋼業にまづ投資 南支鉄道網へ触手 暗躍の跡 排日の旋風》，《東京日日新聞》1936 年 6 月 12 日。

后　记

　　本书是我的博士论文《近代萍乡煤矿研究（1892—1939）》的正式出版稿。出版稿在某些表述方面对博士论文稿有少量修改，如博士论文题目中既有"近代"两字，又有"1892—1939"的年代限定，总觉得其中有一个是多余的，所以，出版稿的书名便去掉了"1892—1939"。另外，"绪论"、"结束语"等中的一些表述也有所修改，表述更加平和。

　　读博士时，我希望能扎扎实实地做"实证"研究，结合中国正在进行经济社会转型和自己以后还要回江西师范大学工作，以及自己在从事教学的同时曾长期参与过企业经营的情况，便打算找一个近代江西最具代表性的企业进行系统的研究，同时给自己从事过的企业经营的实践做一个理论上的升华。

　　刚好江西的萍乡煤矿在近代江西、中国乃至整个亚洲都是数一数二的最前沿的超大型近代化、国际化企业，而且与近代中国政治、经济、社会的转型完全同步，深受中国时局的影响，但是，比较起开滦煤矿和轮船招商局等来说，关于萍乡煤矿的研究（以"毛主席去安源"和"安源路矿工人大罢工"等工人运动为中心以外的纯学术研究）极其稀薄。所以，便非常自然地选择了萍乡煤矿作为研究的对象。

　　在查找资料尤其是查找日文资料的过程中，发现汉阳铁厂在1892年就在萍乡设立了汉阳铁厂驻萍乡煤务局，1897年，盛宣怀又在萍乡地界成立了以图"煤"、"矿"、"钢"三合一的萍宜矿务利和有限公司。汉阳铁厂驻萍乡煤务局和萍宜矿务利和有限公司均应算是萍乡煤矿的前身，于是便把"近代萍乡煤矿"的历史从一般认为的1898年提前到1892年。

本书的最大创新就是突破了以前研究萍乡煤矿主要研究工人运动的局限，从经济社会转型的大视野，对近代萍乡煤矿进行了研究。其次就是在研究方法上进行了创新，既有以时间为分期的"历史学"研究，又有以经营者主体、企业资本性质、经营、管理、营销、财务等为平台的"经济学"、"企业管理学"研究，并做到既有分类又有交集。

本书的研究应该说完成了当初设计的基本弄清近代萍乡煤矿"生老病死"的命运轨迹和复杂关系的任务。一句话，在近代中国办大型企业，对创办者、经营管理者的能力要求很高，对社会环境、上下游产业链的要求更高，而政治人物的见识、态度和外国势力则直接决定企业的生死，没有能力搞定这一切，办大企业的过程就是一个亦真亦幻的过程，盛宣怀的"中国梦"在萍乡煤矿这个环节，从来没醒过（执着而不自知；未实现）。

在本书付梓之际，我要向许多人表示衷心的感谢。

首先，要感谢我的恩师、南京师范大学社会发展学院张连红教授。老师学识渊博，是民国史和南京大屠杀研究方面的知名专家，能够追随老师进行学习是我的梦想，"萍乡煤矿"选题能够得以通过，充分体现了老师对我的包容。同时，对南京师范大学社会发展学院慈鸿飞、邹农俭、刘进宝、施和金、汤惠生、李天石、裴安平、张进等老师的传道授业表示衷心的感谢！

其次，要感谢我读博士时的同学张明、李取勉、张成、徐成、滕雪慧，我们既是同窗又是好友，读博时你们一直给予我许多的帮助和关照，谢谢你们！

南京师范大学祝宏俊教授、南京财经大学杨军教授是我硕士时的老同学，在南京读博的三年间，两位挚友及其家人无论在学业上还是在生活上都给予了我巨大的帮助，在此，特别向你们道一声谢谢！

完成本书的研究，离不开萍乡煤矿（萍乡矿务集团公司）档案馆、萍乡市档案局（馆）、江西省煤炭集团公司、江西省档案局（馆）、湖北省档案局（馆）的支持，在此，对有关各位的帮助表示诚挚的感谢！

再次，要感谢我的家人，如果没有你们的理解和支持，就不可能完成博士学习和本书的研究，谢谢你们！

最后，要感谢江西师范大学历史文化与旅游学院院长万振凡教授能把本书列入出版计划，感谢江西省"高水平学科""中国史"建设经费的支持。特别感谢我的博士生导师张连红教授为我作序，在序中，老师给予了我鞭策与鼓励。中国社会科学出版社对本书的出版自始至终给予热情的关心和有力的支持，特此向中国社会科学出版社的责任编辑喻苗表示衷心的感谢和敬意。

陈庆发

2015 年 3 月 20 日

于江西师范大学翰园